한국전기
안전공사

NCS + 전공 + 모의고사 4회

KB200179

시대에듀

2025 최신판 시대에듀 한국전기안전공사
NCS + 전공 + 모의고사 4회 + 무료NCS특강

Always **with you**

사람의 인연은 길에서 우연하게 만나거나 함께 살아가는 것만을 의미하지는 않습니다.
책을 펴내는 출판사와 그 책을 읽는 독자의 만남도 소중한 인연입니다.
시대에듀는 항상 독자의 마음을 헤아리기 위해 노력하고 있습니다. 늘 독자와 함께하겠습니다.

머리말 PREFACE

전기재해로부터 국민의 생명과 재산을 지키는 한국전기안전공사는 2025년에 신입사원을 채용할 예정이다. 한국전기안전공사의 채용절차는 「원서접수 ➜ 서류전형 ➜ 시험전형 ➜ 면접전형 ➜ 최종합격자 발표」 순서로 이루어지며, 기술직의 경우 일정 자격요건을 갖춰야만 응시가 가능하므로 지원 전 해당 자격 충족 여부를 점검해야 한다. 시험전형은 인성검사, 직업기초능력평가, 직무수행능력평가로 진행되며, 직업기초능력평가는 의사소통능력, 자원관리능력, 문제해결능력, 정보능력, 조직이해능력, 수리능력 6가지 영역으로 진행한다. 직무수행능력평가는 직렬별 전공 시험을 진행하며, 기술직렬의 경우 기본적인 전기 문제와 더불어 전기설비기술기준과 한국전기설비규정(KEC)을 평가한다. 시험전형에서 최종 채용인원의 2배수를 선발하고, 각 과목에서 40점 미만 득점자는 결격 처리 되므로 평가하는 모든 과목에서 고득점을 얻을 수 있도록 연습하고 시험에 응시해야 한다.

한국전기안전공사 합격을 위해 시대에듀에서는 한국전기안전공사 판매량 1위의 출간 경험을 토대로 다음과 같은 특징을 가진 도서를 출간하였다.

도서의 특징

❶ 기출복원문제를 통한 출제경향 파악!
- 2024년 하반기 주요 공기업 NCS 및 전기 전공 기출문제를 복원하여 공기업별 출제경향을 파악할 수 있도록 하였다.

❷ 한국전기안전공사 필기전형 출제 영역 맞춤 문제를 통한 실력 상승!
- 직업기초능력평가 대표기출유형&기출응용문제를 수록하여 유형별로 학습할 수 있도록 하였다.
- 전기 전공 핵심이론 및 적중예상문제를 수록하여 전공 시험까지 준비할 수 있도록 하였다.

❸ 최종점검 모의고사를 통한 완벽한 실전 대비!
- 철저한 분석을 통해 실제 유형과 유사한 최종점검 모의고사를 수록하여 자신의 실력을 점검할 수 있도록 하였다.

❹ 다양한 콘텐츠로 최종 합격까지!
- 한국전기안전공사 채용 가이드와 면접 기출질문을 수록하여 채용을 준비하는 데 부족함이 없도록 하였다.
- 온라인 모의고사를 무료로 제공하여 필기전형에 대비할 수 있도록 하였다.

끝으로 본 도서를 통해 한국전기안전공사 채용을 준비하는 모든 수험생 여러분이 합격의 기쁨을 누리기를 진심으로 기원한다.

SDC(Sidae Data Center) 씀

◇ **미션**

> 전기재해로부터 국민의 생명과 재산 보호

◇ **비전**

> 에너지 안전을 이끄는 국민의 KESCO

◇ **핵심가치**

안전
Safety

전기 안전 및 에너지 안전 전반을 포함한
구성원의 의지를 표현

도전
Try

디지털 혁신을 통한
선제적 · 예방적 안전체계 기준을 제시

상생
Accompany

이해관계자와 협력을 통한
산업진흥 생태계 활성화

혁신
Renovation

구성원의 역량 강화, 공사 경쟁력 향상을 통한
생산성 · 효율성 제고

◆ 전략방향 & 전략과제

국민안전 최우선 추구	▶	• 검사 · 점검 운영체계 고도화 • 중요시설 안전점검 확대 • 전기재해 대응역량 강화
지속성장 기반 구축	▶	• 디지털 안전 관리체계 구축 • 선제적 기술 개발 · 보급 • 에너지 안전 신사업 · 시장 창출
고객중심 상생 협력	▶	• 규제와 진흥 조화 · 균형 • 에너지 안전 복지서비스 확대 • 민간협력기반 성장지원 촉진
자율책임 시스템 정착	▶	• 투명 · 건전 경영 강화 • 혁신성과창출 관리체계 개편 • 창의 · 역동 조직문화 구현

◆ 인재상

知合人 함께하는 인재
동반자 정신에 기반하여 고객을 존중하고 동료를 신뢰하는 소통형 인재

創造人 창조적인 인재
국제적 안목으로 통섭을 지향하는 자기주도적 창의형 인재

專門人 전문가형 인재
전략적으로 사고하고 열정적으로 학습하는 성과 지향형 인재

신입 채용 안내 INFORMATION

◇ 지원자격

① 학력, 성별, 연령 제한 없음
② 병역법 제76조에 정한 병역의무 불이행 사실이 있지 아니한 자
③ 공사 인사규정 제6조에 의한 채용결격 사유가 있지 아니한 자
④ 기술직 : 다음 중 1개 이상의 자격을 갖춘 자
  • 전기분야 기능사 이상 자격이 있는 자
  • 고등학교에서 전기 관련 학과를 졸업한 자 또는 이와 같은 수준 이상의 학력이 있는 자

◇ 시험전형

교시	구분	분야	내용	소요시간	문항 수
1교시	인성검사	공통	동반자 마인드, 통합적 사고, 전문성 추구	25분	211문항
2교시	직업기초능력평가	공통	의사소통능력, 자원관리능력, 문제해결능력, 정보능력, 조직이해능력, 수리능력	60분	50문항
3교시	직무수행능력평가	경영관리	경영, 경제, 행정, 회계, 법률 등	60분	50문항
		기술	전기설비기술기준 및 한국전기설비규정(KEC), 전력공학, 전기기기, 전기자기학, 회로이론, 전기응용, 전기 관련 법령 등	60분	50문항

※ 인성검사 70점 미만, 각 과목 40점 미만 득점자는 결격 처리
※ 인성검사 합격자 중 NCS(30%) + 전공(70%) 고득점자 순으로 최종 채용인원의 2배수 선발

◇ 면접전형

구조화된 면접을 실시하여 면접위원 합산 점수가 평균 60점 미만인 자는 결격 처리

◇ 최종합격자 결정

시험전형(50%) + 면접전형(50%)을 합산하여 성적순으로 결정

❖ 위 채용 안내는 2024년 채용공고를 기준으로 작성하였으므로 세부사항은 확정된 채용공고를 확인하기 바랍니다.

2024년 기출분석 ANALYSIS

총평

한국전기안전공사의 NCS 시험전형 난이도는 대체적으로 쉬웠다는 평이 대부분이었다. 2023년과 달리 모듈형 문제와 PSAT형 문제가 함께 출제되었으며, 60분의 풀이 시간 또한 여유로웠다는 후기가 많았다. 의사소통능력, 자원관리능력, 문제해결능력, 정보능력, 조직이해능력, 수리능력 6개 과목이 골고루 출제되었으며, 지문의 내용 또한 그렇게 길지 않았기 때문에 NCS에서 고득점을 받은 수험생이 많았다. 반면 전공 시험의 경우 전기 관련 계산 문제는 많이 출제되지 않았으나, 한국전기설비규정을 비롯하여 전기 관련 법령 문제들이 다소 난이도가 있었기 때문에 시험전형의 변별력은 직무수행능력평가에서 갈리게 되었다. 따라서 직업기초능력평가의 경우 최대한 실수를 줄이는 방식으로 빠르게 푸는 연습을 해야 하며, 직무수행능력평가의 경우 탄탄한 이론적 지식과 기준 및 법령에 대한 이해가 반드시 필요하다.

◇ 영역별 출제 비중

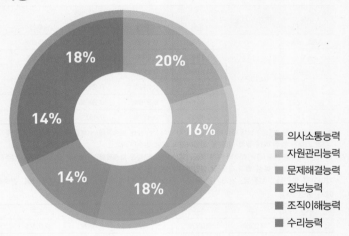

■ 의사소통능력
■ 자원관리능력
■ 문제해결능력
■ 정보능력
■ 조직이해능력
■ 수리능력

구분	출제 특징	출제 키워드
의사소통능력	• 경청 및 의사 표현, 공문서 등 모듈형 문제가 출제됨 • 추론, 내용 이해 등 짧은 지문의 문제가 출제됨	• 전력 사용량, 친환경 에너지, 공문서의 작성 방법, 경청 등
자원관리능력	• 자원의 효율적인 활용 등 모듈형 문제가 출제됨 • 인원 및 비용 계산 등의 문제가 출제됨	• 물적자원의 활용 방법, 효율적인 선택 등
문제해결능력	• 창의적 사고, 문제 해결 등 모듈형 문제가 출제됨 • 제시된 조건을 바탕으로 참/거짓을 판단하는 추리 문제가 출제됨	• 창의적 사고의 종류, 문제와 문제점의 구분, 문제해결방안, 참/거짓, 명제 추리 등
정보능력	• 기초적인 정보처리에 대한 문제가 출제됨 • 엑셀 함수나 기능 등 일반적인 NCS 문제가 출제됨	• 데이터 활용 방법, COUNTA, MID 함수 등
조직이해능력	• 조직 목표, 조직 기능 등의 무듈형 문제가 출제됨 • 경영, 업무 등의 이해를 묻는 문제가 출제됨	• 조직목표의 기능, 기능적 조직, 업무 이해 등
수리능력	• 응용 수리 문제가 출제됨 • 표를 활용하여 간단한 계산을 하는 문제가 출제됨	• 거리/속도/시간, 농도, 증가율 계산 등

NCS 문제 유형 소개 NCS TYPES

PSAT형

04 다음은 신용등급에 따른 아파트 보증률에 대한 사항이다. 자료와 상황에 근거할 때, 갑(甲)과 을(乙)의 보증료의 차이는 얼마인가?(단, 두 명 모두 대지비 보증금액은 5억 원, 건축비 보증금액은 3억 원이며, 보증서 발급일로부터 입주자 모집공고 안에 기재된 입주 예정 월의 다음 달 말일까지의 해당 일수는 365일이다)

- (신용등급별 보증료)=(대지비 부분 보증료)+(건축비 부분 보증료)
- 신용평가 등급별 보증료율

구분	대지비 부분	건축비 부분				
		1등급	2등급	3등급	4등급	5등급
AAA, AA	0.138%	0.178%	0.185%	0.192%	0.203%	0.221%
A⁺		0.194%	0.208%	0.215%	0.226%	0.236%
A⁻, BBB⁺		0.216%	0.225%	0.231%	0.242%	0.261%
BBB⁻		0.232%	0.247%	0.255%	0.267%	0.301%
BB⁺ ~ CC		0.254%	0.276%	0.296%	0.314%	0.335%
C, D		0.404%	0.427%	0.461%	0.495%	0.531%

※ (대지비 부분 보증료)=(대지비 부분 보증금액)×(대지비 부분 보증료율)×(보증서 발급일로부터 입주자 모집공고 안에 기재된 입주 예정 월의 다음 달 말일까지의 해당 일수)÷365
※ (건축비 부분 보증료)=(건축비 부분 보증금액)×(건축비 부분 보증료율)×(보증서 발급일로부터 입주자 모집공고 안에 기재된 입주 예정 월의 다음 달 말일까지의 해당 일수)÷365

- 기여고객 할인율 : 보증료, 거래기간 등을 기준으로 기여도에 따라 6개 군으로 분류하며, 건축비 부분 요율에서 할인 가능

구분	1군	2군	3군	4군	5군	6군
차감률	0.058%	0.050%	0.042%	0.033%	0.025%	0.017%

〈상황〉

- 갑 : 신용등급은 A⁺이며, 3등급 아파트 보증금을 내야 한다. 기여고객 할인율에서는 2군으로 선정되었다.
- 을 : 신용등급은 C이며, 1등급 아파트 보증금을 내야 한다. 기여고객 할인율은 3군으로 선정되었다.

① 554,000원
② 566,000원
③ 582,000원
④ 591,000원
⑤ 623,000원

특징
▶ 대부분 의사소통능력, 수리능력, 문제해결능력을 중심으로 출제(일부 기업의 경우 자원관리능력, 조직이해능력을 출제)
▶ 자료에 대한 추론 및 해석 능력을 요구

대행사
▶ 엑스퍼트컨설팅, 커리어넷, 태드솔루션, 한국행동과학연구소(행과연), 휴노 등

모듈형

| 문제해결능력

41 문제해결절차의 문제 도출 단계는 (가)와 (나)의 절차를 거쳐 수행된다. 다음 중 (가)에 대한 설명으로 적절하지 않은 것은?

(가)	→	(나)
전체 문제를 개별화된 이슈들로 세분화		문제에 영향력이 큰 핵심이슈를 선정

① 문제의 내용 및 영향 등을 파악하여 문제의 구조를 도출한다.
② 본래 문제가 발생한 배경이나 문제를 일으키는 메커니즘을 분명히 해야 한다.
③ 현상에 얽매이지 말고 문제의 본질과 실제를 봐야 한다.
④ 눈앞의 결과를 중심으로 문제를 바라봐야 한다.
⑤ 문제 구조 파악을 위해서 Logic Tree 방법이 주로 사용된다.

특징
▸ 이론 및 개념을 활용하여 푸는 유형
▸ 채용 기업 및 직무에 따라 NCS 직업기초능력평가 10개 영역 중 선발하여 출제
▸ 기업의 특성을 고려한 직무 관련 문제를 출제
▸ 주어진 상황에 대한 판단 및 이론 적용을 요구

대행사
▸ 인트로맨, 휴스테이션, ORP연구소 등

피듈형(PSAT형 + 모듈형)

| 자원관리능력

07 다음 자료를 근거로 판단할 때, 연구모임 A ~ E 중 세 번째로 많은 지원금을 받는 모임은?

〈지원계획〉

• 지원을 받기 위해서는 한 모임당 5명 이상 9명 미만으로 구성되어야 한다.
• 기본지원금은 모임당 1,500천 원을 기본으로 지원한다. 단, 상품개발을 위한 모임의 경우는 2,000천 원을 지원한다.
• 추가지원금

등급	상	중	하
추가지원금(천 원/명)	120	100	70

※ 추가지원금은 연구 계획 사전평가결과에 따라 달라진다.
• 협업 장려를 위해 협업이 인정되는 모임에는 위의 두 지원금을 합한 금액의 30%를 별도로 지원한다.

〈연구모임 현황 및 평가결과〉

특징
▸ 기초 및 응용 모듈을 구분하여 푸는 유형
▸ 기초인지모듈과 응용업무모듈로 구분하여 출제
▸ PSAT형보다 난도가 낮은 편
▸ 유형이 정형화되어 있고, 유사한 유형의 문제를 세트로 출제

대행사
▸ 사람인, 스카우트, 인크루트, 커리어케어, 트리피, 한국사회능력개발원 등

한국전기안전공사

01 다음 글의 내용으로 가장 적절한 것은?

우리는 재활용이라고 하면 생활 속에서 자주 접하는 종이, 플라스틱, 유리 등을 다시 활용하는 것만을 생각한다. 하지만 에너지도 재활용이 가능하다고 한다.

에너지는 우리가 인지하지 못하는 일상생활 속 움직임을 통해 매 순간 만들어지고 사라진다. 문제는 이렇게 생산되고 사라지는 에너지의 양이 적지 않다는 것이다. 이처럼 버려지는 에너지를 수집해 우리가 사용할 수 있도록 하는 기술이 에너지 하베스팅이다.

에너지 하베스팅은 열, 빛, 운동, 바람, 진동, 전자기 등 주변에서 버려지는 에너지를 모아 전기를 얻는 기술을 의미한다. 이처럼 우리 주위 자연에 존재하는 청정에너지를 반영구적으로 사용하기 때문에 공급의 안정성, 보안성 및 지속 가능성이 높고, 이산화탄소를 배출하는 화석연료를 사용하지 않기 때문에 환경공해를 줄일 수 있어 친환경 에너지 활용 기술로도 각광받고 있다.

이처럼 에너지원의 종류가 많은 만큼, 에너지 하베스팅의 유형도 매우 다양하다. 체온, 정전기 등 신체의 움직임을 이용하는 신체 에너지 하베스팅, 태양광을 이용하는 광에너지 하베스팅, 진동이나 압력을 가해 이용하는 진동 에너지 하베스팅, 산업 현장에서 발생하는 수많은 폐열을 이용하는 열에너지 하베스팅, 방송전파나 휴대전화 전파 등의 전자파 에너지를 이용하는 전자파 에너지 하베스팅 등이 폭넓게 개발되고 있다.

영국의 어느 에너지기업은 사람의 운동 에너지를 전기 에너지로 바꾸는 기술을 개발했다. 사람이 많이 다니는 인도 위에 버튼식 패드를 설치하여 사람이 밟을 때마다 전기가 생산되도록 하는 것이다. 이 장치는 2012년 런던올림픽에서 테스트를 한 이후 현재 영국의 12개 학교 및 미국 뉴욕의 일부 학교에서 설치하여 활용중이다.

이처럼 전 세계적으로 화석 연료에서 신재생 에너지로 전환하려는 노력이 계속되고 있는 만큼, 에너지 전환 기술인 에너지 하베스팅에 대한 관심은 계속될 것이며 다양한 분야에 적용될 것으로 예상되고 있다.

① 재활용은 유체물만 가능하다.
② 태양광과 폐열은 같은 에너지원에 속한다.
③ 에너지 하베스팅은 버려진 에너지를 또 다른 에너지로 만드는 것이다.
④ 에너지 하베스팅을 통해 열, 빛, 전기 등 여러 에너지를 얻을 수 있다.

54 그림과 같이 자기인덕턴스가 $L_1 = 8H$, $L_2 = 4H$, 상호인덕턴스가 $M = 4H$인 코일에 5A의 전류를 흘릴 때, 전체 코일에 축적되는 자기에너지는?(단, 두 코일은 차동접속이다)

① 10J
② 25J
③ 50J
④ 75J

한국전력공사

06 다음 중 빈칸에 들어갈 문장으로 가장 적절한 것은?

> 사회가 변하면 사람들은 새로운 생활에 맞는 새로운 언어를 필요로 하게 된다. 그 언어가 자연스럽게 육성되기를 기다릴 수도 있지만, 사람들은 대개 외국으로부터 그러한 개념의 언어를 빌려오려고 한다. 돈이나 기술을 빌리는 것에 비하면 언어는 대가 없이 빌려 쓸 수 있으므로 대개는 제한 없이 외래어를 빌린다. 특히 _____ 광복 이후 우리 사회에서 외래어가 넘쳐나는 것은 그간 우리나라의 고도성장과 절대 무관하지 않다.

① 외래어의 증가는 사회의 팽창과 함께 진행된다.
② 새로운 언어는 사회의 변화를 선도하기도 한다.
③ 외래어가 증가하면 범람한다는 비판을 받게 된다.
④ 새로운 언어는 인간의 욕망을 적절히 표현해 준다.
⑤ 새로운 언어는 필연적으로 외국의 개념을 빌릴 수밖에 없다.

09 K공사에 근무하는 A씨는 사정이 생겨 퇴사하게 되었다. A씨의 근무기간 및 기본급 등의 기본정보가 다음과 같다면, A씨가 받게 되는 퇴직금의 세전금액은 얼마인가?(단, A씨의 퇴직일 이전 3개월간 기타수당은 720,000원이며, 퇴직일 이전 3개월간 총일수는 80일이다)

> • 입사일자 : 2021년 9월 1일
> • 퇴사일자 : 2023년 9월 4일
> • 재직일수 : 730일
> • 월기본급 : 2,000,000원
> • 월기타수당 : 월별 상이
> • 퇴직 전 3개월 임금 총액 계산(세전금액)
>
> | 퇴직 이전 3개월간 총일수 | 기본급(3개월분) | 기타수당(3개월분) |
> | --- | --- | --- |
> | 80일 | 6,000,000원 | 720,000원 |
>
> • (1일 평균임금)=[퇴직일 이전 3개월간에 지급 받은 임금총액(기본급)+(기타수당)]/(퇴직일 이전 3개월간 총일수)
> • (퇴직금)=(1일 평균임금)×(30일)×[(재직일수)/365]

① 5,020,000원   ② 5,030,000원
③ 5,040,000원   ④ 5,050,000원
⑤ 5,060,000원

주요 공기업 적중 문제 TEST CHECK

한전KPS

창의적 사고 ▶ 유형

03 다음과 같은 특징을 가지고 있는 창의적 사고 개발 방법은?

> 일정한 주제에 관하여 회의를 하고, 참가하는 인원이 자유발언을 통해 아이디어를 제시하는 것으로 다른 사람의 발언에 비판하지 않는다.

① 스캠퍼 기법
② 여섯 가지 색깔 모자
③ 브레인스토밍
④ TRIZ
⑤ Logic Tree 기법

참 / 거짓 ▶ 유형

04 연경, 효진, 다솜, 지민, 지현 5명 중에 1명이 선생님의 책상에 있는 화병에 꽃을 꽂아두었다. 〈보기〉의 대화 중 두 명의 이야기는 모두 거짓이지만 세 명의 이야기는 모두 참이라고 할 때, 선생님 책상에 꽃을 꽂아둔 사람은?

> **보기**
> 연경 : 화병에 꽃을 꽂아두는 것을 나와 지현이만 보았다. 효진이의 말은 모두 맞다.
> 효진 : 화병에 꽃을 꽂아둔 사람은 지민이다. 지민이가 그러는 것을 지현이가 보았다.
> 다솜 : 지민이는 꽃을 꽂아두지 않았다. 지현이의 말은 모두 맞다.
> 지민 : 화병에 꽃을 꽂아두는 것을 세 명이 보았다. 효진이는 꽃을 꽂아두지 않았다.
> 지현 : 나와 연경이는 꽃을 꽂아두지 않았다. 나는 누가 꽃을 꽂는지 보지 못했다.

① 연경
② 효진
③ 다솜
④ 지민
⑤ 지현

속력 ▶ 유형

16 나영이와 현지가 집에서 공원을 향해 분당 150m의 속력으로 걸어가고 있다. 30분 정도 걸었을 때, 나영이가 지갑을 집에 두고 온 것을 기억하여 분당 300m의 속력으로 집에 갔다가 같은 속력으로 다시 공원을 향해 걸어간다고 한다. 현지는 그 속력 그대로 20분 뒤에 공원에 도착했을 때, 나영이는 현지가 공원에 도착하고 몇 분 후에 공원에 도착할 수 있는가?(단, 집에서 공원까지의 거리는 직선이고, 이동시간 외 다른 소요시간은 무시한다)

① 20분
② 25분
③ 30분
④ 35분
⑤ 40분

한전KDN

농도 ▶ 유형

05 농도를 알 수 없는 설탕물 500g에 3%의 설탕물 200g을 온전히 섞었더니 섞은 설탕물의 농도는 7%가 되었다. 이때, 처음 500g의 설탕물에 녹아있던 설탕은 몇 g인가?

① 40g
② 41g
③ 42g
④ 43g
⑤ 44g

비율 ▶ 키워드

※ 다음은 외국인 직접투자의 투자건수 비율과 투자금액 비율을 투자규모별로 나타낸 자료이다. 이어지는 질문에 답하시오. [12~13]

※ 투자규모는 외국인 직접투자의 건당 투자금액을 기준으로 구분함

※ [투자건수 비율(%)]$=\dfrac{(투자규모별\ 외국인\ 직접투자\ 건수)}{(전체\ 외국인\ 직접투자\ 건수)}\times100$

※ [투자금액 비율(%)]$=\dfrac{(투자규모별\ 외국인\ 직접투자\ 금액\ 합계)}{(전체\ 외국인\ 직접투자\ 건수)}\times100$

12 다음 중 투자규모가 50만 달러 미만인 투자건수 비율은?

① 55.3%
② 62.8%
③ 68.6%
④ 74.9%
⑤ 83.6.3%

도서 200% 활용하기 STRUCTURES

1 기출복원문제로 출제경향 파악

▶ 2024년 하반기 주요 공기업 NCS 및 전기 전공 기출문제를 복원하여 공기업별 출제경향을 파악할 수 있도록 하였다.

2 대표기출유형 + 기출응용문제로 NCS 완벽 대비

▶ NCS 출제 영역에 대한 대표기출유형&기출응용문제를 수록하여 유형별로 학습할 수 있도록 하였다.

3 전기 전공 핵심이론 + 적중예상문제로 빈틈없는 학습

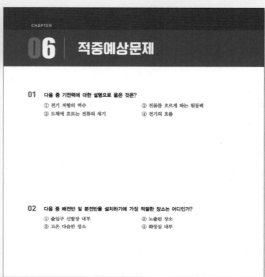

▶ 전기 전공 핵심이론을 수록하여 효과적으로 학습할 수 있도록 하였다.
▶ 적중예상문제를 통해 자신의 학습한 내용을 점검할 수 있도록 하였다.

4 최종점검 모의고사 + OMR을 활용한 실전 연습

▶ 철저한 분석을 통해 실제 유형과 유사한 최종점검 모의고사를 수록하여 자신의 실력을 점검할 수 있도록 하였다.
▶ 모바일 OMR 답안채점/성적분석 서비스를 제공하여 자동으로 점수를 채점하고 확인할 수 있도록 하였다.

이 책의 차례 CONTENTS

Add + 특별부록

CHAPTER 01 2024년 하반기 주요 공기업 NCS 기출복원문제   2
CHAPTER 02 2024년 하반기 주요 공기업 전기 전공 기출복원문제   33

PART 1 직업기초능력평가

CHAPTER 01 의사소통능력   4
대표기출유형 01 문서 내용 이해
대표기출유형 02 주제·제목 찾기
대표기출유형 03 문단 나열
대표기출유형 04 추론하기
대표기출유형 05 경청·의사 표현

CHAPTER 02 자원관리능력   30
대표기출유형 01 시간 계획
대표기출유형 02 비용 계산
대표기출유형 03 품목 확정
대표기출유형 04 인원 선발

CHAPTER 03 문제해결능력   50
대표기출유형 01 명제 추론
대표기출유형 02 창의적 사고
대표기출유형 03 규칙 적용
대표기출유형 04 자료 해석

CHAPTER 04 정보능력   66
대표기출유형 01 정보 이해
대표기출유형 02 엑셀 함수

CHAPTER 05 조직이해능력   74
대표기출유형 01 경영 전략
대표기출유형 02 조직 구조
대표기출유형 03 업무 종류

CHAPTER 06 수리능력   84
대표기출유형 01 응용 수리
대표기출유형 02 자료 계산
대표기출유형 03 자료 이해

PART 2 전기 전공

CHAPTER 01 전기자기학   100
CHAPTER 02 전력공학   114
CHAPTER 03 전기기기   140
CHAPTER 04 회로이론   165
CHAPTER 05 한국전기설비규정(KEC)   184
CHAPTER 06 적중예상문제   268

PART 3 최종점검 모의고사   286

PART 4 채용 가이드

CHAPTER 01 블라인드 채용 소개   334
CHAPTER 02 서류전형 가이드   336
CHAPTER 03 인성검사 소개 및 모의테스트   343
CHAPTER 04 면접전형 가이드   350
CHAPTER 05 한국전기안전공사 면접 기출질문   360

별 책 정답 및 해설

Add+ 특별부록   2
PART 1 직업기초능력평가   24
PART 2 전기 전공   50
PART 3 최종점검 모의고사   62
OMR 답안카드

Add+

합격의 공식 시대에듀 www.sdedu.co.kr

특별부록

CHAPTER 01 2024년 하반기 주요 공기업 NCS 기출복원문제

CHAPTER 02 2024년 하반기 주요 공기업 전기 전공 기출복원문제

※ 기출복원문제는 수험생들의 후기를 통해 시대에듀에서 복원한 문제로 실제 문제와 다소 차이가 있을
  수 있으며, 본 저작물의 무단전재 및 복제를 금합니다.

01 | 2024년 하반기 주요 공기업
NCS 기출복원문제

정답 및 해설 p.002

┃ 코레일 한국철도공사 / 의사소통능력

01 다음 중 비언어적 요소인 쉼을 사용하는 경우로 적절하지 않은 것은?

① 양해나 동조를 구할 경우

② 상대방에게 반문을 할 경우

③ 이야기의 흐름을 바꿀 경우

④ 연단공포증을 극복하려는 경우

⑤ 이야기를 생략하거나 암시할 경우

┃ 코레일 한국철도공사 / 의사소통능력

02 다음 밑줄 친 부분에 해당하는 키슬러의 대인관계 의사소통 유형은?

> 의사소통 시 이 유형의 사람은 따뜻하고 인정이 많고 자기희생적이나 타인의 요구를 거절하지 못하므로 타인과의 정서적인 거리를 유지하는 노력이 필요하다.

① 지배형   ② 사교형

③ 친화형   ④ 고립형

⑤ 순박형

03 다음 글을 통해 알 수 있는 철도사고 발생 시 행동요령으로 적절하지 않은 것은?

> 철도사고는 지하철, 고속철도 등 철도에서 발생하는 사고를 뜻한다. 많은 사람이 한꺼번에 이용하며 무거운 전동차가 고속으로 움직이는 특성상 철도사고가 발생할 경우 인명과 재산에 큰 피해가 발생한다.
> 철도사고는 다양한 원인에 의해 발생하며 사고 유형 또한 다양하게 나타나는데, 대표적으로는 충돌사고, 탈선사고, 열차화재사고가 있다. 이 사고들은 철도안전법에서 철도교통사고로 규정되어 있으며, 많은 인명피해를 야기하므로 철도사업자는 반드시 이를 예방하기 위한 조치를 취해야 한다. 또한 승객들은 위험으로부터 빠르게 벗어나기 위해 사고 시 대피요령을 파악하고 있어야 한다.
> 국토교통부는 철도사고 발생 시 인명과 재산을 보호하기 위한 국민행동요령을 제시하고 있다. 이 행동요령에 따르면 지하철에서 사고가 발생할 경우 가장 먼저 객실 양 끝에 있는 인터폰으로 승무원에게 사고를 알려야 한다. 만약 화재가 발생했다면 곧바로 119에 신고하고, 여유가 있다면 객실 양 끝에 비치된 소화기로 불을 꺼야 한다. 반면 화재의 진화가 어려울 경우 입과 코를 젖은 천으로 막고 화재가 발생하지 않은 다른 객실로 이동해야 한다. 전동차에서 대피할 때는 안내방송과 승무원의 안내에 따라 질서 있게 대피해야 하며 이때 부상자, 노약자, 임산부가 먼저 대피할 수 있도록 배려하고 도와주어야 한다. 만약 전동차의 문이 열리지 않으면 반드시 열차가 멈춘 후에 안내방송에 따라 비상핸들이나 비상콕크를 돌려 문을 열고 탈출해야 한다. 전동차가 플랫폼에 멈췄을 경우 스크린도어를 열고 탈출해야 하는데, 손잡이를 양쪽으로 밀거나 빨간색 비상바를 밀고 탈출해야 한다. 반대로 역이 아닌 곳에서 멈췄을 경우 감전의 위험이 있으므로 반드시 승무원의 안내에 따라 반대편 선로의 열차 진입에 유의하며 대피 유도등을 따라 침착하게 비상구로 대피해야 한다.
> 이와 같이 승객들은 철도사고 발생 시 신고, 질서 유지, 빠른 대피를 중점적으로 유념하여 행동해야 한다. 철도사고는 사고 자체가 일어나지 않도록 철저한 안전관리와 예방이 필요하지만, 다양한 원인으로 예상치 못하게 발생한다. 따라서 철도교통을 이용하는 승객 또한 평소에 안전 수칙을 준수하고 비상 상황에서 침착하게 대처하는 훈련이 필요하다.

① 침착함을 잃지 않고 승무원의 안내에 따라 대피해야 한다.
② 화재사고 발생 시 규모가 크지 않다면 빠르게 진화 작업을 해야 한다.
③ 선로에서 대피할 경우 승무원의 안내와 대피 유도등을 따라 대피해야 한다.
④ 열차에서 대피할 때는 탈출이 어려운 사람부터 대피할 수 있도록 도와야 한다.
⑤ 열차사고 발생 시 탈출을 위해 우선 비상핸들을 돌려 열차의 문을 개방해야 한다.

04 다음 글을 읽고 알 수 있는 하향식 읽기 모형의 사례로 적절하지 않은 것은?

> 글을 읽는 것은 단순히 책에 쓰인 문자를 해독하는 것이 아니라 그 안에 담긴 의미를 파악하는 과정이다. 그렇다면 사람들은 어떤 방식으로 글의 의미를 파악할까? 세상의 모든 어휘를 알고 있는 사람은 없을 것이다. 그러나 대부분의 사람들, 특히 고등교육을 받은 성인들은 자신이 잘 모르는 어휘가 있더라도 글의 전체적인 맥락과 의미를 파악할 수 있다. 이를 설명해 주는 것이 바로 하향식 읽기 모형이다.
>
> 하향식 읽기 모형은 독자가 이미 알고 있는 배경지식과 경험을 바탕으로 글의 전체적인 맥락을 먼저 파악하는 방식이다. 하향식 읽기 모형은 독자의 능동적인 참여를 활용하는 읽기로, 여기서 독자는 단순히 글을 받아들이는 수동적인 존재가 아니라 자신의 지식과 경험을 활용하여 글의 의미를 구성해 나가는 주체적인 역할을 한다. 이때 독자는 글의 내용을 예측하고 추론하며, 심지어 자신의 생각을 더하여 글에 대한 이해를 넓혀갈 수 있다.
>
> 하향식 읽기 모형의 장점은 빠르고 효율적인 독서가 가능하다는 것이다. 글의 전체적인 맥락을 먼저 파악하기 때문에 글의 핵심 내용을 빠르게 파악할 수 있고, 배경지식을 활용하여 더 깊이 있는 이해를 얻을 수 있다. 또한 예측과 추론을 통한 능동적인 독서는 독서에 대한 흥미를 높여 주는 효과도 있다.
>
> 그러나 하향식 읽기 모형은 독자의 배경지식에 의존하여 읽는 방법이므로 배경지식이 부족한 경우 글의 의미를 정확하게 파악하기 어려울 수 있으며, 배경지식에 의존하여 오해를 할 가능성도 크다. 또한 글의 내용이 복잡하다면 많은 배경지식을 가지고 있더라도 글의 맥락을 적극적으로 가정하거나 추측하기 어려운 것 또한 하향식 읽기 모형의 단점이 된다.
>
> 하향식 읽기 모형은 글의 내용을 빠르게 이해하고 독자 스스로 내면화할 수 있으므로 독서 능력 향상에 유용한 방법이다. 그러나 모든 글에 동일하게 적용할 수 있는 읽기 모델은 아니므로 글의 종류와 독자의 배경지식에 따라 적절한 읽기 전략을 사용해야 한다. 따라서 하향식 읽기 모형과 함께 상향식 읽기(문자의 정확한 해독), 주석 달기, 소리 내어 읽기 등 다양한 읽기 전략을 활용하여야 한다.

① 회의 자료를 읽기 전 회의 주제를 먼저 파악하여 회의 안건을 예상하였다.
② 기사의 헤드라인을 먼저 읽어 기사의 내용을 유추한 뒤 상세 내용을 읽었다.
③ 제품 설명서를 읽어 제품의 기능과 각 버튼의 용도를 파악하고 기계를 작동시켰다.
④ 요리법의 전체적인 조리 과정을 파악하고 단계별로 필요한 재료와 순서를 확인하였다.
⑤ 서문이나 목차를 통해 책의 전체적인 흐름을 파악하고 관심 있는 부분을 집중적으로 읽었다.

05 농도가 15%인 소금물 200g과 농도가 20%인 소금물 300g을 섞었을 때, 섞인 소금물의 농도는?

① 17% ② 17.5%

③ 18% ④ 18.5%

⑤ 19%

06 남직원 A ~ C, 여직원 D ~ F 6명이 일렬로 앉고자 한다. 여직원끼리 인접하지 않고, 여직원 D와 남직원 B가 서로 인접하여 앉는 경우의 수는?

① 12가지 ② 20가지

③ 40가지 ④ 60가지

⑤ 120가지

07 다음과 같이 일정한 규칙으로 수를 나열할 때 빈칸에 들어갈 수로 옳은 것은?

−23	−15	−11	5	13	25	( )	45	157	65

① 49 ② 53

③ 57 ④ 61

⑤ 65

08 다음은 K시의 유치원, 초·중·고등학교, 고등교육기관의 취학률 및 초·중·고등학교의 상급학교 진학률에 대한 자료이다. 이에 대한 설명으로 옳지 않은 것은?

〈유치원, 초·중·고등학교, 고등교육기관 취학률〉

(단위 : %)

구분	2014년	2015년	2016년	2017년	2018년	2019년	2020년	2021년	2022년	2023년
유치원	45.8	45.2	48.3	50.6	51.6	48.1	44.3	45.8	49.7	52.8
초등학교	98.7	99	98.6	98.9	99.3	99.6	98.1	98.1	99.5	99.9
중학교	98.5	98.6	98.1	98	98.9	98.5	97.1	97.6	97.5	98.2
고등학교	95.3	96.9	96.2	95.4	96.2	94.7	92.1	93.7	95.2	95.6
고등교육기관	65.6	68.9	64.9	66.2	67.5	69.2	70.8	71.7	74.3	73.5

〈초·중·고등학교 상급학교 진학률〉

(단위 : %)

구분	2014년	2015년	2016년	2017년	2018년	2019년	2020년	2021년	2022년	2023년
초등학교	100	100	100	100	100	100	100	100	100	100
중학교	99.7	99.7	99.7	99.7	99.7	99.7	99.7	99.7	99.7	99.6
고등학교	93.5	91.8	90.2	93.2	91.7	90.5	91.4	92.6	93.9	92.8

① 중학교의 취학률은 매년 97% 이상이다.

② 매년 취학률이 가장 높은 기관은 초등학교이다.

③ 고등교육기관의 취학률이 70%를 넘긴 해는 2020년부터이다.

④ 2023년에 중학교에서 고등학교로 진학하지 않은 학생의 비율은 전년 대비 감소하였다.

⑤ 고등교육기관의 취학률이 가장 낮은 해와 고등학교의 상급학교 진학률이 가장 낮은 해는 같다.

09 다음은 A기업과 B기업의 2024년 1 ~ 6월 매출액에 대한 자료이다. 이를 그래프로 옮겼을 때의 개형으로 옳은 것은?

〈2024년 1 ~ 6월 A, B기업 매출액〉

(단위 : 억 원)

구분	2024년 1월	2024년 2월	2024년 3월	2024년 4월	2024년 5월	2024년 6월
A기업	307.06	316.38	315.97	294.75	317.25	329.15
B기업	256.72	300.56	335.73	313.71	296.49	309.85

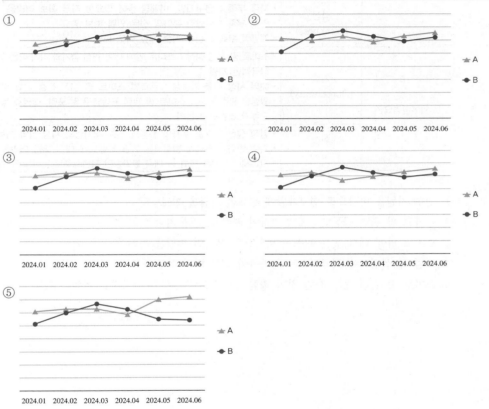

10 다음은 스마트 팜을 운영하는 K사에 대한 SWOT 분석 결과이다. 이에 따른 전략이 나머지와 다른 것은?

〈K사 스마트 팜 SWOT 분석 결과〉

구분		분석 결과
내부환경요인	강점 (Strength)	• 차별화된 기술력 : 기존 스마트 팜 솔루션과 차별화된 센서 기술, AI 기반 데이터 분석 기술 보유 • 젊고 유연한 조직 : 빠른 의사결정과 시장 변화에 대한 적응력 • 정부 사업 참여 경험 : 스마트 팜 관련 정부 사업 참여 가능성
	약점 (Weakness)	• 자금 부족 : 연구개발, 마케팅 등에 필요한 자금 확보 어려움 • 인력 부족 : 다양한 분야의 전문 인력 확보 필요 • 개발력 부족 : 신규 기술 개발 속도 느림
외부환경요인	기회 (Opportunity)	• 스마트 팜 시장 성장 : 스마트 팜에 대한 관심 증가와 이에 따른 정부의 적극적인 지원 • 해외 시장 진출 가능성 : 글로벌 스마트 팜 시장 진출 기회 확대 • 활발한 관련 연구 : 스마트 팜 관련 공동연구 및 포럼, 설명회 등 정보 교류가 활발하게 논의
	위협 (Threat)	• 경쟁 심화 : 후발 주자의 등장과 기존 대기업의 시장 장악 가능성 • 기술 변화 : 빠르게 변화하는 기술 트렌드에 대한 대응 어려움 • 자연재해 : 기후 변화 등 예측 불가능한 자연재해로 인한 피해 가능성

① 정부 지원을 바탕으로 연구개발에 필요한 자금을 확보
② 스마트 팜 관련 공동연구에 참가하여 빠르게 신규 기술을 확보
③ 스마트 팜에 대한 높은 관심을 바탕으로 온라인 펀딩을 통해 자금을 확보
④ 포럼 등 설명회에 적극적으로 참가하여 전문 인력 확충을 위한 인맥을 확보
⑤ 스마트 팜 관련 정부 사업 참여 경험을 바탕으로 정부의 적극적인 지원을 확보

11 다음 대화에서 공통적으로 나타나는 논리적 오류로 가장 적절한 것은?

> A : 반려견 출입 금지라고 쓰여 있는 카페에 갔는데 거절당했어. 반려견 출입 금지면 고양이는 괜찮은 거 아니야?
>
> B : 어제 직장동료가 "조심히 들어가세요."라고 했는데 집에 들어갈 때만 조심하라는 건가?
>
> C : 친구가 비가 와서 우울하다고 했는데, 비가 안 오면 행복해지겠지?
>
> D : 이웃을 사랑하라는 선생님의 가르침을 실천하기 위해 사기를 저지른 이웃을 숨겨 주었어.
>
> E : 의사가 건강을 위해 채소를 많이 먹으라고 하던데 앞으로는 채소만 먹으면 되겠어.
>
> F : 긍정적인 생각을 하면 좋은 일이 생기니까 아무리 나쁜 일이 있어도 긍정적으로만 생각하면 될 거야.

① 무지의 오류

② 연역법의 오류

③ 과대해석의 오류

④ 허수아비 공격의 오류

⑤ 권위나 인신공격에 의존한 논증

12 A ~ E열차를 운행거리가 가장 긴 순서대로 나열하려고 한다. 운행시간 및 평균 속력이 다음과 같을 때, C열차는 몇 번째로 운행거리가 긴 열차인가?(단, 열차 대기시간은 고려하지 않는다)

〈A ~ E열차 운행시간 및 평균 속력〉

구분	운행시간	평균 속력
A열차	900분	50m/s
B열차	10시간 30분	150km/h
C열차	8시간	55m/s
D열차	720분	2.5km/min
E열차	10시간	2.7km/min

① 첫 번째 ② 두 번째

③ 세 번째 ④ 네 번째

⑤ 다섯 번째

13 다음 글에서 나타난 문제해결 절차의 단계로 가장 적절한 것은?

> K대학교 기숙사는 최근 학생들의 불만이 끊이지 않고 있다. 특히, 식사의 질이 낮고, 시설이 노후화되었으며, 인터넷 연결 상태가 불안정하다는 의견이 많았다. 이에 K대학교 기숙사 운영위원회는 문제해결을 위해 긴급회의를 소집했다.
>
> 회의에서 학생 대표들은 식단의 다양성 부족, 식재료의 신선도 문제, 식당 내 위생 상태 불량 등을 지적했다. 또한, 시설 관리 담당자는 건물 외벽의 균열, 낡은 가구, 잦은 누수 현상 등 시설 노후화 문제를 강조했다. IT 담당자는 기숙사 내 와이파이 연결 불안정, 인터넷 속도 저하 등 통신환경 문제를 제기했다.
>
> 운영위원회는 이러한 다양한 의견을 종합하여 문제를 더욱 구체적으로 분석하기로 결정했다. 먼저, 식사 문제의 경우 학생들의 식습관 변화에 따른 메뉴 구성의 문제점, 식자재 조달 과정의 비효율성, 조리 시설의 부족 등의 문제점을 파악했다. 시설 문제는 건물의 노후화로 인한 안전 문제, 에너지 효율 저하, 학생들의 편의성 저하 등으로 세분화했다. 마지막으로, 통신환경 문제는 기존 네트워크 장비의 노후화, 학생 수 증가에 따른 네트워크 부하 증가 등의 세부 문제가 제시되었다.

① 문제 인식
② 문제 도출
③ 원인 분석
④ 해결안 개발
⑤ 실행 및 평가

14 다음 중 빈칸에 들어갈 단어로 가장 적절한 것은?

> 감사원의 조사 결과 J공사는 공공사업을 위해 투입된 세금을 본래의 목적에 사용하지 않고 무단으로 _____했음이 밝혀졌다.

① 전용(轉用)
② 남용(濫用)
③ 적용(適用)
④ 활용(活用)
⑤ 준용(遵用)

15 다음 중 비행을 하기 위한 시조새의 신체 조건으로 가장 적절한 것은?

> 시조새(Archaeopteryx)는 약 1억 5천만 년 전 중생대 쥐라기 시대에 살았던 고대 생물로, 조류와 공룡의 중간 단계에 위치한 생물이다. 1861년 독일 바이에른 지방에 있는 졸른호펜 채석장에서 화석이 발견된 이후, 시조새는 조류의 기원과 공룡에서 새로의 진화 과정을 밝히는 데 중요한 단서를 제공해 왔다. '시조(始祖)'라는 이름에서 알 수 있듯이 시조새는 현대 조류의 조상으로 여겨지며 고생물학계에서 매우 중요한 연구 대상으로 취급된다.
> 시조새는 오늘날의 새와는 여러 가지 차이점이 있다. 이빨이 있는 부리, 긴 척추뼈로 이루어진 꼬리, 그리고 날개에 있는 세 개의 갈고리 발톱은 공룡의 특징을 잘 보여준다. 비록 현대 조류처럼 가슴뼈가 비행에 최적화된 형태로 발달되지는 않았지만, 갈비뼈와 팔에 강한 근육이 붙어있어 짧은 거리를 활강하거나 나뭇가지 사이를 오르내리며 이동할 수 있었던 것으로 추정된다.
> 한편, 시조새는 비대칭형 깃털을 가진 최초의 동물 중 하나로, 이는 비행을 하기에 적합한 형태이다. 시조새의 깃털은 현대의 날 수 있는 조류처럼 바람을 맞는 곳의 깃털은 짧고, 뒤쪽은 긴 형태인데, 이러한 비대칭형 깃털은 양력을 제공해 짧은 거리의 활강을 가능하게 했으며, 새의 조상으로서 비행의 초기 형태를 보여준다. 이로 인해 시조새는 공룡에서 새로 이어지는 진화 과정을 이해하는 데 있어 중요한 생물학적 증거로 여겨지고 있다.
> 시조새의 화석 연구는 당시의 생태계에 대한 정보도 제공하고 있다. 시조새는 열대 우림이나 활엽수림 근처에서 생활하며 나뭇가지를 오르내렸을 가능성이 큰 것으로 추정된다. 시조새의 이동 방식에 대해서는 여러 가설이 존재하지만, 짧은 거리의 활강을 통해 먹이를 찾고 이동했을 것이라는 주장이 유력하다.
> 결론적으로 시조새는 공룡과 새의 특성을 모두 가진 중간 단계의 생물로, 진화의 과정을 이해하는 데 핵심적인 역할을 한다. 시조새의 다양한 신체적 특징들은 공룡에서 새로 이어지는 진화의 연결고리를 보여주며, 조류 비행의 기원을 이해하는 중요한 증거로 평가된다.

① 날개 사이에 근육질의 익막이 있다.
② 날개에는 세 개의 갈고리 발톱이 있다.
③ 날개의 깃털이 비대칭 구조로 형성되어 있다.
④ 척추뼈가 꼬리까지 이어지는 유선형 구조이다.
⑤ 현대 조류처럼 가슴뼈가 비행에 최적화된 구조이다.

16 다음 글의 주제로 가장 적절한 것은?

> 사람들에게 의학을 대표하는 인물을 물어본다면 대부분 히포크라테스(Hippocrates)를 떠올릴 것이다. 히포크라테스는 당시 신의 징벌이나 초자연적인 힘으로 생각되었던 질병을 관찰을 통해 자연적 현상으로 이해하였고, 당시 마술이나 철학으로 여겨졌던 의학을 분리하였다. 이에 따라 의사라는 직업이 과학적인 기반 위에 만들어지게 되었다. 현재에는 의학의 아버지로 불리며 히포크라테스 선서라고 불리는 의사의 윤리적 기준을 저술한 것으로 알려져 있다. 이처럼 히포크라테스는 서양의학의 상징으로 받아들여지지만, 서양의학에 절대적인 영향을 준 사람은 클라우디오스 갈레노스(Claudius Galenus)이다.
>
> 갈레노스는 로마 시대 검투사 담당의에서 황제 마르쿠스 아우렐리우스의 주치의로 활동한 의사로, 해부학, 생리학, 병리학에 걸친 방대한 의학체계를 집대성하여 이후 1,000년 이상 서양의학의 토대를 닦았다. 당시에는 인체의 해부가 금지되어 있었기 때문에 갈레노스는 원숭이, 돼지 등을 사용하여 해부학적 지식을 쌓았으며, 임상 실험을 병행하여 의학적 지식을 확립하였다. 이러한 해부 및 실험을 통해 갈레노스는 여러 장기의 기능을 밝히고, 근육과 뼈를 구분하였으며, 심장의 판막이나 정맥과 동맥의 차이점 등을 밝혀내거나, 혈액이 혈관을 통해 신체 말단까지 퍼져나가며 신진대사를 조절하는 물질을 운반한다고 밝혀냈다. 물론 갈레노스도 히포크라테스가 주장한 4원소에 따른 4체액설(혈액, 담즙, 황담즙, 흑담즙)을 믿거나 피를 뽑아 치료하는 사혈법을 주장하는 등 현대 의학과는 거리가 있지만, 당시에 의학 이론을 해부와 실험을 통해 증명하고 방대한 저술을 남겼다는 놀라운 업적을 가지고 있으며, 이는 가장 오랫동안 서양의학을 실제로 지배하는 토대가 되었다.

① 갈레노스의 생애와 의학의 발전
② 고대에서 현대까지 해부학의 발전 과정
③ 히포크라테스 선서에 의한 전문직의 도덕적 기준
④ 히포크라테스와 갈레노스가 서양의학에 끼친 영향과 중요성
⑤ 히포크라테스와 갈레노스의 4체액설이 현대 의학에 끼친 영향

17 다음 중 제시된 단어와 가장 비슷한 단어는?

> 비상구

① 진입로　　　　　　　　　　　　② 출입구
③ 돌파구　　　　　　　　　　　　④ 여울목
⑤ 탈출구

18 A열차가 어떤 터널을 진입하고 5초 후 B열차가 같은 터널에 진입하였다. 그로부터 5초 후 B열차가 터널을 빠져나왔고 5초 후 A열차가 터널을 빠져나왔다. A열차가 터널을 빠져나오는 데 걸린 시간이 14초일 때, B열차는 A열차보다 몇 배 빠른가?(단, A열차와 B열차 모두 속력의 변화는 없으며, 두 열차의 길이는 서로 같다)

① 2배　　　　　　　　　　　　② 2.5배
③ 3배　　　　　　　　　　　　④ 3.5배
⑤ 4배

19 A팀은 5일부터 5일마다 회의실을 사용하고, B팀은 4일부터 4일마다 회의실을 사용하기로 하였으며, 두 팀이 사용하고자 하는 날이 겹칠 경우에는 A, B팀이 번갈아가며 사용하기로 하였다. 어느 날 A팀과 B팀이 사용하고자 하는 날이 겹쳤을 때, 겹친 날을 기준으로 A팀이 9번, B팀이 8번 회의실을 사용했다면, 이때까지 A팀은 회의실을 최대 몇 번 이용하였는가?(단, 회의실 사용일이 첫 번째로 겹친 날에는 A팀이 먼저 사용하였으며, 회의실 사용일은 주말 및 공휴일도 포함한다)

① 61회　　　　　　　　　　　　② 62회
③ 63회　　　　　　　　　　　　④ 64회
⑤ 65회

20 다음 모스 굳기 10단계에 해당하는 광물 A ~ C가 〈조건〉을 만족할 때, 이에 대한 설명으로 옳은 것은?

〈모스 굳기 10단계〉

단계	1단계	2단계	3단계	4단계	5단계
광물	활석	석고	방해석	형석	인회석
단계	6단계	7단계	8단계	9단계	10단계
광물	정장석	석영	황옥	강옥	금강석

- 모스 굳기 단계의 단계가 낮을수록 더 무른 광물이고, 단계가 높을수록 단단한 광물이다.
- 단계가 더 낮은 광물로 단계가 더 높은 광물을 긁으면 긁힘 자국이 생기지 않는다.
- 단계가 더 높은 광물로 단계가 더 낮은 광물을 긁으면 긁힘 자국이 생긴다.

조건
- 광물 A로 광물 B를 긁으면 긁힘 자국이 생기지 않는다.
- 광물 A로 광물 C를 긁으면 긁힘 자국이 생긴다.
- 광물 B로 광물 C를 긁으면 긁힘 자국이 생긴다.
- 광물 B는 인회석이다.

① 광물 C는 석영이다.
② 광물 A는 방해석이다.
③ 광물 A가 가장 무르다.
④ 광물 B가 가장 단단하다.
⑤ 광물 B는 모스 굳기 단계가 7단계 이상이다.

21 J공사는 지방에 있는 지점 사무실을 공유 오피스로 이전하고자 한다. 다음 사무실 이전 조건을 참고할 때, 〈보기〉 중 이전할 오피스로 가장 적절한 곳은?

〈사무실 이전 조건〉
- 지점 근무 인원 : 71명
- 사무실 예상 이용 기간 : 5년
- 교통 조건 : 역이나 버스 정류장에서 도보 10분 이내
- 시설 조건 : 자사 홍보영상 제작을 위한 스튜디오 필요, 회의실 필요
- 비용 조건 : 다른 조건이 모두 가능한 공유 오피스 중 가장 저렴한 곳(1년 치 비용 선납 가능)

보기

구분	가용 인원수	보유시설	교통 조건	임대비용
A오피스	100인	라운지, 회의실, 스튜디오, 복사실, 탕비실	A역에서 도보 8분	1인당 연간 600만 원
B오피스	60인	회의실, 스튜디오, 복사실	B정류장에서 도보 5분	1인당 월 40만 원
C오피스	100인	라운지, 회의실, 스튜디오	C역에서 도보 7분	월 3,600만 원
D오피스	90인	회의실, 복사실, 탕비실	D정류장에서 도보 4분	월 3,500만 원 (1년 치 선납 시 8% 할인)
E오피스	80인	라운지, 회의실, 스튜디오	E역과 연결된 사무실	월 3,800만 원 (1년 치 선납 시 10% 할인)

① A오피스   ② B오피스
③ C오피스   ④ D오피스
⑤ E오피스

※ 다음은 에너지바우처 사업에 대한 자료이다. 이어지는 질문에 답하시오. [22~23]

〈에너지바우처〉

1. 에너지바우처란?
   국민 모두가 시원한 여름, 따뜻한 겨울을 보낼 수 있도록 에너지 취약계층을 위해 에너지바우처(이용권)를 지급하여 전기, 도시가스, 지역난방, 등유, LPG, 연탄을 구입할 수 있도록 지원하는 제도
2. 신청대상 : 소득기준과 세대원 특성기준을 모두 충족하는 세대
   • 소득기준 : 국민기초생활 보장법에 따른 생계급여 / 의료급여 / 주거급여 / 교육급여 수급자
   • 세대원 특성기준 : 주민등록표 등본상 기초생활수급자(본인) 또는 세대원이 다음 중 어느 하나에 해당하는 경우
     − 노인 : 65세 이상
     − 영유아 : 7세 이하의 취학 전 아동
     − 장애인 : 장애인복지법에 따라 등록한 장애인
     − 임산부 : 임신 중이거나 분만 후 6개월 미만인 여성
     − 중증질환자, 희귀질환자, 중증난치질환자 : 국민건강보험법 시행령에 따라 보건복지부장관이 정하여 고시하는 중증질환, 희귀질환, 중증난치질환을 가진 사람
     − 한부모가족 : 한부모가족지원법에 따른 '모' 또는 '부'로서 아동인 자녀를 양육하는 사람
     − 소년소녀가정 : 보건복지부에서 정한 아동분야 지원대상에 해당하는 사람(아동복지법에 의한 가정위탁보호 아동 포함)
   • 지원 제외 대상 : 세대원 모두가 보장시설 수급자
   • 다음의 경우 동절기 에너지바우처 중복 지원 불가
     − 긴급복지지원법에 따라 동절기 연료비를 지원받은 자(세대)
     − 한국에너지공단의 등유바우처를 발급받은 자(세대)
     − 한국광해광업공단의 연탄쿠폰을 발급받은 자(세대)
     ※ 하절기 에너지바우처를 사용한 수급자가 동절기에 위 사업들을 신청할 경우 동절기 에너지바우처를 중지 처리한 후 신청(중지사유 : 타동절기 에너지이용권 수급)
     ※ 단, 동절기 에너지바우처를 일부 사용한 경우 위 사업들은 신청 불가
3. 바우처 지원금액

구분	1인 세대	2인 세대	3인 세대	4인 이상 세대
하절기	55,700원	73,800원	90,800원	117,000원
동절기	254,500원	348,700원	456,900원	599,300원
총액	310,200원	422,500원	547,700원	716,300원

4. 지원방법
   • 요금차감
     − 하절기 : 전기요금 고지서에서 요금을 자동으로 차감
     − 동절기 : 도시가스 / 지역난방 중 하나를 선택하여 고지서에서 요금을 자동으로 차감
   • 실물카드 : 동절기 도시가스, 등유, LPG, 연탄을 실물카드(국민행복카드)로 직접 결제

22 다음 중 에너지바우처에 대한 설명으로 옳지 않은 것은?

① 36개월의 아이가 있는 의료급여 수급자 A는 에너지바우처를 신청할 수 있다.

② 혼자서 아이를 3명 키우는 교육급여 수급자 B는 1년에 70만 원을 넘게 지원받을 수 있다.

③ 보장시설인 양로시설에 살면서 생계급여를 받는 70세 독거노인 C는 에너지바우처를 신청할 수 있다.

④ 에너지바우처 기준을 충족하는 D는 겨울에 연탄보일러를 사용하므로 실물카드를 받는 방법으로 지원을 받아야 한다.

⑤ 희귀질환을 앓고 있는 어머니와 함께 단둘이 사는 생계급여 수급자 E는 에너지바우처를 통해 여름에 전기비에서 73,800원이 차감될 것이다.

23 다음은 A, B가족의 에너지바우처 정보이다. A, B가족이 올해 에너지바우처를 통해 지원받는 금액의 총합은 얼마인가?

〈A, B가족의 에너지바우처 정보〉

구분	세대 인원	소득기준	세대원 특성기준	특이사항
A가족	5명	의료급여 수급자	영유아 2명	연탄쿠폰 발급받음
B가족	2명	생계급여 수급자	소년소녀가정	지역난방 이용

① 190,800원

② 539,500원

③ 948,000원

④ 1,021,800원

⑤ 1,138,800원

24 다음 C 프로그램을 실행하였을 때의 결과로 옳은 것은?

```c
#include <stdio.h>
int main() {
    int result=0;
    while (result<2) {
        result=result+1;
        printf("%d\n",result);
        result=result-1;
    }
}
```

① 실행되지 않는다.

② 0
  1

③ 0
  −1

④ 1
  1

⑤ 1이 무한히 출력된다.

25 다음은 A국과 B국의 물가지수 동향에 대한 자료이다. [E2] 셀에 「=ROUND(D2, −1)」를 입력하였을 때, 출력되는 값은?

<A, B국 물가지수 동향>

	A	B	C	D	E
1	측정 연월	A국	B국	평균 판매지수	
2	2024년 1월	122.313	112.36	117.3365	
3	2024년 2월	119.741	110.311	115.026	
4	2024년 3월	117.556	115.379	116.4675	
5	2024년 4월	124.739	118.652	121.6955	
6	⋮	⋮	⋮	⋮	
7					

① 100

② 105

③ 110

④ 115

⑤ 120

26 다음 중 빈칸에 들어갈 내용으로 가장 적절한 것은?

주의력 결핍 과잉행동장애(ADHD)는 학령기 아동에게 흔히 나타나는 질환으로, 주의력 결핍, 과잉행동, 충동성의 증상을 보인다. 이는 아동의 학교 및 가정생활에 큰 영향을 미치며, 적절한 치료와 관리가 필요하다. ADHD의 원인은 신경화학적 요인과 유전적 요인이 복합적으로 작용하는 것으로 여겨진다. 도파민과 노르에피네프린 같은 신경전달물질의 불균형이 주요 원인으로 지목되며, 가족력이 있는 경우 ADHD 발병 확률이 높아진다. 연구에 따르면, ADHD는 상당한 유전적 연관성을 보이며, 부모나 형제 중에 ADHD를 가진 사람이 있을 경우 그 위험이 증가한다.

환경적 요인도 ADHD 발병에 영향을 미칠 수 있다. 임신 중 음주, 흡연, 약물 사용 등이 위험을 높일 수 있으며, 조산이나 저체중 출산도 연관성이 있다. 이러한 환경적 요인들은 태아의 뇌 발달에 영향을 미쳐 ADHD 발병 가능성을 증가시킬 수 있다. 그러나 이러한 요인들이 단독으로 ADHD를 유발하는 것은 아니며, 다양한 요인이 복합적으로 작용하여 증상이 나타난다.

ADHD 치료는 약물요법과 비약물요법으로 나뉜다. 약물요법에서는 메틸페니데이트 같은 중추신경자극제가 널리 사용된다. 이 약물은 도파민과 노르에피네프린의 재흡수를 억제해 증상을 완화한다. 이러한 약물은 주의력 향상과 충동성 감소에 효과적이며, 많은 연구에서 그 효능이 입증되었다. 비약물요법으로는 행동개입 요법과 심리사회적 프로그램이 있다. 이는 구조화된 환경에서 집중을 방해하는 요소를 최소화하고, 연령에 맞는 개입방법을 적용한다. 예를 들어, 학령기 아동에게는 그룹 부모훈련과 교실 내 행동개입 프로그램이 추천된다.

가정에서는 부모가 아이가 해야 할 일을 목록으로 작성하도록 돕고, 한 번에 한 가지씩 처리하도록 지도해야 한다. 특히 아이의 바람직한 행동에는 칭찬하고, 잘못된 행동에는 책임을 지도록 하는 것이 중요하다. 이러한 방법은 아이의 자존감을 높이고 긍정적인 행동을 강화하는 데 도움이 된다. 학교에서는 과제를 짧게 나누고, 수업이 지루하지 않도록 하며, 규칙과 보상을 일관되게 유지해야 한다. 교사는 ADHD 아동이 주의가 산만해질 수 있는 환경적 요소를 제거하고, 많은 격려와 칭찬을 통해 학습 동기를 유발해야 한다.

ADHD는 완치가 어려운 만성 질환이지만 적절한 치료와 관리를 통해 증상을 개선할 수 있다. 약물 치료와 비약물 치료를 병행하고 가정과 학교에서 적절한 지원이 이루어지면 ADHD 아동도 건강하고 행복한 삶을 영위할 수 있다. 결론적으로, ADHD는 _____ 따라서 다양한 원인에 부합하는 맞춤형 치료와 환경 조성을 통해 아동의 잠재력을 최대한 발휘할 수 있도록 지원해야 한다. 이는 아동이 자신의 능력을 충분히 발휘하고 성공적인 삶을 살아가는 데 중요한 역할을 한다.

① 완벽한 치료가 불가능한 불치병이다.

② 약물 치료를 통해 쉽게 치료가 가능하다.

③ 다양한 원인이 복합적으로 작용하는 질환이다.

④ 아동에게 적극적으로 개입하여 충동성을 감소시켜야 하는 질환이다.

27 다음 중 밑줄 친 단어가 맞춤법상 옳지 않은 것은?

① 김주임은 지난 분기 매출을 조사하여 증가량을 <u>백분율</u>로 표기하였다.

② 젊은 세대를 중심으로 빠른 이직 트렌드가 형성되어 <u>이직률</u>이 높아지고 있다.

③ 이번 학기 <u>출석율</u>이 이전보다 크게 향상되어 학생들의 참여도가 높아지고 있다.

④ 이번 시험의 <u>합격률</u>이 역대 최고치를 기록하며 수험생들에게 희망을 안겨주었다.

28 S공사는 2024년 상반기에 신입사원을 채용하였다. 전체 지원자 중 채용에 불합격한 남성 수와 여성 수의 비율은 같으며, 합격한 남성 수와 여성 수의 비율은 2 : 3이라고 한다. 남성 전체 지원자와 여성 전체 지원자의 비율이 6 : 7일 때, 합격한 남성 수가 32명이면 전체 지원자는 몇 명인가?

① 192명

② 200명

③ 208명

④ 216명

29 다음은 직장가입자 보수월액보험료에 대한 자료이다. A씨가 〈조건〉에 따라 장기요양보험료를 납부할 때, A씨의 2023년 보수월액은?(단, 소수점 첫째 자리에서 반올림한다)

〈직장가입자 보수월액보험료〉

- 개요 : 보수월액보험료는 직장가입자의 보수월액에 보험료율을 곱하여 산정한 금액에 경감 등을 적용하여 부과한다.
- 보험료 산정 방법
  - 건강보험료는 다음과 같이 산정한다.
    (건강보험료)=(보수월액)×(건강보험료율)
    ※ 보수월액 : 동일사업장에서 당해 연도에 지급받은 보수총액을 근무월수로 나눈 금액
  - 장기요양보험료는 다음과 같이 산정한다.
    2022.12.31. 이전 : (장기요양보험료)=(건강보험료)×(장기요양보험료율)
    2023.01.01. 이후 : $(장기요양보험료)=(건강보험료)\times\dfrac{(장기요양보험료율)}{(건강보험료율)}$

〈2020 ~ 2024년 보험료율〉

(단위 : %)

구분	2020년	2021년	2022년	2023년	2024년
건강보험료율	6.67	6.86	6.99	7.09	7.09
장기요양보험료율	10.25	11.52	12.27	0.9082	0.9182

조건

- A씨는 K공사에서 2011년 3월부터 2023년 9월까지 근무하였다.
- A씨는 3개월 후 2024년 1월부터 S공사에서 현재까지 근무하고 있다.
- A씨의 2023년 장기요양보험료는 35,120원이었다.

① 3,866,990원　　　　　② 3,974,560원

③ 4,024,820원　　　　　④ 4,135,970원

30 다음 중 개인정보보호법에서 사용하는 용어에 대한 정의로 옳지 않은 것은?

① '가명처리'란 추가 정보 없이도 특정 개인을 알아볼 수 있도록 처리하는 것을 말한다.

② '정보주체'란 처리되는 정보에 의하여 알아볼 수 있는 사람으로서 그 정보의 주체가 되는 사람을 말한다.

③ '개인정보'란 살아 있는 개인에 관한 정보로서 성명, 주민등록번호 및 영상 등을 통하여 개인을 알아볼 수 있는 정보를 말한다.

④ '처리'란 개인정보의 수집, 생성, 연계, 연동, 기록, 저장, 보유, 가공, 편집, 검색, 출력, 정정, 복구, 이용, 제공, 공개, 파기, 그 밖에 이와 유사한 행위를 말한다.

31 다음은 생활보조금 신청자의 소득 및 결과에 대한 자료이다. 월 소득이 100만 원 이하인 사람은 보조금 지급이 가능하고, 100만 원을 초과한 사람은 보조금 지급이 불가능할 때, 보조금 지급을 받는 사람의 수를 구하는 함수로 옳은 것은?

〈생활보조금 신청자 소득 및 결과〉

	A	B	C	D	E
1	지원번호	소득(만 원)	결과		
2	1001	150	불가능		
3	1002	80	가능		보조금 지급 인원 수
4	1003	120	불가능		
5	1004	95	가능		
6	⋮	⋮	⋮		
7					

① =COUNTIF(A:C, "<=100")

② =COUNTIF(A:C, <=100)

③ =COUNTIF(B:B, "<=100")

④ =COUNTIF(B:B, <=100)

32 다음은 초등학생의 주차별 용돈에 대한 자료이다. 빈칸에 들어갈 함수를 바르게 짝지은 것은?(단, 한 달은 4주로 한다)

〈초등학생 주차별 용돈〉

	A	B	C	D	E	F
1	학생번호	1주	2주	3주	4주	합계
2	1	7,000	8,000	12,000	11,000	(A)
3	2	50,000	60,000	45,000	55,000	
4	3	70,000	85,000	40,000	55,000	
5	4	10,000	6,000	18,000	14,000	
6	5	24,000	17,000	34,000	21,000	
7	6	27,000	56,000	43,000	28,000	
8	한 달 용돈이 150,000원 이상인 학생 수					(B)

	(A)	(B)
①	=SUM(B2:E2)	=COUNTIF(F2:F7,">=150,000")
②	=SUM(B2:E2)	=COUNTIF(B2:E2,">=150,000")
③	=SUM(B2:E2)	=COUNTIF(B2:E7,">=150,000")
④	=SUM(B2:E7)	=COUNTIF(F2:F7,">=150,000")

33 다음 중 빅데이터 분석 기획 절차를 순서대로 바르게 나열한 것은?

① 범위 설정 → 프로젝트 정의 → 위험 계획 수립 → 수행 계획 수립

② 범위 설정 → 프로젝트 정의 → 수행 계획 수립 → 위험 계획 수립

③ 프로젝트 정의 → 범위 정의 → 위험 계획 수립 → 수행 계획 수립

④ 프로젝트 정의 → 범위 설정 → 수행 계획 수립 → 위험 계획 수립

34 다음 중 밑줄 친 부분의 단어가 어법상 옳은 것은?

> K씨는 항상 ㉠ <u>짜깁기 / 짜집기</u>한 자료로 보고서를 작성했다. 처음에는 아무도 눈치채지 못했지만,
> 시간이 지나면서 K씨의 작업이 다른 사람들의 것과 비교해 질적으로 떨어지는 것이 분명해졌다.
> K씨는 결국 동료들 사이에서 ㉡ <u>뒤처지기 / 뒤쳐지기</u> 시작했고, 격차를 좁히기 위해 더 많은 시간을
> 투자해야 했다.

	㉠	㉡
①	짜깁기	뒤처지기
②	짜깁기	뒤쳐지기
③	짜집기	뒤처지기
④	짜집기	뒤쳐지기

35 다음 중 공문서 작성 시 유의해야 할 점으로 옳지 않은 것은?

① 한 장에 담아내는 것이 원칙이다.
② 부정문이나 의문문의 형식은 피한다.
③ 마지막엔 반드시 '끝'자로 마무리한다.
④ 날짜 다음에 괄호를 사용할 경우에는 반드시 마침표를 찍는다.

36 영서가 어머니와 함께 40분 동안 만두를 60개 빚었다고 한다. 어머니가 혼자서 1시간 동안 만두를
빚을 수 있는 개수가 영서가 혼자서 1시간 동안 만두를 빚을 수 있는 개수보다 10개 더 많을 때,
영서는 1시간 동안 만두를 몇 개 빚을 수 있는가?

① 30개
② 35개
③ 40개
④ 45개

37 대칭수는 순서대로 읽은 수와 거꾸로 읽은 수가 같은 수를 가리키는 말이다. 예컨대, 121, 303, 1,441, 85,058 등은 대칭수이다. 1,000 이상 50,000 미만의 대칭수는 모두 몇 개인가?

① 180개   ② 325개
③ 405개   ④ 490개

38 어떤 자연수 '25□'가 3의 배수일 때, □에 들어갈 수 있는 모든 자연수의 합은?

① 12   ② 13
③ 14   ④ 15

39 바이올린, 호른, 오보에, 플루트 4가지의 악기를 다음 〈조건〉에 따라 좌우로 4칸인 선반에 각각 1대씩 보관하려 한다. 각 칸에는 한 대의 악기만 배치할 수 있을 때, 왼쪽에서 두 번째 칸에 배치할 수 없는 악기는?

> **조건**
> • 호른은 바이올린 바로 왼쪽에 위치한다.
> • 오보에는 플루트 왼쪽에 위치하지 않는다.

① 바이올린   ② 호른
③ 오보에   ④ 플루트

40 다음 중 비영리 조직에 해당하지 않는 것은?

① 교육기관   ② 자선단체
③ 사회적 기업   ④ 비정부기구

41 다음은 D기업의 분기별 재무제표에 대한 자료이다. 2022년 4분기의 영업이익률은 얼마인가?

〈D기업 분기별 재무제표〉

(단위 : 십억 원, %)

구분	2022년 1분기	2022년 2분기	2022년 3분기	2022년 4분기	2023년 1분기	2023년 2분기	2023년 3분기	2023년 4분기
매출액	40	50	80	60	60	100	150	160
매출원가	30	40	70	80	100	100	120	130
매출총이익	10	10	10	( )	−40	0	30	30
판관비	3	5	5	7	8	5	7.5	10
영업이익	7	5	5	( )	−8	−5	22.5	20
영업이익률	17.5	10	6.25	( )	−80	−5	15	12.5

※ (영업이익률)=(영업이익)÷(매출액)×100
※ (영업이익)=(매출총이익)−(판관비)
※ (매출총이익)=(매출액)−(매출원가)

① −30% ② −45%

③ −60% ④ −75%

42 5km/h의 속력으로 움직이는 무빙워크를 이용하여 이동하는 데 36초가 걸렸다. 무빙워크 위에서 무빙워크와 같은 방향으로 4km/h의 속력으로 걸어 이동할 때 걸리는 시간은?

① 10초 ② 15초

③ 20초 ④ 25초

43 다음 순서도에서 출력되는 result 값은?

기호	설명	기호	설명
〈순서도 기호〉			
(둥근 모서리 사각형)	시작과 끝을 나타낸다.	(마름모)	어느 것을 택할 것인지 판단한다.
(직사각형)	데이터를 입력하거나 계산하는 등의 처리를 한다.	(출력 기호)	선택한 값을 출력한다.

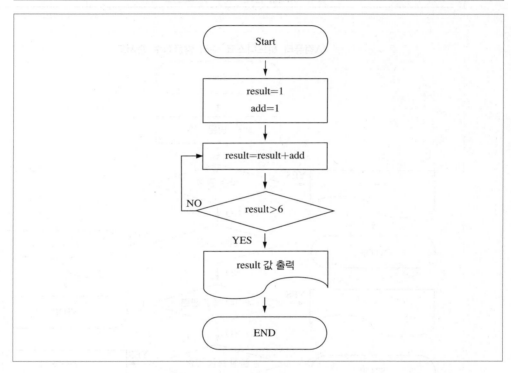

① 11   ② 10
③ 9   ④ 8
⑤ 7

44 다음은 A컴퓨터 A/S센터의 하드디스크 수리 방문접수 과정에 대한 순서도이다. 하드디스크 데이터 복구를 문의할 때, 출력되는 도형은 무엇인가?

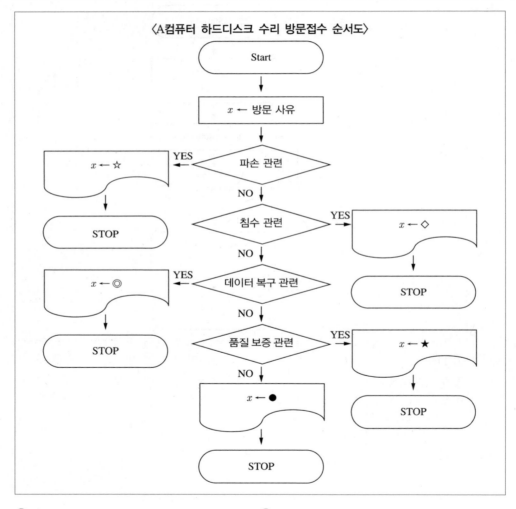

〈순서도 기호〉

기호	설명	기호	설명
	시작과 끝을 나타낸다.		어느 것을 택할 것인지 판단한다.
	데이터를 입력하거나 계산하는 등의 처리를 한다.		선택한 값을 출력한다.

① ☆

② ◇

③ ◎

④ ★

⑤ ●

45 다음은 EAN-13 바코드 부여 규칙에 대한 자료이다. 상품코드의 맨 앞 자릿수가 9일 때, 2 ~ 7번째 자릿수가 '387655'라면 이를 이진코드로 바르게 변환한 것은?

〈EAN-13 바코드 부여 규칙〉

1. 13자리 상품코드의 맨 앞 자릿수에 따라 다음과 같이 변환한다.

상품코드 번호	2 ~ 7번째 자릿수	8 ~ 13번째 자릿수
0	AAAAAA	CCCCCC
1	AABABB	CCCCCC
2	AABBAB	CCCCCC
3	AABBBA	CCCCCC
4	ABAABB	CCCCCC
5	ABBAAB	CCCCCC
6	ABBBAA	CCCCCC
7	ABABAB	CCCCCC
8	ABABBA	CCCCCC
9	ABBABA	CCCCCC

2. A, B, C는 다음과 같이 상품코드 번호를 이진코드로 변환한 값이다.

상품코드 번호	A	B	C
0	0001101	0100111	1110010
1	0011001	0110011	1100110
2	0010011	0011011	1101100
3	0111101	0100001	1000010
4	0100011	0011101	1011100
5	0110001	0111001	1001110
6	0101111	0000101	1010000
7	0111011	0010001	1000100
8	0110111	0001001	1001000
9	0001011	0010111	1110100

	2번째 수	3번째 수	4번째 수	5번째 수	6번째 수	7번째 수
①	0111101	0001001	0010001	0101111	0111001	0110001
②	0100001	0001001	0010001	0000101	0111101	0111101
③	0111101	0110111	0111011	0101111	0111001	0111101
④	0100001	0101111	0010001	0010111	0100111	0001011
⑤	0111101	0011001	0010001	0101111	0011001	0111001

※ 다음은 청소 유형별 청소기 사용 방법 및 고장 유형별 확인 사항에 대한 자료이다. 이어지는 질문에 답하시오. [46~47]

〈청소 유형별 청소기 사용 방법〉

유형	사용 방법
일반 청소	1. 기본형 청소구를 장착해 주세요. 2. 작동 버튼을 눌러 주세요.
틈새 청소	1. 기본형 청소구의 입구 돌출부를 누르고 잡아당기면 좁은 흡입구를 꺼낼 수 있습니다. 반대로 돌출부를 누르면서 밀어 넣으면 좁은 흡입구를 안쪽으로 정리할 수 있습니다. 2. 1.의 좁은 흡입구를 꺼낸 상태에서 돌출부를 시계 방향으로 돌리면 돌출부를 고정할 수 있습니다. 3. 좁은 흡입구를 고정한 후 작동 버튼을 눌러 주세요. (좁은 흡입구에는 솔이 함께 들어 있습니다)
카펫 청소	1. 별도의 돌기 청소구로 교체해 주세요. (기본형으로도 카펫 청소를 할 수 있으나, 청소 효율이 떨어집니다) 2. 작동 버튼을 눌러 주세요.
스팀 청소	1. 별도의 스팀 청소구로 교체해 주세요. 2. 스팀 청소구의 물통에 물을 충분히 채운 후 뚜껑을 잠가 주세요. ※ 반드시 전원을 분리한 상태에서 진행해 주세요. 3. 걸레판에 걸레를 부착한 후 스팀 청소구의 노즐에 장착해 주세요. ※ 반드시 전원을 분리한 상태에서 진행해 주세요. 4. 스팀 청소 버튼을 누르고 안전 스위치를 눌러 주세요. ※ 안전을 위해 안전 스위치를 누르는 동안에만 스팀이 발생합니다. ※ 스팀 청소 작업 도중 및 완료 직후에 청소기를 거꾸로 세우거나 스팀 청소구를 눕히면 뜨거운 물이 새어 나와 화상을 입을 수 있습니다. 5. 스팀 청소 완료 후 물이 충분히 식은 후 물통 및 스팀 청소구를 분리해 주세요. ※ 충분히 식지 않은 상태에서 분리 시 뜨거운 물이 새어 나와 화상의 위험이 있습니다.

〈고장 유형별 확인 사항〉

유형	확인 사항
흡입력 약화	• 흡입구, 호스, 먼지통, 먼지분리기에 크기가 큰 이물질이 걸려 있는지 확인해 주세요. • 필터를 교체해 주세요. • 먼지통, 먼지분리기, 필터의 조립 상태를 확인해 주세요.
청소기 미작동	• 전원이 제대로 연결되어 있는지 확인해 주세요.
물 보충 램프 깜빡임	• 물통에 물이 충분한지 확인해 주세요. • 물이 충분히 채워졌어도 꺼질 때까지 시간이 다소 걸립니다. 잠시 기다려 주세요.
스팀 안 나옴	• 물통에 물이 충분한지 확인해 주세요. • 안전 스위치를 눌렀는지 확인해 주세요.
바닥에 물이 남음	• 스팀 청소구를 너무 자주 좌우로 기울이면 물이 소량 새어 나올 수 있습니다. • 걸레가 많이 젖었으므로 걸레를 교체해 주세요.
악취 발생	• 제품 기능상의 문제는 아니므로 고장이 아닙니다. • 먼지통 및 필터를 교체해 주세요. • 스팀 청소구의 물통 등 청결 상태를 확인해 주세요.
소음 발생	• 흡입구, 호스, 먼지통, 먼지분리기에 크기가 큰 이물질이 걸려 있는지 확인해 주세요. • 먼지통, 먼지분리기, 필터의 조립 상태를 확인해 주세요.

46 다음 중 청소 유형별 청소기 사용 방법에 대한 설명으로 옳지 않은 것은?

① 기본형 청소구로 카펫 청소가 가능하다.

② 스팀 청소 직후 통을 분리하면 화상의 위험이 있다.

③ 기본형 청소구를 이용하여 좁은 틈새를 청소할 수 있다.

④ 안전 스위치를 1회 누르면 별도의 외부 입력 없이 스팀을 지속하여 발생시킬 수 있다.

⑤ 스팀 청소 시 물 보충 및 걸레 부착 작업은 반드시 전원을 분리한 상태에서 진행해야 한다.

47 다음 중 고장 유형별 고객 확인 사항이 옳지 않은 것은?

① 물 보충 램프 깜빡임 : 잠시 기다리기

② 악취 발생 : 스팀 청소구의 청결 상태 확인하기

③ 흡입력 약화 : 먼지통, 먼지분리기, 필터 교체하기

④ 바닥에 물이 남음 : 물통에 물이 너무 많이 있는지 확인하기

⑤ 소음 발생 : 흡입구, 호스, 먼지통, 먼지분리기의 이물질 걸림 확인하기

48 다음 중 동료의 피드백을 장려하기 위한 방안으로 적절하지 않은 것은?

① 행동과 수행을 관찰한다.

② 즉각적인 피드백을 제공한다.

③ 뛰어난 수행성과에 대해서는 인정한다.

④ 간단하고 분명한 목표와 우선순위를 설정한다.

⑤ 긍정적인 상황에서는 피드백을 자제하는 것도 나쁘지 않다.

49 다음 중 내적 동기를 유발하는 방법으로 적절하지 않은 것은?

① 변화를 두려워하지 않는다.

② 업무 관련 교육을 생략한다.

③ 주어진 일에 책임감을 갖는다.

④ 창의적인 문제해결법을 찾는다.

⑤ 새로운 도전의 기회를 부여한다.

50 다음은 갈등 정도와 조직 성과의 관계에 대한 그래프이다. 이에 대한 설명으로 옳지 않은 것은?

① 적절한 갈등이 있을 경우 가장 높은 조직 성과를 얻을 수 있다.

② 갈등이 없을수록 조직 내부가 결속되어 높은 조직 성과를 보인다.

③ Y점에서는 갈등의 순기능, Z점에서는 갈등의 역기능이 작용한다.

④ 갈등이 없을 경우 낮은 조직 성과를 얻을 수 있다.

⑤ 갈등이 잦을 경우 낮은 조직 성과를 얻을 수 있다.

| 한국전력공사

01 다음과 같이 전주의 높이 24m인 지점에 수평하중이 7,000N만큼 작용하고 있다. 전주와 지선 사이의 거리가 10m일 때, 지선에 작용하는 장력의 크기는?

① 7,000N

② 10,400N

③ 16,800N

④ 18,200N

⑤ 22,600N

| 한국전력공사

02 어떤 삼각파의 전압의 최댓값이 A일 때, 전압의 평균값은?

① $\dfrac{A}{2}$

② $\dfrac{A}{\sqrt{3}}$

③ $\dfrac{A}{\sqrt{2}}$

④ A

⑤ $\sqrt{2}\,A$

03 다음 중 송수전단 전압 E_s, E_r과 송수전단 전류 I_s, I_r 및 4단자 정수 A, B, C, D의 관계로 옳은 것은?

① $\begin{bmatrix} E_s \\ I_s \end{bmatrix} = \begin{bmatrix} \dfrac{1}{A} & B \\ C & \dfrac{1}{D} \end{bmatrix} \begin{bmatrix} E_r \\ I_r \end{bmatrix}$

② $\begin{bmatrix} E_s \\ I_s \end{bmatrix} = \begin{bmatrix} A & \dfrac{1}{B} \\ \dfrac{1}{C} & D \end{bmatrix} \begin{bmatrix} E_r \\ I_r \end{bmatrix}$

③ $\begin{bmatrix} E_s \\ I_s \end{bmatrix} = \begin{bmatrix} 1 & \dfrac{A}{B} \\ \dfrac{D}{C} & 1 \end{bmatrix} \begin{bmatrix} E_r \\ I_r \end{bmatrix}$

④ $\begin{bmatrix} E_s \\ I_s \end{bmatrix} = \begin{bmatrix} AD & 1 \\ 1 & BC \end{bmatrix} \begin{bmatrix} E_r \\ I_r \end{bmatrix}$

⑤ $\begin{bmatrix} E_s \\ I_s \end{bmatrix} = \begin{bmatrix} A & B \\ C & D \end{bmatrix} \begin{bmatrix} E_r \\ I_r \end{bmatrix}$

04 특성방정식 $F(s) = 4s^5 + 5s^4 - 3s^3 - 5s^2 + 7s + 15$를 Routh – Hurwitz 판별법을 통해 안정도를 판단하고자 한다. 이때, 3행 3열 성분의 값으로 옳은 것은?

① -7

② -3

③ $-\dfrac{1}{5}$

④ 0

⑤ 2

05 다음 비율차동계전기 접속도에서 A, B의 명칭이 바르게 연결된 것은?

	A	B
①	동작코일	분류코일
②	동작코일	억제코일
③	억제코일	분류코일
④	억제코일	동작코일
⑤	분류코일	억제코일

06 가로 27m, 세로 30m인 사무실에 광속이 4,500lm, 조명률이 0.6인 조명을 200개 설치하였다. 보수율이 0.6일 때, 평균조도는?

① 100lx   ② 200lx

③ 300lx   ④ 400lx

⑤ 500lx

07 다음 중 도체의 전하분포에 대한 설명으로 옳은 것은?

① 전하는 도체 내부에 존재한다.

② 전하는 도체 표면에 존재하지 않는다.

③ 도체 표면의 전위와 도체 내부의 전위는 다르다.

④ 도체 표면의 곡률이 클수록 전하밀도가 높다.

⑤ 도체 표면에서 전계의 방향은 도체 표면의 접선 방향이다.

08 어떤 무한직선도체에 전류가 흐를 때, 도선으로부터 10cm 떨어진 지점에서의 자계의 세기는 40cm 떨어진 지점에서의 자계의 세기의 몇 배인가?

① 4배

② 2배

③ 1배

④ $\frac{1}{2}$ 배

⑤ $\frac{1}{4}$ 배

09 반지름이 a이고 감은 횟수가 n인 환상 솔레노이드에 전류가 I만큼 흐르고 있다. 이 환상 솔레노이드 외부자계의 세기는?

① 0

② $\frac{1}{2\pi a}$

③ nI

④ $\frac{1}{2a}$

⑤ $\frac{nI}{2\pi a}$

10 다음 중 동기발전기가 단락되었을 때, 돌발 단락전류를 제한하는 것은?

① 동기임피던스

② 등가임피던스

③ 누설리액턴스

④ 등가리액턴스

⑤ 유도리액턴스

11 다음 중 BDC모터와 비교한 BLDC모터의 특징으로 옳지 않은 것은?

① 제어가 복잡하다.

② 소음이 더 크다.

③ 고속회전에 적합하다.

④ 반영구적이다.

⑤ 모터의 경량화가 가능하다.

12 다음 중 케이블 트레이의 할증률은 몇 %인가?

① 1%

② 2.5%

③ 3%

④ 5%

⑤ 10%

13 다음 중 분산형전원설비에서 점검 장치를 설치해야 하는 설비용량의 합계의 최솟값은?

① 80kVA

② 150kVA

③ 200kVA

④ 220kVA

⑤ 250kVA

14 다음 중 분산형전원 배전계통에서 고려하지 않아도 되는 것은?

① 노이즈

② 직류 유입 제한

③ 역률

④ 플리커

⑤ 고조파

15 다음 중 전기자동차 설비기준에 대한 설명으로 옳지 않은 것은?

① 침수 위험이 있는 곳에 설치하지 않도록 해야 한다.

② 전기자동차의 충전장치는 쉽게 열 수 없는 구조여야 한다.

③ 충전부는 노출되지 않도록 설치해야 하지만, 취급자만 출입할 수 있는 경우에는 예외로 한다.

④ 전기자동차의 충전장치 및 충전장치를 시설한 장소에는 쉽게 보이는 곳에 위험 표시를 해야 한다.

⑤ 충전장치에는 전기자동차 전용임을 나타내는 표시를 해야 한다.

16 한 변의 길이가 3m인 정삼각형의 세 꼭짓점에 크기가 10^{-4}C인 점전하가 있다. 이때 한 점전하가 다른 두 점전하로부터 받는 힘의 크기는?

① 약 10N

② 약 14.14N

③ 약 17.32N

④ 약 20N

⑤ 약 22.36N

17 크기가 서로 다른 콘덴서 C_1, C_2, C_3를 직렬로 연결했을 때의 합성 용량과 병렬로 연결했을 때의 합성 용량을 바르게 짝지은 것은?

	직렬연결	병렬연결
①	$C_1 + C_2 + C_3$	$C_1 + C_2 + C_3$
②	$C_1 + C_2 + C_3$	$\dfrac{1}{C_1} + \dfrac{1}{C_2} + \dfrac{1}{C_3}$
③	$\dfrac{1}{C_1} + \dfrac{1}{C_2} + \dfrac{1}{C_3}$	$C_1 C_2 + C_2 C_3 + C_3 C_1$
④	$\dfrac{1}{C_1} + \dfrac{1}{C_2} + \dfrac{1}{C_3}$	$C_1 + C_2 + C_3$
⑤	$C_1 C_2 + C_2 C_3 + C_3 C_1$	$\dfrac{1}{C_1} + \dfrac{1}{C_2} + \dfrac{1}{C_3}$

18 다음 중 변압기의 무부하시험으로 구할 수 없는 것은?

① 철손

② 동손

③ 단락비

④ 여자전류

⑤ 여자어드미턴스

19 거리가 2m 떨어진 무한 평행도선에 서로 같은 방향으로 1A의 전류가 흐를 때, 두 도선 사이에 작용하는 힘의 크기는?(단, 진공으로 가정한다)

① $10^{-7}\,\text{N}$

② $2\pi \times 10^{-7}\,\text{N}$

③ $10^{-6}\,\text{N}$

④ $2\pi \times 10^{-6}\,\text{N}$

⑤ $10^{-5}\,\text{N}$

20 3상 3선식 배전선로에서의 대지정전용량이 C_s, 선간정전용량이 C_m일 때, 작용정전용량은?

① $2C_s + C_m$

② $C_s + 2C_m$

③ $3C_s + C_m$

④ $C_s + 3C_m$

⑤ $2C_s + 3C_m$

21 다음 중 히스테리시스 곡선에 대한 설명으로 옳지 않은 것은?

① 히스테리시스 곡선과 횡축이 만나는 점은 보자력이다.

② 히스테리시스 곡선과 종축이 만나는 점은 잔류자기이다.

③ 히스테리시스 곡선의 기울기는 투자율이다.

④ 히스테리시스 곡선의 면적은 동손이다.

⑤ 히스테리시스 곡선은 자계와 자속밀도와의 관계를 나타내는 그래프이다.

22 다음 중 중성점 직접접지 방식의 특징으로 옳지 않은 것은?

① 단절연이 가능하다.

② 지락전류가 커서 보호계전기의 동작이 확실하다.

③ 지락전류는 지상 및 대전류이므로 과도안정도가 나쁘다.

④ 지락전류가 크므로 인접통신선에 대한 전자유도장해가 크다.

⑤ 1선 지락 시 건전상의 전위상승이 가장 크다.

23 다음 중 PID 제어에 대한 설명으로 옳지 않은 것은?

① 비례미분적분 동작이다.

② 진상 보상요소에만 쓰인다.

③ 잔류편차를 없애는 작용을 한다.

④ 응답속도가 매우 빠르다.

⑤ 사이클링 및 오프셋이 제거되고 안정성이 보장된다.

24 다음 중 유도전동기가 동기속도 이상의 빠른 속도로 회전할 때 유도발전기로 동작되어 그 발생전력으로 제동하는 제동방법은?

① 발전제동   ② 역전제동

③ 회생제동   ④ 단상제동

⑤ 기계적 제동

25 다음 중 전기철도의 전기적 부식을 방지하기 위한 전철 측 시설의 대책으로 옳지 않은 것은?

① 레일에 본드를 시설하거나 레일을 따라 보조 귀선을 설치한다.

② 귀선의 극성을 주기적으로 바꾼다.

③ 3선식 배전법을 사용한다.

④ 대지에 대한 레일의 절연저항을 크게 한다.

⑤ 변전소 사이의 간격을 길게 한다.

26 다음 중 전기철도의 직류송전방식의 특징으로 옳지 않은 것은?

① 교류송전방식에 비해 필요한 변전소 수가 적다.

② 절연을 작게 할 수 있다.

③ 유도장해가 없다.

④ 손실이 적다.

⑤ 누설전류가 없어 전식이 발생하지 않는다.

27 다음 중 SCADA 시스템에 대한 설명으로 옳지 않은 것은?

① 합리적인 운용이 가능하다.

② 효율적인 에너지 관리가 가능하다.

③ 현장에 투여된 모든 장비를 제어할 수 있다.

④ 정보보안이 강하며, 외부 공격에 대응할 수 있다.

⑤ 기존 기계식 시스템의 복잡한 시리얼 케이블 배선을 현장에서 직접 감시가 가능하다.

28 $f = 60$Hz, 6극 유도전동기의 슬립이 4%일 때의 회전수는?

① 1,089rpm
② 1,152rpm
③ 1,200rpm
④ 1,289rpm
⑤ 1,305rpm

29 직류 분권발전기의 극수가 8이고, 전기자 총 도체수 600으로 매분 900회 회전하고 있다. 매극당 자속수가 0.0138Wb일 때, 유기되는 기전력의 크기는?(단, 전기자 권선은 중권이다)

① 102.6V
② 112.4V
③ 118.6V
④ 124.2V
⑤ 130.5V

30 어떤 회로에 $V = 15 + j4$[V]의 전압을 가하면 $I = 40 + j20$[A]의 전류가 흐른다. 이 회로의 유효전력은?

① 640W
② 650W
③ 660W
④ 670W
⑤ 680W

PART 1

합격의 공식 시대에듀 www.sdedu.co.kr

직업기초능력평가

CHAPTER 01 의사소통능력

CHAPTER 02 자원관리능력

CHAPTER 03 문제해결능력

CHAPTER 04 정보능력

CHAPTER 05 조직이해능력

CHAPTER 06 수리능력

의사소통능력

합격 Cheat Key

의사소통능력은 평가하지 않는 공사·공단이 없을 만큼 필기시험에서 중요도가 높은 영역으로, 세부 유형은 문서 이해, 문서 작성, 의사 표현, 경청, 기초 외국어로 나눌 수 있다. 문서 이해·문서 작성과 같은 지문에 대한 주제 찾기, 내용 일치 문제의 출제 비중이 높으며, 문서의 특성을 파악하는 문제도 출제되고 있다.

1 문제에서 요구하는 바를 먼저 파악하라!

의사소통능력에서 가장 중요한 것은 제한된 시간 안에 빠르고 정확하게 답을 찾아내는 것이다. 의사소통능력에서는 지문이 아니라 문제가 주인공이므로 지문을 보기 전에 문제를 먼저 파악해야 하며, 문제에 따라 전략적으로 빠르게 풀어내는 연습을 해야 한다.

2 잠재되어 있는 언어 능력을 발휘하라!

세상에 글은 많고 우리가 학습할 수 있는 시간은 한정적이다. 이를 극복할 수 있는 방법은 다양한 글을 접하는 것이다. 실제 시험장에서 어떤 내용의 지문이 나올지 아무도 예측할 수 없으므로 평소에 신문, 소설, 보고서 등 여러 글을 접하는 것이 필요하다.

3   상황을 가정하라!

업무 수행에 있어 상황에 따른 언어 표현은 중요하다. 같은 말이라도 상황에 따라 다르게 해석될 수 있기 때문이다. 그런 의미에서 자신의 의견을 효과적으로 전달할 수 있는 능력을 평가하는 것이다. 업무를 수행하면서 발생할 수 있는 여러 상황을 가정하고 그에 따른 올바른 언어표현을 정리하는 것이 필요하다.

4   말하는 이의 입장에서 생각하라!

잘 듣는 것 또한 하나의 능력이다. 상대방의 이야기에 귀 기울이고 공감하는 태도는 업무를 수행하는 관계 속에서 필요한 요소이다. 그런 의미에서 다양한 상황에서 듣는 능력을 평가하는 것이다. 말하는 이가 요구하는 듣는 이의 태도를 파악하고, 이에 따른 판단을 할 수 있도록 언제나 말하는 사람의 입장이 되는 연습이 필요하다.

01 | 문서 내용 이해

| 유형분석 |

- 주어진 지문을 읽고 선택지를 고르는 전형적인 독해 문제이다.
- 지문은 주로 신문기사(보도자료 등)나 업무 보고서, 시사 등이 제시된다.
- 공사공단에 따라 자사와 관련된 내용의 기사나 법조문, 보고서 등이 출제되기도 한다.

다음 글의 내용으로 적절하지 않은 것은?

물가 상승률은 일반적으로 가격 수준의 상승 속도를 나타내며, 소비자 물가지수(CPI)와 같은 지표를 사용하여 측정된다. 높은 물가 상승률은 소비재와 서비스의 가격이 상승하고, 돈의 구매력이 감소한다. 이는 소비자들이 더 많은 돈을 지출하여 물가 상승에 따른 가격 상승을 감수해야 함을 의미한다.

물가 상승률은 경제에 다양한 영향을 미친다. 먼저 소비자들의 구매력이 저하되므로 가계소득의 실질 가치가 줄어든다. 이는 소비 지출의 감소와 경기 둔화를 초래할 수 있다. 또한 물가 상승률은 기업의 의사결정에도 영향을 준다. 예를 들어 높은 물가 상승률은 이자율의 상승과 함께 대출 조건을 악화시키므로 기업들은 생산 비용 상승과 이로 인한 이윤 감소에 직면하게 된다.

정부와 중앙은행은 물가 상승률을 통제하기 위해 다양한 금융 정책을 사용하며, 대표적으로 세금 조정, 통화량 조절, 금리 조정 등이 있다.

물가 상승률은 경제 활동에 큰 영향을 주는 중요한 요소이므로 정부, 기업, 투자자 및 개인은 이를 주의 깊게 모니터링하고 전망을 평가하는 데 활용해야 한다. 또한 소비자의 구매력과 경기 상황에 직접적·간접적인 영향을 주므로 경제 주체들은 물가 상승률의 변동에 대응하여 적절한 전략을 수립해야 한다.

① 지나친 물가 상승은 소비 심리를 위축시킨다.
② 정부와 중앙은행이 실행하는 금융 정책의 목적은 물가 안정성을 유지하는 것이다.
③ 중앙은행의 금리 조정으로 지나친 물가 상승을 진정시킬 수 있다.
④ 소비재와 서비스의 가격이 상승하므로 기업의 입장에서는 물가 상승률이 커질수록 이득이다.

정답 ④

높은 물가 상승률은 이자율의 상승과 함께 대출 조건을 악화시키므로 기업들은 생산 비용 상승과 이로 인한 이윤 감소에 직면하게 된다.

풀이 전략!

주어진 선택지에서 키워드를 체크한 후, 지문의 내용과 비교해 가면서 내용의 일치 유무를 빠르게 판단한다.

01 다음 중 스마트미터에 대한 내용으로 적절하지 않은 것은?

스마트미터는 소비자가 사용한 전력량을 일방적으로 보고하는 것이 아니라, 발전사로부터 전력 공급 현황을 받을 수 있는 양방향 통신, AMI(AMbient Intelligence)로 나아간다. 때문에 부가적인 설비를 더하지 않고 소프트웨어 설치만으로 집안의 통신이 가능한 각종 전자기기를 제어하는 기능까지 더할 수 있어 에너지를 더욱 효율적으로 관리하게 해주는 전력시스템이다.

스마트미터는 신재생에너지가 보급되기 위해 필요한 스마트그리드의 기초가 되는 부분으로 그 시작은 자원 고갈에 대한 걱정과 환경 보호 협약 때문이었다. 하지만 스마트미터가 촉구되었던 더 큰 이유는 안정적으로 전기를 이용할 수 있느냐 하는 두려움 때문이었다. 사회는 끊임없는 발전을 이뤄왔지만 천재지변으로 인한 시설 훼손이나 전력 과부하로 인한 블랙아웃 앞에서는 어쩔 도리가 없었다. 태풍과 홍수, 산사태 등으로 막대한 피해를 보았던 2000년대 초반 미국을 기점으로, 전력 정보의 신뢰도를 위해 스마트미터 산업은 크게 주목받기 시작했다. 대중은 비상시 전력 보급 현황을 알기 원했고, 미 정부는 전력 사용 현황을 파악함은 물론, 소비자가 전력 사용량을 확인할 수 있도록 제공하여 소비자 스스로 전력 사용을 줄이길 바랐다.

한편, 스마트미터는 기존의 전력 계량기를 교체해야 하는 수고와 비용이 들지만, 실시간으로 에너지 사용량을 알 수 있기 때문에 이용하는 순간부터 공급자인 발전사와 소비자 모두가 전력 정보를 편이하게 접할 수 있을 뿐만 아니라 효율적으로 관리가 가능해진다. 앞으로는 소비처로부터 멀리 떨어진 대규모 발전 시설에서 생산하는 전기뿐만 아니라, 스마트 그린시티에 설치된 발전설비를 통한 소량의 전기들까지 전기 가격을 하나의 정보로 규합하여 소비자가 필요에 맞게 전기를 소비할 수 있게 하였다. 또한, 소형 설비로 생산하거나 에너지 저장 시스템에 사용하다 남은 소량의 전기는 전력 시장에 역으로 제공해 보상을 받을 수도 있게 된다.

미래 에너지는 신재생에너지로의 완전한 전환이 중요하지만, 산업체는 물론 개개인이 에너지를 절약하는 것 역시 중요하다. 앞서 미국이 의도했던 것처럼 스마트미터를 보급하면 일상에서 쉽게 에너지 운용을 파악할 수 있게 되고, 에너지 절약을 습관화하는 데 도움이 될 것이다.

① 소비자가 사용한 전력량뿐만 아니라 발전사로부터 공급 현황도 받을 수 있다.
② 에너지 공급자와 사용자를 양방향 통신으로 연결해 정보제공 역할을 한다.
③ 공급자로부터 받은 전력 사용량을 바탕으로 소비자 스스로 전력 사용을 제어할 수 있다.
④ 스마트미터는 자원 고갈과 환경보호를 대체할 수 있는 발전효율이 높은 신재생에너지 자원이다.

02 다음 글의 내용으로 적절하지 않은 것은?

> 기업은 많은 이익을 남기길 원하고, 소비자는 좋은 제품을 저렴하게 구매하길 원한다. 그 과정에서 힘이 약한 저개발국가의 농민, 노동자, 생산자들은 무역상품의 가격 결정 과정에 참여하지 못하고, 자신이 재배한 식량과 상품을 매우 싼값에 팔아 겨우 생계를 유지한다. 그 결과, 세계 인구의 20% 정도가 한화 약 1,000원으로 하루를 살아가고, 세계 노동자의 40%가 하루 2,000원 정도의 소득으로 살아가고 있다.
>
> 이러한 무역 거래의 한계를 극복하고자 공평하고 윤리적인 무역 거래를 통해 저개발국가 농민, 노동자, 생산자들이 겪고 있는 빈곤 문제를 해결하기 위해 공정무역이 생겨났다. 공정무역은 기존 관행무역으로부터 소외당하며 불이익을 받고 있는 생산자와 지속가능한 파트너십을 통해 공정하게 거래하는 것으로, 생산자들과 공정무역 단체의 직거래를 통한 거래 관계에서부터 단체나 제품 등에 대한 인증시스템까지 모두 포함하는 무역을 의미한다.
>
> 이와 같은 공정무역은 국제 사회 시민운동의 일환으로, 1946년 미국의 시민단체 텐사우전드빌리지(Ten Thousand Villages)가 푸에르토리코의 자수 제품을 구매하고, 1950년대 후반 영국의 옥스팜(Oxfam)이 중국 피난민들의 수공예품과 동유럽국가의 수공예품을 팔면서 시작되었다. 이후 1960년대에는 여러 시민 단체들이 조직되어 아프리카, 남아메리카, 아시아의 빈곤한 나라에서 본격적으로 활동을 전개하였다. 이 단체들은 가난한 농부와 노동자들이 스스로 조합을 만들어 환경친화적으로 농산물을 생산하도록 교육하고, 이에 필요한 자금 등을 지원했다. 2000년대에는 자본주의의 대안활동으로 여겨지며 공정무역이 급속도로 확산되었고, 공정무역 단체나 회사가 생겨남에 따라 저개발국가 농부들의 농산물이 공정한 값을 받고 거래되었다. 이러한 과정에서 공정무역은 저개발국 생산자들의 삶을 개선하기 위한 중요한 시장 메커니즘으로 주목을 받게 된 것이다.

① 기존 관행 무역에서는 저개발국가의 농민, 노동자, 생산자들이 무역상품의 가격 결정 과정에 참여하지 못했다.

② 시민 단체들은 조합을 만들어 환경친화적인 농산물을 직접 생산하고, 이를 회사에 공정한 값으로 판매하였다.

③ 세계 노동자의 40%가 하루 2,000원 정도의 소득으로 살아가며, 세계 인구의 20%는 약 1,000원으로 하루를 살아간다.

④ 공정무역에서는 저개발국가의 생산자들과 지속가능한 파트너십을 통해 그들을 무역 거래 과정에서 소외시키지 않는다.

※ 다음 글의 내용으로 가장 적절한 것을 고르시오. [3~5]

03

BMO 금속 및 광업 관련 리서치 보고서에 따르면 최근 가격 강세를 지속해 온 알루미늄, 구리, 니켈 등 산업금속들의 4분기 중 공급부족 심화와 가격 상승세가 전망된다. 산업금속이란 산업에 필수적으로 사용되는 금속들을 말하는데, 앞서 제시한 알루미늄, 구리, 니켈뿐만 아니라 비교적 단단한 금속에 속하는 은이나 금 등도 모두 산업에 많이 사용될 수 있는 금속이므로 산업금속의 카테고리에 속한다고 할 수 있다. 이러한 산업금속은 물품을 생산하는 기계의 부품으로서 필요하기도 하고, 전자제품 등의 소재로 쓰이기도 하기 때문에 특정 분야의 산업이 활성화되면 특정 금속의 가격이 뛰거나 심각한 공급난을 겪기도 한다.

지난 4일 금융투자업계에 따르면 최근 전 세계적인 경제 회복 조짐과 함께 탈탄소 트렌드, 즉 '그린 열풍'에 따른 수요 증가로 산업금속 가격이 초강세이다. 런던금속거래소에서 발표한 자료에 따르면 올해 들어 지난달까지 알루미늄은 20.7%, 구리는 47.8%, 니켈은 15.9% 가격이 상승했다. 이를 통해 알 수 있듯이 구리 수요를 필두로 알루미늄, 니켈 등 전반적인 산업금속 섹터의 수요량이 증가하였다. 이는 전기자동차 산업의 확충과 관련이 있다. 전기자동차의 핵심적인 부품인 배터리를 만드는 데 구리와 니켈이 사용되기 때문이다. 이때, 배터리 소재 중 니켈의 비중을 높이면 배터리의 용량을 키울 수 있으나 배터리의 안정성이 저하된다. 기존의 전기자동차 배터리는 니켈의 사용량이 높았기 때문에 더욱 안정성 문제가 제기되어 왔다. 그래서 연구 끝에 적정량의 구리를 배합하는 것이 배터리 성능과 안정성을 모두 향상시키기 위해서 중요하다는 것을 밝혀내었다. 구리가 전기자동차 산업의 핵심 금속인 셈이다.

이처럼 전기자동차와 배터리 등 친환경 산업에 필수적인 금속들의 수요는 증가하는 반면, 세계 각국의 환경 규제 강화로 인해 금속의 생산은 오히려 감소하고 있기 때문에 산업금속에 대한 공급난과 가격 인상이 우려되고 있다.

① 세계적인 '그린 열풍' 현상 발생의 원인
② 필수적인 산업금속 공급난으로 인한 문제
③ 전기자동차의 배터리 성능을 향상하는 기술
④ 전기자동차 산업 확충에 따른 산업금속 수요의 증가

04

온갖 사물이 뒤섞여 등장하는 사진들에서 고양이를 틀림없이 알아보는 인공지능이 있다고 해보자. 그러한 식별 능력은 고양이 개념을 이해하는 능력과 어떤 관계가 있을까? 고양이를 실수 없이 가려내는 능력이 고양이 개념을 이해하는 능력의 필요충분조건이라고 할 수 있을까?

먼저, 인공지능이든 사람이든 고양이 개념에 대해 이해하면서도 영상 속의 짐승이나 사물이 고양이인지 정확히 판단하지 못하는 경우는 있을 수 있다. 예를 들어, 누군가가 전형적인 고양이와 거리가 먼 희귀한 외양의 고양이를 보고 "좀 이상하게 생긴 족제비로군요."라고 말했다고 해보자. 이것은 틀린 판단이지만, 그렇다고 그가 고양이 개념을 이해하지 못하고 있다고 평가하는 것은 부적절한 일일 것이다.

이번에는 다른 예로 누군가가 영상자료에서 가을에 해당하는 장면들을 실수 없이 가려낸다고 해보자. 그는 가을 개념을 이해하고 있다고 보아야 할까? 그 장면들을 실수 없이 가려낸다고 해도 그가 가을이 적잖은 사람들을 왠지 쓸쓸하게 하는 계절이라든가, 농경문화의 전통에서 수확의 결실이 있는 계절이라는 것, 혹은 가을이 지구 자전축의 기울기와 유관하다는 것 등을 반드시 알고 있는 것은 아니다. 심지어 가을이 지구의 1년을 넷으로 나눈 시간 중 하나를 가리킨다는 사실을 모르고 있을 수도 있다. 만일 가을이 여름과 겨울 사이에 오는 계절이라는 사실조차 모르는 사람이 있다면, 우리는 그가 가을 개념을 이해하고 있다고 인정할 수 있을까? 그것은 불합리한 일일 것이다.

가을이든 고양이든 인공지능이 그런 개념들을 충분히 이해하는 것은 영원히 불가능하다고 단언할 이유는 없다. 하지만 우리가 여기서 확인한 점은 개념의 사례를 식별하는 능력이 개념을 이해하는 능력을 함축하는 것은 아니고, 그 역도 마찬가지라는 것이다.

① 날아가는 비둘기를 참새로 오인했다고 해서 비둘기 개념을 이해하지 못하고 있다고 평가할 수는 없다.

② 영상자료에서 가을의 장면을 제대로 가려내지 못한 사람은 가을의 개념을 명확히 이해하지 못한 사람이다.

③ 인공지능이 자동차와 사람의 개념을 제대로 이해했다면, 영상 속의 자동차를 사람으로 착각할 리 없다.

④ 다양한 형태의 크고 작은 상자들 가운데 정확하게 정사각형의 상자를 찾아낸다면, 정사각형의 개념을 이해한 것이라고 볼 수 있다.

05

방사성 오염 물질은 크기가 초미세먼지(2.5μm)의 1만 분의 1 정도로 작은 원자들이다. Xe-125처럼 독립된 원자 상태로 존재하는 경우도 있지만, 대부분은 다른 원소들과 화학적으로 결합한 분자 상태로 존재한다. 전기적으로 중성인 경우도 있고, 양전하나 음전하를 가진 이온의 상태로 존재하기도 한다. 기체 상태로 공기 중에 날아다니기도 하고, 물에 녹아있기도 하고, 고체에 섞여있는 경우도 있다.

후쿠시마 원전 사고 부지에서 흘러나오는 오염수도 마찬가지다. 후쿠시마 원전 오염수는 2011년 3월 동일본 대지진으로 발생한 지진해일로 인해 파괴되어 땅에 묻혀있는 원자로 3기의 노심에서 녹아나온 200여 종의 방사성 핵종이 들어있는 지하수다. 섭씨 1,000도 이상으로 뜨거웠던 노심은 시간이 지나면서 천천히 차갑게 식어있는 상태가 되었다. 사고 직후에는 하루 470t씩 흘러나오던 오염수도 이제는 하루 140t으로 줄어들었다. 단단한 합금 상태의 노심에서 녹아나오는 방사성 핵종의 양도 시간이 지나면서 점점 줄어들고 있으며, 현재 후쿠시마 사고 현장의 탱크에는 125만 t의 오염수가 수거되어 있다.

일본은 처리수를 충분히 희석시켜서 삼중수소의 농도가 방류 허용기준보다 훨씬 낮은 리터당 1,500Bq로 저감시킬 계획이다. 125만 t의 오염수를 5억 t으로 희석한 후 약 30년에 걸쳐서 느린 속도로 방류하겠다는 것이다. 파괴된 노심을 완전히 제거하는 2051년까지 흘러나오는 오염수도 같은 방법으로 정화 및 희석하여 방류하겠다는 것이 일본의 계획이다.

희석하더라도 시간이 지나면 방사성 오염물질이 다시 모여들 수 있어 위험하다는 주장이 있는데, 이는 열역학 제2법칙인 엔트로피 증가의 법칙을 간과한 주장이다. 물에 잉크를 떨어뜨렸을 때, 떨어뜨린 잉크는 시간이 지나면 균일하게 퍼진다. 퍼진 잉크는 아무리 시간이 지나도 다시 모여들어서 진해지지 않는다. 태평양으로 방류한 삼중수소도 마찬가지다. 시간이 지나면 태평양 전체로 퍼져버리게 된다. 태평양 전체에 퍼져버린 삼중수소가 방출하는 모든 방사선에 노출될 확률은 거의 불가능에 가깝다.

① 방사성 오염 물질은 초미세먼지와 비슷한 크기이다.
② 방사성 오염 물질은 보통 독립된 원자 상태로 존재한다.
③ 2011년 일본 대지진 당시 노심은 섭씨 1,000도까지 올랐다가 바로 차갑게 식었다.
④ 오염수를 희석시켜 방류하면 일정 시간 후 다시 오염물질이 모여들 걱정을 하지 않아도 된다.

02 | 주제 · 제목 찾기

| 유형분석 |

• 주어진 지문을 파악하여 전달하고자 하는 핵심 주제를 고르는 문제이다.
• 정보를 종합하고 중요한 내용을 구별하는 능력이 필요하다.
• 설명문부터 주장, 반박문까지 다양한 성격의 지문이 제시되므로 글의 성격별 특징을 알아두는 것이 좋다.

다음 글의 주제로 가장 적절한 것은?

멸균이란 곰팡이, 세균, 박테리아, 바이러스 등 모든 미생물을 사멸시켜 무균 상태로 만드는 것을 의미한다. 멸균 방법에는 물리적, 화학적 방법이 있으며, 멸균 대상의 특성에 따라 적절한 멸균 방법을 선택하여 실시할 수 있다. 먼저 물리적 멸균법에는 열이나 화학약품을 사용하지 않고 여과기를 이용하여 세균을 제거하는 여과법, 병원체를 불에 태워 없애는 소각법, 100℃에서 10 ~ 20분간 물품을 끓이는 자비소독법, 미생물을 자외선에 직접 노출시키는 자외선 소독법, 160 ~ 170℃의 열에서 1 ~ 2시간 동안 건열 멸균기를 사용하는 건열법, 포화된 고압증기 형태의 습열로 미생물을 파괴시키는 고압증기 멸균법 등이 있다. 다음으로 화학적 멸균법은 화학약품이나 가스를 사용하여 미생물을 파괴하거나 성장을 억제하는 방법으로, E.O 가스, 알코올, 염소 등 여러 가지 화학약품이 사용된다.

① 멸균의 중요성
② 뛰어난 멸균 효과
③ 다양한 멸균 방법
④ 멸균 시 발생할 수 있는 부작용

정답 ③

제시문에서는 멸균에 대해 언급하며, 멸균 방법을 물리적 · 화학적으로 구분하여 다양한 멸균 방법에 대해 설명하고 있다. 따라서 글의 주제로는 ③이 가장 적절하다.

풀이 전략!

'결국', '즉', '그런데', '그러나', '그러므로' 등의 접속어 뒤에 주제가 드러나는 경우가 많다는 것에 주의하면서 지문을 읽는다.

※ 다음 글의 제목으로 가장 적절한 것을 고르시오. [1~3]

01

20세기 한국 사회는 내부 노동시장에 의존한 평생직장 개념을 갖고 있었으나, 1997년 외환 위기 이후 인력 관리의 유연성이 향상되면서 그것은 사라지기 시작하였다. 기업은 필요한 우수 인력을 외부 노동시장에서 적기에 채용하고, 저숙련 인력은 주변화하여 비정규직을 계속 늘려간다는 전략을 구사하고 있다. 이러한 기업의 인력 관리 방식에 따라서 실업률은 계속 하락하는 동시에 주당 18시간 미만으로 일하는 불완전 취업자가 많이 증가하고 있다.

이러한 현상은 우리나라의 경제가 지식 기반 산업 위주로 점차 바뀌고 있음을 말해 준다. 지식 기반 산업이 주도하는 경제 체제에서는 고급 지식을 갖거나 숙련된 노동자는 더욱 높은 임금을 받게 된다. 다시 말해, 지식 기반 경제로의 이행은 지식 격차에 의한 소득 불평등의 심화를 의미한다. 우수한 기술과 능력을 갖춘 핵심 인력은 능력 개발 기회를 얻게 되어 '고급 기술 → 높은 임금 → 양질의 능력 개발 기회'의 선순환 구조를 갖지만, 비정규직·장기 실업자 등 주변 인력은 악순환을 겪을 수밖에 없다. 이러한 '양극화' 현상을 국가가 적절히 통제하지 못할 경우, 사회 계급 간의 간극은 더욱 확대될 것이다. 결국 고도 기술 사회가 온다고 해도 자본주의 사회 체제가 지속되는 한, 사회 불평등 현상은 여전히 계급 간 균열선을 따라 존재하게 될 것이다. 국가가 포괄적 범위에서 강력하게 사회 정책적 개입을 추진하면 계급 간 차이를 현재보다는 축소시킬 수 있겠지만 아주 없어지는 못할 것이다.

사회 불평등 현상은 나라들 사이에서도 발견된다. 각국 간 발전 격차가 지속 확대되면서 전 지구적 생산의 재배치는 이미 20세기 중엽부터 진행됐다. 정보통신 기술은 지구의 자전 주기와 공간적 거리를 '장애물'에서 '이점'으로 변모시켰다. 그 결과, 전 지구적 노동시장이 탄생하였다. 기업을 비롯한 각 사회 조직은 국경을 넘어 인력을 충원하고, 재화와 용역을 구매하고 있다. 개인들도 인터넷을 통해 이러한 흐름에 동참하고 있다. 생산 기능은 저개발국으로 이전되고, 연구·개발·마케팅 기능은 선진국으로 모여드는 경향이 지속·강화되어, 나라 간 정보 격차가 확대되고 있다. 유비쿼터스 컴퓨팅 기술에 의거하여 전 지구 사회를 잇는 지역 간 분업은 앞으로 더욱 활발해질 것이다. 나라 간의 경제적 불평등 현상은 국제 자본 이동과 국제 노동 이동으로 표출되고 있다. 노동 집약적 부문의 국내 기업이 해외로 생산 기지를 옮기는 현상에서 나아가, 초국적 기업화 현상이 본격적으로 대두되고 있다. 전 지구에 걸친 외부 용역 대치가 이루어지고, 콜센터를 외국으로 옮기는 현상도 보편화될 것이다.

① 국가 간 노동 인력의 이동이 가져오는 폐해
② 사회 계급 간 불평등 심화 현상의 해소 방안
③ 지식 기반 산업 사회에서의 노동시장의 변화
④ 선진국과 저개발국 간의 격차 축소 정책의 필요성

02

우리는 비극을 즐긴다. 비극적인 희곡과 소설을 즐기고, 비극적인 그림과 영화 그리고 비극적인 음악과 유행가도 즐긴다. 슬픔, 애절, 우수의 심연에 빠질 것을 알면서도 소포클레스의 「안티고네」, 셰익스피어의 「햄릿」을 찾고, 베토벤의 '운명', 차이코프스키의 '비창', 피카소의 '우는 연인'을 즐긴다. 아니면 텔레비전의 멜로드라마를 보고 값싼 눈물이라도 흘린다. 이를 동정과 측은과 충격에 의한 '카타르시스', 즉 마음의 세척으로 설명한 아리스토텔레스의 주장은 유명하다. 그것은 마치 눈물로 스스로의 불안, 고민, 고통을 씻어내는 역할을 한다는 것이다.

니체는 좀 더 심각한 견해를 갖는다. 그는 "비극은 언제나 삶에 아주 긴요한 기능을 가지고 있다. 비극은 사람들에게 그들을 싸고도는 생명 파멸의 비운을 똑바로 인식해야 할 부담을 덜어주고, 동시에 비극 자체의 암울하고 음침한 원류에서 벗어나게 해서 그들의 삶의 흥취를 다시 돋우어 준다."라고 하였다. 그런 비운을 직접 전면적으로 목격하는 일, 또 더구나 스스로 직접 그것을 겪는 일이라는 것은 너무나 끔찍한 일이기에, 그것을 간접경험으로 희석한 비극을 봄으로써 '비운'이란 그런 것이라는 이해와 측은지심을 갖게 되고, 동시에 실제 비극이 아닌 그 가상적인 환영(幻影) 속에서 비극에 대한 어떤 안도감도 맛보게 된다.

① 비극의 현대적 의의　　　　　　② 비극에 반영된 삶
③ 비극의 기원과 역사　　　　　　④ 비극을 즐기는 이유

03

동물성 지방은 혈중 콜레스테롤을 높일 수 있으므로 특히 주의하는 것이 좋습니다. 콜레스테롤은 두 종류가 있는데, LDL 콜레스테롤은 나쁜 콜레스테롤이라고 부르며, HDL 콜레스테롤은 혈관 건강에 도움이 되는 착한 콜레스테롤로 알려져 있습니다. 소고기, 돼지고기 등 육류와 튀김을 먹으면 LDL 콜레스테롤이 몸에 흡수되어 혈중 콜레스테롤 농도를 높입니다. 하지만 몸속 콜레스테롤 농도에 가장 많은 영향을 미치는 것은 음식보다 간에서 합성되는 LDL 콜레스테롤입니다. 이때 간의 LDL 콜레스테롤 합성을 촉진하는 것이 포화지방입니다. LDL 콜레스테롤이 들어간 음식을 적게 먹어도, 포화지방을 많이 먹으면 혈중 LDL 콜레스테롤 수치가 높아지게 됩니다. 불포화지방은 포화지방과 달리 간세포의 기능을 높여 LDL 콜레스테롤의 분해를 도와 혈중 수치를 낮추는 데 도움이 됩니다. 특히 생선기름에 들어있는 불포화지방인 EPA, DHA는 콜레스테롤을 감소시키는 효과가 있습니다. 트랜스지방은 불포화지방에 수소를 첨가하여 구조를 변형시켜 만든 것입니다. 식물성 기름을 고형화시키면 액상 기름보다 운송과 저장이 손쉽고 빨리 상하지 않기 때문에 트랜스지방이 생기게 되는 거죠. 트랜스지방은 혈중 LDL 콜레스테롤을 상승하게 하고, HDL 콜레스테롤을 감소하게 만들어 심혈관질환의 발생위험을 높입니다.

① 혈중 콜레스테롤의 비밀　　　　② 비만의 원인, 지방을 줄여라
③ 심혈관질환의 적, 콜레스테롤　　④ 몸에 좋은 지방과 좋지 않은 지방

※ 다음 글의 주제로 가장 적절한 것을 고르시오. [4~6]

04

맹자는 다음과 같은 이야기를 전한다. 송나라의 한 농부가 밭에 나갔다 돌아오면서 처자에게 말한다. "오늘 일을 너무 많이 했다. 밭의 싹들이 빨리 자라도록 하나하나 잡아당겨줬더니 피곤하구나." 아내와 아이가 밭에 나가보았더니 싹들이 모두 말라 죽어 있었다. 이렇게 자라는 것을 억지로 돕는 일, 즉 조장(助長)을 하지 말라고 맹자는 말한다. 싹이 빨리 자라기를 바란다고 싹을 억지로 잡아올려서는 안 된다. 목적을 이루기 위해 가장 빠른 효과를 얻고 싶겠지만 이는 도리어 효과를 놓치는 길이다. 억지로 효과를 내려고 했기 때문이다. 싹이 자라기를 바라 싹을 잡아당기는 것은 이미 시작된 과정을 거스르는 일이다. 효과가 자연스럽게 나타날 가능성을 방해하고 막는 일이기 때문이다. 당연히 싹의 성장 가능성은 땅 속의 씨앗에 들어있는 것이다. 개입하고 힘을 쏟고자 하는 대신에 이 잠재력을 발휘할 수 있도록 하는 것이 중요하다.

성장에는 피해야 할 두 개의 암초가 있다. 첫째는 싹을 잡아당겨서 직접적으로 성장을 이루려는 것이다. 이는 목적성이 있는 적극적 행동주의로써 성장의 자연스러운 과정을 존중하지 않는 것이다. 달리 말하면 효과가 숙성되도록 놔두지 않는 것이다. 둘째는 밭의 가장자리에 서서 자라는 것을 지켜보는 것이다. 싹을 잡아당겨서도 안 되고 그렇다고 단지 싹이 자라는 것을 지켜만 봐서도 안 된다. 그렇다면 무엇을 해야 하는가? 싹 밑의 잡초를 뽑고 김을 매주는 일을 해야 하는 것이다. 경작이 용이한 땅을 조성하고 공기를 통하게 함으로써 성장을 보조해야 한다. 기다리지 못함도 삼가고 아무것도 안 함도 삼가야 한다. 작동 중에 있는 자연스런 성향이 발휘되도록 기다리면서도 전력을 다할 수 있도록 돕는 노력도 멈추지 말아야 한다.

① 인류사회는 자연의 한계를 극복하려는 인위적 노력에 의해 발전해 왔다.
② 싹이 스스로 성장하도록 그대로 두는 것이 수확량을 극대화하는 방법이다.
③ 어떤 일을 진행할 때 가장 중요한 것은 명확한 목적성을 설정하는 것이다.
④ 잠재력을 발휘하도록 하려면 의도적 개입과 방관적 태도 모두를 경계해야 한다.

05

최근에 사이버공동체를 중심으로 한 시민의 자발적 정치 참여 현상이 많은 관심을 끌고 있다. 이러한 현상과 관련하여 A의 연구가 새삼 주목 받고 있다. A의 연구에 따르면 공동체의 구성원이 됨으로써 얻게 되는 사회적 자본이 시민사회의 성숙과 민주주의 발전을 가져오는 원동력이다. A의 이론에서는 공동체에 대한 자발적 참여를 통해 사회 구성원 간의 상호 의무감과 신뢰, 구성원들이 공유하는 규칙과 관행, 사회적 유대 관계와 같은 사회적 자본이 늘어나면 사회 구성원 간의 협조적인 행위가 가능하게 된다고 보았다. 더 나아가 A는 자원봉사자와 같이 공동체 참여도가 높은 사람이 투표할 가능성이 높고 정부 정책에 대한 의견 개진도 활발해지는 등 정치 참여도가 높아진다고 주장하였다.

몇몇 학자들은 A의 이론을 적용하여 면대면 접촉에 따른 인간관계의 산물인 사회적 자본이 사이버공동체에서도 충분히 형성될 수 있다고 보았다. 그리고 사이버공동체에서 사회적 자본의 증가가 정치 참여도 활성화시킬 것으로 기대했다. 하지만 이러한 기대와는 달리 정치 참여는 활성화되지 않았다. 요즘 젊은이들을 보면 각종 사이버공동체에 자발적으로 참여하는 수준은 높지만 투표나 다른 정치 활동에는 무관심하거나 심지어 정치를 혐오하기도 한다. 이런 측면에서 A의 주장은 사이버공동체가 활성화된 오늘날에는 잘 맞지 않는다.

이러한 이유 때문에 오늘날 사이버공동체를 중심으로 한 정치 참여를 더 잘 이해하기 위해서 정치적 자본 개념의 도입이 필요하다. 정치적 자본은 사회적 자본의 구성 요소와는 달리 정치 정보의 습득과 이용, 정치적 토론과 대화, 정치적 효능감 등으로 구성된다. 정치적 자본은 사회적 자본과 마찬가지로 공동체 참여를 통해서 획득되지만, 정치 과정에의 관여를 촉진한다는 점에서 사회적 자본과는 구분될 필요가 있다. 사회적 자본만으로는 정치 참여를 기대하기 어렵고, 사회적 자본과 정치 참여 사이를 정치적 자본이 매개할 때 비로소 정치 참여가 활성화된다.

① 사이버공동체를 통해 축적된 사회적 자본에 정치적 자본이 더해질 때 정치 참여가 활성화된다.
② 사회적 자본은 정치적 자본을 포함하기 때문에 그 자체로 정치 참여의 활성화를 가져온다.
③ 사회적 자본이 많은 사회는 정치 참여가 활발하기 때문에 민주주의가 실현된다.
④ 사이버공동체의 특수성으로 인해 시민들의 정치 참여가 어렵게 되었다.

06

동양 사상이라 해서 언어와 개념을 무조건 무시하는 것은 결코 아니다. 만약 그렇다면 동양 사상은 경전이나 저술을 통해 언어화되지 않고 순전히 침묵 속에서 전수되어 왔을 것이다. 물론 이것은 사실이 아니다. 동양 사상도 끊임없이 언어적으로 다듬어져 왔으며 논리적으로 전개되어 왔다. 흔히 동양 사상은 신비주의적이라고 말하지만, 이것은 동양 사상의 한 면만을 특정 지우는 것이지 결코 동양의 철인(哲人)들이 사상을 전개함에 있어 논리를 무시했다거나 항시 어떤 신비적인 체험에 호소해서 자신의 주장들을 폈다는 것을 뜻하지는 않는다. 그러나 역시 동양 사상은 신비주의적임에 틀림없다. 거기서는 지고(至高)의 진리란 언제나 언어화될 수 없는 어떤 신비한 체험의 경지임이 늘 강조되어 왔기 때문이다. 최고의 진리는 언어 이전, 혹은 언어 이후의 무언(無言)의 진리이다. 엉뚱하게 들리겠지만, 동양 사상의 정수(精髓)는 말로써 말이 필요 없는 경지를 가리키려는 데에 있다고 해도 과언이 아니다. 말이 스스로를 부정하고 초월하는 경지를 나타내도록 사용된 것이다. 언어로써 언어를 초월하는 경지를 나타내고자 하는 것이야말로 동양 철학이 지닌 가장 특징적인 정신이다. 동양에서는 인식의 주체를 심(心)이라는 매우 애매하면서도 포괄적인 말로 이해해 왔다. 심(心)은 물(物)과 항시 자연스러운 교류를 하고 있으며, 이성은 단지 심(心)의 일면일 뿐인 것이다. 동양은 이성의 오만이라는 것을 모른다. 지고의 진리, 인간을 살리고 자유롭게 하는 생동적 진리는 언어적 지성을 넘어선다는 의식이 있었기 때문일 것이다. 언어는 언제나 마음을 못 따르며 둘 사이에는 항시 괴리가 있다는 생각이 동양인들의 의식 저변에 깔려 있는 것이다.

① 동양 사상은 신비주의적인 요소가 많다.
② 언어와 개념을 무시하면 동양 사상을 이해할 수 없다.
③ 동양 사상은 언어적 지식을 초월하는 진리를 추구한다.
④ 동양 사상에서는 언어는 마음을 따르므로 진리는 마음속에 있다고 주장한다.

03 | 문단 나열

| 유형분석 |

- 각 문단의 내용을 파악하고 논리적 순서에 맞게 배열하는 복합적인 문제이다.
- 전체적인 글의 흐름을 이해하는 것이 중요하며, 각 문장의 지시어나 접속어에 주의한다.

다음 문단을 논리적 순서대로 바르게 나열한 것은?

(가) 여기에 반해 동양에서는 보름달에 좋은 이미지를 부여한다. 예를 들어, 우리나라의 처녀귀신이나 도깨비는 달빛이 흐린 그믐 무렵에나 활동하는 것이다. 그런데 최근에는 동서양의 개념이 마구 뒤섞여 보름달을 배경으로 악마의 상징인 늑대가 우는 광경이 동양의 영화에 나오기도 한다.

(나) 동양에서 달은 '음(陰)'의 기운을, 해는 '양(陽)'의 기운을 상징한다는 통념이 자리를 잡았다. 그래서 달을 '태음', 해를 '태양'이라고 불렀다. 동양에서는 해와 달의 크기가 같은 덕에 음과 양도 동등한 자격을 갖춘다. 즉, 음과 양은 어느 하나가 좋고 다른 하나는 나쁜 것이 아니라 서로 보완하는 관계를 이루는 것이다.

(다) 옛날부터 형성된 이러한 동서양 간의 차이는 오늘날까지 영향을 끼치고 있다. 동양에서는 달이 밝으면 달맞이를 하는데, 서양에서는 달맞이를 자살 행위처럼 여기고 있다. 특히 보름달은 서양인들에게 거의 공포의 상징과 같은 존재이다. 예를 들어, 13일의 금요일에 보름달이 뜨게 되면 사람들이 외출조차 꺼린다.

(라) 하지만 서양의 경우는 다르다. 서양에서 낮은 신이, 밤은 악마가 지배한다는 통념이 자리를 잡았다. 따라서 밤의 상징인 달에 좋지 않은 이미지를 부여하게 되었다. 이는 해와 달의 명칭을 보면 알 수 있다. 라틴어로 해를 'Sol', 달을 'Luna'라고 하는데 정신병을 뜻하는 단어 'Lunacy'의 어원이 바로 'Luna'이다.

① (가) – (나) – (라) – (다)
② (나) – (라) – (가) – (다)
③ (나) – (라) – (다) – (가)
④ (다) – (나) – (가) – (라)

정답 ③

제시문은 동양과 서양에서 서로 다른 의미를 부여하고 있는 달에 대해 설명하고 있는 글이다. 따라서 (나) 동양에서 나타나는 해와 달의 의미 → (라) 동양과 상반되는 서양에서의 해와 달의 의미 → (다) 최근까지 지속되고 있는 달에 대한 서양의 부정적 의미 → (가) 동양에서의 변화된 달의 이미지의 순서대로 나열하는 것이 적절하다.

풀이 전략!

상대적으로 시간이 부족하다고 느낄 때는 선택지를 참고하여 문장의 순서를 생각해 본다.

※ 다음 문단을 논리적 순서대로 바르게 나열한 것을 고르시오. [1~5]

01
(가) 여름에는 찬 음식을 많이 먹거나 냉방기를 과도하게 사용하는 경우가 많은데, 그렇게 되면 체온이 떨어져 면역력이 약해지기 때문이다.
(나) 만약 감기에 걸렸다면 탈수로 인한 탈진을 방지하기 위해 수분을 충분히 섭취해야 한다.
(다) 특히 감기로 인해 열이 나거나 기침을 할 때에는 따뜻한 물을 여러 번에 나누어 먹는 것이 좋다.
(라) 여름철 감기를 예방하기 위해서는 찬 음식은 적당히 먹어야 하고 냉방기에 장시간 노출되는 것을 피해야 하며, 충분한 휴식을 취하고, 집에 돌아온 후에는 손발을 꼭 씻어야 한다.
(마) 일반적으로 감기는 겨울에 걸린다고 생각하지만 의외로 여름에도 감기에 걸린다.

① (가) – (다) – (나) – (라) – (마)
② (가) – (라) – (다) – (마) – (나)
③ (마) – (가) – (라) – (나) – (다)
④ (마) – (다) – (라) – (나) – (가)

02
(가) 글의 구조를 고려한 독서의 방법에는 요약하기와 조직자 활용하기 방법이 있다. 내용 요약하기는 문단의 중심 화제를 한두 문장으로 표현해 보는 일이다. 조직자란 내용을 조직하는 단위들이다. 이를 잘 찾아내면 글의 요점을 파악하기 쉽다.
(나) 한 편의 완성된 글은 구조를 갖고 있으며 그 속에는 글쓴이의 중심 생각은 물론 글쓰기 전략도 들어 있다. 이때 글을 쓰는 목적이 무엇이냐에 따라 글쓰기 전략이 달라진다.
(다) 정보를 전달하는 글은 정보를 쉽고 명료하게 조직하는 전략을 사용하고, 설득하는 글은 서론 – 본론 – 결론의 짜임을 취하며 주장을 설득력 있게 펼친다.
(라) 독자 입장에서는 글이 구조를 갖고 있다는 점을 염두에 두고 글쓴이가 글을 쓴 목적이나 의도를 추리하며 글을 읽어야 한다.

① (가) – (나) – (라) – (다)
② (가) – (다) – (나) – (라)
③ (나) – (다) – (라) – (가)
④ (나) – (라) – (가) – (다)

03

(가) 결국 이를 다시 생각하면, 과거와 현재의 문화 체계와 당시 사람들의 의식 구조, 생활상 등을 역추적할 수 있다는 말이 된다. 즉, 동물의 상징적 의미가 문화를 푸는 또 하나의 열쇠이자 암호가 되는 것이다. 그리고 동물의 상징적 의미를 통해 인류의 총체인 문화의 실타래를 푸는 것은 우리는 어떤 존재인가라는 정체성에 대한 답을 하는 과정이 될 수 있다.

(나) 인류는 선사시대부터 생존을 위한 원초적 본능에서 동굴이나 바위에 그림을 그리는 일종의 신앙 미술을 창조했다. 신앙 미술은 동물에게 여러 의미를 부여하기 시작했고, 동물의 상징적 의미는 현재까지도 이어지고 있다. 1억 원 이상 복권 당첨자의 23%가 돼지꿈을 꿨다거나, 황금돼지해에 태어난 아이는 만복을 타고난다는 속설 때문에 결혼과 출산이 줄을 이었고, 대통령 선거에서 '두 돼지가 나타나 두 뱀을 잡아 먹는다.'는 식으로 후보들이 홍보를 하기도 했다. 이렇게 동물의 상징적 의미는 우리 시대에도 여전히 유효한 관념으로 남아 있는 것이다.

(다) 동물의 상징적 의미는 시대나 나라에 따라 변하고 새로운 역사성을 담기도 했다. 예를 들면, 뱀은 다산의 상징이자 불사의 존재이기도 했지만, 사악하고 차가운 간사한 동물로 여겨지기도 했다. 하지만 그리스에서 뱀은 지혜의 신이자, 아테네의 상징물이었고, 논리학의 상징이었다. 그리고 과거에 용은 숭배의 대상이었으나, 상상의 동물일 뿐이라는 현대의 과학적 사고는 지금의 용에 대한 믿음을 약화시키고 있다.

(라) 동물의 상징적 의미가 이렇게 다양하게 변하는 것은 문화가 살아 움직이기 때문이다. 문화는 인류의 지식, 신념, 행위의 총체로서, 동물의 상징적 의미 또한 문화에 속한다. 문화는 항상 현재 진행형이기 때문에 현재의 생활이 바로 문화이며, 이것은 미래의 문화로 전이된다. 문화는 과거, 현재, 미래가 따로 떨어진 게 아니라 뫼비우스의 띠처럼 연결되어 있는 것이다. 다시 말하면 그 속에 포함된 동물의 상징적 의미 또한 거미줄처럼 얽히고설켜 형성된 것으로, 그 시대의 관념과 종교, 사회·정치적 상황에 따라 의미가 달라질 수밖에 없다는 말이다.

① (가) – (다) – (라) – (나)
② (나) – (라) – (다) – (가)
③ (나) – (다) – (라) – (가)
④ (다) – (나) – (라) – (가)

04

(가) 친환경 농업은 최소한의 농약과 화학비료만을 사용하거나 전혀 사용하지 않은 농산물을 일컫는다. 친환경 농산물이 각광받는 이유는 우리가 먹고 마시는 것들이 우리네 건강과 직결되기 때문이다.

(나) 사실상 병충해를 막고 수확량을 늘리는 데 있어, 농약은 전 세계에 걸쳐 관행적으로 사용됐다. 깨끗이 씻어도 쌀에 남아있는 잔류농약을 완전히 제거하기는 어렵다. 잔류농약은 아토피와 각종 알레르기를 유발한다. 또한 출산율을 저하하고 유전자 변이의 원인이 되기도 한다. 특히 제초제 성분이 체내에 들어올 경우, 면역체계에 치명적인 손상을 일으킨다.

(다) 미국 환경보호청은 제초제 성분의 60%를 발암물질로 규정했다. 결국 더 많은 농산물을 재배하기 위한 농약과 제초제 사용이 오히려 인체에 치명적인 피해를 줄지 모를 잠재적 위험요인으로 자리매김한 셈이다.

① (가) – (나) – (다)
② (가) – (다) – (나)
③ (나) – (다) – (가)
④ (다) – (가) – (나)

05

(가) 칸트의 무관심성에 대한 논의에서 이에 대한 단서를 얻을 수 있다. 칸트는 미적 경험의 주체가 '객체가 존재한다.'는 사실성 자체로부터 거리를 둔다고 주장한다. 이에 따르면, 영화관에서 관객은 영상의 존재 자체에 대해 무관심한 상태에 있다. 영상의 흐름을 냉정하고 분석적인 태도로 받아들이는 것이 아니라, 영상의 흐름이 자신에게 말을 걸어오는 듯이, 자신이 미적 경험의 유희에 초대된 듯이 공감하며 체험하고 있다. 미적 거리 두기와 공감적 참여의 상태를 경험하는 것이다. 주체와 객체가 엄격하게 분리되거나 완전히 겹쳐지는 것으로 이해하는 통상적인 동일시 이론과 달리, 칸트는 미적 지각을 지각 주체와 지각 대상 사이의 분리와 융합의 긴장감 넘치는 '중간 상태'로 본 것이다.

(나) 관객은 영화를 보면서 영상의 흐름을 어떻게 지각하는 것일까? 그토록 빠르게 변화하는 앵글, 인물, 공간, 시간 등을 어떻게 별 어려움 없이 흥미진진하게 따라가는 것일까? 흔히 영화의 수용에 대해 설명할 때 관객의 눈과 카메라의 시선 사이에 일어나는 동일시 과정을 내세운다. 그러나 동일시 이론은 어떠한 조건을 기반으로, 어떠한 과정을 거쳐서 동일시가 일어나는지, 영상의 흐름을 지각할 때 일어나는 동일시의 고유한 방식이 어떤 것인지에 대해 의미 있는 설명을 제시하지 못하고 있다.

(다) 이렇게 볼 때 영화 관객은 자신의 눈을 단순히 카메라의 시선과 직접적으로 동일시하는 것이 아니다. 관객은 영화를 보면서 영화 속 공간, 운동의 양상 등을 유희적으로 동일시하며, 장소 공간이나 방향 공간 등 다양한 공간의 층들을 동시에 인지할 뿐만 아니라 감정 공간에서 나오는 독특한 분위기의 힘을 감지하고, 이를 통해 영화 속의 공간과 공감하며 소통하고 있는 것이다.

(라) 관객이 영상의 흐름을 생동감 있게 체험할 수 있는 이유는, 영화 속의 공간이 단순한 장소로서의 공간이라기보다는 '방향 공간'이기 때문이다. 카메라의 다양한 앵글 선택과 움직임, 자유로운 시점 선택이 방향 공간적 표현을 용이하게 해 준다. 두 사람의 대화 장면을 보여 주는 장면을 생각해 보자. 관객은 단지 대화에 참여한 두 사람의 존재와 위치만 확인하는 것이 아니라, 두 사람의 시선 자체가 지닌 방향성의 암시, 즉 두 사람의 얼굴과 상반신이 서로를 향하고 있는 방향 공간적 상황을 함께 지각하고 있는 것이다.

(마) 영화의 매체적 강점은 방향 공간적 표현이라는 데에만 그치지 않는다. 영상의 흐름에 대한 지각은 언제나 생생한 느낌을 동반한다. 관객은 영화 속 공간과 인물의 독특한 감정에서 비롯된 분위기의 힘을 늘 느끼고 있다. 따라서 영화 속 공간은 근본적으로 이러한 분위기의 힘을 느끼도록 해 주는 '감정 공간'이라 할 수 있다.

① (가) - (라) - (나) - (마) - (다)
② (가) - (라) - (마) - (나) - (다)
③ (나) - (다) - (가) - (라) - (마)
④ (나) - (가) - (라) - (마) - (다)

04 | 추론하기

| 유형분석 |

- 주어진 지문을 바탕으로 도출할 수 있는 내용을 찾는 문제이다.
- 선택지의 내용을 정확하게 확인하고 지문의 정보와 비교하여 추론하는 능력이 필요하다.

다음 글을 읽고 추론한 내용으로 적절하지 않은 것은?

> 1977년 개관한 퐁피두 센터의 정식명칭은 국립 조르주 퐁피두 예술문화 센터로, 공공정보기관(BPI), 공업창작센터(CCI), 음악·음향의 탐구와 조정연구소(IRCAM), 파리 국립 근현대 미술관(MNAM) 등이 있는 종합문화예술 공간이다. 퐁피두라는 이름은 이 센터의 창설에 힘을 기울인 조르주 퐁피두 대통령의 이름을 딴 것이다.
>
> 1969년 당시 대통령이었던 퐁피두는 파리의 중심지에 미술관이면서 동시에 조형예술과 음악, 영화, 서적 그리고 모든 창조적 활동의 중심이 될 수 있는 문화 복합센터를 지어 프랑스 미술을 더욱 발전시키고자 했다. 요즘 미술관들은 미술관의 이러한 복합적인 기능과 역할을 인식하고 변화를 시도하는 곳이 많다. 미술관은 더 이상 전시만 보는 곳이 아니라 식사도 하고 영화도 보고 강연도 들을 수 있는 곳으로, 대중과의 거리 좁히기를 시도하고 있는 것도 그리 특별한 일은 아니다. 그러나 이미 40년 전에 21세기 미술관의 기능과 역할을 미리 내다볼 줄 아는 혜안을 가지고 설립된 퐁피두 미술관은 프랑스가 왜 문화강국이라 불리는지를 알 수 있게 해준다.

① 퐁피두 미술관의 모습은 기존 미술관의 모습과 다를 것이다.
② 퐁피두 미술관을 찾는 사람들의 목적은 다양할 것이다.
③ 퐁피두 미술관은 전통적인 예술작품들을 선호할 것이다.
④ 퐁피두 미술관은 파격적인 예술작품들을 배척하지 않을 것이다.

정답 ③

제시문에 따르면 퐁피두 미술관은 모든 창조적 활동을 위한 공간이므로, 퐁피두가 전통적인 예술작품을 선호할 것이라는 내용은 추론할 수 없다.

풀이 전략!

주어진 지문이 어떠한 내용을 다루고 있는지 파악한 후 선택지의 키워드를 확실하게 체크하고, 지문의 정보에서 도출할 수 있는 내용을 찾는다.

01 다음 글을 읽고 추론한 내용으로 적절하지 않은 것은?

세계적으로 기후 위기의 심각성이 커지면서 '탄소 중립'은 거스를 수 없는 흐름이 되고 있다. 이에 국제사회의 에너지정책도 기존 화석연료 발전 중심의 전력공급체계를 태양광과 풍력 등 재생 에너지 중심으로 빠르게 재편하는 작업이 추진되고 있다. 이러한 재생 에너지 보급 확대는 기존 전력 설비 부하의 가중으로 이어질 수밖에 없다. 재생 에너지 사용 확대에 앞서 송배전 시스템의 확충이 필수적인 이유다.

한국전력은 재생 에너지 발전사업자의 접속지연 문제를 해소하기 위해 기존 송배전 전력 설비의 재생 에너지 접속용량을 확대하는 특별대책을 시행하고 나섰다. 한전은 그동안 재생 에너지 발전설비 밀집 지역을 중심으로 송배전설비의 접속 가능용량이 부족할 경우 설비 보강을 통해 문제를 해결해 왔다. 이는 1MW 이하 소규모 신재생 에너지 발전사업자가 전력계통 접속을 요청하면 한전이 비용을 부담해 공용전력망을 보강하고 접속을 보장해주는 방식이었다. 덕분에 신재생 에너지 발전 사업자들의 참여가 늘어났지만 재생 에너지 사용량이 기하급수적으로 늘면서 전력계통설비의 연계용량 부족 문제가 뒤따랐다.

이에 한전은 산업통상자원부가 운영하는 '재생 에너지 계통접속 특별점검단'에 참여해 대책을 마련했다. 배전선로에 상시 존재하는 최소부하를 고려한 설비 운영 개념을 도입해 변전소나 배전선로 증설 없이 재생 에너지 접속용량을 확대하는 방안이다. 재생 에너지 발전 시 선로에 상시 존재하는 최소부하 용량만큼 재생 에너지 발전량이 상쇄되고, 잔여 발전량이 전력계통으로 유입되기 때문에 상쇄된 발전량만큼 재생 에너지의 추가접속을 가능케 하는 방식이다. 한전은 현장 실증을 통해 최소부하가 1MW를 초과하는 경우 배전선로별 재생 에너지 접속허용용량을 기존 12MW에서 13MW로 확대했다. 또 재생 에너지 장기 접속지연이 발생한 변전소에 대해서는 최소부하를 고려해 재생 에너지 접속허용용량을 200MW에서 평균 215MW로 상향했다. 이 같은 개정안이 전기위원회 심의를 통과하면서 변전소 및 배전선로 보강 없이도 재생 에너지 317MW의 추가 접속이 가능해졌다.

① 재생 에너지 사업 확충에 노후 된 송전 설비는 걸림돌이 된다.
② 태양광 에너지는 고갈 염려가 없다고 볼 수 있기 때문에 주목받는 신재생 에너지이다.
③ 기존의 화석 연료 중심의 에너지 발전은 탄소 배출량이 많아 환경에 악영향을 주었다.
④ 현재까지는 재생 에너지 사업 확충에 따른 문제들을 해결하는 것은 설비 보강이 가장 좋은 해결법 이다.

02 다음 중 (가)와 (나)의 예시로 적절하지 않은 것은?

사회적 관계에 있어서 상호주의란 '행위자 갑이 을에게 베푼 바와 같이 을도 갑에게 똑같이 행하라.'라는 행위 준칙을 의미한다. 상호주의의 원형은 '눈에는 눈, 이에는 이'로 표현되는 탈리오의 법칙에서 발견된다. 그것은 일견 피해자의 손실에 상응하는 가해자의 처벌을 정당화한다는 점에서 가혹하고 엄격한 성격을 드러낸다. 만약 상대방의 밥그릇을 빼앗았다면 자신의 밥그릇도 미련 없이 내주어야 하는 것이다. 그러나 탈리오 법칙은 온건하고도 합리적인 속성을 동시에 함축하고 있다. 왜냐하면 누가 자신의 밥그릇을 발로 찼을 경우 보복의 대상은 밥그릇으로 제한되어야지 밥상 전체를 뒤엎는 것으로 확대될 수 없기 때문이다. 이러한 일대일 방식의 상호주의를 (가) 대칭적 상호주의라 부른다. 하지만 엄밀한 의미의 대칭적 상호주의는 우리의 실제 일상생활에서 별로 흔하지 않다. 오히려 되로 주고 말로 받거나, 말로 주고 되로 받는 교환 관계가 더 일반적이다. 이를 대칭적 상호주의와 대비하여 (나) 비대칭적 상호주의라 일컫는다.

그렇다면 교환되는 내용이 양과 질의 측면에서 정확한 대등성을 결여하고 있음에도 불구하고, 교환에 참여하는 당사자들 사이에 비대칭적 상호주의가 성행하는 이유는 무엇인가? 그것은 셈에 밝은 이른바 경제적 인간(Homo Economicus)들에게 있어서 선호나 기호 및 자원이 다양하기 때문이다. 말하자면 교환에 임하는 행위자들이 각인각색인 까닭에 비대칭적 상호주의가 현실적으로 통용될 수밖에 없으며, 어떤 의미에서는 그것만이 그들에게 상호 이익을 보장할 수 있는 것이다.

① (가) : A국과 B국 군대는 접경지역에서 포로를 5명씩 맞교환했다.
② (가) : 동생이 내 발을 밟아서 볼을 꼬집어 주었다.
③ (나) : 필기노트를 빌려준 친구에게 고맙다고 밥을 샀다.
④ (나) : 옆집 사람이 우리 집 대문을 막고 차를 세웠기 때문에 타이어에 펑크를 냈다.

03 다음 글의 화자가 〈보기〉의 작성자에게 할 수 있는 말로 가장 적절한 것은?

> 행랑채가 퇴락하여 지탱할 수 없게끔 된 것이 세 칸이었다. …(중략)… 그중의 두 칸은 앞서 장마에 비가 샌 지 오래되었으나, 나는 그것을 알면서도 이럴까 저럴까 망설이다가 손을 대지 못했던 것이고, 나머지 한 칸은 비를 한 번 맞고 샜던 것이라 서둘러 기와를 갈았던 것이다. 이번에 수리하려고 본즉 비가 샌 지 오래된 것은 그 서까래, 추녀, 기둥, 들보가 모두 썩어서 못 쓰게 되었던 까닭으로 수리비가 엄청나게 들었고, 한 번밖에 비를 맞지 않았던 한 칸의 재목들은 완전하여 다 쓸 수 있었던 까닭으로 그 비용이 많지 않았다.
>
> 나는 이에 느낀 것이 있었다. 사람의 몸에 있어서도 마찬가지라는 사실을. 잘못을 알고서도 바로 고치지 않으면 곧 그 자신이 나쁘게 되는 것이 마치 나무가 썩어서 못쓰게 되는 것과 같으며, 잘못을 알고 고치기를 꺼리지 않으면 해(害)를 받지 않고 다시 착한 사람이 될 수 있으니, 저 집의 재목처럼 말끔하게 다시 쓸 수 있는 것이다. 뿐만 아니라 나라의 정치도 이와 같다. 백성을 좀먹는 무리들을 내버려 두었다가는 백성들이 도탄에 빠지고 나라가 위태롭게 된다. 그런 연후에 급히 바로잡으려 하면 이미 썩어버린 재목처럼 때는 늦은 것이다. 어찌 삼가지 않겠는가.

보기

> 임금은 하늘의 뜻을 받드는 존재다. 그가 정치를 잘 펴서 백성들을 평안하게 하는 것은 하늘의 뜻을 바르게 펴는 증거요, 임금이 정치를 바르게 하지 않는 것 역시 하늘의 뜻이다. 하늘의 뜻은 쉽게 판단할 수는 없기 때문이다. 임금이 백성들을 괴롭게 하더라도 그것에 대한 평가는 그가 죽은 뒤에 할 일이다.

① 태평천하(太平天下)인 상황에서도 한가롭게 하늘의 뜻을 생각할 겁니까?
② 가렴주구(苛斂誅求)의 결과 나라가 무너지고 나면 그때는 어떻게 할 겁니까?
③ 과유불급(過猶不及)이라고 하지 않습니까? 무엇이든 적당히 해야 좋은 법입니다.
④ 대기만성(大器晚成)이라고 했습니다. 결과는 나중에 확인하는 것이 바람직합니다.

04 다음 글을 바탕으로 〈보기〉의 내용을 바르게 이해한 것은?

뇌가 받아들인 기억 정보는 그 유형에 따라 각각 다른 장소에 저장된다. 우리가 기억하는 것들은 크게 서술 정보와 비서술 정보로 나뉜다. 서술 정보란 학교 공부, 영화의 줄거리, 장소나 위치, 사람의 얼굴처럼 말로 표현할 수 있는 정보이다. 이 중에서 서술 정보를 처리하는 중요한 기능을 담당하는 것은 뇌의 내측두엽에 있는 해마로 알려져 있다. 교통사고를 당해 해마 부위가 손상된 이후 서술 기억 능력이 손상된 사람의 예가 그 사실을 뒷받침한다. 그렇지만 그는 교통사고 이전의 오래된 기억을 모두 회상해냈다. 해마가 장기 기억을 저장하는 장소는 아닌 것이다.

서술 정보가 오랫동안 저장되는 곳으로 많은 학자들은 대뇌피질을 들고 있다. 내측두엽으로 들어온 서술 정보는 해마와 그 주변 조직들에서 일시적으로 머무는 동안 쪼개져 신경정보 신호로 바뀌고 어떻게 나뉘어 저장될 것인지가 결정된다. 내측두엽은 대뇌피질의 광범위한 영역과 신경망을 통해 연결되어 이런 기억 정보를 대뇌피질의 여러 부위로 전달한다. 다음 단계에서는 기억과 관련된 유전자가 발현되어 단백질이 만들어지면서 기억 내용이 공고해져 오랫동안 저장된 상태를 유지한다. 그러면 비서술 정보는 어디에 저장될까? 운동 기술은 대뇌의 선조체나 소뇌에 저장되며, 계속적인 자극에 둔감해지는 습관화나 한 번 자극을 받은 뒤 그와 비슷한 자극에 계속 반응하는 민감화 기억은 감각이나 운동 체계를 관장하는 신경망에 저장된다고 알려져 있다. 감정이나 공포와 관련된 기억은 편도체에 저장된다.

보기

얼마 전 교통사고로 뇌가 손상된 김씨는 뇌의 내측두엽 절제 수술을 받았다. 수술을 받고 난 뒤 김씨는 새로 바뀐 휴대폰 번호를 기억하지 못하고 수술 전의 기존 휴대폰 번호만을 기억하는 등 금방 확인한 내용은 몇 분 동안밖에 기억하지 못했다. 그러나 수술 후 배운 김씨의 탁구 실력은 제법 괜찮았다. 하지만 언제 어떻게 누가 가르쳐 주었는지는 전혀 기억하지 못했다.

① 김씨는 교통사고로 내측두엽의 해마와 함께 대뇌의 선조체가 모두 손상되었을 것이다.
② 김씨는 어릴 적 놀이기구를 타면서 느꼈던 공포감이나 감정 등을 기억하지 못할 것이다.
③ 김씨가 수술 후에도 기억하는 수술 전의 기존 휴대폰 번호는 서술 정보에 해당하지 않을 것이다.
④ 김씨에게 탁구를 가르쳐 준 사람에 대한 정보는 서술 정보이므로 내측두엽의 해마에 저장될 것이다.

　다음 글이 참일 때 항상 거짓인 것은?

콘크리트는 건축 재료로 다양하게 사용되고 있다. 일반적으로 콘크리트가 근대 기술의 산물로 알려져 있지만 콘크리트는 이미 고대 로마 시대에도 사용되었다. 로마 시대의 탁월한 건축미를 보여주는 판테온은 콘크리트 구조물인데, 반구형의 지붕인 돔은 오직 콘크리트로만 이루어져 있다. 로마인들은 콘크리트의 골재 배합을 달리하면서 돔의 상부로 갈수록 두께를 점점 줄여 지붕을 가볍게 할 수 있었다. 돔 지붕이 지름 45m 남짓의 넓은 원형 내부 공간과 이어지도록 하였고, 지붕의 중앙에는 지름 9m가 넘는 원형의 천창을 내어 빛이 내부 공간을 채울 수 있도록 하였다.

콘크리트는 시멘트에 모래와 자갈 등의 골재를 섞어 물로 반죽한 혼합물이다. 콘크리트에서 결합재 역할을 하는 시멘트가 물과 만나면 점성을 띠는 상태가 되며, 시간이 지남에 따라 수화 반응이 일어나 골재, 물, 시멘트가 결합하면서 굳어진다. 콘크리트의 수화 반응은 상온에서 일어나기 때문에 작업하기가 좋다. 반죽 상태의 콘크리트를 거푸집에 부어 경화시키면 다양한 형태와 크기의 구조물을 만들 수 있다. 콘크리트의 골재는 종류에 따라 강도와 밀도가 다양하므로 골재의 종류와 비율을 조절하여 콘크리트의 강도와 밀도를 다양하게 변화시킬 수 있다. 그리고 골재들 간의 접촉을 높여야 강도가 높아지기 때문에, 서로 다른 크기의 골재를 배합하는 것이 효과적이다.

콘크리트가 철근 콘크리트로 발전함에 따라 건축은 구조적으로 더욱 견고해지고, 형태 면에서는 더욱 다양하고 자유로운 표현이 가능해졌다. 일반적으로 콘크리트는 누르는 힘인 압축력에는 쉽게 부서지지 않지만 당기는 힘인 인장력에는 쉽게 부서진다. 압축력이나 인장력에 재료가 부서지지 않고 그 힘에 견딜 수 있는 단위면적당 최대의 힘을 각각 압축강도와 인장강도라 한다. 콘크리트의 압축강도는 인장강도보다 10배 이상 높다.

① 수화 반응을 일으키기 위해서 콘크리트는 영하의 온도에서 제작한다.
② 고대 로마 시기에는 콘크리트를 이용해 건축물을 짓기도 했다.
③ 콘크리트를 만들기 위해서는 시멘트와 모래, 자갈 등이 필요하다.
④ 콘크리트의 강도를 높이기 위해선 크기가 다른 골재들을 배합해야 한다.

05 | 경청 · 의사 표현

| 유형분석 |

- 주로 특정 상황을 제시한 뒤 올바른 경청 방법을 묻는 형태의 문제이다.
- 경청과 관련한 이론에 대해 묻거나 몇 개의 대화문 중에서 올바른 경청 자세로 이루어진 것을 고르는 유형으로도 출제된다.

다음 중 효과적인 경청방법으로 적절하지 않은 것은?

① 대화의 내용을 주기적으로 요약한다.

② 상대방의 의견에 동조할 수 없더라도 일단 수용한다.

③ 질문에 대한 답이 즉각적으로 이루어질 때만 질문을 한다.

④ 말하는 사람의 모든 것에 집중해서 적극적으로 들어야 한다.

정답 ③

질문에 대한 답이 즉각적으로 이루어질 수 없는 상황이라고 하더라도 질문을 하면 경청하는 데 적극적인 자세가 되고 집중력 또한 높아진다.

풀이 전략!

별다른 암기 없이도 풀 수 있는 문제가 대부분이지만, 올바른 경청을 방해하는 요인이나 경청훈련 등에 대한 내용은 미리 숙지하고 있는 것이 좋다.

01   다음 상황에서 나타나는 C씨의 경청을 방해하는 습관은 무엇인가?

> C씨는 상대방이 상담을 요청하면 상담자의 말에 빠르게 대답한다. 상대방이 "나 요즘 너무 힘들어."
> 라고 하면, "그래. 네 말이 맞아." 또는 "미안해요. 앞으로 안 그럴게요."라고 바로 대답하는 등 상대
> 방이 걱정이나 불안을 말하자마자 지지하고 동의하는 데 치중해서 상대방에게 자신의 생각이나 감
> 정을 충분히 표현할 시간을 주지 않는다.

① 걸러내기   ② 다른 생각하기

③ 조언하기   ④ 비위 맞추기

02   다음은 새로 부임한 김과장에 대한 직원들의 대화 내용이다. 키슬러의 대인관계 의사소통에 따를
때, 김과장에게 해 줄 수 있는 조언으로 가장 적절한 것은?

> 직원 A : 최과장님이 본사로 발령 나시면서, 홍보팀에 과장님이 새로 부임하셨다며, 어떠셔? 계속
>   지방에 출장 중이어서 이번에 처음 뵙는데 궁금하네.
> 직원 B : 김과장님? 음. 되게 능력이 있으시다고 들었어. 회사에서 상당한 연봉을 제시해 직접 스
>   카웃 하셨다고 들었거든. 근데, 좀 직원들에게 관심이 너무 많으셔.
> 직원 C : 맞아. 최과장님은 업무를 지시하시고 나서는 우리가 보고할 때까지 아무 간섭 안 하시고
>   보고 후에 피드백을 주셔서 일하는 중에는 부담이 덜했잖아. 근데, 새로 온 김과장님은
>   업무 중간 중간에 어디까지 했냐? 어떻게 처리되었냐? 이렇게 해야 한다. 저렇게 해야
>   한다. 계속 말씀하셔서 너무 눈치 보여. 물론 바로바로 피드백을 받을 수 있어 수정이 수
>   월하기 하지만 말이야.
> 직원 B : 맞아. 그것도 그거지만 나는 회식 때마다 이전 회사에서 했던 프로젝트에 대해 계속 자랑
>   하셔서 이젠 그 대사도 외울 지경이야. 물론 김과장님의 능력이 출중하다는 건 우리도
>   알기는 하지만.

① 독단적으로 결정하시면 대인 갈등을 겪으실 수도 있으니 직원들과의 상의가 필요합니다.

② 자신만 생각하지 마시고, 타인에게 관심을 갖고 배려해 주세요.

③ 직원들과 어울리지 않으시고 혼자 있는 것만 선호하시면 대인관계를 유지하기 어려워요.

④ 타인에 대한 높은 관심과 인정받고자 하는 욕구는 낮출 필요성이 있어요.

CHAPTER 02

자원관리능력

합격 Cheat Key

자원관리능력은 현재 NCS 기반 채용을 진행하는 많은 공사·공단에서 핵심영역으로 자리 잡아, 일부를 제외한 대부분의 시험에서 출제되고 있다.

세부 유형은 비용 계산, 해외파견 지원금 계산, 주문 제작 단가 계산, 일정 조율, 일정 선정, 행사 대여 장소 선정, 최단거리 구하기, 시차 계산, 소요시간 구하기, 해외파견 근무 기준에 부합하는 또는 부합하지 않는 직원 고르기 등으로 나눌 수 있다.

1 시차를 먼저 계산하라!

시간 자원 관리의 대표유형 중 시차를 계산하여 일정에 맞는 항공권을 구입하거나 회의시간을 구하는 문제에서는 각각의 나라 시간을 한국 시간으로 전부 바꾸어 계산하는 것이 편리하다. 조건에 맞는 나라들의 시간을 전부 한국 시간으로 바꾸고 한국 시간과의 시차만 더하거나 빼면 시간을 단축하여 풀 수 있다.

2 선택지를 잘 활용하라!

계산을 해서 값을 요구하는 문제 유형에서는 선택지를 먼저 본 후 자리 수가 몇 단위로 끝나는지 확인해야 한다. 예를 들어 412,300원, 426,700원, 434,100원인 선택지가 있다고 할 때, 제시된 조건에서 100원 단위로 나올 수 있는 항목을 찾아 그 항목만 계산하는 방법이 있다. 또한, 일일이 계산하는 문제가 많다. 예를 들어 640,000원, 720,000원, 810,000원 등의 수를 이용해 푸는 문제가 있다고 할 때, 만 원 단위를 절사하고 계산하여 64, 72, 81처럼 요약하는 방법이 있다.

3 최적의 값을 구하는 문제인지 파악하라!

물적 자원 관리의 대표유형에서는 제한된 자원 내에서 최대의 만족 또는 이익을 얻을 수 있는 방법을 강구하는 문제가 출제된다. 이때, 구하고자 하는 값을 x, y로 정하고 연립방정식을 이용해 x, y 값을 구한다. 최소 비용으로 목표생산량을 달성하기 위한 업무 및 인력 할당, 정해진 시간 내에 최대 이윤을 낼 수 있는 업체 선정, 정해진 인력으로 효율적 업무 배치 등을 구하는 문제에서 사용되는 방법이다.

4 각 평가항목을 비교하라!

인적 자원 관리의 대표유형에서는 각 평가항목을 비교하여 기준에 적합한 인물을 고르거나, 저렴한 업체를 선정하거나, 총점이 높은 업체를 선정하는 문제가 출제된다. 이런 유형은 평가항목에서 가격이나 점수 차이에 영향을 많이 미치는 항목을 찾아 1 ~ 2개의 선택지를 삭제하고, 남은 3 ~ 4개의 선택지만 계산하여 시간을 단축할 수 있다.

01 | 시간 계획

| 유형분석 |

- 시간 자원과 관련된 다양한 정보를 활용하여 풀어 가는 유형이다.
- 대체로 교통편 정보나 국가별 시차 정보가 제공되며, 이를 근거로 '현지 도착시간 또는 약속된 시간 내에 도착하기 위한 방안'을 고르는 문제가 출제된다.

해외영업부 A대리는 B부장과 함께 샌프란시스코에 출장을 가게 되었다. 샌프란시스코의 시각은 한국보다 16시간 느리고, 비행시간은 10시간 25분일 때 샌프란시스코 현지 시각으로 11월 17일 오전 10시 35분에 도착하는 비행기를 타려면 한국 시각으로 인천공항에 몇 시까지 도착해야 하는가?

구분	날짜	출발 시각	비행 시간	날짜	도착 시각
인천 → 샌프란시스코	11월 17일		10시간 25분	11월 17일	10:35
샌프란시스코 → 인천	11월 21일	17:30	12시간 55분	11월 22일	22:25

※ 단, 비행기 출발 한 시간 전에 공항에 도착해 티켓팅을 해야 한다.

① 12:10   ② 13:10
③ 14:10   ④ 15:10

정답 ④

인천에서 샌프란시스코까지 비행 시간은 10시간 25분이므로, 샌프란시스코 도착 시각에서 거슬러 올라가면 샌프란시스코 시각으로 00시 10분에 출발한 것이 된다. 이때 한국은 샌프란시스코보다 16시간 빠르기 때문에 한국 시각으로는 16시 10분에 출발한 것이다. 하지만 비행기 티켓팅을 위해 출발 한 시간 전에 인천공항에 도착해야 하므로 15시 10분까지 공항에 가야 한다.

풀이 전략!

문제에서 묻는 것을 정확히 파악한다. 특히 제한사항에 대해서는 빠짐없이 확인해 두어야 한다. 이후 제시된 정보(시차 등)에서 필요한 것을 선별하여 문제를 풀어 간다.

01 독일인 A씨는 베를린에서 한국을 경유하여 일본으로 가는 비행기표를 구매하였다. A씨의 일정이 다음과 같을 때, A씨가 인천공항에 도착하는 한국시각과 A씨가 참여했을 환승투어를 바르게 짝지은 것은?(단, 제시된 조건 이외는 고려하지 않는다)

〈A씨의 일정〉

한국행 출발시각 (독일시각 기준)	비행시간	인천공항 도착시각	일본행 출발시각 (한국시각 기준)
11월 2일 19:30	12시간 20분		11월 3일 19:30

※ 독일은 한국보다 8시간 느림
※ 비행 출발 1시간 전에는 공항에 도착해야 함

〈환승투어 코스 안내〉

구분	코스	소요 시간
엔터테인먼트	• 인천공항 → 파라다이스시티 아트테인먼트 → 인천공항	2시간
인천시티	• 인천공항 → 송도한옥마을 → 센트럴파크 → 인천공항 • 인천공항 → 송도한옥마을 → 트리플 스트리트 → 인천공항	2시간
산업	• 인천공항 → 광명동굴 → 인천공항	4시간
전통	• 인천공항 → 경복궁 → 인사동 → 인천공항	5시간
해안관광	• 인천공항 → 을왕리해변 또는 마시안해변 → 인천공항	1시간

	도착시각	환승투어
①	11월 2일 23:50	산업
②	11월 2일 15:50	엔터테인먼트
③	11월 3일 23:50	전통
④	11월 3일 15:50	인천시티

02 K기업은 직원들의 사기 증진과 친화력 도모를 위해 전 직원이 참여하는 사내 가족 체육대회를 열기로 하였다. 7월 달력과 〈조건〉을 보고 체육대회를 열기에 가장 적절한 날을 고르면?

<7월 달력>

월	화	수	목	금	토	일
	1	2	3	4	5	6
7	8	9	10	11	12	13
14	15	16	17	18	19	20
21	22	23	24	25	26	27
28	29	30	31			

조건

- 7월 3일부터 7일까지는 장마 기간으로 비가 온다.
- 가족 모두가 참여해야 하므로 주말(토, 일요일) 중 하루로 정한다.
- 마케팅팀은 토요일에 격주로 출근을 한다.
- 서비스팀은 토요일에 격주로 출근을 한다.
- 사장님은 7월 11일부터 15일까지 중국으로 출장을 간다.
- 마케팅팀 M사원은 12일에 출근을 했다.
- 서비스팀 L과장은 5일에 출근을 했다.
- ○○운동장은 둘째, 넷째 주말에는 개방하지 않는다.

① 7월 6일
② 7월 12일
③ 7월 13일
④ 7월 20일

03 K운송업체는 A ~ H지점에서 물건을 운반한다. 본사에서 출발하여 B지점과 D지점에서 물건을 수거하고, 본사로 돌아와 물건을 하차하는 데 걸리는 시간이 가장 적게 드는 시간은?

〈지점 간 운송 시간〉

※ 물건을 수거·하차하는 데 각각 10분이 소요된다.

① 1시간 55분   ② 2시간

③ 2시간 5분   ④ 2시간 10분

04 해외로 출장을 가는 김대리는 다음 〈조건〉과 같이 이동하려고 계획하였다. 연착 없이 계획대로 출장지에 도착했다면, 도착했을 때의 예상 현지 시각은?

> **조건**
> - 서울 시각으로 5일 오후 1시 35분에 출발하는 비행기를 타고, 경유지 한 곳을 거쳐 출장지에 도착한다.
> - 경유지는 서울보다 1시간 빠르고, 출장지는 경유지보다 2시간 느리다.
> - 첫 번째 비행은 3시간 45분이 소요된다.
> - 경유지에서 3시간 50분을 대기한 후 출발한다.
> - 두 번째 비행은 9시간 25분이 소요된다.

① 오전 5시 35분   ② 오전 6시 정각

③ 오후 5시 35분   ④ 오후 6시 정각

05 한국의 A사, 오스트레일리아의 B사, 아랍에미리트의 C사, 러시아의 D사는 상호협력프로젝트를 추진하고자 화상회의를 하려고 한다. 한국 시각을 기준으로 삼을 때 화상회의 진행이 가능한 시각은?

〈국가별 시간〉

국가(도시)	현지시각
오스트레일리아(캔버라)	2025.02.15 10:00am
대한민국(서울)	2025.02.15 08:00am
아랍에미리트(두바이)	2025.02.15 03:00am
러시아(모스크바)	2025.02.15 02:00am

※ 각 회사의 위치는 위 자료에 있는 도시에 있다.
※ 모든 회사의 근무시간은 현지시각으로 오전 9시 ~ 오후 6시이다.
※ A, B, D사의 식사시간은 현지시각으로 오후 12시 ~ 오후 1시이다.
※ C사의 식사시간은 오전 11시 30분 ~ 오후 12시 30분이고 오후 12시 30분부터 오후 1시까지 전 직원이 종교활동을 한다.
※ 화상회의 소요시간은 1시간이다.

① 오후 1시 ~ 오후 2시
② 오후 2시 ~ 오후 3시
③ 오후 3시 ~ 오후 4시
④ 오후 4시 ~ 오후 5시

06 K공사 홍보팀 팀원들은 함께 출장근무를 마치고 서울로 복귀하고자 한다. 다음 중 자료를 바탕으로 서울에 가장 일찍 도착할 수 있는 예정시각은?

〈상황〉

- 홍보팀 팀원은 총 4명이다.
- 대전에서 출장을 마치고 서울로 돌아가려고 한다.
- 고속버스터미널에는 은행, 편의점, 화장실, 패스트푸드점 등이 있다.
  ※ 시설별 소요시간 : 은행 30분, 편의점 10분, 화장실 20분, 패스트푸드점 25분

〈대화 내용〉

A과장 : 긴장이 풀려서 그런가? 배가 출출하네. 햄버거라도 사 먹어야겠어.
B대리 : 저도 출출하긴 한데 그것보다 화장실이 더 급하네요. 금방 다녀오겠습니다.
C주임 : 그럼 그사이에 버스표를 사야 하니 은행에 들러 현금을 찾아오겠습니다.
D사원 : 저는 그동안 버스 안에서 먹을 과자를 편의점에서 사 오겠습니다.
A과장 : 지금이 16시 50분이니까 다들 각자 볼일 보고 빨리 돌아와. 다 같이 타고 가야 하니까.

〈시외버스 배차정보〉

대전 출발	서울 도착	잔여좌석 수
17:00	19:00	6
17:15	19:15	8
17:30	19:30	3
17:45	19:45	4
18:00	20:00	8
18:15	20:15	5
18:30	20:30	6
18:45	20:45	10
19:00	21:00	16

① 19:00
② 19:15
③ 19:45
④ 20:15

02 | 비용 계산

| 유형분석 |

- 예산 자원과 관련된 다양한 정보를 활용하여 문제를 풀어간다.
- 대체로 한정된 예산 내에서 수행할 수 있는 업무 및 예산 가격을 묻는 문제가 출제된다.

연봉 실수령액을 구하는 식이 〈보기〉와 같을 때, 연봉이 3,480만 원인 A씨의 연간 실수령액은?(단, 원 단위는 절사한다)

> **보기**
>
> - (연봉 실수령액)=(월 실수령액)×12
> - (월 실수령액)=(월 급여)−[(국민연금)+(건강보험료)+(고용보험료)+(장기요양보험료)+(소득세)+(지방세)]
> - (국민연금)=(월 급여)×4.5%
> - (건강보험료)=(월 급여)×3.12%
> - (고용보험료)=(월 급여)×0.65%
> - (장기요양보험료)=(건강보험료)×7.38%
> - (소득세)=68,000원
> - (지방세)=(소득세)×10%

① 30,944,400원

② 31,078,000원

③ 31,203,200원

④ 32,150,800원

정답 ①

A씨의 월 급여는 3,480만÷12=290만 원이다.
국민연금, 건강보험료, 고용보험료를 제외한 금액을 계산하면
290만−[290만×(0.045+0.0312+0.0065)]
→ 290만−(290만×0.0827)
→ 290만−239,830=2,660,170원
- 장기요양보험료 : (290만×0.0312)×0.0738≒6,670원(∵ 원 단위 이하 절사)
- 지방세 : 68,000×0.1=6,800원
따라서 A씨의 월 실수령액은 2,660,170−(6,670+68,000+6,800)=2,578,700원이고,
연 실수령액은 2,578,700×12=30,944,400원이다.

풀이 전략!

제한사항인 예산을 고려하여 문제에서 묻는 것을 정확히 파악한 후, 제시된 정보에서 필요한 것을 선별하여 문제를 풀어간다.

01 대구에서 광주까지 편도운송을 하는 A사는 다음과 같이 화물차량을 운용한다. 적재효율을 높여 1대당 적재량을 기존 1,000상자에서 1,200상자로 높여 운행 횟수를 줄인다면, A사가 얻을 수 있는 월 수송비 절감액은?

〈A사의 화물차량 운용 정보〉

- 차량 운행대수 : 4대
- 1대당 1일 운행횟수 : 3회
- 1대당 1회 수송비 : 100,000원
- 월 운행일수 : 20일

① 3,500,000원　　　　　　　　　② 4,000,000원
③ 4,500,000원　　　　　　　　　④ 5,000,000원

02 서울에 사는 A씨는 결혼기념일을 맞이하여 가족과 함께 KTX를 타고 부산으로 여행을 다녀왔다. A씨의 가족이 이번 여행에서 지불한 교통비는 모두 얼마인가?

- A씨 부부에게는 만 6세인 아들, 만 3세인 딸이 있다.
- 갈 때는 딸을 무릎에 앉혀 갔고, 돌아올 때는 좌석을 구입했다.
- A씨의 가족은 일반석을 이용하였다.

〈KTX 좌석별 요금〉

구 분	일반석	특 실
가 격	59,800원	87,500원

※ 만 4세 이상 13세 미만 어린이는 운임의 50%를 할인함
※ 만 4세 미만의 유아는 보호자 1명당 2명까지 운임의 75%를 할인함
　(단, 유아의 좌석을 지정하지 않을 시 보호자 1명당 유아 1명의 운임을 받지 않음)

① 299,000원　　　　　　　　　② 301,050원
③ 312,900원　　　　　　　　　④ 313,950원

03 K공사는 올해 1분기 성과급을 지급하고자 한다. 성과급 지급 기준과 김대리의 성과평가가 다음과 같을 때, 김대리가 1분기에 지급받을 성과급으로 옳은 것은?

〈성과급 지급 기준〉

• 성과급은 직원의 성과평가 점수에 따라 지급한다.
• 성과평가는 다음 항목들이 아래의 비율로 구성되어 있다.

구분	성과평가				
	분기실적	직원평가	연수내역	조직기여도	계
일반직	70%	30%	20%	10%	100%
	총점의 70% 반영				
특수직	60%	40%	20%	30%	100%
	총점의 50% 반영				

• 각 평가등급에 따른 가중치

(단위 : 점)

구분	분기실적	직원평가	연수내역	조직기여도
최우수	10	10	10	10
우수	8	6	8	8
보통	6	4	5	6
미흡	4	2	3	4

• 성과평가 점수에 따른 성과급 지급액

점수구간	성과급 지급액	
	일반직	특수직
8.4 이상	120만 원	150만 원
7.6 이상 8.4 미만	105만 원	115만 원
6.8 이상 7.6 미만	95만 원	100만 원
6.0 이상 6.8 미만	80만 원	85만 원
6.0 미만	65만 원	75만 원

〈성과평가〉

구분	부서	분기실적	직원평가	연수내역	조직기여도
김대리	시설관리 (특수직)	우수	최우수	보통	보통

① 135만 원
② 115만 원
③ 100만 원
④ 95만 원

※ 다음은 재료비 상승에 따른 분기별 국내 철강사 수익 변동을 조사하기 위해 수집한 자료이다. 이를 참고하여 이어지는 질문에 답하시오. **[4~5]**

〈제품가격과 재료비에 따른 분기별 수익〉

(단위 : 천 원/톤)

구분	2023년	2024년			
	4분기	1분기	2분기	3분기	4분기
제품가격	627	597	687	578	559
재료비	178	177	191	190	268
수익	449	420	496	388	291

※ 제품가격은 재료비와 수익의 합으로 책정된다.

〈제품 1톤당 소요되는 재료〉

(단위 : 톤)

철광석	원료탄	철 스크랩
1.6	0.5	0.15

04 다음 중 자료에 대한 설명으로 옳은 것은?

① 수익은 지속적으로 증가하고 있다.

② 재료비의 변화량과 수익의 변화량은 밀접한 관계가 있다.

③ 조사 기간에 수익이 가장 높을 때는 재료비가 가장 낮을 때이다.

④ 2024년 3분기에 이전 분기 대비 수익 변화량이 가장 큰 것으로 나타난다.

05 2025년 1분기에 재료당 단위가격이 철광석 70,000원, 원료탄 250,000원, 철 스크랩 200,000원으로 예상된다는 보고를 받았다. 2025년 1분기의 수익을 2024년 4분기와 같게 유지하기 위해 책정해야 할 제품가격은 얼마인가?

① 558,000원

② 559,000원

③ 560,000원

④ 561,000원

03 | 품목 확정

| 유형분석 |

- 물적 자원과 관련된 다양한 정보를 활용하여 풀어 가는 문제이다.
- 주로 공정도·제품·시설 등에 대한 가격·특징·시간 정보가 제시되며, 이를 종합적으로 고려하는 문제가 출제된다.

K공사에 근무하는 김대리는 사내시험에서 2점짜리 문제를 8개, 3점짜리 문제를 10개, 5점짜리 문제를 6개를 맞혀 총 76점을 맞았다. 같은 사내시험에서 최대리의 결과가 다음과 같을 때, 맞힌 문제의 총개수는 몇 개인가?

〈사내시험 규정〉

문제 수 : 43문제
만점 : 141점
- 2점짜리 문제 수는 3점짜리 문제 수보다 12문제 적다.
- 5점짜리 문제 수는 3점짜리 문제 수의 절반이다.

- 최대리가 맞힌 2점짜리 문제의 개수는 김대리와 동일하다.
- 최대리의 점수는 총 38점이다.

---

① 14개
② 15개
③ 16개
④ 17개

정답 ①

최대리는 2점짜리 문제를 김대리가 맞힌 개수만큼 맞혔으므로 8개, 즉 16점을 획득했다. 최대리가 맞힌 3점짜리와 5점짜리 문제를 합하면 38−16=22점이 나와야 한다. 3점과 5점의 합으로 22가 나오기 위해서는 3점짜리는 4문제, 5점짜리는 2문제를 맞혀야 한다.

따라서 최대리가 맞힌 문제의 총개수는 8개(2점짜리)+4개(3점짜리)+2개(5점짜리)=14개이다.

풀이 전략!

문제에서 묻고자 하는 바를 정확히 파악하는 것이 중요하다. 문제에서 제시한 물적 자원의 정보를 문제의 의도에 맞게 선별하면서 풀어 간다.

01 식료품 소매업을 하고 있는 A ~ C슈퍼는 콜라를 주문할 예정이다. 슈퍼별로 어느 도매점에서 주문을 하는 것이 유리한가?

〈도매점별 가격〉

구분	회원가입비용(원)	콜라(원/병)
회원제 도매점	50,000	1,100
일반 도매점	–	1,500

〈주문량〉

구분	A슈퍼	B슈퍼	C슈퍼
주문량(병)	100	120	150

	A슈퍼	B슈퍼	C슈퍼
①	회원제 도매점	일반 도매점	회원제 도매점
②	일반 도매점	일반 도매점	회원제 도매점
③	일반 도매점	일반 도매점	일반 도매점
④	회원제 도매점	회원제 도매점	회원제 도매점

02 K공사는 올해 정규직으로 전환된 신입사원들에게 명함을 배부하였다. 명함은 1인당 국문 130장, 영문 70장씩 지급되었다. 국문 명함 중 50장은 고급종이로 제작되었고, 나머지는 모두 일반종이로 제작되었다. 명함을 만드는 데 들어간 총비용이 808,000원이라면, 신입사원은 총 몇 명인가?

〈제작비용〉

• 국문 명함 : 50장당 10,000원 / 10장 단위 추가 시 2,500원
• 영문 명함 : 50장당 15,000원 / 10장 단위 추가 시 3,500원
※ 고급종이로 만들 경우 정가의 10% 가격이 추가됨

① 14명
③ 18명
② 16명
④ 20명

03 다음은 가 ~ 아 수목의 생장 현황에 관한 자료이다. 다음 자료를 참고하여 재적생장률이 가장 높은 수목과 낮은 수목을 바르게 연결한 것은?

〈수목별 생장 현황〉

구분	직경(cm)	재적(m^3)	수피두께(mm)	직경생장량(mm)
가	10	0.05	5	15
나	12	0.08	5	20
다	10	0.06	6	16
라	10	0.05	6	15
마	11	0.07	8	18
바	12	0.09	5	18
사	12	0.10	7	22
아	11	0.06	5	12

※ 계산 시 수피두께와 직경생장량에서 단위는 센티미터(cm)로 변환하여 공식에 대입하고, 생장률 및 생장량은 소수점 셋째 자리에서 반올림한다.

〈생장률 및 생장량 공식〉

- 직경생장률 : [(2×(직경생장량)] ÷ [(직경)−2×(수피두께)]
- 재적생장량 : (재적)×(직경생장률)
- 재적생장률 : $\dfrac{(재적생장량)}{(2×재적)−(재적생장량)}×40$

	가장 높은 수목	가장 낮은 수목
①	나	사
②	다	아
③	라	바
④	마	아

04 K공사에서 비품구매를 담당하고 있는 A사원은 비품관리 매뉴얼과 비품현황을 고려해 비품을 구매하려고 한다. 비품별 요청사항이 다음과 같을 때, 가장 먼저 구매해야 하는 비품은?

〈비품관리 매뉴얼〉

비품관리 우선순위는 다음과 같다.
1. 비품을 재사용할 수 있는 경우에는 구매하지 않고 재사용하도록 한다.
2. 구매요청 부서가 많은 비품부터 순서대로 구매한다.
3. 비품은 빈번하게 사용하는 정도에 따라 등급을 매겨 구매가 필요한 경우 A, B, C 순서대로 구매한다.
4. 필요한 비품 개수가 많은 비품부터 순서대로 구매한다.

〈비품별 요청사항〉

구분	필요 개수 (개)	등급	재사용 가능 여부	구매요청 부서	구분	필요 개수 (개)	등급	재사용 가능 여부	구매요청 부서
연필	5	B	×	인사팀 총무팀 연구팀	커피	10	A	×	인사팀 총무팀 생산팀
볼펜	10	A	×	생산팀	녹차	6	C	×	홍보팀
지우개	15	B	×	연구팀	A4용지	12	A	×	홍보팀 총무팀 인사팀
메모지	4	A	×	홍보팀 총무팀	문서용 집게	4	B	○	인사팀 총무팀 생산팀 연구팀
수첩	3	C	×	홍보팀	클립	1	C	○	연구팀
종이컵	20	A	×	총무팀	테이프	0	B	×	총무팀

① A4용지 　　　　　　　　　② 커피
③ 문서용 집게 　　　　　　　④ 연필

04 | 인원 선발

| 유형분석 |

- 인적 자원과 관련된 다양한 정보를 활용하여 풀어 가는 문제이다.
- 주로 근무명단, 휴무일, 업무할당 등의 주제로 다양한 정보를 활용하여 종합적으로 풀어 가는 문제가 출제된다.

어느 버스회사에서 A시에서 B시를 연결하는 버스 노선을 개통하기 위해 새로운 버스를 구매하려고 한다. 다음 〈조건〉과 같이 노선을 운행하려고 할 때, 최소 몇 대의 버스를 구매해야 하며 이때 필요한 운전사는 최소 몇 명인가?

조건

1) 새 노선의 왕복 시간 평균은 2시간이다(승하차 시간을 포함).
2) 배차시간은 15분 간격이다.
3) 운전사의 휴식시간은 매 왕복 후 30분씩이다.
4) 첫차는 05시 정각에, 막차는 23시에 A시를 출발한다.
5) 모든 차는 A시에 도착하자마자 B시로 곧바로 출발하는 것을 원칙으로 한다.
   즉, A시에 도착하는 시간이 바로 B시로 출발하는 시간이다.
6) 모든 차는 A시에서 출발해서 B시로 복귀한다.

	버스	운전사			버스	운전사
①	6대	8명		②	8대	10명
③	10대	12명		④	12대	14명

정답 ②

왕복 시간이 2시간, 배차 간격이 15분이라면 첫차가 재투입되는 데 필요한 앞차의 수는 첫차를 포함해서 8대이다(∵ 15분×8대=2시간이므로 8대 버스가 운행된 이후 9번째에 첫차 재투입 가능).

운전사는 왕복 후 30분의 휴식을 취해야 하므로 첫차를 운전했던 운전사는 2시간 30분 뒤에 운전을 시작할 수 있다. 따라서 8대의 버스로 운행하더라도 운전자는 150분 동안 운행되는 버스 150÷15=10대를 운전하기 위해서는 10명의 운전사가 필요하다.

풀이 전략!

문제에서 신입사원 채용이나 인력배치 등의 주제가 출제될 경우에는 주어진 규정 혹은 규칙을 꼼꼼히 확인하여야 한다. 이를 근거로 각 선택지가 어긋나지 않는지 검토하며 문제를 풀어 간다.

01 K공사에서는 A ~ N직원 중 면접위원을 선발하고자 한다. 면접위원의 구성 조건이 다음과 같을 때, 적절하지 않은 것은?

〈면접위원 구성 조건〉

- 면접관은 총 6명으로 구성한다.
- 이사 이상의 직급으로 50% 이상 구성해야 한다.
- 인사팀을 제외한 모든 부서는 두 명 이상 선출할 수 없고, 인사팀은 반드시 두 명 이상을 포함한다.
- 모든 면접위원의 입사 후 경력은 3년 이상으로 한다.

직원	직급	부서	입사 후 경력
A	대리	인사팀	2년
B	과장	경영지원팀	5년
C	이사	인사팀	8년
D	과장	인사팀	3년
E	사원	홍보팀	6개월
F	과장	홍보팀	2년
G	이사	고객지원팀	13년
H	사원	경영지원	5개월
I	이사	고객지원팀	2년
J	과장	영업팀	4년
K	대리	홍보팀	4년
L	사원	홍보팀	2년
M	과장	개발팀	3년
N	이사	개발팀	8년

① 과장은 두 명 이상 선출되었다.
② L사원은 면접위원으로 선출될 수 없다.
③ N이사는 반드시 면접위원으로 선출된다.
④ B과장이 면접위원으로 선출됐다면 K대리도 선출된다.

02 K기업은 신입사원을 채용하기 위해 서류전형과 면접전형을 마치고 다음의 평가지표 결과를 얻었다. 평가지표별 가중치를 바탕으로 각 지원자의 최종 점수를 합산하여 점수가 가장 높은 두 명을 채용할 때, K기업이 채용할 지원자는?

〈지원자별 평가지표 결과〉

(단위 : 점)

구분	면접 점수	영어 실력	팀내 친화력	직무 적합도	발전 가능성	비고
A지원자	3	3	5	4	4	군필자
B지원자	5	5	2	3	4	군필자
C지원자	5	3	3	3	5	–
D지원자	4	3	3	5	4	군필자
E지원자	4	4	2	5	5	군 면제자

※ 군필자(만기제대)에게는 5점의 가산점을 부여한다.

〈평가지표별 가중치〉

구분	면접 점수	영어 실력	팀내 친화력	직무 적합도	발전 가능성
가중치	3	3	5	4	5

※ 가중치는 해당 평가지표 결과 점수에 곱한다.

① A, D지원자

② B, C지원자

③ B, E지원자

④ D, E지원자

03 다음은 부서별로 핵심역량가치 중요도와 신입사원들의 핵심역량평가 결과표이다. 이를 바탕으로 신입사원을 적절한 부서로 배치할 때, C사원과 E사원의 부서가 바르게 연결된 것은?(단, '-'는 중요도가 상관없다는 표시이다)

〈핵심역량가치 중요도〉

구분	창의성	혁신성	친화력	책임감	윤리성
영업팀	-	중	상	중	-
개발팀	상	상	하	중	상
지원팀	-	중	-	상	하

〈핵심역량평가 결과표〉

구분	창의성	혁신성	친화력	책임감	윤리성
A사원	상	하	중	상	상
B사원	중	중	하	중	상
C사원	하	상	상	중	하
D사원	하	하	상	하	중
E사원	상	중	중	상	하

	C사원	E사원
①	개발팀	지원팀
②	영업팀	지원팀
③	개발팀	영업팀
④	영업팀	개발팀

문제해결능력

합격 Cheat Key

문제해결능력은 업무를 수행하면서 여러 가지 문제 상황이 발생하였을 때, 창의적이고 논리적인 사고를 통하여 이를 올바르게 인식하고 적절히 해결하는 능력으로, 하위 능력에는 사고력과 문제처리능력이 있다.

문제해결능력은 NCS 기반 채용을 진행하는 대다수의 공사·공단에서 채택하고 있으며, 다양한 자료와 함께 출제되는 경우가 많아 어렵게 느껴질 수 있다. 특히, 난이도가 높은 문제로 자주 출제되기 때문에 다른 영역보다 더 많은 노력이 필요할 수는 있지만 그렇기에 차별화를 할 수 있는 득점 영역이므로 포기하지 말고 꾸준하게 노력해야 한다.

1 질문의 의도를 정확하게 파악하라!

문제해결능력은 문제에서 무엇을 묻고 있는지 정확하게 파악하여 먼저 풀이 방향을 설정하는 것이 가장 효율적인 방법이다. 특히, 조건이 주어지고 답을 찾는 창의적·분석적인 문제가 주로 출제되고 있기 때문에 처음에 정확한 풀이 방향이 설정되지 않는다면 문제를 제대로 풀지 못하게 되므로 첫 번째로 출제 의도 파악에 집중해야 한다.

2 **중요한 정보는 반드시 표시하라!**

출제 의도를 정확히 파악하기 위해서는 문제의 중요한 정보를 반드시 표시하거나 메모하여 하나의 조건, 단서도 잊고 넘어가는 일이 없도록 해야 한다. 실제 시험에서는 시간의 압박과 긴장감으로 정보를 잘못 적용하거나 잊어버리는 실수가 많이 발생하므로 사전에 충분한 연습이 필요하다.

3 **반복 풀이를 통해 취약 유형을 파악하라!**

문제해결능력은 특히 시간관리가 중요한 영역이다. 따라서 정해진 시간 안에 고득점을 할 수 있는 효율적인 문제 풀이 방법을 찾아야 한다. 이때, 반복적인 문제 풀이를 통해 자신이 취약한 유형을 파악하는 것이 중요하다. 정확하게 풀 수 있는 문제부터 빠르게 풀고 취약한 유형은 나중에 푸는 효율적인 문제 풀이를 통해 최대한 고득점을 맞는 것이 중요하다.

01 | 명제 추론

| 유형분석 |

- 주어진 조건을 토대로 논리적으로 추론하여 참 또는 거짓을 구분하는 문제이다.
- 자료를 제시하고 새로운 결과나 자료에 주어지지 않은 내용을 추론해 가는 형식의 문제가 출제된다.

K공사는 공휴일에 진행하는 세미나를 준비하기 위해 인근의 가게 A ~ F에서 필요한 물품을 구매하고자 한다. 다음 〈조건〉을 참고할 때, 공휴일에 영업하는 가게의 수는?

조건

- C는 공휴일에 영업하지 않는다.
- B가 공휴일에 영업하지 않으면, C와 E는 공휴일에 영업한다.
- E 또는 F가 영업하지 않는 날이면, D는 영업한다.
- B가 공휴일에 영업하면, A와 E는 공휴일에 영업하지 않는다.
- B와 F 중 한 곳만 공휴일에 영업한다.

---

① 2곳 ② 3곳
③ 4곳 ④ 5곳

정답 ①

주어진 조건을 순서대로 논리 기호화하면 다음과 같다.
- 첫 번째 조건 : ~C
- 두 번째 조건 : ~B → (C ∧ E)
- 세 번째 조건 : (~E ∨ ~F) → D
- 네 번째 조건 : B → (~A ∧ ~E)

첫 번째 조건이 참이므로 두 번째 조건의 대우[(~C ∨ ~E) → B]에 따라 B는 공휴일에 영업한다. 이때 네 번째 조건에 따라 A와 E는 영업하지 않고, 다섯 번째 조건에 따라 F도 영업하지 않는다. 마지막으로 세 번째 조건에 따라 D는 영업한다. 따라서 공휴일에 영업하는 가게는 B와 D 2곳이다.

풀이 전략!

조건과 관련한 기본적인 논법에 대해서는 미리 학습해 두며, 이를 바탕으로 각 문장에 있는 핵심단어 또는 문구를 기호화하여 정리한 후, 선택지와 비교하여 참 또는 거짓을 판단한다. 또한, 이를 바탕으로 문제에서 구하고자 하는 내용을 추론 및 분석한다.

01 K는 게임 동호회 회장으로 주말에 진행되는 게임 행사에 동호회 회원인 A ~ E의 참여 가능 여부를 조사하려고 한다. 다음 〈조건〉을 참고하여 E가 행사에 참여하지 않는다고 할 때, 행사에 참여 가능한 사람은 몇 명인가?

> **조건**
> • A가 행사에 참여하지 않으면, B가 행사에 참여한다.
> • A가 행사에 참여하면, C는 행사에 참여하지 않는다.
> • B가 행사에 참여하면, D는 행사에 참여하지 않는다.
> • D가 행사에 참여하지 않으면, E가 행사에 참여한다.

① 1명　　　　　　　　　　　　② 2명
③ 3명　　　　　　　　　　　　④ 4명

02 다음 글의 내용이 참일 때, 반드시 채택되는 업체의 수는?

> K기업에서는 신제품에 들어갈 부품을 조달할 업체를 채택하려고 한다. 예비 후보로 A, B, C, D, E 5개 업체가 선정되었으며, 그 외에 다른 업체가 채택될 가능성은 없다. 각각의 업체에 대해 K기업은 채택하거나 채택하지 않거나 어느 하나의 결정만을 내린다.
> 기업 내부방침에 따라, 일정 규모 이상의 중견기업인 A가 채택되면 소기업인 B도 채택된다. A가 채택되지 않으면 D와 E 역시 채택되지 않는다. 그리고 K기업의 생산공장과 동일한 단지에 속한 업체인 B가 채택된다면, 같은 단지의 업체인 C가 채택되거나 혹은 타지역 업체인 A는 채택되지 않는다. 마지막으로 부품 공급위험을 분산하기 위해 D가 채택되지 않는다면, A는 채택되지만 C는 채택되지 않는다.

① 1곳　　　　　　　　　　　　② 2곳
③ 3곳　　　　　　　　　　　　④ 4곳

03 오늘 K씨는 종합병원에 방문하여 〈조건〉에 따라 A ~ C과 진료를 모두 받아야 한다. 다음 중 가장 빠르게 진료를 받을 수 있는 방문순서는?(단, 주어진 조건 외에는 고려하지 않는다)

> **조건**
> • 모든 과의 진료와 예약은 오전 9시 시작이다.
> • 모든 과의 점심시간은 오후 12시 30분부터 1시 30분이다.
> • A과와 C과는 본관에 있고 B과는 별관동에 있다. 본관과 별관동 이동에는 셔틀로 약 30분이 소요되며, 점심시간에는 셔틀이 운행하지 않는다.
> • A과는 오전 10시부터 오후 3시까지만 진료를 한다.
> • B과는 점심시간 후에 사람이 몰려 약 1시간의 대기시간이 필요하다.
> • A과 진료는 단순 진료로 30분 정도 소요될 예정이다.
> • B과 진료는 치료가 필요하여 1시간 정도 소요될 예정이다.
> • C과 진료는 정밀 검사가 필요하여 2시간 정도 소요될 예정이다.

① A → B → C
② B → A → C
③ B → C → A
④ C → B → A

04 K기업의 가대리, 나사원, 다사원, 라사원, 마대리 중 1명이 어제 출근하지 않았다. 이와 관련하여 5명의 직원이 다음과 같이 말했다. 이들 중 2명이 거짓말을 한다고 할 때, 출근하지 않은 직원은 누구인가?(단, 출근을 하였어도, 결근 사유를 듣지 못할 수도 있다)

> 가대리 : 나는 출근했고, 마대리도 출근했다. 누가 왜 출근하지 않았는지는 알지 못한다.
> 나사원 : 다사원은 출근하였다. 가대리님의 말은 모두 사실이다.
> 다사원 : 라사원은 출근하지 않았다.
> 라사원 : 나사원의 말은 모두 사실이다.
> 마대리 : 출근하지 않은 사람은 라사원이다. 라사원이 개인 사정으로 인해 출석하지 못한다고 가대리님에게 전했다.

① 가대리
② 나사원
③ 다사원
④ 라사원

05 아름이는 연휴를 맞아 유럽 일주를 할 계획이다. 하지만 시간 관계상 벨기에, 프랑스, 영국, 독일, 오스트리아, 스페인 중 4개 국가만 방문하고자 한다. 다음 〈조건〉에 따라 방문할 국가를 고를 때, 아름이가 방문하지 않을 국가로 짝지어진 것은?

조건
- 스페인은 반드시 방문한다.
- 프랑스를 방문하면 영국은 방문하지 않는다.
- 오스트리아를 방문하면 스페인은 방문하지 않는다.
- 벨기에를 방문하면 영국도 방문한다.
- 오스트리아, 벨기에, 독일 중 적어도 2개 국가를 방문한다.

① 영국, 프랑스　　　　　　　　② 벨기에, 독일
③ 영국, 벨기에　　　　　　　　④ 오스트리아, 프랑스

06 다음 〈조건〉에 따라 K기업의 부장, 과장, 대리, 주임, 사원이 농구, 축구, 야구, 테니스, 자전거, 영화 동호회에 참여할 때, 직위와 성별 및 동호회가 바르게 연결되지 않은 것은?(단, 모든 직원은 반드시 동호회 1곳에 참여한다)

조건
- 남직원은 3명, 여직원은 2명이다.
- 모든 동호회의 참여 가능 인원은 팀내 최대 2명이다.
- 모든 여직원은 자전거 동호회에 참여하지 않았다.
- 여직원 중 1명은 농구, 축구, 야구, 테니스 동호회 중 하나에 참여하였다.
- 대리, 주임, 사원은 자전거 동호회와 영화 동호회에 참여하지 않았다.
- 참여 직원이 없는 동호회는 2개이다.
- 야구, 자전거, 영화 동호회에 참여한 직원은 각각 1명이다.
- 주임은 야구 동호회에 참여하였고, 부장은 영화 동호회에 참여하였다.
- 축구 동호회에 참석한 직원은 남성뿐이다.

직위	성별	참여 동호회
① 부장	여자	영화
② 과장	남자	자전거
③ 대리	남자	축구
④ 사원	남자	테니스

02 | 창의적 사고

| 유형분석 |

- 창의적 사고에 대한 개념을 묻는 문제가 출제된다.
- 창의적 사고 개발 방법에 대한 암기가 필요한 문제가 출제되기도 한다.

다음 중 창의적 사고에 대한 설명으로 옳지 않은 것은?

① 창의적 사고 능력은 누구나 할 수 있는 일반적 사고와 달리 일부 사람만이 할 수 있는 능력이다.

② 정보와 정보의 조합으로 사회나 개인에게 새로운 가치를 창출하도록 하게 한다.

③ 무에서 유를 만들어 내는 것이 아니라 끊임없이 참신한 아이디어를 산출하는 것이다.

④ 이미 알고 있는 경험과 지식을 다시 결합함으로써 참신한 아이디어를 산출하는 것이다.

정답 ①

흔히 우리는 창의적인 사고가 특별한 사람들만이 할 수 있는 대단한 능력이라고 생각하지만, 우리는 일상생활에서 창의적인 사고를 끊임없이 하고 있으며, 이러한 창의적 사고는 누구에게나 있는 능력이다. 예를 들어 어떠한 일을 할 때 더 쉬운 방법이 없을까 고민하는 것 역시 창의적 사고 중 하나로 볼 수 있다.

풀이 전략!

모듈이론에 대한 전반적인 학습을 미리 해두어야 하며, 이를 주어진 문제에 적용하여 빠르게 풀이한다.

01   다음 글에서 나타난 문제 해결 기법은?

- 문제상황 : 교내 도서관의 도서가 지속적으로 분실되고 있음
- 문제해결과정
  1. 왜 교내 도서관의 도서가 분실되는가?
     → 도서를 빌려간 학생들이 반납을 하지 않았기 때문
  2. 왜 학생들이 빌려간 도서를 반납하지 않는가?
     → 반납 기일에 대해 자주 잊어버리기 때문
  3. 왜 학생들은 반납 기일을 자주 잊어버리는가?
     → 임박한 반납 기일을 인지할 장치가 없기 때문
  4. 왜 반납 기일을 인지할 장치가 없는가?
     → 도서를 빌려줄 당시에 구두로만 반납 기일을 알려주기 때문
  5. 왜 구두로만 반납 기일을 알려주는가?
- 문제해결 : 학생들이 반납 기일을 인지할 수 있도록 반납 기일 하루 전 문자로 통보

① TRIZ
② Brainstorming
③ Synectics
④ 5Why

02   다음 사례에서 K사가 문제해결에 사용한 사고방식으로 가장 적절한 것은?

게임 업체인 K사는 2000년대 이후 지속적인 하락세를 보였으나, 최근 AR 기반의 모바일 게임을 통해 변신에 성공했다. K사는 대표이사가 한때 "모바일 게임 시장이 곧 사라질 것"이라고 말했을 정도로 기존에 강세를 보이던 분야인 휴대용 게임만을 고집했었다. 그러나 기존의 관점에서 벗어나 신기술인 AR에 주목했고, 그동안 홀대했던 모바일 게임 분야에 뛰어들었다. 오히려 변화를 자각하고 새로운 기술을 활용하자 좋은 결과가 따른 것이다.

① 전략적 사고
② 분석적 사고
③ 발상의 전환
④ 내 · 외부자원의 효과적 활용

03 | 규칙 적용

| 유형분석 |

- 주어진 상황과 규칙을 종합적으로 활용하여 풀어 가는 문제이다.
- 일정, 비용, 순서 등 다양한 내용을 다루고 있어 유형을 한 가지로 단일화하기 어렵다.

A팀과 B팀은 보안등급 상에 해당하는 문서를 나누어 보관하고 있다. 이에 따라 두 팀은 보안을 위해 아래와 같은 규칙에 따라 각 팀의 비밀번호를 지정하였다. 다음 중 A팀과 B팀에 들어갈 수 있는 암호배열은?

〈규칙〉

- 1 ∼ 9까지의 숫자로 (한 자릿수)×(두 자릿수)=(세 자릿수)=(두 자릿수)×(한 자릿수) 형식의 비밀번호로 구성한다.
- 가운데에 들어갈 세 자릿수의 숫자는 156이며 숫자는 중복 사용할 수 없다. 즉, 각 팀의 비밀번호에 1, 5, 6이란 숫자가 들어가지 않는다.

A팀   B팀

① 23   ② 27
③ 29   ④ 39

정답 ④

규칙에 따라 사용할 수 있는 숫자는 1, 5, 6을 제외한 나머지 2, 3, 4, 7, 8, 9의 총 6개이다. (한 자릿수)×(두 자릿수)=156이 되는 수를 알기 위해서는 156의 소인수를 구해보면 된다. 156의 소인수는 3, 2^2, 13으로 여기서 156이 되는 수의 곱 중에 조건을 만족하는 것은 2×78과 4×39이다. 따라서 선택지 중에 A팀 또는 B팀에 들어갈 수 있는 암호배열은 39이다.

풀이 전략!

문제에 제시된 조건이나 규칙을 정확히 파악한 후, 선택지나 상황에 적용하여 문제를 풀어 나간다.

01 K제품을 운송하는 A씨는 업무상 편의를 위해 고객의 주문 내역을 임의의 기호로 기록하고 있다. 다음과 같은 주문전화가 왔을 때, A씨가 기록한 기호로 옳은 것은?

〈임의기호〉

재료	연강	고강도강	초고강도강	후열처리강
	MS	HSS	AHSS	PHTS
판매량	낱개	1묶음	1box	1set
	01	10	11	00
지역	서울	경기남부	경기북부	인천
	E	S	N	W
윤활유 사용	청정작용	냉각작용	윤활작용	밀폐작용
	P	C	I	S
용도	베어링	스프링	타이어코드	기계구조
	SB	SS	ST	SM

※ A씨는 [재료] – [판매량] – [지역] – [윤활유 사용] – [용도]의 순서로 기호를 기록함

〈주문전화〉

B씨 : 어이~ A씨. 나야, 나. 인천 지점에서 같이 일했던 B. 내가 필요한 것이 있어서 전화했어. 일단 서울 지점의 C씨가 스프링으로 사용할 제품이 필요하다고 하는데 한 박스 정도면 될 것 같아. 이전에 주문했던 대로 연강에 윤활용으로 윤활유를 사용한 제품으로 부탁하네. 나는 이번에 경기도 남쪽으로 가는데 거기에 있는 내 사무실 알지? 거기로 초고강도강 타이어코드용으로 1세트 보내 줘. 튼실한 걸로 밀폐용 윤활유 사용해서 부탁해. 저번에 냉각용으로 사용한 제품은 생각보다 좋진 않았어.

① MS11EISB, AHSS00SSST ② MS11EISS, AHSS00SSST
③ MS11EISS, HSS00SSST ④ MS11WISS, AHSS10SSST

PART 1

※ 다음은 보조배터리를 생산하는 K사의 시리얼넘버에 대한 자료이다. 이를 보고 이어지는 질문에 답하시오. [2~3]

<시리얼넘버 부여 방식>

시리얼넘버는 [제품분류]-[배터리 형태][배터리 용량][최대 출력]-[고속충전 규격]-[생산날짜] 순서로 부여한다.

<시리얼넘버 세부사항>

제품분류	배터리 형태	배터리 용량	최대 출력
NBP : 일반형 보조배터리 CBP : 케이스 보조배터리 PBP : 설치형 보조배터리	LC : 유선 분리형 LO : 유선 일체형 DK : 도킹형 WL : 무선형 LW : 유선+무선	4 : 40,000mAH 이상 3 : 30,000mAH 이상 2 : 20,000mAH 이상 1 : 10,000mAH 이상	A : 100W 이상 B : 60W 이상 C : 30W 이상 D : 20W 이상 E : 10W 이상
고속충전 규격	생산날짜		
P31 : USB-PD3.1 P30 : USB-PD3.0 P20 : USB-PD2.0	B4 : 2024년 B3 : 2023년 ... A1 : 2011년	1 : 1월 2 : 2월 ... 0 : 10월 A : 11월 B : 12월	01 : 1일 02 : 2일 ... 30 : 30일 31 : 31일

02 다음 〈보기〉 중 시리얼넘버가 잘못 부여된 제품은 모두 몇 개인가?

보기

- NBP-LC4A-P20-B2102
- CBP-WK4A-P31-B0803
- NBP-LC3B-P31-B3230
- CNP-LW4E-P20-A7A29
- PBP-WL3D-P31-B0515
- CBP-LO3E-P30-A9002
- PBP-DK1E-P21-A8B12
- PBP-DK2D-P30-B0331
- NBP-LO3B-P31-B2203
- CBP-LC4A-P31-B3104

① 2개
② 3개
③ 4개
④ 5개

03 K사 고객지원부서에 재직중인 S주임은 보조배터리를 구매한 고객으로부터 다음과 같은 문의를 받았다. 해당 제품을 회사 데이터베이스에서 검색하기 위해 시리얼번호를 입력할 때, 고객 제품의 시리얼번호로 옳은 것은?

S주임 : 안녕하세요. K사 고객지원팀 S입니다. 무엇을 도와드릴까요?

고객 : 안녕하세요. 지난번에 구매한 보조배터리가 작동을 하지 않아서요.

S주임 : 네, 고객님. 해당 제품 확인을 위해 시리얼번호를 알려주시기 바랍니다.

고객 : 제품을 들고 다니면서 시리얼번호가 적혀 있는 부분이 지워졌네요. 어떻게 하면 되죠?

S주임 : 고객님 혹시 구매하셨을 때 동봉된 제품설명서 가지고 계실까요?

고객 : 네, 가지고 있어요.

S주임 : 제품설명서 맨 뒤에 제품정보가 적혀있는데요. 순서대로 불러주시기 바랍니다.

고객 : 설치형 보조배터리에 70W, 24,000mAH의 도킹형 배터리이고, 규격은 USB-PD3.0이고, 생산 날짜는 2022년 10월 12일이네요.

S주임 : 확인 감사합니다. 고객님 잠시만 기다려 주세요.

---

① PBP-DK2B-P30-B1012

② PBP-DK2B-P30-B2012

③ PBP-DK3B-P30-B1012

④ PBP-DK3B-P30-B2012

04 철수는 장미에게 "43 41 54" 메시지를 전송하였다. 메시지를 본 장미는 문자에 대응하는 아스키 코드수를 16진법으로 표현한 것을 알아냈고 다음 아스키 코드표를 이용하여 해독하고자 한다. 철수가 장미에게 보낸 문자는 무엇인가?

문자	아스키	문자	아스키	문자	아스키	문자	아스키
A	65	H	72	O	79	V	86
B	66	I	73	P	80	W	87
C	67	J	74	Q	81	X	88
D	68	K	75	R	82	Y	89
E	69	L	76	S	83	Z	90
F	70	M	77	T	84	–	–
G	71	N	78	U	85	–	–

① CAT

② SIX

③ BEE

④ CUP

04 | 자료 해석

| 유형분석 |

- 주어진 자료를 해석하고 활용하여 풀어가는 문제이다.
- 꼼꼼하고 분석적인 접근이 필요한 다양한 자료들이 출제된다.

다음 중 정수장 수질검사 현황에 대해 바르게 설명한 사람은?

〈정수장 수질검사 현황〉

급수 지역	항목						검사결과	
	일반세균 100 이하 (CFU/mL)	대장균 불검출 (수/100mL)	NH3-N 0.5 이하 (mg/L)	잔류염소 4.0 이하 (mg/L)	구리 1 이하 (mg/L)	망간 0.05 이하 (mg/L)	적합	기준 초과
함평읍	0	불검출	불검출	0.14	0.045	불검출	적합	없음
이삼읍	0	불검출	불검출	0.27	불검출	불검출	적합	없음
학교면	0	불검출	불검출	0.13	0.028	불검출	적합	없음
엄다면	0	불검출	불검출	0.16	0.011	불검출	적합	없음
나산면	0	불검출	불검출	0.12	불검출	불검출	적합	없음

① A사원 : 함평읍의 잔류염소는 가장 낮은 수치를 보였고, 기준치에 적합하네.
② B사원 : 모든 급수지역에서 일반세균이 나오지 않았어.
③ C사원 : 기준치를 초과한 곳은 없었지만 적합하지 않은 지역은 있어.
④ D사원 : 대장균과 구리가 검출되면 부적합 판정을 받는구나.

정답 ②

오답분석
① 잔류염소에서 가장 낮은 수치를 보인 지역은 나산면(0.12)이고, 함평읍(0.14)은 세 번째로 낮다.
③ 기준치를 초과한 곳도 없고, 모두 적합 판정을 받았다.
④ 함평읍과 학교면, 엄다면은 구리가 검출되었지만 적합 판정을 받았다.

풀이 전략!

문제해결을 위해 필요한 정보가 무엇인지 먼저 파악한 후, 제시된 자료를 분석적으로 읽고 해석한다.

01 다음은 K공사에서 진행하는 산재보험패널 학술대회의 프로그램 시간표이다. 이를 이해한 내용으로 옳지 않은 것은?

〈산재보험패널 학술대회 안내〉

시간	프로그램	
13:00 ~ 13:30	학술대회 등록	
13:30 ~ 14:00	• 학술대회 개회식 및 내 · 외빈 소개 • 대학원생 학술논문 경진대회 우수논문 시상	
14:00 ~ 14:20	(기조발표) 산재보험패널조사로 살펴본 산재근로자의 모습	
14:20 ~ 14:30	휴식	
14:30 ~ 16:00	주제 : 산재근로자의 노동시장 참여(1) [장소 : 중회의실 A] 1. 산업재해 근로자의 직장복귀 요인 분석 2. 산재 후 원직장복귀 근로자의 원직장 이탈 결정요인 분석 3. 머신 러닝 기법을 이용한 산재요양종결자의 4년 후 원직복귀 예측 요인	주제 : 산재근로자의 일과 생활 [장소 : 중회의실 B] 1. 산재장해인 재활서비스가 직업복귀 촉진에 미치는 효과성 분석 2. 산재근로자의 이직의사에 영향을 미치는 요인 3. 산재요양종결자의 가구 빈곤 현황 및 추이 분석
16:00 ~ 16:10	휴식	
16:10 ~ 17:40	주제 : 산재근로자의 노동시장 참여(2) [장소 : 중회의실 A] 1. 산재근로자의 원직복귀와 장해등급에 영향을 미치는 요인 분석 2. 산재근로자 직업복귀 시 '고용의 질'에 영향을 미치는 요인 연구 3. 산재근로자의 직장복귀 형태에 영향을 미치는 요인 분석 및 자아존중감, 자기효능감, 일자리 만족도 비교	주제 : 대학원생 학술논문 경진대회 [장소 : 중회의실 B] 1. 재발사건생존분석을 활용한 산재근로자의 직업복귀 이후 고용 유지에 미치는 영향 2. 산재근로자의 직업 만족도에 따른 잠재계층 분류와 영향요인 검증

① 산재근로자가 이직을 하는 이유를 알고 싶다면 중회의실 B에 참석해야겠다.

② 중회의실 A에서 산재요양종결자의 원직복귀 예측 요인에 대한 설명을 들을 수 있겠구나.

③ 대학원생 학술논문 경진대회를 통해 재발사건생존분석을 어떻게 활용하는지 알 수 있겠군.

④ 산재근로자의 일과 생활을 다룬 프로그램에 참석하면 산재근로자의 장해등급은 어떻게 구분되는지 알 수 있겠어.

02 다음은 서울시에서 진행 예정인 유지보수·개발구축 사업에 대한 기본 정보이다. 이에 대한 설명으로 적절하지 않은 것은?

〈유지보수·개발구축 사업 기본 정보〉

사업명	사업내용	사업금액(원)	사업 기간
종로구 청계천 유지 사업	유지보수	12.5억	2년 이상
양천구 오목교 유지보수 사업	개발구축	17억	3년 이상
마포구 마포대교 보수 사업	유지보수	8억	2년 미만
강서구 까치산 둘레길 개발 사업	개발구축	5.6억	1년 미만
관악구 관악산 등산로 구축 사업	개발구축	9억	4년 이상
도봉구 도봉산 도로 개발 사업	개발구축	13억	3년 이상
영등포구 여의도 한강공원 보수 사업	개발구축	11억	1년 이상
종로구 낙산공원 유지 사업	유지보수	8억	2년 이상
서초구 반포 한강공원 유지보수 사업	유지보수	9.5억	1년 미만

① 사업내용이 '유지보수'로 잘못 적힌 것은 2개이다.
② 사업 기간이 1년 미만인 것은 2개이다.
③ 사업금액이 6억 원 미만인 것은 1개이다.
④ 사업금액이 가장 많이 드는 사업과 사업 기간이 2년 미만인 사업은 다르다.

03 K공사에서는 직원들에게 다양한 혜택이 있는 복지카드를 제공한다. 복지카드의 혜택 사항이 다음과 같을 때, B사원의 일과에서 복지카드로 혜택을 볼 수 없는 것을 모두 고르면?

〈복지카드 혜택 사항〉

구분	세부내용
교통	대중교통(지하철, 버스) 3 ~ 7% 할인
의료	병원 5% 할인(동물병원 포함, 약국 제외)
쇼핑	의류, 가구, 도서 구입 시 5% 할인
영화	영화관 최대 6천 원 할인

〈B사원의 일과〉

B사원은 오늘 친구와 백화점에서 만나 쇼핑을 하기로 약속을 했다. 집에서 ㉠ 지하철을 타고 약 20분이 걸려 백화점에 도착한 B사원은 어머니 생신 선물로 ㉡ 화장품을 산 후, 동생의 이사 선물로 줄 ㉢ 침구류도 구매하였다. 쇼핑이 끝난 후 B사원은 ㉣ 버스를 타고 집에 돌아와 자신이 키우는 반려견의 예방접종을 위해 ㉤ 병원에 가서 진료를 받았다.

① ㉠, ㉡   ② ㉡, ㉢
③ ㉠, ㉡, ㉣   ④ ㉢, ㉣, ㉤

04 사내 시설 예약을 담당하는 A사원은 K서포터즈 발대식 안내문을 받고 〈조건〉에 따라 시설을 예약하려고 한다. 다음 중 A사원이 예약해야 할 시설로 가장 적절한 것은?

〈K서포터즈 발대식 안내〉

- 일시 : 2월 17 ~ 18일(1박 2일)
- 대상인원 : 서포터즈 선발인원 117명, 아나운서 6명

〈사내 시설 현황〉

구분	최대수용 인원	시설 예약완료 현황			부대시설	
		2월 16일	2월 17일	2월 18일	마이크	프로젝터
한빛관	166명	–	–	09:00 ~ 11:00	○	×
비전홀	158명	15:00 ~ 17:00	–	–	○	○
대회의실 1	148명	09:00 ~ 10:00	–	–	○	○
대회의실 2	136명	–	–	15:00 ~ 17:00	○	○

조건
- 운영인원 10명을 포함한 전체 참여 인원을 수용할 수 있어야 한다.
- 전체 참여 인원의 10%를 수용할 수 있는 여유 공간이 있어야 한다.
- 마이크와 프로젝터가 모두 있어야 한다.
- 발대식 전날 정오부터 대여가 가능해야 한다.

① 한빛관
② 비전홀
③ 대회의실 1
④ 대회의실 2

CHAPTER 04

정보능력

합격 Cheat Key

정보능력은 업무를 수행함에 있어 기본적인 컴퓨터를 활용하여 필요한 정보를 수집, 분석, 활용하는 능력을 의미한다. 또한 업무와 관련된 정보를 수집하고, 이를 분석하여 의미 있는 정보를 얻는 능력이다. 국가직무능력표준에 따르면 정보능력의 세부 유형은 컴퓨터 활용·정보 처리로 나눌 수 있다.

1 평소에 컴퓨터 활용 스킬을 틈틈이 익혀라!

윈도우(OS)에서 어떠한 설정을 할 수 있는지, 응용프로그램(엑셀 등)에서 어떠한 기능을 활용할 수 있는지를 평소에 직접 사용해 본다면 문제를 보다 수월하게 해결할 수 있다. 여건이 된다면 컴퓨터 활용 능력에 관련된 자격증 공부를 하는 것도 이론과 실무를 익히는 데 도움이 될 것이다.

2 문제의 규칙을 찾는 연습을 하라!

일반적으로 코드체계나 시스템 논리체계를 제공하고 이를 분석하여 문제를 해결하는 유형이 출제된다. 이러한 문제는 문제해결능력과 같은 맥락으로 규칙을 파악하여 접근하는 방식으로 연습이 필요하다.

3 현재 보고 있는 그 문제에 집중하라!

정보능력의 모든 것을 공부하려고 한다면 양이 너무나 방대하다. 그렇기 때문에 수험서에서 본인이 현재 보고 있는 문제들을 집중적으로 공부하고 기억하려고 해야 한다. 그러나 엑셀의 함수 수식, 연산자 등 암기를 필요로 하는 부분들은 필수적으로 암기를 해서 출제가 되었을 때 오답률을 낮출 수 있도록 한다.

4 사진 · 그림을 기억하라!

컴퓨터 활용 능력을 파악하는 영역이다 보니 컴퓨터 속 옵션, 기능, 설정 등의 사진 · 그림이 문제에 같이 나오는 경우들이 있다. 그런 부분들은 직접 컴퓨터를 통해서 하나하나 확인을 하면서 공부한다면 더 기억에 잘 남게 된다. 조금 귀찮더라도 한 번씩 클릭하면서 확인을 해보도록 한다.

01 | 정보 이해

| 유형분석 |

- 정보능력 전반에 대한 이해를 확인하는 문제이다.
- 정보능력 이론이나 새로운 정보 기술에 대한 문제가 자주 출제된다.

다음 중 정보의 가공 및 활용에 대한 설명으로 옳지 않은 것은?

① 정보는 원형태 그대로 혹은 가공하여 활용할 수 있다.

② 수집된 정보를 가공하여 다른 형태로 재표현하는 방법도 가능하다.

③ 정적정보의 경우, 이용한 이후에도 장래활용을 위해 정리하여 보존한다.

④ 비디오테이프에 저장된 영상정보는 동적정보에 해당한다.

정답 ④

저장매체에 저장된 자료는 시간이 지나도 언제든지 동일한 형태로 재생이 가능하므로 정적정보에 해당한다.

오답분석

① 정보는 원래 형태 그대로 활용하거나, 분석, 정리 등 가공하여 활용할 수 있다.

② 정보를 가공하는 것뿐 아니라 일정한 형태로 재표현하는 것도 가능하다.

③ 시의성이 사라지면 정보의 가치가 떨어지는 동적정보와 달리 정적정보의 경우, 이용 후에도 장래에 활용을 하기 위해 정리하여 보존하는 것이 좋다.

풀이 전략!

자주 출제되는 정보능력 이론을 확인하고, 확실하게 암기해야 한다. 특히 새로운 정보 기술이나 컴퓨터 전반에 대해 관심을 가지는 것이 좋다.

01 K공사에 새로 입사하게 된 A사원은 업무를 시작하기 위해 컴퓨터를 사용하려고 했으나, 다음과 같은 문제가 발생하여 관리팀에 문의를 하였다. 빈칸에 들어갈 적절한 해결방법이 아닌 것은?

> A사원 : 안녕하세요. 인사부 신입사원 ○○○입니다. 새로 배정받은 컴퓨터를 켰을 때, 하드디스크가 인식되지 않는다는 경고가 떴네요. 어떻게 조치하면 됩니까?
>
> 관리팀 사원 : 네, 우선 ＿＿＿＿＿＿＿＿＿＿＿＿＿을/를 해보세요.
>
> A사원 : 알려주신 방법으로 조치하니 제대로 작동합니다. 감사합니다.

① 메인보드와 연결하는 케이블의 접촉이 불량인지 확인

② 디스크 정리 프로그램을 실행시켜 불필요한 프로그램을 제거

③ 외부의 충격으로 하드디스크가 고장이 나지 않았는지 확인

④ CMOS Setup에서 하드디스크 설정이 올바르게 되어 있는지 확인

02 K공사는 사원들만 이용할 수 있는 사내 공용 서버를 운영하고 있다. 이 서버에는 아이디와 패스워드를 입력하지 않고 자유롭게 접속하여 업무 관련 파일들을 올리고 내릴 수 있다. 하지만 얼마 전부터 공용 서버의 파일을 다운로드 받은 개인용 컴퓨터에서 바이러스가 감지되어, 우선적으로 공용 서버의 바이러스를 모두 제거하였다. 이런 상황에서 발생한 문제에 대처하기 위한 추가 조치사항으로 적절한 것을 〈보기〉에서 모두 고르면?

> **보기**
>
> ㄱ. 접속하는 모든 컴퓨터를 대상으로 바이러스를 치료한다.
>
> ㄴ. 공용 서버에서 다운로드한 파일을 모두 실행한다.
>
> ㄷ. 접속 후에는 쿠키를 삭제한다.
>
> ㄹ. 임시 인터넷 파일의 디스크 공간을 최대로 늘린다.

① ㄱ, ㄴ　　　　　　　　　　② ㄱ, ㄷ

③ ㄴ, ㄷ　　　　　　　　　　④ ㄷ, ㄹ

02 | 엑셀 함수

| 유형분석 |

- 컴퓨터 활용과 관련된 상황에서 문제를 해결하기 위한 행동이 무엇인지 묻는 문제이다.
- 주로 업무수행 중에 많이 활용되는 대표적인 엑셀 함수(COUNTIF, ROUND, MAX, SUM, COUNT, AVERAGE …)가 출제된다.
- 종종 엑셀시트를 제시하여 각 셀에 들어갈 함수식이 무엇인지 고르는 문제가 출제되기도 한다.

다음 시트에서 판매수량과 추가판매의 합계를 구하기 위해서 [B6] 셀에 들어갈 수식으로 옳은 것은?

	A	B	C
1	일자	판매수량	추가판매
2	06월19일	30	8
3	06월20일	48	
4	06월21일	44	
5	06월22일	42	12
6	합계	184	

① =SUM(B2,C2,C5)

② =LEN(B2:B5, 3)

③ =COUNTIF(B2:B5, ">=12")

④ =SUM(B2:B5,C2,C5)

정답 ④

「=SUM(합계를 구할 처음 셀:합계를 구할 마지막 셀)」으로 표시해야 한다. 판매수량과 추가판매를 더하는 것은 비연속적인 셀을 더하는 것이므로 연속하는 영역을 입력하고 ','로 구분해 준 다음 영역을 다시 지정해야 한다. 따라서 [B6] 셀에 작성해야 할 수식으로는 「=SUM(B2:B5,C2,C5)」이 옳다.

풀이 전략!

제시된 상황에서 사용할 엑셀 함수가 무엇인지 파악한 후, 선택지에서 적절한 함수식을 골라 식을 만들어야 한다. 평소 대표적으로 문제에 자주 출제되는 몇몇 엑셀 함수를 익혀두면 풀이시간을 단축할 수 있다.

01 다음은 K공사의 신입공채 지원자들에 대한 평가점수를 정리한 자료이다. [B9] 셀에 다음과 같은 함수식을 입력하였을 때, [B9] 셀에 출력되는 값으로 옳지 않은 것은?

	A	B	C	D	E
1	이름	협동점수	태도점수	발표점수	필기점수
2	부경필	75	80	92	83
3	김효남	86	93	74	95
4	박현정	64	78	94	80
5	백자영	79	86	72	97
6	이병현	95	82	79	86
7	노경미	91	86	80	79
8					
9	점수				

	함수식	값
①	=AVERAGE(LARGE(B2:E2,3),SMALL(B5:E5,2))	79.5
②	=SUM(MAX(B3:E3),MIN(B7:E7))	174
③	=AVERAGE(MAX(B7:E7),COUNTA(B6:E6))	50
④	=SUM(MAXA(B4:E4),COUNT(B3:E3))	98

02 A사원은 고객들의 주민등록번호 앞자리를 바탕으로 생년, 월, 일로 구분하고자 한다. 각 셀에 사용할 함수식으로 옳은 것은?

	A	B	C	D	E
1	이름	주민등록번호 앞자리	생년	월	일
2	김천국	950215			
3	김지옥	920222			
4	박세상	940218			
5	박우주	630521			
6	강주변	880522			
7	홍시요	891021			
8	조자주	910310			

① C2 : =LEFT(B2,2) 　　② D3 : =LEFT(B3,4)

③ E7 : =RIGHT(B7,3) 　　④ D8 : =MID(B7,3,2)

※ K공사에 근무 중인 S사원은 체육대회에 사용할 물품 비용을 다음과 같이 엑셀로 정리하였다. 자료를 참고하여 이어지는 질문에 답하시오. [3~4]

◢	A	B	C	D	E
1	구분	물품	개수	단가(원)	비용(원)
2	의류	A팀 체육복	15	20,000	300,000
3	식품류	과자	40	1,000	40,000
4	식품류	이온음료수	50	2,000	100,000
5	의류	B팀 체육복	13	23,000	299,000
6	상품	수건	20	4,000	80,000
7	상품	USB	10	10,000	100,000
8	의류	C팀 체육복	14	18,000	252,000
9	식품류	김밥	30	3,000	90,000

03 S사원은 스프레드 시트에서 단가가 두 번째로 높은 물품의 금액을 알고자 한다. 다음 중 S사원이 입력해야 할 함수로 옳은 것은?

① =INDEX(D2:D9,2) ② =MAX(D2:D9,2)

③ =MID(D2:D9,2) ④ =LARGE(D2:D9,2)

04 S사원은 구입물품 중 의류의 총개수를 파악하고자 한다. 다음 중 S사원이 입력해야 할 함수로 옳은 것은?

① =SUMIF(A2:A9,A2,C2:C9) ② =COUNTIF(C2:C9,C2)

③ =VLOOKUP(A2,A2:A9,1,0) ④ =HLOOKUP(A2,A2:A9,1,0)

05 K중학교에서 근무하는 P교사는 반 학생들의 과목별 수행평가 제출 여부를 확인하기 위해 다음과 같이 자료를 정리하였다. P교사가 [D11]~[D13] 셀에 〈보기〉와 같이 함수를 입력하였을 때, [D11]~[D13] 셀에 나타날 결괏값이 바르게 연결된 것은?

	A	B	C	D
1				(제출했을 경우 '1'로 표시)
2	이름	A과목	B과목	C과목
3	김혜진	1	1	1
4	이방숙	1		
5	정영교	재제출 요망	1	
6	정혜운		재제출 요망	1
7	이승준		1	
8	이혜진			1
9	정영남	1		1
10				
11				
12				
13				

[D11] 셀에 입력한 함수	→	=COUNTA(B3:D9)
[D12] 셀에 입력한 함수	→	=COUNT(B3:D9)
[D13] 셀에 입력한 함수	→	=COUNTBLANK(B3:D9)

	[D11]	[D12]	[D13]
①	12	10	11
②	12	10	9
③	10	12	11
④	10	10	9

CHAPTER 05

조직이해능력

합격 Cheat Key

조직이해능력은 업무를 원활하게 수행하기 위해 조직의 체제와 경영을 이해하고 국제적인 추세를 이해하는 능력이다. 현재 많은 공사·공단에서 출제 비중을 높이고 있는 영역이기 때문에 미리 대비하는 것이 중요하다. 실제 업무 능력에서 조직이해능력을 요구하기 때문에 중요도는 점점 높아질 것이다.

세부 유형은 조직 체제 이해, 경영 이해, 업무 이해, 국제 감각으로 나눌 수 있다. 조직도를 제시하는 문제가 출제되거나 조직의 체계를 파악해 경영의 방향성을 예측하고, 업무의 우선순위를 파악하는 문제가 출제된다.

1 문제 속에 정답이 있다!

경력이 없는 경우 조직에 대한 이해가 낮을 수밖에 없다. 그러나 문제 자체가 실무적인 내용을 담고 있어도 문제 안에는 해결의 단서가 주어진다. 부담을 갖지 않고 접근하는 것이 중요하다.

2 경영·경제학원론 정도의 수준은 갖추도록 하라!

지원한 직군마다 차이는 있을 수 있으나, 경영·경제이론을 접목시킨 문제가 꾸준히 출제되고 있다. 따라서 기본적인 경영·경제이론은 익혀 둘 필요가 있다.

3　지원하는 공사·공단의 조직도를 파악하라!

출제되는 문제는 각 공사·공단의 세부내용일 경우가 많기 때문에 지원하는 공사·공단의 조직도를 파악해 두어야 한다. 조직이 운영되는 방법과 전략을 이해하고, 조직을 구성하는 체제를 파악하고 간다면 조직이해능력에서 조직도가 나올 때 단기간에 문제를 풀 수 있을 것이다.

4　실제 업무에서도 요구되므로 이론을 익혀라!

각 공사·공단의 직무 특성상 일부 영역에 중요도가 가중되는 경우가 있어서 많은 취업준비생들이 일부 영역에만 집중하지만, 실제 업무 능력에서 직업기초능력 10개 영역이 골고루 요구되는 경우가 많고, 현재는 필기시험에서도 조직이해능력을 출제하는 기관의 비중이 늘어나고 있기 때문에 미리 이론을 익혀 둔다면 모듈형 문제에서 고득점을 노릴 수 있다.

01 | 경영 전략

| 유형분석 |

- 경영 전략에서 대표적으로 출제되는 문제는 마이클 포터(Michael Porter)의 본원적 경쟁 전략이다.
- 경쟁 전략의 기본적인 이해와 구조를 물어보는 문제가 자주 출제되므로 전략별 특징 및 개념에 대한 이론 학습이 요구된다.

다음 중 마이클 포터(Michael E. Porter)의 본원적 경쟁 전략에 대한 설명으로 가장 적절한 것은?

① 해당 사업에서 경쟁우위를 확보하기 위한 전략이다.

② 집중화 전략에서는 대량생산을 통해 단위 원가를 낮추거나 새로운 생산기술을 개발할 필요가 있다고 본다.

③ 원가우위 전략에서는 연구개발이나 광고를 통하여 기술, 품질, 서비스 등을 개선할 필요가 있다고 본다.

④ 차별화 전략은 특정 산업을 대상으로 한다.

정답 ①

마이클 포터(Michael E. Porter)의 본원적 경쟁 전략

- 원가우위 전략 : 원가절감을 통해 해당 산업에서 우위를 점하는 전략으로, 이를 위해서는 대량생산을 통해 단위 원가를 낮추거나 새로운 생산기술을 개발할 필요가 있다. 1970년대 우리나라의 섬유업체나 신발업체, 가발업체 등이 미국시장에 진출할 때 취한 전략이 여기에 해당한다.
- 차별화 전략 : 조직이 생산품이나 서비스를 차별화하여 고객에게 가치가 있고 독특하게 인식되도록 하는 전략이다. 이를 위해서는 연구개발이나 광고를 통하여 기술, 품질, 서비스, 브랜드 이미지를 개선할 필요가 있다.
- 집중화 전략 : 특정 시장이나 고객에게 한정된 전략으로, 원가우위나 차별화 전략이 산업 전체를 대상으로 하는 데 비해 집중화 전략은 특정 산업을 대상으로 한다. 즉, 경쟁조직들이 소홀히 하고 있는 한정된 시장을 원가우위나 차별화 전략을 써서 집중적으로 공략하는 방법이다.

풀이 전략!

대부분의 기업들은 마이클 포터의 본원적 경쟁 전략을 사용하고 있다. 각 전략에 해당하는 대표적인 기업을 연결하고, 그들의 경영전략을 상기하며 문제를 풀어보도록 한다.

01 다음 밑줄 친 부분에 대한 설명으로 가장 적절한 것은?

> 산업민주주의의 발달과 함께 근로자 또는 노동조합을 경영의 파트너로 인정하는 협력적 노사관계가 중시됨에 따라 이들을 조직의 경영의사결정 과정에 참여시키는 <u>경영참가제도</u>가 논의되고 있다. 특히, 최근에는 국제경쟁의 가속화와 저성장, 급격한 기술발전과 같은 환경변화에 따라 대립적인 노사관계만으로는 한계가 있다고 지적되면서 점차 경영참가의 중요성이 커지고 있다.

① 경영자의 고유한 권리인 경영권이 강화될 수 있다.
② 모든 근로자의 참여로 보다 합리적인 의사결정이 가능하다.
③ 분배 문제를 해결함으로써 노동조합의 단체교섭 기능이 강화된다.
④ 가장 큰 목적은 경영의 민주성을 제고하는 것이다.

02 다음 글에서 설명하고 있는 조직의 경영 기법은 무엇인가?

> 모든 조직은 경영의 기본 활동인 계획 – 실행 – 평가를 통해 조직이 원하는 성과를 창출해 낸다. 해당 기법은 이러한 조직의 경영 활동을 체계적으로 지원하는 관리 도구로, 경영자 및 관리자들이 시간 관리를 통해서 개인 자기 자신을 관리하듯 목표를 통해서 개인 및 조직성과를 관리한다. 성과 향상을 위해서는 목표를 설정하고, 이를 지속적으로 관리하는 것이 중요하다. 평가 결과는 과정의 산물이며, 성과 개선에 영향을 미치는 부수적인 요인이다. 따라서 기업들은 해당 기법을 활용할 경우 평가나 그 결과의 활용보다는 목표 설정, 중간 점검 등의 단계에 더욱 많은 관심을 기울여야 한다.

① 과업평가계획(PERT)
② 목표관리(MBO)
③ 조직개발(OD)
④ 전사적자원관리(ERP)

02 | 조직 구조

| 유형분석 |

- 조직 구조 유형에 대한 특징을 물어보는 문제가 자주 출제된다.
- 기계적 조직과 유기적 조직의 차이점과 사례 등을 숙지하고 있어야 한다.
- 조직 구조 형태에 따라 기능적 조직, 사업별 조직으로 구분하여 출제되기도 한다.

다음 중 기계적 조직의 특징으로 옳은 것을 〈보기〉에서 모두 고르면?

보기

ㄱ 변화에 맞춰 쉽게 변할 수 있다.
ㄴ 상하 간 의사소통이 공식적인 경로를 통해 이루어진다.
ㄷ 대표적으로 사내 벤처팀, 프로젝트팀이 있다.
ㄹ 구성원의 업무가 분명하게 규정되어 있다.
ㅁ 다양한 규칙과 규제가 있다.

① ㄱ, ㄴ, ㄷ

② ㄱ, ㄹ, ㅁ

③ ㄴ, ㄷ, ㄹ

④ ㄴ, ㄹ, ㅁ

정답 ④

오답분석

ㄱ·ㄷ 유기적 조직에 대한 설명이다.

- 기계적 조직
  - 구성원의 업무가 분명하게 규정되어 있고, 많은 규칙과 규제가 있다.
  - 상하 간 의사소통이 공식적인 경로를 통해 이루어진다.
  - 대표적으로 군대, 정부, 공공기관 등이 있다.
- 유기적 조직
  - 업무가 고전되지 않아 업무 공유가 가능하다.
  - 규제나 통제의 정도가 낮아 변화에 맞춰 쉽게 변할 수 있다.
  - 대표적으로 권한위임을 받아 독자적으로 활동하는 사내 벤처팀, 특정한 과제 수행을 위해 조직된 프로젝트팀이 있다.

풀이 전략!

조직 구조는 유형에 따라 기계적 조직과 유기적 조직으로 나눌 수 있다. 기계적 조직과 유기적 조직은 서로 상반된 특징을 가지고 있으며, 기계적 조직이 관료제의 특징과 비슷함을 파악하고 있다면, 이와 상반된 유기적 조직의 특징도 수월하게 파악할 수 있다.

01 다음 중 조직 구조에 대한 설명으로 옳지 않은 것을 〈보기〉에서 모두 고르면?

> **보기**
>
> ㄱ. 조직 내부의 효율성을 중시하는 조직은 기능적 조직 구조보다는 사업별 조직 구조의 형태를 띤다.
> ㄴ. 사업별 조직 구조는 안정적인 환경하에서 대처가 용이한 조직 구조이다.
> ㄷ. 기능적 조직 구조에서는 각 부서가 유사성과 관련성이 높은 업무들을 결합하여 관장하고 있다.
> ㄹ. 환경 변화에 신속히 대처하기 위해서는 집권화된 의사결정구조보다 분권화된 구조가 유리하다.

① ㄱ, ㄴ
② ㄱ, ㄷ
③ ㄴ, ㄷ
④ ㄴ, ㄹ

02 다음 중 조직체제 구성요소에 대한 설명으로 적절하지 않은 것은?

① 조직목표는 조직이 존재하는 정당성과 합법성을 제공한다.
② 조직문화는 조직구성원들에게 일체감과 정체성을 부여한다.
③ 업무 프로세스는 구성원 간의 업무 흐름의 연결을 보여준다.
④ 조직 구조 중 유기적 조직은 업무가 고정적이며 구성원들의 업무나 권한이 분명하게 정의되고 통제된 조직 구조이다.

※ 다음 글을 읽고 이어지는 질문에 답하시오. **[3~4]**

K공사는 제한된 인력으로 업무수행의 효율을 높이기 위해 조직구조에 대한 혁신이 필요하다고 판단하여 조직구조를 개편하기로 했다. 이번에 개편되는 조직구조의 형태는 특정 프로젝트를 수행하기 위한 것으로 해당 분야에 전문성을 지닌 다른 팀의 직원들이 자신의 직무와 특정 프로젝트를 동시에 수행하도록 할 계획이다. 이러한 조직구조가 경영학계에 대두된 시점은 1969년 아폴로 11호의 달 착륙 때의 일이다. 당시 미국이 구소련보다 앞서 달 정복에 성공할 수 있었던 것과 관련, 수평적 커뮤니케이션이 가능한 이러한 구조의 힘이 컸다는 언론보도 이후 경영계에서 앞다퉈 이 시스템을 도입하기 시작한 것이다. 하지만 이를 도입했던 대부분의 기업들은 성과를 거두지 못하고 오히려 극심한 혼란과 부작용을 경험했다.

03 다음 중 K공사가 변경하고자 하는 조직구조의 형태는?

① 기능 구조   ② 매트릭스 구조
③ 사업 구조   ④ 네트워크 구조

04 윗글과 관련하여 향후 K공사가 계획한 조직구조에서 부작용을 줄이기 위해 고려해야 할 사항으로 적절하지 않은 것은?

① 조직구조 상단 기능별 리더들의 사고 혁신이 전제가 되어야 한다.

② 조직구조의 최하단에 놓인 직원들의 적절한 업무량 배분을 감안해야 한다.

③ 조직구조는 변화시키지만 기업문화와 인사제도, 성과평가 제도는 유지해야 한다.

④ 조직구조의 전체적인 변화와 혁신을 일으키지 않으면 관료제가 중첩되는 위험에 빠질 수 있다.

05 다음 〈보기〉 중 비영리조직으로 적절한 것을 모두 고르면?

ㄱ 사기업   ㄴ 정부조직
ㄷ 병원   ㄹ 대학
ㅁ 시민단체

① ㄱ, ㄹ, ㅁ   ② ㄱ, ㄷ, ㄹ, ㅁ
③ ㄴ, ㄷ, ㄹ, ㅁ   ④ ㄱ, ㄴ, ㄷ, ㄹ, ㅁ

03 | 업무 종류

| 유형분석 |

- 부서별 주요 업무에 대해 묻는 문제이다.
- 부서별 특징과 담당 업무에 대한 이해가 필요하다.

다음 상황에서 오대리가 팀장의 지시를 수행하기 위하여 거쳐야 할 부서를 순서대로 바르게 나열한 것은?

> 오대리, 내가 내일 출장 준비 때문에 무척 바빠서 그러는데 자네가 좀 도와 줘야 할 것 같군. 우선 박비서한테 가서 오후 사장님 회의 자료를 좀 가져다 주게나. 오는 길에 지난주 기자단 간담회 자료 정리가 되었는지 확인해 보고 완료됐으면 한 부 챙겨 오고. 다음 주에 승진자 발표가 있을 것 같은데 우리 팀 승진 대상자 서류가 잘 전달되었는지 그것도 확인 좀 해 줘야겠어. 참, 오후에 바이어가 내방하기로 되어 있는데 공항 픽업 준비는 잘 해 두었지? 배차 예약 상황도 다시 한 번 점검해 봐야 할 거야. 그럼 수고 좀 해 주게.

① 기획팀 - 홍보팀 - 총무팀 - 경영관리팀
② 비서실 - 홍보팀 - 인사팀 - 총무팀
③ 인사팀 - 법무팀 - 총무팀 - 기획팀
④ 경영관리팀 - 법무팀 - 총무팀 - 인사팀

정답 ②

우선 박비서에게 회의 자료를 받아와야 하므로 비서실을 들러야 한다. 다음으로 기자단 간담회는 대회 홍보 및 기자단 상대 업무를 맡은 홍보팀에서 자료를 정리할 것이므로 홍보팀을 거쳐야 한다. 또한, 승진자 인사 발표 소관 업무는 인사팀이 담당한다고 볼 수 있으며, 회사의 차량 배차에 대한 업무는 총무팀과 같은 지원부서의 업무로 보는 것이 적절하다.

풀이 전략!

> 조직은 목적의 달성을 위해 업무를 효과적으로 분배하고 처리할 수 있는 구조를 확립해야 한다. 조직의 목적이나 규모에 따라 업무의 종류는 다양하지만, 대부분의 조직에서는 총무, 인사, 기획, 회계, 영업으로 부서를 나누어 업무를 담당하고 있다. 따라서 5가지 업무 종류에 대해서는 미리 숙지해야 한다.

01 다음은 A회사의 직무전결표의 일부분이다. 이에 따라 문서를 처리하였을 경우 적절하지 않은 것은?

직무 내용	대표이사	위임 전결권자		
		전무	이사	부서장
정기 월례 보고				○
각 부서장급 인수인계		○		
3천만 원 초과 예산 집행	○			
3천만 원 이하 예산 집행		○		
각종 위원회 위원 위촉	○			
해외 출장			○	

① 인사부장의 인수인계에 관하여 전무에게 결재받은 후 시행하였다.

② 인사징계위원회 위원을 위촉하기 위하여 대표이사 부재중에 전무가 전결하였다.

③ 영업팀장의 해외 출장을 위하여 이사에게 사인을 받았다.

④ 3천만 원에 해당하는 물품 구매를 위하여 전무 전결로 처리하였다.

02 다음 중 업무배정에 대한 설명으로 옳지 않은 것을 〈보기〉에서 모두 고르면?

> **보기**
>
> ㄱ. 조직의 업무는 반드시 사전에 직책에 따라 업무분장이 이루어진 대로 수행되어야 한다.
> ㄴ. 근속연수는 구성원 개인이 조직 내에서 책임을 수행하고 권한을 행사하는 기반이 된다.
> ㄷ. 동시간대에 수행하여야하는 업무들은 하나의 업무로 통합하여 수행하는 것이 효율적이다.
> ㄹ. 직위에 따라 수행해야 할 일정 업무가 할당되고, 그 업무를 수행하는 데 필요한 권한과 책임이
> 부여된다.

① ㄱ, ㄴ　　　　　　　　　　② ㄱ, ㄷ

③ ㄴ, ㄷ　　　　　　　　　　④ ㄴ, ㄹ

CHAPTER 06

수리능력

합격 Cheat Key

수리능력은 사칙 연산·통계·확률의 의미를 정확하게 이해하고 이를 업무에 적용하는 능력으로, 기초 연산과 기초 통계, 도표 분석 및 작성의 문제 유형으로 출제된다. 수리능력 역시 채택하지 않는 공사·공단이 거의 없을 만큼 필기시험에서 중요도가 높은 영역이다.

특히, 난이도가 높은 공사·공단의 시험에서는 도표 분석, 즉 자료 해석 유형의 문제가 많이 출제되고 있고, 응용 수리 역시 꾸준히 출제하는 공사·공단이 많기 때문에 기초 연산과 기초 통계에 대한 공식의 암기와 자료 해석 능력을 기를 수 있는 꾸준한 연습이 필요하다.

1 응용 수리의 공식은 반드시 암기하라!

응용 수리는 공사·공단마다 출제되는 문제는 다르지만, 사용되는 공식은 비슷한 경우가 많으므로 자주 출제되는 공식을 반드시 암기하여야 한다. 문제에서 묻는 것을 정확하게 파악하여 그에 맞는 공식을 적절하게 적용하는 꾸준한 노력과 공식을 암기하는 연습이 필요하다.

2 자료의 해석은 자료에서 즉시 확인할 수 있는 지문부터 확인하라!

수리능력 중 도표 분석, 즉 자료 해석 능력은 많은 시간을 필요로 하는 문제가 출제되므로, 증가·감소 추이와 같이 눈으로 확인이 가능한 지문을 먼저 확인한 후 복잡한 계산이 필요한 지문을 확인하는 방법으로 문제를 풀이한다면 시간을 조금이라도 아낄 수 있다. 또한, 여러 가지 보기가 주어진 문제 역시 지문을 잘 확인하고 문제를 풀이한다면 불필요한 계산을 생략할 수 있으므로 항상 지문부터 확인하는 습관을 들여야 한다.

3 도표 작성에서 지문에 작성된 도표의 제목을 반드시 확인하라!

도표 작성은 하나의 자료 혹은 보고서와 같은 수치가 표현된 자료를 도표로 작성하는 형식으로 출제되는데, 대체로 표보다는 그래프를 작성하는 형태로 많이 출제된다. 지문을 살펴보면 각 지문에서 주어진 도표에도 소제목이 있는 경우가 대부분이다. 이때, 자료의 수치와 도표의 제목이 일치하지 않는 경우 함정이 존재하는 문제일 가능성이 높으므로 도표의 제목을 반드시 확인하는 것이 중요하다.

01 | 응용 수리

| 유형분석 |

- 문제에서 제공하는 정보를 파악한 뒤, 사칙연산을 활용하여 계산하는 전형적인 수리문제이다.
- 문제를 풀기 위한 정보가 산재되어 있는 경우가 많으므로 주어진 조건 등을 꼼꼼히 확인해야 한다.

세희네 가족의 올해 휴가비용은 작년 대비 교통비는 15%, 숙박비는 24% 증가하였고, 전체 휴가비용은 20% 증가하였다. 작년 전체 휴가비용이 36만 원일 때, 올해 숙박비는?(단, 전체 휴가비는 교통비와 숙박비의 합이다)

① 160,000원

② 184,000원

③ 200,000원

④ 248,000원

정답 ④

작년 교통비를 x만 원, 숙박비를 y만 원이라 하자.

$1.15x + 1.24y = 1.2(x+y) \cdots$ ㉠

$x + y = 36 \cdots$ ㉡

㉠과 ㉡을 연립하면 $x = 16$, $y = 20$이다.

따라서 올해 숙박비는 20만×1.24=248,000원이다.

풀이 전략!

문제에서 묻는 바를 정확하게 확인한 후, 필요한 조건 또는 정보를 구분하여 신속하게 풀어 나간다. 단, 계산에 착오가 생기지 않도록 유의한다.

01 둘레가 600m인 호수가 있다. 서희와 소정이가 자전거를 타고 서로 반대 방향으로 동시에 출발하여 각각 초속 7m, 초속 5m의 속력으로 달렸을 때, 세 번째로 만나는 지점은 출발점에서 얼마나 떨어져 있는가?(단, 양쪽 중 더 짧은 거리를 기준으로 한다)

① 120m   ② 150m

③ 200m   ④ 220m

02 회의에 참석하기 위해 김부장이 회사에서 박대리보다 30분 먼저 출발했다. 회의장소까지 도보로 김부장은 시속 3km로 걷고, 박대리는 시속 4km로 걸어가고 있을 때, 박대리가 김부장을 따라잡을 때까지 걸리는 시간은 몇 분인가?(단, 걸리는 시간은 박대리가 출발한 후부터이다)

① 180분   ② 90분

③ 80분   ④ 70분

03 그릇 A에는 9%의 소금물 200g, 그릇 B에는 4%의 소금물 150g이 있다. 그릇 A에서 100g의 소금물을 그릇 B로 옮겼을 때, 그릇 B에 들어있는 소금물의 농도는 몇 %인가?

① 4.5%   ② 5%

③ 5.5%   ④ 6%

04 K공사는 토요일에 2명의 사원이 당직 근무를 하도록 사칙으로 규정하고 있다. K공사의 B팀에는 8명의 사원이 있다. B팀이 앞으로 3주 동안 토요일마다 당직 근무를 한다고 했을 때, 가능한 모든 경우의 수는?(단, 모든 사원은 당직 근무를 2번 이상 서지 않는다)

① 1,520가지   ② 2,520가지

③ 5,040가지   ④ 10,080가지

05 철수는 다음과 같은 길을 따라 A에서 C까지 최단 거리로 이동하려고 한다. 이때, 점 B를 거쳐서 이동하는 경우의 수는?

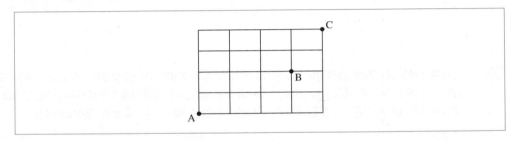

① 15가지   ② 24가지

③ 28가지   ④ 30가지

06 한 인터넷 쇼핑몰의 등록 고객 중 여성이 75%, 남성이 25%라고 한다. 여성 등록 고객 중 우수고객의 비율은 40%, 일반 고객의 비율은 60%이다. 그리고 남성 등록 고객의 경우 우수고객이 30%, 일반고객이 70%이다. 등록 고객 중 한 명을 임의로 뽑았더니 우수고객이었다. 이때, 이 고객이 여성일 확률은?

① 75%   ② 80%

③ 85%   ④ 90%

07 테니스 동아리에서 테니스장 사용료를 내려고 한다. 모두 같은 금액으로 한 명당 5,500원씩 내면 3,000원이 남고 5,200원씩 내면 300원이 부족하다. 테니스장 사용료는 얼마인가?

① 37,500원   ② 47,500원

③ 57,500원   ④ 67,500원

08 두 변의 길이가 각각 108cm, 180cm인 직사각형 모양의 찰흙을 같은 모양의 정사각형 여러 개의 찰흙으로 나누려고 한다. 나눈 찰흙의 수가 최소일 때, 나눈 찰흙의 수는?

① 9개   ② 12개

③ 15개   ④ 18개

09 프로젝트를 완료하는 데 A사원이 혼자 하면 7일, B사원이 혼자 하면 9일이 걸린다. 3일 동안 두 사원이 함께 프로젝트를 진행하다가 B사원이 병가를 내는 바람에 나머지는 A사원이 혼자 처리해야 한다. A사원이 남은 프로젝트를 완료하는 데에는 며칠이 더 걸리겠는가?(단, 프로젝트를 완료하는 데 걸리는 기간은 자연수이다)

① 1일   ② 2일

③ 3일   ④ 4일

02 | 자료 계산

유형분석

- 문제에 주어진 도표를 분석하여 각 선택지의 값을 계산해 정답 유무를 판단하는 문제이다.
- 주로 그래프와 표로 제시되며, 경영·경제·산업 등과 관련된 최신 이슈를 많이 다룬다.
- 자료 간의 증감률·비율·추세 등을 자주 묻는다.

다음은 K국의 부양인구비를 나타낸 자료이다. 2024년 15세 미만 인구 대비 65세 이상 인구의 비율은 얼마인가?(단, 비율은 소수점 둘째 자리에서 반올림한다)

〈부양인구비〉

구분	2020년	2021년	2022년	2023년	2024년
부양비	37.3	36.9	36.8	36.8	36.9
유소년부양비	22.2	21.4	20.7	20.1	19.5
노년부양비	15.2	15.6	16.1	16.7	17.3

※ (유소년부양비)$=\dfrac{(15세\ 미만\ 인구)}{(15\sim64세\ 인구)}\times100$

※ (노년부양비)$=\dfrac{(65세\ 이상\ 인구)}{(15\sim64세\ 인구)}\times100$

① 72.4%
② 77.6%
③ 81.5%
④ 88.7%

정답 ④

2024년 15세 미만 인구를 x명, 65세 이상 인구를 y명, $15\sim64$세 인구를 a명이라 하면,

15세 미만 인구 대비 65세 이상 인구 비율은 $\dfrac{y}{x}\times100$이므로

(2024년 유소년부양비)$=\dfrac{x}{a}\times100=19.5 \rightarrow a=\dfrac{x}{19.5}\times100 \cdots \bigcirc$

(2024년 노년부양비)$=\dfrac{y}{a}\times100=17.3 \rightarrow a=\dfrac{y}{17.3}\times100 \cdots \bigcirc$

$\bigcirc$, $\bigcirc$을 연립하면 $\dfrac{x}{19.5}=\dfrac{y}{17.3} \rightarrow \dfrac{y}{x}=\dfrac{17.3}{19.5}$이므로, 15세 미만 인구 대비 65세 이상 인구의 비율은 $\dfrac{17.3}{19.5}\times100 \fallingdotseq 88.7\%$이다.

풀이 전략!

선택지를 먼저 읽고 필요한 정보를 도표에서 확인하도록 하며, 계산이 필요한 경우에는 실제 수치를 사용하여 복잡한 계산을 하는 대신, 대소 관계의 비교나 선택지의 옳고 그름만을 판단할 수 있을 정도로 간소화하여 계산해 풀이시간을 단축할 수 있도록 한다.

01 다음은 권장 소비자 가격과 판매 가격 차이를 조사한 자료 중 일부이다. 제시된 〈조건〉을 적용했을 때, 할인가 판매 시 괴리율이 가장 높은 품목은?(단, 괴리율은 소수점 둘째 자리에서 버림한다)

(단위 : 원, %)

상품	판매 가격		권장 소비자 가격과의 괴리율	
	정상가	할인가	권장 소비자 가격	정상가 판매 시 괴리율
세탁기	600,000	580,000	640,000	6.2
무선청소기	175,000	170,000	181,000	3.3
오디오세트	470,000	448,000	493,000	4.6
운동복	195,000	180,000	212,500	8.2

조건
- [권장 소비자 가격과의 괴리율(%)]$=\dfrac{[(권장\ 소비자\ 가격)-(판매\ 가격)]}{(권장\ 소비자\ 가격)}\times100$
- 정상가 : 할인 판매를 하지 않는 상품의 판매 가격
- 할인가 : 할인 판매를 하는 상품의 판매 가격

① 세탁기   ② 무선청소기
③ 오디오세트   ④ 운동복

02 다음은 10개 도시의 2024년 6월 및 2024년 12월의 부동산 전세 가격지수 동향에 대한 자료이다. 2024년 6월 대비 2024년 12월 부동산 전세 가격지수의 증가량이 가장 적은 도시의 증감률은?

〈10개 도시 부동산 전세 가격지수 동향〉

도시	2024년 6월	2024년 12월	도시	2024년 6월	2024년 12월
A	90.2	95.4	F	98.7	98.8
B	92.6	91.2	G	100.3	99.7
C	98.1	99.2	H	92.5	97.2
D	94.7	92.0	I	96.5	98.3
E	95.1	98.7	J	99.8	101.5

① 약 −2.9%
② 약 −1.5%
③ 약 1%
④ 약 5.8%

03 다음은 K중학교 재학생의 2014년과 2024년의 평균 신장 변화에 대한 자료이다. 2014년 대비 2024년 신장 증가율이 가장 큰 학년을 차례대로 나열한 것은?

〈K중학교 재학생 평균 신장 변화〉

(단위 : cm)

학년	2014년	2024년
1학년	160.2	162.5
2학년	163.5	168.7
3학년	168.7	171.5

① 2학년 − 1학년 − 3학년
② 2학년 − 3학년 − 1학년
③ 3학년 − 1학년 − 2학년
④ 3학년 − 2학년 − 1학년

04 다음은 어느 도시의 버스노선 변동사항에 대한 자료이다. 〈조건〉을 참고하여 A ~ D에 들어갈 노선을 바르게 짝지은 것은?

<버스노선 변동사항>

구분	기존 요금	변동 요금	노선 변동사항
A	1,800원	2,100원	–
B	2,400원	2,400원	–
C	1,600원	1,800원	연장운행
D	2,100원	2,600원	–

조건

• 노선 A, B, C, D는 6, 42, 2000, 3100번 중 하나이다.
• 변동 후 요금이 가장 비싼 노선은 2000번이다.
• 요금 변동이 없는 노선은 42번이다.
• 연장운행을 하기로 결정한 노선은 6번이다.

	A	B	C	D
①	6	42	2000	3100
②	6	42	3100	200
③	3100	6	42	2000
④	3100	42	6	2000

03 | 자료 이해

| 유형분석 |

- 제시된 자료를 분석하여 선택지의 정답 유무를 판단하는 문제이다.
- 자료의 수치 등을 통해 변화량이나 증감률, 비중 등을 비교하여 판단하는 문제가 자주 출제된다.
- 지원하고자 하는 기업이나 산업과 관련된 자료 등이 문제의 자료로 많이 다뤄진다.

다음은 도시폐기물량 상위 10개국의 도시폐기물량지수와 한국의 도시폐기물량을 나타낸 자료이다. 이에 대한 〈보기〉 중 옳은 것을 모두 고르면?

〈도시폐기물량 상위 10개국의 도시폐기물량지수〉

순위	2021년		2022년		2023년		2024년	
	국가	지수	국가	지수	국가	지수	국가	지수
1	미국	12.05	미국	11.94	미국	12.72	미국	12.73
2	러시아	3.40	러시아	3.60	러시아	3.87	러시아	4.51
3	독일	2.54	브라질	2.85	브라질	2.97	브라질	3.24
4	일본	2.53	독일	2.61	독일	2.81	독일	2.78
5	멕시코	1.98	일본	2.49	일본	2.54	일본	2.53
6	프랑스	1.83	멕시코	2.06	멕시코	2.30	멕시코	2.35
7	영국	1.76	프랑스	1.86	프랑스	1.96	프랑스	1.91
8	이탈리아	1.71	영국	1.75	이탈리아	1.76	터키	1.72
9	터키	1.50	이탈리아	1.73	영국	1.74	영국	1.70
10	스페인	1.33	터키	1.63	터키	1.73	이탈리아	1.40

※ (도시폐기물량지수)$=\dfrac{\text{(해당 연도 해당 국가의 도시폐기물량)}}{\text{(해당 연도 한국의 도시폐기물량)}}$

〈한국의 도시폐기물량〉

(만 톤)

- 1,950
- 1,901 (2021년)
- 1,900
- 1,858 (2022년)
- 1,850
- 1,800
- 1,786 (2023년)
- 1,788 (2024년)
- 1,750

2021년 2022년 2023년 2024년

보기

ㄱ. 2024년 도시폐기물량은 미국이 일본의 4배 이상이다.
ㄴ. 2023년 러시아의 도시폐기물량은 8,000만 톤 이상이다.
ㄷ. 2024년 스페인의 도시폐기물량은 2021년에 비해 감소하였다.
ㄹ. 영국의 도시폐기물량은 터키의 도시폐기물량보다 매년 많다.

① ㄱ, ㄷ   ② ㄱ, ㄹ
③ ㄴ, ㄷ   ④ ㄷ, ㄹ

정답 ①

ㄱ. 제시된 자료의 각주에 의해 같은 해의 각국의 도시폐기물량지수는 그 해 한국의 도시폐기물량을 기준해 도출된다. 즉, 같은 해의 여러 국가의 도시폐기물량을 비교할 때 도시폐기물량지수로도 비교가 가능하다. 2024년 미국과 일본의 도시폐기물량지수는 각각 12.73, 2.53이며, 2.53×4=10.12<12.73이므로 옳은 설명이다.

ㄷ. 2021년 한국의 도시폐기물량은 1,901만 톤이므로 2021년 스페인의 도시폐기물량은 1,901×1.33=2,528.33만 톤이다. 도시폐기물량 상위 10개국의 도시폐기물량지수 자료를 보면 2024년 스페인의 도시폐기물량지수는 상위 10개국에 포함되지 않았음을 확인할 수 있다. 즉, 스페인의 도시폐기물량은 도시폐기물량지수 10위인 이탈리아의 도시폐기물량보다 적다. 2024년 한국의 도시폐기물량은 1,788만 톤이므로 이탈리아의 도시폐기물량은 1,788×1.40=2,503.2만 톤이다. 즉, 2024년 이탈리아의 도시폐기물량은 2021년 스페인의 도시폐기물량보다 적다. 따라서 2024년 스페인의 도시폐기물량은 2021년에 비해 감소했다.

오답분석

ㄴ. 2023년 한국의 도시폐기물량은 1,786만 톤이므로 2023년 러시아의 도시폐기물량은 1,786×3.87=6,911.82만 톤이다.
ㄹ. 2024년의 경우 터키의 도시폐기물량지수는 영국보다 높다. 따라서 2024년 영국의 도시폐기물량은 터키의 도시폐기물량보다 적다.

풀이 전략!

평소 변화량이나 증감률, 비중 등을 구하는 공식을 알아두고 있어야 하며, 지원하는 기업이나 산업에 관한 자료 등을 확인하여 비교하는 연습 등을 한다.

01 다음은 지역별 전력 최종에너지 소비량 변화에 대한 자료이다. 이에 대한 설명으로 옳지 않은 것을 〈보기〉에서 고르면?

구분	2014년		2024년		연평균 증가율(%)
	소비량(천 TOE)	비중(%)	소비량(천 TOE)	비중(%)	
서울	3,485	12.2	3,903	9.4	1.1
부산	1,427	5.0	1,720	4.1	1.9
대구	1,063	3.7	1,286	3.1	1.9
인천	1,562	5.5	1,996	4.8	2.5
광주	534	1.9	717	1.7	3.0
대전	624	2.2	790	1.9	2.4
울산	1,793	6.3	2,605	6.3	3.8
세종	–	–	227	0.5	–
경기	5,913	20.7	9,034	21.7	4.3
강원	1,065	3.7	1,394	3.4	2.7
충북	1,244	4.4	1,974	4.7	4.7
충남	1,931	6.8	4,067	9.8	7.7
전북	1,169	4.1	1,899	4.6	5.0
전남	1,617	5.7	2,807	6.7	5.7
경북	2,852	10.0	3,866	9.3	3.1
경남	2,072	7.2	2,913	7.0	3.5
제주	238	0.8	381	0.9	4.8
전국	28,588	100.0	41,594	100.0	3.8

보기

전력은 모든 지역에서 소비가 증가하였다. 특히 ㉠ 충청남도가 7.7%로 가장 높은 상승세를 나타냈다. 반면에 ㉡ 서울을 제외한 부산 및 인천 지역은 그에 비해 증가율이 상대적으로 낮은 편인 것으로 나타났다.

인구가 가장 많은 경기도는 20%대의 비중을 유지하면서, 지속해서 가장 높은 수준의 전력을 소비하는 지역으로 나타났으며, ㉢ 2014년 두 번째로 많은 전력을 소비했던 서울은 충청남도에 밀려 2024년에는 세 번째가 되었다. 한편, ㉣ 전국 에너지 소비량은 10년 사이 천만 TOE 이상의 증가를 나타냈다.

① ㉠

② ㉡

③ ㉢

④ ㉣

02 다음은 설 연휴 발생한 교통사고에 관한 자료이다. 이에 대한 설명으로 옳은 것을 〈보기〉에서 모두 고르면?

〈설 연휴 및 평소 주말교통사고 현황〉

(단위 : 건, 명)

구분	설 연휴 일평균			평소 주말 일평균		
	사고	부상자	사망자	사고	부상자	사망자
전체교통사고	487.4	885.1	11.0	581.7	957.3	12.9
졸음운전사고	7.8	21.1	0.6	8.2	17.1	0.3
어린이사고	45.4	59.4	0.4	39.4	51.3	0.3

〈설 전후 일자별 일평균 전체교통사고 현황〉

(단위 : 건, 명)

구분	설 연휴 전날	설 전날	설 당일	설 다음날
전체교통사고	822.0	505.3	448.0	450.0
부상자	1,178.0	865.0	1,013.3	822.0
사망자	17.3	15.3	10.0	8.3

보기

ㄱ. 설 연휴 전날에는 평소 주말보다 일평균 전체교통사고 건수는 240.3건, 부상자 수는 220.7명 많았고, 사망자 수는 30% 이상 많았다.

ㄴ. 전체교통사고 건당 부상자 수와 교통사고 건당 사망자 수 모두 설 당일이 설 전날보다 많았다.

ㄷ. 졸음운전사고의 경우 설 연휴 일평균 사고 건수는 평소 주말보다 적었으나 설 연휴 일평균 부상자 수와 사망자 수는 평소 주말보다 많았다.

ㄹ. 졸음운전사고의 경우 평소 주말 대비 설 연휴 일평균 사망자의 증가율은 일평균 부상자의 증가율의 10배 이상이었다.

ㅁ. 어린이사고의 경우 설 연휴 일평균 사고 건수는 평소 주말보다 6.0건, 부상자 수는 8.1명, 사망자 수는 0.1명 더 많았다.

① ㄱ, ㄴ, ㄷ
② ㄱ, ㄷ, ㅁ
③ ㄴ, ㄷ, ㄹ
④ ㄴ, ㄷ, ㅁ

03 다음은 태양광 산업 분야 투자액 및 투자건수에 대한 자료이다. 이에 대한 설명으로 옳지 않은 것은?

① 투자액이 가장 큰 해는 2023년이다.
② 2019년과 2022년 투자건수의 합은 2024년 투자건수보다 작다.
③ 2020 ~ 2024년 동안 투자액의 전년 대비 증가율은 2020년이 가장 높다.
④ 2020 ~ 2024년 동안 투자건수의 전년 대비 증가율은 2024년이 가장 낮다.

04 다음은 국민권익위원회에서 발표한 행정기관들의 고충민원 접수처리 현황이다. 〈보기〉 중 이에 대한 설명으로 옳은 것을 모두 고르면?(단, 소수점 셋째 자리에서 반올림한다)

〈고충민원 접수처리 현황〉

〈고충민원 접수처리 항목별 세부현황〉

(단위 : 건, 일)

구분		2021년	2022년	2023년	2024년
접수		31,681	30,038	31,308	30,252
처리		32,737	28,744	23,573	21,080
인용	시정권고	277	257	205	212
	제도개선	0	0	0	0
	의견표명	467	474	346	252
	조정합의	2,923	2,764	2,644	2,567
	소계	3,667	3,495	3,195	3,031
단순안내		12,396	12,378	10,212	9,845
기타처리		16,674	12,871	10,166	8,204
평균처리일		18	16	19	17

보기

ㄱ. 기타처리 건수의 전년 대비 감소율은 매년 증가하였다.

ㄴ. 처리 건수 중 인용 건수 비율은 2024년이 2021년에 비해 3%p 이상 높다.

ㄷ. 처리 건수 대비 조정합의 건수의 비율은 2022년이 2023년보다 높다.

ㄹ. 평균처리일이 짧은 해일수록 조정합의 건수 대비 의견표명 건수 비율이 높다.

① ㄱ   ② ㄴ

③ ㄱ, ㄷ   ④ ㄴ, ㄹ

교육은 우리 자신의 무지를 점차 발견해 가는 과정이다.

– 윌 듀란트 –

PART 2

전기 전공

CHAPTER 01   전기자기학

CHAPTER 02   전력공학

CHAPTER 03   전기기기

CHAPTER 04   회로이론

CHAPTER 05   한국전기설비규정(KEC)

CHAPTER 06   적중예상문제

01 | 전기자기학

01 벡터의 해석

벡터의 내적(스칼라곱)	$\vec{A} \cdot \vec{B} = |\vec{A}||\vec{B}|\cos\theta$ $(i \cdot i = j \cdot j = k \cdot k = |i||i|\cos 0° = 1, \ i \cdot j = j \cdot k = k \cdot i = |i||j|\cos 90° = 0)$
벡터의 외적(벡터곱)	$\vec{A} \times \vec{B} = |\vec{A}||\vec{B}|\sin\theta$ $(i \times i = j \times j = k \times k = 0, \ i \times j = k, \ j \times k = i, \ k \times i = j, \ j \times i = -k, \ k \times j = -i, \ i \times k = -j)$
미분연산자	$\nabla = \dfrac{\partial}{\partial x}i + \dfrac{\partial}{\partial y}j + \dfrac{\partial}{\partial z}k$ $(\nabla$: del 또는 nabla, 미분연산자$)$
스칼라 함수의 기울기	전위경도 $\nabla V = \dfrac{\partial V}{\partial x}i + \dfrac{\partial V}{\partial y}j + \dfrac{\partial V}{\partial z}k$ (벡터)
벡터의 발산	$\operatorname{div} A = \nabla \cdot \vec{A} = \dfrac{\partial A_x}{\partial x} + \dfrac{\partial A_y}{\partial y} + \dfrac{\partial A_z}{\partial z}$ (스칼라)
벡터의 회전	$\operatorname{rot} A = \nabla \times \vec{A} = \left(\dfrac{\partial A_z}{\partial y} - \dfrac{\partial A_y}{\partial z}\right)i + \left(\dfrac{\partial A_x}{\partial z} - \dfrac{\partial A_z}{\partial x}\right)j + \left(\dfrac{\partial A_y}{\partial x} - \dfrac{\partial A_x}{\partial y}\right)k$ (벡터)
스토크스(Stokes)의 정리	선(l) 적분 → 면(s) 적분 $\displaystyle\oint_c E \cdot dl = \int_s \operatorname{rot} E \cdot ds$
(가우스)발산의 정리	면(s) 적분 → 체적(v) 적분 $\displaystyle\oint_s E \cdot ds = \int_v \operatorname{div} E \cdot dv$
라플라시안(Laplacian)	$\nabla^2 V = \dfrac{\partial^2 V}{\partial x^2} + \dfrac{\partial^2 V}{\partial y^2} + \dfrac{\partial^2 V}{\partial z^2}$ (스칼라) ※ 라플라스 방정식 : $\nabla^2 f = \nabla \times \nabla f = 0$

(1) 쿨롱의 법칙

$$F = \frac{Q_1 Q_2}{4\pi\varepsilon_0 r^2} = 9\times 10^9 \times \frac{Q_1 Q_2}{r^2}\,[\text{N}]$$

※ Q : 전하량[C], r : 거리[m], ε_0(진공 유전율)$=8.855\times 10^{-12}\,\text{F/m}$

(2) 전계의 세기

① 단위 점전하($+1$C)와 전하 사이에 미치는 쿨롱의 힘

$$E = \frac{Q}{4\pi\varepsilon_0 r^2}\,[\text{V/m}] = 9\times 10^9 \cdot \frac{Q}{r^2}$$

② 전계의 세기 단위 표시

$$E = \frac{F}{Q}\,[\text{V/m}] \ (\text{단위} : [\text{N/C}] = \left[\frac{\text{N}\cdot\text{m}}{\text{C}\cdot\text{m}}\right] = \left[\frac{\text{J}}{\text{C}\cdot\text{m}}\right] = [\text{V/m}])$$

> ※ **전계의 세기가 0이 되는 지점**
> • 두 개의 점전하의 극성이 동일한 경우 : 두 전하의 사이
> • 두 개의 점전하의 극성이 서로 다른 경우 : 두 전하의 외곽 부분(전하의 절댓값이 작은 값의 외측)에 존재

(3) 전기력선의 성질

① 전기력선의 방향은 전계의 방향과 같다.
② 전기력선의 밀도는 전계의 세기와 같다(∵ 가우스의 법칙).
③ 전기력선은 전위가 높은 곳에서 낮은 곳으로, (+)에서 (−)로 이동한다.
④ 전하가 없는 곳에서 발생하지만 소멸이 없다(연속적).
⑤ 단위전하에서는 $\dfrac{1}{\varepsilon_0} = 1.13\times 10^{11}$ 개의 전기력선이 출입한다.
⑥ 전기력선은 자신만으로 폐곡선을 이루지 않는다.
⑦ 두 개의 전기력선은 서로 교차하지 않는다(전계가 0이 아닌 곳).
⑧ 전기력선은 등전위면과 수직 교차한다.

(4) 전기력선 방정식

$$\frac{dx}{E_x} = \frac{dy}{E_y} = \frac{dz}{E_z}$$

① $V = x^2 + y^2$ (전기력선 방정식 : $y = Ax$ 형태)
② $V = x^2 - y^2$ (전기력선 방정식 : $xy = A$ 형태)

(5) 전계의 세기 구하는 방법 : 가우스의 법칙 이용

$$\oint E \cdot ds = \frac{Q}{\varepsilon_0}, \ E = \frac{Q}{\varepsilon_0 S} = \frac{\sigma}{\varepsilon_0}$$

① 구도체(점전하)

　㉠ 표면$(r > a)$: $E = \dfrac{Q}{4\pi\varepsilon_0 r^2}$

　㉡ 내부$(r < a)$

　　• 일반조항 : $E = 0$

　　• 강제조항(내부에 전하가 균일분포) : $E = \dfrac{rQ}{4\pi\varepsilon_0 a^3}$

〈일반조항인 경우〉　　　　　　〈강제조항인 경우〉

② 축 대칭(선전하밀도 : $\lambda[\text{C/m}]$, 원통)

　㉠ 표면$(r > a)$: $E = \dfrac{\lambda}{2\pi\varepsilon_0 r}$

　㉡ 내부$(r < a)$

　　• 일반조항 : $E = 0$

　　• 강제조항(내부에 균일분포) : $E = \dfrac{r\lambda}{2\pi\varepsilon_0 a^2}$

〈일반조항인 경우〉　　　　　　〈강제조항인 경우〉

③ 무한평면 : $E = \dfrac{\sigma}{2\varepsilon_0}$ (내부 $E = 0$)

　※ 면전하밀도 : $\sigma[\text{C/m}^2]$

④ 표면에 전하분포(표면전하밀도)

$$E = \frac{\sigma}{\varepsilon_0} \text{ (내부 } E = 0)$$

⑤ 푸아송의 방정식

    ㉠ $\text{div} E = \frac{\rho}{\varepsilon_0}$ (가우스의 미분형)

    ㉡ $\nabla^2 V = -\frac{\rho}{\varepsilon_0}$ (푸아송의 방정식)

      ※ ρ : 체적전하밀도$[C/m^3]$

    ㉢ $\nabla^2 V = 0$ (라플라스 방정식, 전하밀도 $\rho = 0$일 때)

(6) 전기쌍극자

$M = Q \cdot \delta [\text{C} \cdot \text{m}]$ (쌍극자의 모멘트)

※ 미소전하 $\pm Q[C]$, 미소거리 δ 떨어져서 배치

① 전기쌍극자의 전위

$$V = \frac{M}{4\pi\varepsilon_0 r^2}\cos\theta \text{ [V]}$$

$[\theta = 0°(최대), 90°(최소)]$

② 전기쌍극자의 전계

$$E = \frac{M}{4\pi\varepsilon_0 r^3}\sqrt{1 + 3\cos^2\theta} \text{ [V/m]}$$

$[\theta = 0°(최대), 90°(최소)]$

(7) 정전응력(면적당 힘)

$$f = \frac{\sigma^2}{2\varepsilon_0} = \frac{1}{2}\varepsilon_0 E^2 = \frac{D^2}{2\varepsilon_0} \text{ [N/m}^2]$$

(8) 전기이중층

① 이중층의 세기 : $M = \sigma \cdot \delta [\text{C/m}]$

② 이중층의 전위 : $V_P = \frac{M}{4\pi\varepsilon_0}\omega [\text{V}]$

    ※ 입체각 $\omega = 2\pi(1 - \cos\theta)$

(1) 전위계수와 용량계수

① 전위계수 P

㉠ 도체의 크기, 주위 매질, 배치상태의 영향을 받음

㉡ $P = \dfrac{V}{Q}$ [V/C] = [1/F] = [1daraf]

㉢ P_{rr}, $P_{ss} > 0$

㉣ P_{rs}, $P_{sr} \geq 0$

㉤ $P_{rs} = P_{sr}$

㉥ $P_{rr} \geq P_{rs}$

> ※ **정전차폐의 경우**
> - $P_{11} = P_{21}$: 도체 2가 도체 1 속에 있음(도체 1이 도체 2를 감싸고 있음)
> - $P_{bc} = 0$: 도체 b와 도체 c 사이의 유도계수는 0이므로 타 도체에 의해 정전차폐가 되어 있음

② 용량계수와 유도계수

㉠ 용량계수 : q_{rr}, $q_{ss} > 0$

㉡ 유도계수 : q_{rs}, $q_{sr} \leq 0$

㉢ $q_{rs} = q_{sr}$

㉣ $q_{rr} = -(q_{r1} + q_{r2} + \cdots + q_{rn})$

(2) 정전 용량

① 구도체 : $C = 4\pi\varepsilon_0 a$ [F] (a는 반지름)

② 동심구 : $C = \dfrac{4\pi\varepsilon_0 ab}{b-a}$ [F] (단, a, b는 반지름, $a < b$)

③ 동축케이블(원통) : $C = \dfrac{2\pi\varepsilon_0}{\ln \dfrac{b}{a}}$ [F/m] (단, a, b는 반지름, $a < b$)

④ 평행왕복도선 : $C = \dfrac{\pi\varepsilon_0}{\ln \dfrac{d}{a}}$ [F/m] (a는 반지름, d는 두 원의 중심 간의 거리)

⑤ 평행판 콘덴서 : $C = \dfrac{\varepsilon_0 S}{d}$ [F]

(3) 정전 에너지

$$W = \frac{1}{2}QV = \frac{1}{2}CV^2\,[\text{V}] \text{ (충전 중, } V\text{는 일정함)} = \frac{Q^2}{2C}\,[\text{J}] \text{ (충전 후, } Q\text{는 일정함)}$$

(4) 콘덴서 연결

① 직렬연결 : $C_0 = \dfrac{C_1 C_2}{C_1 + C_2}$

> ※ **콘덴서의 파괴 순서**
> • 내압이 같은 경우 : 정전 용량이 적은 콘덴서부터 파괴
> • 내압이 다른 경우 : 총전하량이 적은 콘덴서부터 파괴

② 병렬연결 : $C_0 = C_1 + C_2$

> ※ **일반적인 콘덴서의 연결법 : 병렬연결**
> • $V = \dfrac{C_1 V_1 + C_2 V_2}{C_1 + C_2}$

04 유전체

(1) 분극의 세기

유전체의 단위 체적당 전기쌍극자모멘트를 뜻함

$$P = \varepsilon_0(\varepsilon_S - 1)E = \left(1 - \frac{1}{\varepsilon_s}\right)D\,[\text{C/m}^2]$$

(2) 전속밀도

$$D = \varepsilon_0 \varepsilon_S E = \varepsilon_0 E + \varepsilon_0(\varepsilon_S - 1)E = \varepsilon_0 E + P\,[\text{C/m}^2]$$

(3) 비유전율(ϵ_S)과의 관계

① 전하량이 일정한 경우(힘, 전계, 전위는 감소)

㉠ 힘 : $F = \dfrac{1}{\varepsilon_S}F_0$

㉡ 전계 : $E = \dfrac{1}{\varepsilon_S}E_0$

㉢ 전위 : $V = \dfrac{1}{\varepsilon_S}V_0$

㉣ 전기력선수 : $N = \dfrac{1}{\varepsilon_S}N_0$

② 전위가 일정한 경우(전속밀도, 총전하량 증가)

    ⊙ 전속밀도 : $D = \varepsilon_S D_0$

    ⓛ 총전하량 : $Q = \varepsilon_S Q_0$

③ 항상 성립하는 경우(비유전율에 항상 비례)

    정전 용량 : $C = \varepsilon_S C_0$

(4) 경계조건

① 경계조건(굴절법칙)

    ⊙ 전속밀도의 법선성분 : $D_1 \cos\theta_1 = D_2 \cos\theta_2$, $\varepsilon_1 E_1 \cos\theta_1 = \varepsilon_2 E_2 \cos\theta_2$

    ⓛ 전계의 접선성분 : $E_1 \sin\theta_1 = E_2 \sin\theta_2$

    ⓒ 경계조건 : $\dfrac{\tan\theta_1}{\tan\theta_2} = \dfrac{\varepsilon_1}{\varepsilon_2}$

    ⓔ $\varepsilon_1 > \varepsilon_2$ 일 경우 $\theta_1 > \theta_2$

② 맥스웰 응력 : 유전체의 경계면에 작용하는 힘은 유전율이 큰 쪽에서 작은 쪽으로 발생

    ⇒ 수직 : 인장응력, 수평 : 압축응력

    ⊙ 수직으로 입사($\theta = 0°$), $E = 0$, $D = D_1 = D_2$, $f = \dfrac{1}{2}\left(\dfrac{1}{\varepsilon_2} - \dfrac{1}{\varepsilon_1}\right)D^2\,[\text{N/m}^2]$

    ⓛ 평형으로 입사($\theta = 90°$), $D = 0$, $E = E_1 = E_2$, $f = \dfrac{1}{2}(\varepsilon_1 - \varepsilon_2)E^2\,[\text{N/m}^2]$

(5) 패러데이관의 특징

① 패러데이관 내의 전속선 수는 일정함
② 패러데이관 양단에는 정·부의 단위전하가 있음
③ 진전하가 없는 점에서는 패러데이관은 연속적임
④ 패러데이관의 밀도는 전속밀도와 같음
⑤ 패러데이관 수와 전속선 수는 같음

(6) 분극의 종류

① 전자분극 : 단결정 매질에서 전자운과 핵의 상대적인 변위에 의해 재배열한 분극
② 이온분극 : 화합물에서 (+)이온과 (−)이온의 상대적 변위에 의해 재배열한 분극
③ 쌍극자분극 : 유극성 분자가 전계 방향에 의해 재배열한 분극
④ 계면분극 : 두 종류 이상의 혼합절연물에서 계면의 표면에 (+)전하와 (−)전하가 쌓여 나타나는 분극

(1) 영상전하법

　① 평면도체와 점전하 : 평면도체로부터 거리가 d[m]인 곳에 점전하 Q[C]가 있는 경우

　　⊙ 영상전하 $Q' = -Q$[C]

　　ⓒ 평면과 점전하 사이의 힘 $F = -\dfrac{Q'Q}{4\pi\varepsilon_0(2d)^2} = -\dfrac{Q^2}{16\pi\varepsilon_0 d^2}$ [N]

　② 평면도체와 선전하 : 평면도체와 h[m] 떨어진 평행한 무한장 직선도체에 ρ[C/m]의 선전하가 주어

　　졌을 때, 직선도체의 단위 길이당 받는 힘 $F = -\rho E = -\rho \cdot \dfrac{\rho}{2\pi\varepsilon_0(2h)} = -\dfrac{\rho^2}{4\pi\varepsilon_0 h}$ [N/m]

(2) 접지도체구

　반지름 a의 접지도체구의 중심으로부터 거리가 $d(> a)$인 점에 점전하 Q[C]가 있는 경우

　① 영상전하의 크기 : $Q' = -\dfrac{a}{d}Q$

　② 영상전하의 위치 : $b = \dfrac{a^2}{d}$

　③ 접지도체구와 점전하 사이에 작용하는 힘 : $F = -\dfrac{adQ^2}{4\pi\varepsilon_0(d^2-a^2)^2}$

(1) 전류밀도

　① $i = \dfrac{I}{S} = env$

　　※ $e = 1.602 \times 10^{-19}$C : 전자의 전하량, n[개/m³] : 전자의 개수, v[m/s] : 전자의 이동속도

　② $i = kE$[A/m²] (k : 도전율) : 옴의 법칙 미분형

　③ div $i = 0$: 전류의 연속성(키르히호프 법칙 미분형)

(2) 저항 : $R = \rho\dfrac{l}{S}$ [Ω]

$$\left(C = \dfrac{\varepsilon S}{l} \rightarrow RC = \rho\dfrac{l}{S} \cdot \dfrac{\varepsilon S}{l} = \rho\varepsilon, \ R = \dfrac{\rho\varepsilon}{C}\right)$$

　※ 저항온도계수 : 저항값의 온도에 따른 변화 비율

　　－일반적으로 저항온도계수는 양의 값이지만, 반도체의 경우 저항온도계수는 음의 값을 가진다.

　　　$R_T = R_t[1 + \alpha_t(T-t)]$

(1) 정전계와 전자계의 비교

정전계	전자계
• 전하 : $Q[\text{C}]$	• 자하(자극의 세기) : $m[\text{Wb}]$
• 진공의 유전율 : $\varepsilon_0 = 8.855 \times 10^{-12} \text{F/m}$	• 진공의 투자율 : $\mu_0 = 4\pi \times 10^{-7} \text{H/m}$
• 쿨롱의 법칙 : $F = \dfrac{Q_1 Q_2}{4\pi\varepsilon_0 r^2} = 9 \times 10^9 \cdot \dfrac{Q_1 Q_2}{r^2} [\text{N}]$	• 쿨롱의 법칙 : $F = \dfrac{m_1 m_2}{4\pi\mu_0 r^2} = 6.33 \times 10^4 \cdot \dfrac{m_1 m_2}{r^2} [\text{N}]$
• 전계의 세기 : $E = \dfrac{Q}{4\pi\varepsilon_0 r^2} = 9 \times 10^9 \cdot \dfrac{Q}{r^2} [\text{V/m}]$	• 자계의 세기 : $H = \dfrac{m}{4\pi\mu_0 r^2} = 6.33 \times 10^4 \cdot \dfrac{m}{r^2} [\text{AT/m}]$
• 전위 : $V = \dfrac{Q}{4\pi\varepsilon_0 r} [\text{V}]$	• 자위 : $u = \dfrac{m}{4\pi\mu_0 r} [\text{AT}]$
• 전속밀도 : $D = \varepsilon E [\text{C/m}^2]$	• 자속밀도 : $B = \mu H [\text{Wb} \cdot \text{m}^2]$
• 전기력선수 : $N = \dfrac{Q}{\varepsilon_0 \varepsilon_s}$	• 자기력선수 : $S = \dfrac{m}{\mu_0 \mu_s}$
• 분극의 세기 : $P = \varepsilon_0(\varepsilon_S - 1)E = \left(1 - \dfrac{1}{\varepsilon_s}\right)D$	• 자화의 세기 : $J = \mu_0(\mu_S - 1)H = \left(1 - \dfrac{1}{\mu_s}\right)B$
• 전기쌍극자 : $V = \dfrac{M}{4\pi\varepsilon_0 r^2} \cos\theta$,	• 자기쌍극자 : $U = \dfrac{M}{4\pi\mu_0 r^2} \cos\theta$,
$E = \dfrac{M}{4\pi\varepsilon_0 r^3} \sqrt{1 + 3\cos^2\theta}$	$H = \dfrac{M}{4\pi\mu_0 r^3} \sqrt{1 + 3\cos^2\theta}$
$[\theta = 0°(최대), \ 90°(최소)]$	$[\theta = 0°(최대), \ 90°(최소)]$
※ 쌍극자모멘트 : $M = Q \cdot \delta [\text{C} \cdot \text{m}]$	※ 쌍극자모멘트 : $M = m \cdot \delta [\text{Wb} \cdot \text{m}]$
• 전기이중층 : $V = \dfrac{M}{4\pi\varepsilon_0} \omega [\text{V}]$	• 판자석(자기이중층) : $U = \dfrac{M}{4\pi\mu_0} \omega [\text{AT}]$
• 경계조건	• 경계조건
– 전계의 접선성분 : $E_1 \sin\theta_1 = E_2 \sin\theta_2$	– 자계의 접선성분 : $H_1 \sin\theta_1 = H_2 \sin\theta_2$
– 전속밀도의 법선성분 : $D_1 \cos\theta_1 = D_2 \cos\theta_2$	– 자속밀도의 법선성분 : $B_1 \cos\theta_1 = B_2 \cos\theta_2$
– 경계조건 : $\dfrac{\tan\theta_1}{\tan\theta_2} = \dfrac{\epsilon_1}{\epsilon_2}$	– 경계조건 : $\dfrac{\tan\theta_1}{\tan\theta_2} = \dfrac{\mu_1}{\mu_2}$

(2) 전류에 의한 자계의 세기

① 원형 전류의 중심(원형 코일에 전류가 흐를 때)

$$H_0 = \frac{NI}{2a}[\text{AT/m}]$$

② 무한장 직선(원통도체)

반지름 a인 원통도체의 전류에 의한 자계

㉠ 외부$(r > a)$: $H = \dfrac{I}{2\pi r}[\text{AT/m}]$

㉡ 내부$(r < a)$: $H = \dfrac{rI}{2\pi a^2}[\text{AT/m}]$

※ 전류가 표면에만 분포된 경우 $H=0$

③ 유한장 직선(직선도체)

$$H = \frac{I}{4\pi r}(\sin\theta_1 + \sin\theta_2)[\text{AT/m}]$$

④ 환상 솔레노이드

㉠ 내부 : $H = \dfrac{NI}{2\pi r}[\text{AT/m}]$ (N : 권수)

㉡ 외부 : $H = 0$

⑤ 무한장 솔레노이드

㉠ 내부 : $H = nI[\text{AT/m}]$ (n : [m]당 권수)

㉡ 외부 : $H = 0$

⑥ 자계 내에서 전류 도체가 받는 힘(전동기)

$$\vec{F} = l\vec{I} \times \vec{B} = I\vec{l} \times \vec{B},\ |\vec{F}| = l|\vec{I}||\vec{B}|\sin\theta = I|\vec{l}||\vec{B}|\sin\theta[\text{N}]\text{(플레밍의 왼손 법칙)}$$

⑦ 전하가 평등자계 내를 이동할 때의 유기기전력(발전기)

$$e = (\vec{v} \times \vec{B}) \cdot \vec{l} = |\vec{v}||\vec{B}||\vec{l}|\sin\theta[\text{V}]\text{ (플레밍의 오른손 법칙)}$$

⑧ 회전력(토크)

㉠ 자성체에 의한 토크

$$\vec{T} = \vec{M} \times \vec{H} = |\vec{M}||\vec{H}|\sin\theta = l|\vec{m}||\vec{H}|\sin\theta[\text{N}\cdot\text{m}]$$

㉡ 도체의 회전에 의한 토크

$$\vec{T} = I(\vec{A} \times \vec{B}) = IS|\vec{B}|\sin\theta$$

⑨ 평행도선 사이에 작용하는 힘

$$F = \frac{\mu_0 I_1 I_2}{2\pi r} = \frac{2I_1 I_2}{r} \times 10^{-7}\text{N/m}$$

※ 같은 방향 : 흡인력 발생, 반대 방향 : 반발력 발생

⑩ 하전입자에 작용하는 힘(로렌츠의 힘)

$$F = q[E + (v \times B)][\text{N}]$$

⑪ 판자석

㉠ 점 P에서의 자위 : $U_P = \dfrac{M}{4\pi\mu_0}\omega[\text{AT}]$

㉡ 판자석의 세기 : $M = \sigma[\text{Wb/m}^2] \times \delta[\text{m}]$

08 자성체와 자기회로

(1) 자성체
자계 내에 놓았을 때 자화되는 물질

(2) 자화의 세기
$$J = \mu_0(\mu_S - 1)H = \chi H = \left(1 - \frac{1}{\mu_S}\right)B = \frac{M}{v}\,[\text{Wb/m}^2]$$

(단, 자기모멘트 $M = m\delta\,[\text{Wb}\cdot\text{m}]$)

(3) 자속밀도
$$B = \mu H + J\,[\text{Wb/m}^2]$$

(4) 경계조건
① $H_1\sin\theta_1 = H_2\sin\theta_2$ (자계의 접선성분)

② $B_1\cos\theta_1 = B_2\cos\theta_2$ (자속밀도의 법선성분)

③ 굴절의 법칙 : $\dfrac{\tan\theta_2}{\tan\theta_1} = \dfrac{\mu_2}{\mu_1}$

※ $\mu_1 > \mu_2$일 때, $\theta_1 > \theta_2$, $B_1 > B_2$, $H_1 < H_2$

(5) 자기저항
$$R_m = \frac{l}{\mu S} = \frac{NI}{\phi} = \frac{F_m}{\phi}\,[\text{AT/Wb}]$$

※ $F_m = NI = R_m\phi$ (기자력)

(6) 자기회로의 옴의 법칙
$$\phi = \frac{F_m}{R_m} = BS = \frac{\mu SNI}{l}\,[\text{Wb}]\ (\text{자속})$$

(7) 자계 에너지밀도
$$W_m = \frac{1}{2}\mu H^2 = \frac{B^2}{2\mu} = \frac{1}{2}HB\,[\text{J/m}^3][\text{N/m}^2]$$

(1) 패러데이의 전자유도 법칙

$$e = -N\frac{d\phi}{dt}\,[\text{V}], \quad \phi = \phi_m \sin\omega t$$

$$= \omega N\phi_m \sin\left(\omega t - \frac{\pi}{2}\right)$$

※ 기전력의 위상은 자속의 위상보다 90° 늦음

(2) 전자유도 법칙의 미분형과 적분형

① 적분형 : $e = \oint_c E \cdot dl = -\frac{d}{dt}\int_s B \cdot dS = -\frac{d\phi}{dt}\,[\text{V}]$

② 미분형 : $\operatorname{rot} E = -\dfrac{dB}{dt}$

(3) 표피효과

① 표피효과 : 도선의 중심부로 갈수록 전류밀도가 적어지는 현상

② 침투깊이 : $\delta = \sqrt{\dfrac{2}{\omega\mu k}} = \sqrt{\dfrac{1}{\pi f \mu k}}$

※ 침투깊이가 작을수록(f, μ, k가 클수록) 표피효과가 커짐($\omega = 2\pi f$)

(1) 자기 인덕턴스와 상호 인덕턴스

① 자기 인덕턴스 : $L_1 = \dfrac{N_1 \Phi_1}{I_1} = \dfrac{N_1^{\,2}}{R_m}$, $L_2 = \dfrac{N_2 \Phi_2}{I_2} = \dfrac{N_2^{\,2}}{R_m}$

② 상호 인덕턴스 : $M = \dfrac{N_1 N_2}{R_m}$

(2) 유기기전력

$$e = -L\frac{dI}{dt} = -N\frac{d\phi}{dt}\,[\text{V}], \quad LI = N\phi \;(\text{단자전압 : } v_L = L\frac{dI}{dt}\,[\text{V}])$$

(3) 상호 인덕턴스

$M = k\sqrt{L_1 L_2}$ (M : 상호 인덕턴스[H], k : 결합계수, L_1, L_2 : 자기 인덕턴스[H])

(4) 인덕턴스 계산

① 환상 솔레노이드 : $L = \dfrac{\mu S N^2}{l}$ [H] (S : 단면적[m^2], l : 길이[m], N : 권수)

② 무한장 솔레노이드 : $L = \mu \pi a^2 n^2 = \mu S n^2$ [H/m]

③ 원통도체의 내부 인덕턴스 : $L = \dfrac{\mu}{8\pi}$ [H/m] $= \dfrac{\mu l}{8\pi}$ [H]

④ 동축 케이블 : $L = \dfrac{\mu_1}{2\pi} \ln \dfrac{b}{a} + \dfrac{\mu_2}{8\pi}$ [H/m]

⑤ 평행 왕복도선 : $L = \dfrac{\mu_1}{\pi} \ln \dfrac{d}{a} + \dfrac{\mu_2}{4\pi}$ [H/m]

(5) 합성 인덕턴스

① 상호 인덕턴스가 없는 경우

  ㉠ 직렬접속 : $L = L_1 + L_2$ (자속과 같은 방향)

  ㉡ 병렬접속 : $L = \dfrac{L_1 L_2}{L_1 + L_2}$ (자속의 반대 방향)

② 상호 인덕턴스가 있는 경우

  ㉠ 직렬접속

    • $L = L_1 + L_2 + 2M$ (자속과 같은 방향)

    • $L = L_1 + L_2 - 2M$ (자속의 반대 방향)

  ㉡ 병렬접속

    • $L = \dfrac{L_1 L_2 - M^2}{L_1 + L_2 - 2M}$ (자속과 같은 방향)

    • $L = \dfrac{L_1 L_2 - M^2}{L_1 + L_2 + 2M}$ (자속의 반대 방향)

(6) 자기에너지

$$W = \dfrac{1}{2} L I^2 [\text{J}] = \dfrac{1}{2} L_1 I_1^2 + \dfrac{1}{2} L_2 I_2^2 \pm M I_1 I_2 \,[\text{J}]$$

(1) 변위전류밀도

시간적으로 변화하는 전속밀도에 의한 전류

$$i_d = \frac{I}{S} = \frac{\partial D}{\partial t} = \varepsilon \frac{\partial E}{\partial t} \, [\text{A/m}^2] \; (D : \text{전속밀도})$$

(2) 맥스웰(Maxwell) 방정식

구분	전기장	자기장
div	$\text{div } D = \rho$	$\text{div } B = 0$
rot	$\text{rot } E = -\dfrac{\partial B}{\partial t}$	$\text{rot } H = \varepsilon \dfrac{\partial E}{\partial t} + J$

(3) 고유(파동, 특성) 임피던스

$$Z_0 = \frac{E}{H} = \sqrt{\frac{\mu}{\varepsilon}} = \sqrt{\frac{\mu_0}{\varepsilon_0}} \sqrt{\frac{\mu_s}{\varepsilon_s}} = 377 \sqrt{\frac{\mu_s}{\varepsilon_s}} \, [\Omega]$$

① 전송회로 특성 임피던스

$$Z_0 = \frac{V}{I} = \sqrt{\frac{Z}{Y}} = \sqrt{\frac{R + j\omega L}{G + j\omega C}} \fallingdotseq \sqrt{\frac{L}{C}} \, [\Omega]$$

② 동축케이블의 특성 임피던스

$$Z_0 = \sqrt{\frac{\mu}{\varepsilon}} \cdot \frac{1}{2\pi} \ln \frac{b}{a} = 138 \sqrt{\frac{\mu_s}{\varepsilon_s}} \log \frac{b}{a} \, [\Omega]$$

(4) 전파(위상) 속도

$$v = \frac{1}{\sqrt{LC}} = \frac{1}{\sqrt{\varepsilon\mu}} = \frac{3 \times 10^8}{\sqrt{\varepsilon_s \mu_s}} [\text{m/s}]$$

(5) 파장

$$\lambda = \frac{c}{f} = \frac{1}{f\sqrt{\mu\varepsilon}} [\text{m}] \; (c : \text{광속})$$

(6) 포인팅 벡터(방사 벡터)

$$P = E \times H = EH\sin\theta \; (\text{서로 수직일 때, } EH\sin 90° = EH[\text{w/m}^2])$$

02 | 전력공학

01 전선로

(1) 송전 방식

① 직류 송전의 특징

㉠ 서로 다른 주파수로 비동기 송전 가능

㉡ 리액턴스가 없으므로 리액턴스 강하가 없으며, 안정도가 높고 송전효율이 좋음

㉢ 유전체 손실과 연피 손실이 없음

㉣ 표피효과 또는 근접효과가 없어 실효저항의 증대가 없음

㉤ 절연 레벨을 낮출 수 있음

㉥ 직류·교류 변환 장치가 필요하며 설비비가 비쌈

㉦ 전류의 차단 및 전압의 변성이 어려움

② 교류 송전의 특징

㉠ 전압의 승압, 강압이 용이

㉡ 회전자계를 얻기 쉬움

㉢ 전 계통을 일관되게 운용 가능

㉣ 표피효과 및 코로나 손실 발생

㉤ 안정도가 낮음

㉥ 주파수가 다른 계통끼리 연결 불가

(2) 전선

① 전선의 구비조건

㉠ 도전율, 기계적 강도, 내구성, 내식성이 커야 한다.

㉡ 중량이 가볍고, 밀도가 작아야 한다.

㉢ 가선 공사, 유연성(가공성)이 용이해야 한다.

㉣ 가격이 저렴해야 한다.

※ 경제적인 전선의 굵기 선정 : 허용전류, 전압 강하, 기계적 강도, 전선의 길이

② 연선

㉠ 소선의 총수 $N = 3n(n+1) + 1$

㉡ 연선의 바깥지름 $D = (2n+1)d\,[\text{mm}]$ (d : 소선의 지름)

㉢ 연선의 단면적 $A = \dfrac{1}{4}\pi d^2 \times N\,[\text{mm}^2]$ (N : 소선의 총수)

③ 진동과 도약

　　㉠ 진동 : 가볍고 긴 선로 및 풍압에 의해 발생

　　　• 가벼운 강심 알루미늄선(ACSR)은 경동선에 비해 진동이 심함

　　　• 방지법 : 댐퍼, 아머로드 설치, 특수 클램프 채용 등

　　㉡ 도약 : 전선에 쌓인 빙설이 떨어지면 쳐진 전선이 도약하여 혼촉(단락)이 발생할 가능성이 높음
　　　　(Off−set 방식으로 방지)

④ 처짐정도 및 전선의 길이

　　㉠ 처짐정도(Dip) : $D = \dfrac{WS^2}{8T}$[m] (W : 전선의 중량[N/m], S : 경간[m], T : 수평장력)

　　㉡ 전선의 실제 길이 : $L = S + \dfrac{8D^2}{3S}$[m]

⑤ 온도 변화 시 처짐정도($D_1 \rightarrow D_2$)

$$D_2 = \sqrt{D_1{}^2 \pm \frac{3}{8}atS^2}\ [m]\ (t : 온도차[℃],\ a : 온도계수)$$

⑥ 전선의 합성하중

$$W = \sqrt{(W_c + W_i)^2 + W_w{}^2}\ [N/m]$$

[W_c : 전선하중(수직하중), W_i : 빙설하중(수직하중), W_w : 풍압하중(수평하중)]

(3) 애자(Insulator)

① 기능 : 전선을 지지하고 절연물과 절연

② 애자가 갖추어야 할 조건

　　㉠ 절연내력이 커야 한다.

　　㉡ 절연 저항이 커야 한다(누설 전류가 적을 것).

　　㉢ 기계적 강도가 커야 한다.

　　㉣ 온도 급변에 견디고 습기를 흡수하지 않아야 한다.

③ 전압부담

　　㉠ 최대 : 전선에 가장 가까운 애자

　　㉡ 최소 : 철탑(접지측)에서 1/3 또는 전선에서 2/3 위치에 있는 애자

④ 애자의 연효율(연능률)

$$\eta = \dfrac{V_n}{n\,V_1} \times 100\ (V_n : 애자련의\ 전체\ 섬락전압,\ n : 애자의\ 개수,\ V_1 : 애자\ 1개의\ 섬락전압)$$

⑤ 전압별 현수애자의 수

전압(kV)	22.9	66	154	345	765
애자 수(개)	2~3	4~6	9~11	19~23	약 40

⑥ 애자련 보호 대책 : 소호환(Arcing Ring), 소호각(Arcing Horn)

　　㉠ 섬락(뇌섬락, 역섬락) 시 애자련 보호

　　㉡ 애자련의 전압 분포 개선

(4) 지지물

① 종류 : 목주, 철주, 콘크리트주(배전용), 철탑(송전용)

② 철탑의 종류

    ㉠ 직선형 : 수평각도 3° 이내(A형)

    ㉡ 각도형 : 수평각도 3 ~ 20° 이내(B형), 수평각도 20 ~ 30° 이내(C형)

    ㉢ 인류형 : 가섭선을 인류하는 장소에 사용(D형)

    ㉣ 내장형 : 수평각도 30° 초과 또는 불균형 장력이 심한 장소에 사용(E형)

    ㉤ 보강형 : 불균형 장력에 대해 $\dfrac{1}{6}$ 을 더 견딜 수 있게 한 철탑

---

02   선로정수와 코로나

(1) 선로정수

① 인덕턴스

    ㉠ 단도체 : $L = 0.05 + 0.4605 \log_{10} \dfrac{D}{r}$ [mH/km] (D : 선간 거리, r : 전선의 반지름)

    ㉡ 다도체 : $L = \dfrac{0.05}{n} + 0.4605 \log_{10} \dfrac{D}{r_e}$ [mH/km] ($r_e = \sqrt[n]{r \cdot s^{n-1}}$)

    ㉢ 작용 인덕턴스 : (자기 인덕턴스)+(상호 인덕턴스)

② 정전 용량

    ㉠ 정전 용량

      • 단도체 : $C = \dfrac{0.02413}{\log_{10} \dfrac{D}{r}}$ [μF/km]

      • 다도체 : $C = \dfrac{0.02413}{\log_{10} \dfrac{D}{r_e}}$ [μF/km]

    ㉡ 작용 정전 용량(1선당)=(대지 정전 용량)+(상호 정전 용량)

      • 단상 2선식 : $C = C_s + 2C_m$

      • 3상 3선식 : $C = C_s + 3C_m$

> ※ **연가(Transposition)**
> • 목적 : 선로정수 평형
> • 효과 : 선로정수 평형, 정전 유도 장해 방지, 직렬 공진에 의한 이상 전압 상승 방지

    ㉢ 충전전류 : $I_c = 2\pi f C_w \dfrac{V}{\sqrt{3}}$ [A] (C_w : 작용 정전 용량)

(2) 코로나

전선 주위 공기의 부분적인 절연 파괴가 일어나 빛과 소리가 발생하는 현상

① 임계전압

$$E = 24.3 m_0 m_1 \delta d \log_{10} \frac{D}{r} \text{ [kV]}$$

[m_0 : 전선의 표면 상태(단선 : 1, 연선 : 0.8), m_1 : 날씨 계수(맑은 날 : 1, 우천 시 : 0.8), δ : 상대공기밀도$\left(\dfrac{0.386b}{273+t}\right)$ → b : 기압, t : 온도, d : 전선의 지름, r : 전선의 반지름, D : 선간 거리]

② 코로나의 영향과 대책

영향	• 통신선의 유도 장해 • 코로나 손실 → 송전 손실 → 송전효율 저하 • 코로나 잡음 및 소음 • 오존(O_3)에 의한 전선의 부식 • 소호 리액터에 대한 영향(소호 불능의 원인) • 진행파의 파고값 감소
대책	• 전선의 지름을 크게 한다. • 복도체(다도체)를 사용한다.

③ 코로나 손실(Peek식)

$$P_c = \frac{245}{\delta}(f+25)\sqrt{\frac{d}{2D}}(E-E_0)^2 \times 10^{-5} \text{[kW/km/line]}$$

(δ : 상대공기밀도, f : 주파수, D : 선간 거리, d : 전선의 지름, E_0 : 코로나 임계전압, E : 전선의 대지전압)

(1) 단거리 송전 선로(50km 이하)

임피턴스 Z 존재, 어드미턴스 Y는 무시, 집중 정수 회로

① 3상 송전전압 : $V_S \fallingdotseq V_R + \sqrt{3}\,I(R\cos\theta + X\sin\theta)\,[\text{V}]$

② 단상 송전전압 : $E_S \fallingdotseq E_R + I(R\cos\theta + X\sin\theta)\,[\text{V}]$

③ 전압 강하

  ㉠ $1\phi(E=V)$: 단상

  $$e = E_s - E_r = V_s - V_r = RI\cos\theta + IX\sin\theta = I(R\cos\theta + X\sin\theta)$$

  ㉡ $3\phi(V=\sqrt{3}\,E)$: 3상

  $$e = E_s - E_r = I(R\cos\theta + X\sin\theta) = \sqrt{3}\,E_s - \sqrt{3}\,E_r$$

  $$= V_s - V_r = \sqrt{3}\,I(R\cos\theta + X\sin\theta)$$

  $$= \frac{P}{V_r}(R + X\tan\theta)$$

④ 전압 강하율

  $$\varepsilon = \frac{V_s - V_r}{V_r} \times 100$$

  $$= \frac{e}{V_r} \times 100$$

  $$= \frac{P}{V_r^{\,2}}(R + X\tan\theta) \times 100$$

⑤ 전압 변동률

  $$\delta = \frac{V_{r_0} - V_r}{V_r} \times 100 \ (V_{r_0} : \text{무부하 수전단 전압, } V_r : \text{수전단 전압})$$

⑥ 전력 손실(선로 손실)

  $$P_l = 3I^2 R = 3\left(\frac{P}{\sqrt{3}\,V\cos\theta}\right)^2 R \ \left(R = \rho\frac{l}{A}\right)$$

  $$= 3\frac{P^2 R}{3\,V^2\cos^2\theta} = \frac{P^2 R}{V^2\cos^2\theta} = \frac{P^2\rho l}{V^2\cos^2\theta\,A}$$

⑦ 전력 손실률

  $$K = \frac{P_l}{P} \times 100 = \frac{\dfrac{P^2 R}{V^2\cos^2\theta}}{P} \times 100 = \frac{PR}{V^2\cos^2\theta} \times 100$$

(2) 중거리 송전 선로(50 ~ 100km)

Z, Y 존재, 4단자 정수에 의하여 해석, 집중 정수 회로

① 4단자 정수

$$\begin{bmatrix} E_s \\ I_s \end{bmatrix} = \begin{bmatrix} A\ B \\ C\ D \end{bmatrix} \begin{bmatrix} E_r \\ I_r \end{bmatrix} = \begin{matrix} AE_r + BI_r \\ CE_r + DI_r \end{matrix}$$

$$E_s = AE_r + BI_r$$

$$I_s = CE_r + DI_r$$

② T형 회로와 π형 회로의 4단자 정수값

구분		T형	π형
A	$\left.\dfrac{E_s}{E_r}\right|_{I_r=0}$	$A = 1 + \dfrac{ZY}{2}$	$A = 1 + \dfrac{ZY}{2}$
B	$\left.\dfrac{E_s}{I_r}\right|_{V_r=0}$	$B = Z\left(1 + \dfrac{ZY}{4}\right)$	$B = Z$
C	$\left.\dfrac{E_s}{E_r}\right|_{I_r=0}$	$C = Y$	$C = Y\left(1 + \dfrac{ZY}{4}\right)$
D	$\left.\dfrac{E_s}{I_r}\right|_{V_r=0}$	$D = 1 + \dfrac{ZY}{2}$	$D = 1 + \dfrac{ZY}{2}$

(3) 장거리 송전 선로(100km 초과)

분포 정수 회로(어느 위치에서 보아도 특성 임피던스가 같은 회로)

① 특성(파동) 임피던스 : 거리와 무관

$$Z_0 = \sqrt{\frac{Z}{Y}} \fallingdotseq \sqrt{\frac{L}{C}} = 138\log\frac{D}{r}[\Omega] \quad (Z : \text{단락 임피던스}, \ Y : \text{개방 어드미턴스})$$

② 전파 정수

$$\gamma = \sqrt{ZY} = \sqrt{(R+jwL)(G+jwC)} = \alpha + j\beta \quad (\alpha : \text{감쇠정수}, \ \beta : \text{위상정수})$$

③ 전파 속도

$$v = \frac{\omega}{\beta} = \frac{1}{\sqrt{LC}} = 3\times10^5\,\text{km/s} = 3\times10^8\,\text{m/s}$$

04 안정도

(1) 의미

전력 계통에서 상호협조하에 동기 이탈하지 않고 안정되게 운전할 수 있는 정도

(2) 종류

① 정태 안정도 : 부하를 서서히 증가시켜 계속해서 어느 정도 안정하게 송전할 수 있는 능력
② 동태 안정도 : 고속 자동 전압 조정기(AVR)나 조속기 등으로 전류를 제어할 경우의 정태 안정도
③ 과도 안정도 : 부하 급변 시나 사고 시에도 어느 정도 안정하게 송전을 계속할 수 있는 능력

(3) 안정도 향상 대책

① 직렬 리액턴스를 작게 한다(발전기나 변압기 리액턴스를 작게, 병행회선수를 늘리거나 복도체 또는 다도체 방식 사용, 직렬 콘덴서 삽입).
② 전압 변동을 작게 한다(단락비를 크게, 속응 여자 방식 채택, 중간 조상 방식 채택, 계통 연계).
③ 고장 구간을 신속히 차단한다(적당한 중성점 접지 방식 채용, 고속 재연결 방식 채용, 차단기 고속화).
④ 고장 시 발전기 입출력의 불평형을 작게 한다.

(4) 전력원선도

① 전력원선도 작성 시 필요한 것 : 송·수전단 전압, 일반회로 정수(A, B, C, D)
② 원선도 반지름 : $\rho = \dfrac{V_S V_R}{B}$ (V_S : 송전단 전압, V_R : 수전단 전압, B : 리액턴스)
③ 알 수 있는 것 : 정태 안정 극한 전력, 조상 설비 용량, 4단자 정수에 의한 손실, 선로 손실과 송전 효율, 선로의 일반회로 정수, 필요한 전력을 보내기 위한 송전단·수전단 상차각
④ 알 수 없는 것 : 과도 안정 극한 전력, 코로나 손실

(5) 조상 설비

① 동기 무효 전력 보상 장치 : 무부하로 운전하는 동기전동기
　　㉠ 과여자 운전 : 콘덴서로 작용, 진상
　　㉡ 부족 여자 운전 : 리액터로 작용, 지상
　　㉢ 증설이 어려움, 손실 최대(회전기)
② 콘덴서 : 충전전류, 90° 앞선 전류, 진상전류

직렬 콘덴서	병렬 콘덴서
$e = \sqrt{3}\,I(R\cos\theta + X\sin\theta)$ $X = X_L - X_C$ 전압 강하 보상	역률 개선

(6) 송전 용량

① 고유부하법 : $P = \dfrac{V^2}{Z_0} = \dfrac{V^2}{\sqrt{\dfrac{L}{C}}}$ [MW/회선] (V : 수전단 전압, Z_0 : 선로의 특성임피던스)

② 용량계수법 : $P = k \dfrac{V_r{}^2}{l}$ [kW] (k : 용량계수, l : 송전거리[km], V_r : 수전단 전압[kV])

③ 리액턴스법

$P = \dfrac{V_s V_r}{X} \sin\delta$ [MW], 보통 $30 \sim 40°$ 운영

(δ : 송·수전단 전압의 상차각, V_s : 송전단 전압[kV], V_r : 수전단 전압[kV], X : 리액턴스)

(7) 경제적인 송전 전압의 결정(Still의 식)

$V_S = 5.5 \sqrt{0.6l + \dfrac{P}{100}}$ [kV] (l : 송전 거리[km], P : 송전 전력[kW])

PART 2

05 고장계산

(1) 옴[Ω]법

① 단락 전류 : $I_S = \dfrac{E}{Z} = \dfrac{E}{\sqrt{R^2 + X^2}}$ [A]

② 단락 용량 : $P_S = 3EI_S = \sqrt{3} \, VI_S$ [VA]

(2) 단위법

① $\%Z = \dfrac{I_n Z}{E} \times 100 = \dfrac{PZ}{10 V^2}$ [%]

② 단락 전류 : $I_S = \dfrac{100}{\%Z} I_n$ [A]

③ 단락 용량 : $P_S = \dfrac{100}{\%Z} P_n$ [MVA] (P_n : 기준 용량)

CHAPTER 02 전력공학 · **121**

(3) 대칭좌표법

불평형전압 또는 불평형전류를 3상(영상분, 정상분, 역상분)으로 나누어 계산

① 대칭좌표법

    ㉠ 대칭 성분

- 영상분 : $V_0 = \dfrac{1}{3}(V_a + V_b + V_c)$

- 정상분 : $V_1 = \dfrac{1}{3}(V_a + a V_b + a^2 V_c)$

- 역상분 : $V_2 = \dfrac{1}{3}(V_a + a^2 V_b + a V_c)$

    ㉡ 각상 성분

- $V_a = (V_0 + V_1 + V_2)$

- $V_b = (V_0 + a^2 V_1 + a V_2)$

- $V_c = (V_0 + a V_1 + a^2 V_2)$

    ※ 연산자 : $a = \angle 120° = -\dfrac{1}{2} + j\dfrac{\sqrt{3}}{2}$, $a^2 = -\dfrac{1}{2} - j\dfrac{\sqrt{3}}{2}$

② 교류 발전기 기본 공식

    $V_0 = -Z_0 I_0$, $V_1 = E_a - Z_1 I_1$, $V_2 = -Z_2 I_2$

③ 1선 지락사고

    ㉠ 대칭분 : $I_0 = I_1 = I_2$

    ㉡ 지락전류 : $I_g = 3 I_0 = \dfrac{3 E_a}{Z_0 + Z_1 + Z_2}$

④ 기기별 임피던스의 관계

    ㉠ 변압기 : $Z_0 = Z_1 = Z_2$

    ㉡ 송전 선로 : $Z_0 > Z_1 = Z_2$

(1) 중성점 접지 방식

① 비접지 방식(3.3kV, 6.6kV)
  ㉠ 저전압 단거리, △ - △ 결선을 많이 사용
  ㉡ 1상 고장 시 V - V 결선 가능(고장 중 운전 가능)
  ㉢ 1선 지락 시 전위는 $\sqrt{3}$ 배 상승

② 직접접지 방식(154kV, 345kV, 745kV)
  ㉠ 유효접지 방식 : 1선 지락 사고 시 전압 상승이 상규 대지전압의 1.3배 이하가 되도록 하는 접지 방식
  ㉡ 직접접지 방식의 장·단점
   • 장점 : 전위 상승 최소, 단절연·저감 절연 가능, 지락전류 검출 쉬움(지락보호 계전기 동작 확실), 피뢰기효과 증가
   • 단점 : 지락전류가 저역률 대전류이므로 과도안정도 저하, 인접 통신선의 유도 장해 큼, 대용량 차단기, 차단기 동작 빈번해 수명 경감

③ 저항접지 방식
  ㉠ 고저항접지(100 ~ 1,000Ω)
  ㉡ 저저항접지(30Ω)

④ 소호 리액터 방식[병렬 공진 이용 → 전류(지락전류) 최소, 66kV]
  ㉠ 소호 리액터 크기

  • $X_L = \dfrac{1}{3wCs} - \dfrac{X_t}{3}$ [Ω] (X_t : 변압기의 리액턴스)

  • $L_L = \dfrac{1}{3w^2 C_S}$ [H]

  ㉡ 소호 리액터 용량(3선 일괄의 대지 충전 용량)

  $$Q_L = E \times I_L = E \times \dfrac{E}{wL} = \dfrac{E^2}{wL} = 3w C_s E^2 \times 10^{-3} \text{kVA}$$

  ㉢ 합조도(과보상)

구분	공진식	공진 정도	합조도
$I_L > I_C$	$w_L < \dfrac{1}{3wC_S}$	과보상(10%)	+
$I_L = I_C$	$w_L = \dfrac{1}{3wC_S}$	완전 공진	0
$I_L < I_C$	$w_L > \dfrac{1}{3wC_S}$	부족 보상	−

⑤ 소호 리액터 접지 장·단점
  ㉠ 장점 : 지락전류 최소, 지락 아크 소멸, 과도 안정도 최대, 고장 중 운전 가능, 유도장해 최소
  ㉡ 단점 : 1선 지락 시 건전상의 전위 상승 최대($\sqrt{3}$ 배 이상), 보호 계전기 동작 불확실, 고가의 설비

(1) 이상전압

① 내부 이상전압 : 직격뢰, 유도뢰를 제외한 나머지

　㉠ 개폐 이상전압 : 무부하 충전전류 개로 시 가장 큼, 무부하 송전 선로의 개폐, 전력용 변압기 개폐, 고장전류 차단

　㉡ 1선 지락 사고 시 건전상의 대지전위 상승

　㉢ 잔류전압에 의한 전위 상승

　㉣ 경(무)부하 시 페란티 현상에 의한 전위 상승

② 외부 이상전압

　㉠ 원인 : 직격뢰, 유도뢰, 다른 송전선로와의 혼촉사고 및 유도

　㉡ 방호 대책

　　• 피뢰기 : 기계 기구 보호(변압기 보호설비)

　　• 가공지선 : 직격뢰, 유도뢰 차폐, 일반적으로 45° 이하 설계

　　• 매설지선 : 역섬락 방지(철탑저항을 작게)

③ 파형

　㉠ 표준 충격파 : $1.2 \times 50 \mu s$

　㉡ 내부·외부 이상전압은 파두장, 파미장 모두 다름

④ 반사와 투과계수

　㉠ 반사계수 $\beta = \dfrac{Z_2 - Z_1}{Z_2 + Z_1}$ (무반사조건 : $Z_1 = Z_2$)

　㉡ 투과계수 $r = \dfrac{2Z_2}{Z_2 + Z_1}$

(2) 피뢰기(L.A) : 변압기 보호

① 구성

　㉠ 직렬 갭 : 이상전압 시 대지로 방전, 속류 차단

　㉡ 특성 요소 : 임피던스 성분 이용, 방전전류 크기 제한

　㉢ 실드링 : 전·자기적 충격 완화

② 피뢰기 정격전압

　㉠ 속류를 차단하는 교류 최고 전압

　㉡ 직접접지 계통 : 0.8 ~ 1.0배

　㉢ 저항 또는 소호 리액터접지 계통 : 1.4 ~ 1.6배

③ 피뢰기 제한전압(절연 협조의 기본)

　㉠ 피뢰기 동작 중 단자전압의 파고값

　㉡ 뇌전류 방전 시 직렬 갭 양단에 나타나는 교류 최고 전압

　㉢ 피뢰기가 처리하고 남는 전압

② (제한전압)=(이상전압 투과전압)−(피뢰기가 처리한 전압)

$$e_a = e_3 - V = \left(\frac{2Z_2}{Z_2 + Z_1}\right)e_i - \left(\frac{Z_2 \cdot Z_1}{Z_2 + Z_1}\right)i_a$$

④ 구비조건
　㉠ 제한전압이 낮아야 한다.
　㉡ 속류 차단 능력이 우수해야 한다.
　㉢ 충격 방전개시전압이 낮아야 한다.
　㉣ 상용 주파 방전개시전압이 높아야 한다.

⑤ **절연 협조** : 피뢰기의 제한전압< 변압기의 기준충격 절연강도(BIL)< 부싱, 차단기< 결합콘덴서< 선로애자(피뢰기의 제1보호대상 : 변압기)

⑥ **절연체계**
　㉠ 내뢰 : 견디도록 설계
　㉡ 외뢰 : 피뢰장치로 보호 및 절연

(3) 단로기(DS)

① 부하 차단 및 개폐 불가
② 선로 기기의 접속 변경
③ 기기를 선로로부터 완전 개방
④ 무부하 선로의 개폐
⑤ 차단기 앞에 직렬 시설(선로 개폐유무 확인 가능)

(4) 차단기(Breaker)

① **목적**
　㉠ 정상 시 부하전류 안전하게 통전
　㉡ 사고 시 전로를 차단하여 기기나 계통 보호

② **동작 책무**
　㉠ 일반용
　　• A형 : O − 1분 − CO − 3분 − CO
　　• B형 : CO − 15초 − CO
　㉡ 고속도 재투입용 : O − t초 − CO − 1분 − CO

③ **차단 시간**
　㉠ 트립코일 여자로부터 소호까지의 시간
　㉡ 개극 시간과 아크 시간의 합(3 ~ 8Hz)

④ **차단 용량(3상)**

$$P_S = \sqrt{3} \times (\text{정격전압}) \times (\text{정격차단전류}) \ (\text{단락 용량}, \ P_S = \frac{100}{\%Z}P_n[\text{MVA}])$$

⑤ 차단기 트립 방식

　㉠ 직류전압 트립 방식

　㉡ 콘덴서 트립 방식

　㉢ 과전류 트립 방식

　㉣ 부족전압 트립 방식

⑥ 인터록(Interlock) : 차단기가 열려 있어야 단로기 조작 가능

⑦ 차단기 종류(소호매질에 따른 분류)

종류	특징	소호매질
공기차단기 (ABB)	• 소음이 큼 • 공기압축설비 필요($10 \sim 30 \text{kg/cm}^2$)	압축 공기
가스차단기 (GCB)	• 밀폐 구조이므로 소음이 없음(공기차단기와 비교했을 때 장점) • 공기의 $2 \sim 3$배 정도의 절연내력을 가짐 • 소호능력 우수(공기의 $100 \sim 200$배) • 무색, 무취, 무독성, 난연성(불활성) • 154kV, 345kV	SF_6
유입차단기 (OCB)	• 방음 설비 불필요 • 부싱 변류기 사용 가능 • 화재 위험이 있음	절연유
자기차단기 (MBB)	• 보수 및 점검 용이 • 전류 절단에 의한 과전압이 발생하지 않음 • 고유 주파수에 차단 능력이 좌우되지 않음	전자력
진공차단기 (VCB)	• 소내 공급용 회로(6kV급) • 차단 시간이 짧고 폭발음이 없음 • 고유 주파수에 차단 능력이 좌우되지 않음	진공
기중차단기 (ACB)	• 소형, 저압용 차단기	대기

(5) 보호 계전기(Relay)

① 보호 계전기의 구비조건

　㉠ 열적, 기계적으로 견고해야 한다.

　㉡ 감도가 예민해야 한다.

　㉢ 시간 지연이 적어야 한다.

　㉣ 후비 보호 능력이 있어야 한다.

② 보호 계전기의 종류

선로 보호용	• 거리 계전기(임피던스 계전기, Ohm 계전기, Mho 계전기) 　- 전압, 전류를 입력량으로 함수값 이하가 되면 동작 　- 기억 작용(고장 후에도 고장 전 전압을 잠시 유지) • 지락 계전기 　- 선택접지 계전기(병렬 2회선, 다회선) 　- 지락 방향 계전기
발전기 · 변압기 보호용	• 과전류 계전기(OCR) • 부흐홀츠 계전기(변압기 보호) 　- 변압기와 콘서베이터 연결관 도중에 설치 • 차동 계전기(양쪽 전류차에 의해 동작) • 비율차동 계전기

③ 시한특성

　㉠ 순한시 계전기 : 최소 동작전류 이상의 전류가 흐르면 즉시 동작, 고속도 계전기(0.5 ~ 2Cycle)

　㉡ 정한시 계전기 : 동작전류의 크기에 관계없이 일정시간에 동작

　㉢ 반한시 계전기 : 동작전류가 적을 때는 동작시간이 길고 동작전류가 클 때는 동작시간이 짧음

　㉣ 반한시성 정한시 계전기 : 특정 전류값까지는 반한시성 특성을 보이나, 그 값을 넘어서면 정한시성 특성을 보임

(6) 계기용 변압기(P.T)

① 고전압을 저전압으로 변성

② 일반적으로 2차 전압 110V

③ 계측기(전압계, 주파수계, 파이롯 램프)나 계전기 전원

④ 종류

　㉠ 권선형

　　• 전자유도 원리

　　• 오차가 적고 특성이 우수

　　• 절연강도가 적음(66kV급 이하)

　㉡ 콘덴서형

　　• 콘덴서의 분압회로

　　• 오차가 크고 절연강도가 큼(154kV급 이하)

⑤ 점검 시 : 2차측 개방(2차측 과전류에 대한 보호)

(7) 변류기(C.T)

① 대전류를 소전류로 변성

② 일반적으로 2차 전류 5A

③ 계측기(전류계)의 전원 공급, 전류 측정

④ 종류

구분	유형
절연구조에 따른 분류	건식, 몰드형, 유입형, 가스형
권선형태에 따른 분류	권선형, 관통형, 부싱형
철심에 따른 분류, 검출용도에 따른 분류, 특성에 따른 분류 등	

⑤ 점검 시 : 2차측 단락(2차측 절연보호)

(1) 전자유도장해

영상전류(I_0), 상호 인덕턴스에 의해

$E_m = j\omega Ml(I_0) = j\omega Ml I_g[\text{V}]$

(2) 정전유도장해

영상전압(E_0), 상호 정전 용량에 의해

① 단상 정전유도전압

$$E_S = \frac{C_m}{C_m + C_s}E_0[\text{V}] \ (C_m : \text{상호 정전 용량}, \ C_s : \text{통신선의 대지 정전 용량})$$

② 3상 정전유도전압

$$E_S = \frac{\sqrt{C_a(C_a - C_b) + C_b(C_b - C_c) + C_c(C_c - C_a)}}{C_a + C_b + C_c + C_s} \times E_0[\text{V}]$$

※ **완전 연가 시**($C_a = C_b = C_c = C$)

3상 정전유도전압(E_s) $= \dfrac{3C_0}{3C_0 + C}E_0$

---

(3) 유도장해 방지대책

전력선 측	통신선 측
① 연가를 한다.	① 교차 시 수직 교차하게 한다.
② 소호 리액터 접지 방식을 사용한다. → 지락전류 소멸	② 연피케이블, 배류 코일을 설치한다.
③ 고속도 차단기를 설치한다.	③ 절연 변압기 시설을 강화한다.
④ 이격 거리를 크게 한다.	④ 피뢰기를 시설한다.
⑤ 차폐선을 설치한다(30 ~ 50% 경감, 전력선측에 가깝게 시설).	⑤ 소호 리액터 접지 방식을 사용한다.
⑥ 지중 전선로를 설치한다.	
⑦ 상호 인덕턴스를 작게 한다.	

(1) 배전 방식

① 가지식(수지상식)
  ㉠ 전압 변동률이 큼 → 플리커 현상 발생
  ㉡ 전압 강하 및 전력 손실이 큼
  ㉢ 고장 범위가 넓고(정전 파급이 큼), 신뢰도가 낮음
  ㉣ 설비가 간단하며, 부하증설이 용이하므로 경제적임
  ㉤ 농어촌 지역 등 부하가 적은 지역에 적절함

② 루프식(환상식)
  ㉠ 가지식에 비해 전압 강하 및 전력손실이 적고, 플리커 현상 감소
  ㉡ 설비비가 높음

③ 저압 뱅킹 방식
  ㉠ 전압 강하와 전력손실이 적음
  ㉡ 변압기의 동량 감소, 저압선 동량 감소
  ㉢ 플리커 현상 감소
  ㉣ 부하의 증설 용이
  ㉤ 변압기의 용량 저감
  ㉥ 캐스케이딩 현상 발생 : 저압선의 일부 고장으로 건전한 변압기의 일부 또는 전부가 차단되는
    현상이 발생
    → 대책 : 뱅킹 퓨즈(구분 퓨즈) 사용
  ㉦ 부하가 밀집된 시가지 계통에서 사용

④ 저압 네트워크 방식
  ㉠ 무정전 공급 방식, 공급 신뢰도가 가장 좋음
  ㉡ 공급 신뢰도가 가장 좋고 변전소의 수를 줄일 수 있음
  ㉢ 전압 강하, 전력손실이 적음
  ㉣ 부하 증가 대응력이 우수
  ㉤ 설비비가 높음
  ㉥ 인축의 접지 사고 가능성이 있음
  ㉦ 고장 시 고장전류 역류가 발생
    → 대책 : 네트워크 프로텍터(저압용 차단기, 저압용 퓨즈, 전력 방향 계전기)

(2) 방식별 비교

종별	전력	손실	1선당 공급전력 비교	1선당 공급전력 비교	소요전 선량(중량비)
$1\phi2W$	$P = VI\cos\theta$	$2I^2R$	$1/2P$	1	1
$1\phi3W$	$P = 2VI\cos\theta$		$2/3P$	1.33	$3/8 = 0.375$
$3\phi3W$	$P = \sqrt{3}VI\cos\theta$	$3I^2R$	$\sqrt{3}/3P$	1.15	$3/4 = 0.75$
$3\phi4W$	$P = 3VI\cos\theta$		$3/4P$	1.5	$1/3 = 0.33$

> ※ **단상 3선식의 특징**
> - 전선 소모량이 단상 2선식의 37.5%(경제적) 적음
> - 110V / 220V 두 종의 전원을 사용
> - 전압의 불평형 → 저압 밸런서의 설치
>   - 여자 임피던스가 크고, 누설 임피던스가 작음
>   - 권수비가 1 : 1인 단권 변압기
> - 단상 2선식에 비해 효율이 높고 전압 강하가 적음
> - 조건 및 특성
>   - 변압기 2차측 접지
>   - 개폐기는 동시 동작형
>   - 중성선에 퓨즈 설치 금지 → 저압 밸런서 설치(단선 시 전압 불평형 방지)

(3) 말단 집중 부하와 분산 분포 부하의 비교

구분	전압 강하	전력 손실
말단 집중 부하	$I \cdot R$	$I^2 \cdot R$
분산 분포 부하	$\dfrac{1}{2}I \cdot R$	$\dfrac{1}{3}I^2 \cdot R$

10 배전계산

(1) 부하율(F) : $\dfrac{(평균\ 전력)}{(최대\ 전력)} \times 100$

※ $[손실계수(H)] = \dfrac{(평균\ 전력손실)}{(최대\ 전력손실)} \times 100$

① 배전선의 손실계수(H)와 부하율(F)의 관계

$0 \le F^2 \le H \le F \le 1$

② $H = \alpha F + (1 - \alpha)F^2$ (α : 보통 $0.2 \sim 0.5$)

(2) 수용률 : $\dfrac{(\text{최대 전력})}{(\text{설비 용량})} \times 100$

(3) 부등률(전기 기구의 동시 사용 정도) : $\dfrac{(\text{개별 최대수용 전력의 합})}{(\text{합성 최대 전력})} \geq 1$(단독 수용가 시 부등률=1)

① (변압기 용량)=$\dfrac{[\text{최대 전력(kW)}]}{(\text{역률})}[\text{kVA}]$

  ㉠ 단일 부하인 경우

$$T_r = \frac{(\text{설비 용량}) \times (\text{수용률})}{(\text{역률}) \times (\text{부등률}) \times (\text{효율})}$$

  ㉡ 여러 부하인 경우

$$T_r = \frac{\sum [(\text{설비 용량}) \times (\text{수용률})]}{(\text{역률}) \times (\text{부등률}) \times (\text{효율})}$$

② 역률 개선용 콘덴서의 용량

$$Q_C = P(\tan\theta_1 - \tan\theta_2) = P\left(\frac{\sin\theta_1}{\cos\theta_1} - \frac{\sin\theta_2}{\cos\theta_2}\right)$$

(Q_C : 콘덴서 용량[kVA], P : 부하 전력[kW], $\cos\theta_1$: 개선 전 역률, $\cos\theta_2$: 개선 후 역률)

> ※ **역률 개선의 장점**
> • 전력손실 경감$\left(P_l \propto \dfrac{1}{\cos^2\theta}\right)$
> • 전기요금 절감
> • 설비 용량 여유분
> • 전압 강하 경감

(4) 전력 조류(Power Flow) 계산

모선	기지량	미지량
Swing모선 (Slack모선)	• 모선 전압 V • 위상각 θ	• 유효 전력 P • 무효 전력 Q
발전기모선	• 유효 전력 P • 모선 전압 V	• 무효 전력 Q • 위상각 θ
부하모선	• 유효 전력 P • 무효 전력 Q	• 모선 전압 V • 위상각 θ

(1) 수력발전

물의 위치에너지를 이용하여 수차(기계 에너지)를 회전시켜 전기를 얻어내는 방식
① 취수 방식 : 수로식, 댐식, 댐수로식, 유역 변경식
② 유량을 얻는 방식 : 유입식, 조정지식, 저수지식, 양수식, 조력식

(2) 정수력학

① 물의 압력 : 1기압, 온도 4℃, 비중 1.0 기준

$$1ton/m^3 = 1,000 kg_f/m^3 = 1 g_f/cm^3 = w(물의 단위체적당 중량)$$

② 수두 : 물이 가지는 에너지를 높이로 환산

　㉠ 위치에너지 → 위치수두 : $H[m]$

　㉡ 압력에너지($P[kg_f/m^2]$) → 압력수두

$$H_P = \frac{P[kg_f/m^2]}{w[kg_f/m^3]} = \frac{P}{1,000}[m]$$

　㉢ 운동(속도)에너지($v[m/sec]$) → 속도수두

$$H_v = \frac{v^2}{2g}[m], \quad g[m/sec^2] = 9.8 : 중력가속도$$

　㉣ 물의 분사속도 $v = \sqrt{2gH}[m/sec]$

　㉤ 총수두 : $H + H_p + H_v = H + \dfrac{P}{1,000} + \dfrac{v^2}{2g}$

(3) 동수력학

① 연속의 정리

유량 $Q = AV[m^3/sec]$, $Q = AV[m^3/sec]$, $Q = A_1 V_1 = A_2 V_2$(연속의 정리)

② 베르누이의 정리(에너지 불변의 법칙)

$$H_2, \ P_2, \ V_2 \ \rightarrow \ H_2 + \frac{P}{W_2} + \frac{V_2{}^2}{2g}$$

$$H_1, \ P_1, \ V_1 \ \rightarrow \ H_1 + \frac{P_1}{W} + \frac{V_1{}^2}{2g}$$

$$H_1 + \frac{P_1}{1,000} + \frac{v_1^2}{2g} = H_2 + \frac{P_2}{1,000} + \frac{v_2^2}{2g} = k = H[m](총수두) \ (단, \ k는 \ 상수)$$

③ 토리첼리의 정리(수조 → 분출속도)

(조건) $P_a = P_b = P$(대기압), $V_a = 0$(정지된 물)

$$\frac{v_b^2}{2g} = H_a - H_b = H \rightarrow v_b^2 = 2gH$$

∴ 분출속도 $v = c\sqrt{2gH}$ [c : 유속계수(0.95 ~ 0.99)]

(4) 수력발전소의 출력

① 이론상 출력 $P = 9.8QH$[kW]

② 실제상 출력 $P = 9.8QH\eta_t\eta_G = 9.8QH\eta$[kW]

(5) 댐의 종류 및 그 부속설비

① 댐의 종류

  ㉠ 콘크리트댐(중력댐 : 댐 자체의 무게로 물의 압력을 견디는 방식) : 댐에 미치는 모든 힘의 합력

    이 댐 저부의 중앙 $\frac{1}{3}$ 지점에 작용하도록 설계

  ㉡ 아치댐 : 기초와 양안이 튼튼하고 댐 하부 양쪽이 견고한 암반 등으로 구성된 곳에 적합

  ㉢ 중공댐 : 댐 내부를 조금씩 비워둔 댐으로 가장 경제적임

  ㉣ 록필댐 : 암석으로 축조(중심코어), 소양강댐, 홍수 시 붕괴 우려가 있으나, 콘크리트댐에 비해
    경제적임

② 댐의 부속설비

  ㉠ 여수로 : 여분의 물을 배출시키기 위한 수문

  ㉡ 배사문 : 상류에서 흘러 내려온 토사 등을 제거하기 위한 수문

  ㉢ 어도 : 물고기 통로

  ㉣ 유목로 : 목재 등을 유하시키는 설비

(6) 수문

댐의 수위와 유량 조절, 토사 등을 제거하기 위해 댐의 상부에 설치하는 설비

① 슬루스 게이트(슬라이딩 게이트) : 상하로 조절, 소형 수문에 사용하며, 마찰이 큼

② 롤러 게이트 : 롤러를 부착해 마찰이 감소하며, 대형 수문에 적합

③ 스토니 게이트 : 사다리형의 롤러로 마찰이 현저히 감소하며, 대형 수문에 적합

④ 롤링 게이트 : 원통형의 강판 수문으로 돌, 자갈 등이 많은 험준한 지역에 적합

⑤ 테인터 게이트 : 반달형의 수문으로 체인으로 감아올려 개폐

⑥ 스톱로그 : 수문의 점검, 수리 시 일시적으로 물을 막기 위해 사용

(7) 취수구 및 수로

① 취수구(제수문) : 하천의 물을 수로에 유입시키기 위한 설비(유량 조절)

② 수로 : 취수구에서 나온 물을 수조에 도입하기 위한 설비(도수로)

    ㉠ 침사지 : 토사 등을 침전시켜 배제하기 위한 설비

    ㉡ 스크린 : 각종 부유물 등을 제거하기 위한 설비

(8) 수조(Tank) : 도수로와 수압관을 연결

① 수조의 역할

    ㉠ 발전소 부하변동에 따른 유량조절, 부유물의 최종적인 제거

    ㉡ 최대 수량 1 ~ 2분 정도의 저장능력

② 수조의 종류

    ㉠ 수조(상수조, 무압수조) : 무압수로$\left(구배 \ \dfrac{1}{1,000} \sim \dfrac{1}{1,500}\right)$와 연결

    ㉡ 조압수조 : 유압수로$\left(구배 \ \dfrac{1}{300} \sim \dfrac{1}{400}\right)$와 연결

    → 부하 변동 시 발생하는 수격작용을 완화, 흡수하여 수압철관을 보호

    • 단동조압수조 : 수조의 높이만을 증가시킨 수조

    • 차동조압수조 : 라이저(Riser)라는 상승관을 가진 수조, 부하 변동에 신속한 대응, 고가

    • 수실조압수조 : 수조의 상·하부 측면에 수실을 가진 수조, 저수지의 이용수심이 클 경우 사용

    • 단동포트수조 : 포트(제수공)을 통해 물의 마찰을 증가시키는 수조

(9) 수압관로

① 수조에서 수차까지의 도수 설비, 관내 유속 3 ~ 5m/sec

② 수압관 두께 $t = \dfrac{PD}{2\sigma\eta} + \alpha$ (P : 수압, D : 수압관 직경, σ : 허용응력, η : 접합효율, α : 여유 두께)

(10) 수차

물의 속도 에너지를 기계 에너지로 변환한다.

① 펠턴 수차(충동 수차) : 노즐의 분사물이 버킷에 충돌하여 이 충동력으로 러너가 회전하는 수차

    ㉠ 300m 이상의 고낙차

    ㉡ 니들밸브(존슨밸브) : 유량을 자동 조절하여 회전속도 조절(고낙차 대수량 이용)

    ㉢ 전향장치(디플렉터) : 수격작용(수압관내의 압력이 급상승하는 현상) 방지

② 반동 수차 : 압력과 속도에너지를 가지고 있는 유수를 러너에 작용시켜 반동력으로 회전하는 수차 (물의 운동에너지와 반발력 이용)

    ㉠ 프란시스 수차(10 ~ 300m, 중낙차)

    ㉡ 프로펠러 수차 : 러너날개 고정, 효율 최저, 80m 이하의 저낙차(특유속도 최대)

ⓒ 카프란 수차 : 이상적인 수차(효율 최대), 무구속 속도가 최대

ⓔ 튜블러(원통형) 수차 : 10m 정도 저낙차, 조력발전용

ⓜ 부속설비

- 차실 : 수류를 안내날개에 유도
- 안내날개 : 수차의 속도 조절
- 러너 : 동력 발생 부분
- 흡출관 : 날개를 통과한 유량을 배출하는 관, 낙차를 높이는 목적. 흡출수두

(11) 수차특성 및 조속기

① 수차의 특유속도(N_s) : 실제수차와 기하학적으로 비례하는 수차를 낙하 1m의 높이에서 운전시켜 출력 1kW를 발생시키기 위한 1분간의 회전수

$$N_s = N \frac{P^{\frac{1}{2}}}{H^{\frac{5}{4}}} [\text{rpm}]$$

② 수차의 낙차 변화에 의한 특성 변화

ⓐ 회전수 : $\dfrac{N_2}{N_1} = \left(\dfrac{H_2}{H_1}\right)^{\frac{1}{2}}$

ⓑ 유량 : $\dfrac{Q_2}{Q_1} = \left(\dfrac{H_2}{H_1}\right)^{\frac{1}{2}}$

ⓒ 출력 : $\dfrac{P_2}{P_1} = \left(\dfrac{H_2}{H_1}\right)^{\frac{3}{2}}$

③ 캐비테이션(공동현상) : 유체가 빠른 속도로 진행 시에 러너 날개에 진공이 발생하는 현상

ⓐ 영향 : 수차의 금속부분이 부식, 진동과 소음 발생, 출력과 효율의 저하

ⓑ 방지대책

- 수차의 특유속도를 너무 높게 취하지 말 것, 흡출관을 사용하지 않는다.
- 침식에 강한 재료를 사용한다.
- 과도하게 운전하지 않는다(과부하 운전 방지).

④ 조속기 : 부하 변동에 따라서 유량을 자동으로 가감하여 속도를 일정하게 해주는 장치

ⓐ 평속기(스피더) : 수차의 속도 편차 검출

ⓑ 배압밸브 : 유압조정

ⓒ 서보모터 : 니들밸브나 안내날개 개폐

ⓓ 복원기구 : 니들밸브나 안내날개의 진동 방지

ⓔ 조속기 동작 순서 : 평속기 → 배압밸브 → 서보 모터 → 복원기구

(1) 열역학

① 열량 계산

열량 $Q = 0.24Pt = cmt$[cal][BTU]

(출력 $P = I^2R$[W], 시간 t[sec], 비열 c, 질량 m[g], 온도변화 t)

② 물과 증기 가열

ㄱ 액체열(현열) : 물체의 온도를 상승시키기 위한 열

ㄴ 증발열(잠열) : 증발(기화)시키는 데 필요한 열, 539kcal

ㄷ 습증기 : 수분이 있는 증기

ㄹ 건조포화증기 : 수분이 없는 완전한 증기

ㅁ 과열증기 : 건조포화증기를 계속 가열하여 온도와 체적만 증가시킨 증기

③ 엔탈피와 엔트로피

ㄱ 엔탈피 : 증기 1kg이 보유한 열량[kcal/kg] (액체열과 증발열의 합)

ㄴ 엔트로피 $\left(S = \dfrac{dQ}{T} \right)$: 절대 온도에 대한 열량 변화

(2) 화력발전의 열사이클

① 랭킨 사이클 : 가장 기본적인 사이클

② 재생 사이클 : 터빈의 중도에서 증기를 뽑아내어(추기) 급수를 예열하는 사이클(복수기의 소형화, 저압 터빈의 소형화)

③ 재열 사이클 : 터빈에서 팽창된 증기가 포화상태에 가까워졌을 때 이 증기를 보일러로 되돌려보내 가열하는 방식(터빈 날개의 부식 방지, 열효율 향상)

④ 재생·재열 사이클 : 가장 열효율이 좋은 사이클, 대용량발전소에 채용

⑤ 카르노 사이클 : 가장 이상적인 사이클

(3) 보일러의 부속설비

① **과열기** : 포화증기를 과열증기로 만들어 증기터빈에 공급하기 위한 설비

② **재열기** : 고압 터빈 내에서 팽창된 증기를 다시 재가열하는 설비

③ **절탄기** : 배기가스의 여열을 이용하여 보일러 급수를 예열하는 여열회수장치(연료 절약)

④ **공기예열기** : 연도가스의 나머지 여열을 이용하여 연소용 공기를 예열하는 장치, 연료 소모량 감소, 연도의 맨끝에 시설

(4) 터빈(배기 사용 방법에 의한 분류)

① **복수터빈** : 일반적, 열을 복수기에서 회수(열손실이 큼)

② **추기터빈** : 터빈의 배기 일부는 복수, 나머지는 추기하여 다른 목적으로 이용되는 것으로 추기 복수형, 추기 배압형이 있음

③ **배압터빈** : 터빈의 배기 전부를 다른 곳으로 보내 사용하는 것(복수기가 필요 없음)

(5) 복수기

터빈에서 나오는 배기를 물로 전환시키는 설비, 열손실이 가장 크다.

① **혼합 복수기(분사 복수기)** : 냉각 수관을 설치하여 터빈의 배기증기와 직접 접촉시켜 냉각

② **표면 복수기** : 금속별의 열전도를 이용

(6) 급수장치

① **급수펌프** : 보일러에 급수를 보내주는 펌프

② **보일러 급수의 불순물에 의한 장해**

　㉠ Ca, Mg 함유 : 스케일(Scale)현상, 캐리오버현상 발생

　　• 스케일(Scale)현상 : Ca, Mg 등이 관벽에 녹아 부착되어 층을 이루는 현상으로 열효율 저하, 보일러 용량 감소, 절연면의 열전도 저하, 수관 내의 급수 순환 방해, 과열에 의해 관벽 파손

　　• 캐리오버현상 : 보일러 급수 중의 불순물이 증기 속에 혼입되어 터빈날개 등에 부착되는 현상

　㉡ 슬러지 : 석축물이 생기지 않고 내부에 퇴적된 것

　㉢ 가성 취하(알칼리 취하) : 산성인 용수에 너무 많은 알칼리를 투입하여 생기는 현상, 보일러 수관 벽 부식, 균열 발생

③ **급수 처리** : 원수 → 응집침전조 → 여과기 → 연와조 → 증발기 → 순수

(7) 화력발전소의 효율

$$\eta_G = \frac{860\,W}{mH} \times 100 \ (H : 발열량[\text{kcal/kg}], \ m : 연료량[\text{kg}], \ W : 전력량[\text{kWh}])$$

(1) 원자력 발전

원자의 핵분열을 이용하여 에너지를 얻어내는 방식

① 핵분열 연쇄반응

② 핵분열 중성자 에너지

질량 결손 에너지 $W = mc^2$ [J] (m : 질량[kg], $c = 3 \times 10^8$ m/s)

※ 질량 결손 발생 : (분열 전 질량 A)>(질량 B)+(질량 C)+[질량 결손(에너지 손실)]

③ 원자력 발전용 핵 연료 : $_{92}U^{235}$, $_{92}U^{238}$, $_{94}Pu^{239}$, $_{94}Pu^{241}$

(2) 원자로의 구성

① **감속재** : 중성자의 속도를 감속시키는 역할. 고속 중성자를 열중성자까지 감속시키는 역할. 감속재로써는 중성자 흡수가 적고 감속효과가 큰 것이 좋으며, H_2O(경수), D_2O(중수), C(흑연), BeO(산화베릴륨) 등이 사용된다.

② **제어재** : 중성자의 밀도를 조절하여 원자로의 출력 조정. 중성자를 잘 흡수하는 물질인 B(붕소), Cd(카드뮴), Hf(하프늄) 등이 사용된다.

③ **냉각재** : 원자로 내의 열을 외부로 운반하는 역할. H_2O(경수), D_2O(중수), CO_2(탄산가스), He(헬륨), 액체 Na 등이 사용된다.

④ **반사재** : 원자로 밖으로 나오려는 중성자를 노안으로 되돌리는 역할. 즉, 중성자의 손실을 감소시키는 역할. H_2O(경수), D_2O(중수), C(흑연), BeO(산화베릴륨) 등이 사용된다.

⑤ **차폐재** : 방사능(중성자, γ선)이 외부로 나가는 것을 차폐하는 역할. Pb(납), 콘크리트 등이 사용된다.

(3) 원자력 발전소의 종류

① **비등수형(BWR)** : 원자로 내에서 바로 증기를 발생시켜 직접터빈에 공급하는 방식

- ⑦ 핵연료 : 저농축 우라늄
- ⑥ 감속재·냉각재 : H_2O(경수)
- ⓒ 특징
  - 기수분리기 사용(물과 증기 분리)
  - 방사능을 포함한 증기 우려
  - 미국 GE사에서 개발, 우리나라에서는 사용하지 않는다.
② **가압수형(PWR)** : 원자로 내에서의 압력을 매우 높여 물의 비등을 억제함으로써 2차측에 설치한 증기 발생기를 통하여 증기를 발생시켜 터빈에 공급하는 방식

- ⑦ 가압 경수형 원자로
  - 경수 감속, 경수 냉각
  - 울진, 영광, 고리
  - 핵연료 : 저농축 우라늄
  - 감속재·냉각재 : H_2O(경수)
- ⑥ 가압 중수형 원자로
  - 중수 감속, 중수 냉각
  - 월성
  - 핵연료 : 천연 우라늄
  - 감속재·냉각재 : D_2O(중수)
  - 캐나다 Candu Energy사 개발
  - 특징
    - 열교환기 필요
    - 원자로·열교환기 : 보일러 역할

03 전기기기

(1) 직류 발전기의 구조

① 전기자(전기자 철심 및 전기자 권선) : 자속(ϕ)을 끊어 기전력 발생

ㄱ 권선(코일) : 유기전력 발생

ㄴ 철심 : $0.35 \sim 0.5$mm

- 규소강판 : 히스테리시스손 감소
- 성층철심 : 와류손 감소

② 계자(Field) : 자속 ϕ를 발생

ㄱ 자속을 공급

ㄴ 계자철심, 계철, 계자권선

③ 정류자(Commutator) : 교류를 직류로 변환

ㄱ 정류자 편수 : $K = \dfrac{u}{2}S$

ㄴ 정류자 편간 위상차 : $\theta = \dfrac{2\pi}{K}$

ㄷ 정류자편 평균전압 : $e_a = \dfrac{PE}{K}$

ㄹ 정류주기 : $T_c = \dfrac{b-\delta}{v_c}$ [sec] $\left(v_c = \pi Dn = \dfrac{\pi DN}{60} \right)$

[b : 브러시 두께, δ : 절연물의 두께, v_c : 전기자 주변속도, P : 극수, E : 유기기전력, u : 슬롯 내부 코일변수, S : 슬롯(홈) 쉬]

④ 브러시(Brush) : 외부회로와 내부회로를 연결

ㄱ 구비조건

- 기계적 강도가 커야 한다.
- 내열성이 커야 한다.
- 전기저항이 작아야 한다.
- 적당한 접촉저항을 가져야 한다.

ㄴ 종류

- 탄소 브러시 : 접촉저항이 크기 때문에 직류기에 사용
- 흑연질 브러시
  - 전기 흑연질 브러시 : 대부분의 전기 기계에 사용
  - 금속 흑연질 브러시 : 전기 분해 등의 저전압 대전류용 기기에 사용
- 설치압력 : $0.15 \sim 0.25 kg_f/\text{cm}^2$ (단, 전차용 전동기 $0.35 \sim 0.45 kg_f/\text{cm}^2$)

(2) 직류기 전기자 권선법 : 고상권, 폐로권, 이층권

※ 중권과 파권 비교

비교항목	단중 중권	단중 파권
전기자의 병렬회로수	P(mP)	2(2m)
브러시 수	P	2
용도	저전압, 대전류	고전압, 소전류
균압접속	4극 이상일 때 균압환 필요	불필요

(3) 유기기전력

$$E = \frac{P}{a}\phi Z \frac{N}{60} = K\phi N \ \left(K = \frac{PZ}{60a} \right)$$

(a : 병렬회로수, P : 극수, ϕ : 자속[Wb], N : 회전속도[rpm], Z : 총도체수[(전슬롯수)×(한슬롯 내 도체수)])

(4) 전기자 반작용

전기자도체의 전류에 의해 발생된 자속이 계자 자속에 영향을 주는 현상

① 현상

ㄱ 편자작용

- 감자작용 : 전기자 기자력이 계자 기자력에 반대 방향으로 작용하여 자속이 감소하는 현상
  - δ(전기각) = (기하각) × $\frac{P}{2}$
  - (매극당 감자 기자력) = $\frac{I_a}{a} \times \frac{z}{2p} \times \frac{2\alpha}{180}$

- 교차자화작용 : 전기자 기자력이 계자 기자력에 수직 방향으로 작용하여 자속분포가 일그러지는 현상
  - (매극당 교차 기자력) = $\frac{I_a}{a} \times \frac{z}{2p} \times \frac{\beta}{180}$ (단, $\beta = 180 - 2\alpha$)

ㄴ 중성축 이동

- 발전기 : 회전 방향
- 전동기 : 회전 반대 방향

ㄷ 국부적으로 섬락 발생, 공극의 자속분포 불균형으로 섬락(불꽃) 발생

② 방지책

ㄱ 보극, 보상권선 설치한다(전기자 전류와 반대 방향).

ㄴ 계자 기자력을 크게 한다.

ㄷ 자기 저항을 크게 한다.

ㄹ 보극이 없는 직류기는 브러시를 이동시킨다.

③ 영향 : 자속 감소

ㄱ 발전기 : $E\downarrow$, $V\downarrow$, $P\downarrow$

ㄴ 전동기 : $N\uparrow$, $T\downarrow$

(5) 정류

- 전기자 코일이 브러시에 단락된 후 브러시를 지날 때 전류의 방향이 바뀌는 것

- 리액턴스 전압 : $e_L = L \cdot \dfrac{di}{dt} = L \cdot \dfrac{2I_c}{T_c}$ [V]

① 종류

　㉠ 직선정류(이상적인 정류) : 불꽃 없는 정류

　㉡ 정현파정류 : 불꽃 없는 정류

　㉢ 부족정류 : 브러시 뒤편에 불꽃(정류말기)

　㉣ 과정류 : 브러시 앞면에 불꽃(정류초기)

> ※ **불꽃 없는 정류**
> - 저항정류 : 탄소 브러시 사용하여 단락전류 제한
> - 전압정류 : 보극을 설치하여 평균 리액턴스전압 상쇄

② 방지책

　㉠ 보극과 탄소 브러시를 설치한다.

　㉡ 평균 리액턴스 전압을 줄인다.

　㉢ 정류주기를 길게 한다.

　㉣ 회전 속도를 적게 한다.

　㉤ 인덕턴스를 작게 한다(단절권, 분포권 채용).

(6) 발전기의 종류

① 타여자 발전기

　㉠ 잔류 자기가 없어도 발전 가능

　㉡ 운전 중 회전 방향 반대 : (+), (−) 극성이 반대로 되어 발전 가능

　㉢ $E = V + I_a R_a + e_a + e_b$, $I_a = I$

② 분권 발전기

　㉠ 잔류 자기가 없으면 발전 불가능

　㉡ 운전 중 회전 방향 반대 → 발전 불가능

　㉢ 운전 중 서서히 단락하면 → 소전류 발생

　㉣ $E = V + I_a R_a + e_a + e_b$, $I_a = I + I_f$

③ 직권 발전기

　㉠ 운전 중 회전 방향 반대 → 발전 불가능

　㉡ 무부하 시 자기 여자로 전압을 확립할 수 없음

　㉢ $E = V + I_a(R_a + R_s) + e_a + e_b$, $I_a = I_f = I$

④ 복권(외복권) 발전기

　㉠ 분권 발전기 사용 : 직권 계자 권선 단락(Short)

　㉡ 직권 발전기 사용 : 분권 계자 권선 개방(Open)

　㉢ $E = V + I_a(R_a + R_s) + e_a + e_b$, $I_a = I + I_f$

(7) 직류 발전기의 특성

① 무부하 포화곡선 : $E - I_f$(유기기전력과 계자전류) 관계 곡선

② 부하 포화곡선 : $V - I_f$(단자전압과 계자전류) 관계 곡선

③ 자여자 발전기의 전압 확립 조건

ㄱ 무부하곡선이 자기 포화곡선에 있어야 한다.

ㄴ 잔류 자기가 있어야 한다.

ㄷ 임계저항이 계자저항보다 커야 한다.

ㄹ 회전 방향이 잔류 자기를 강화하는 방향이어야 한다.

※ 회전 방향이 반대이면 잔류 자기가 소멸하여 발전하지 않는다.

(8) 전압 변동률

$$\varepsilon = \frac{V_0 - V}{V} \times 100 = \frac{E - V}{V} \times 100 = \frac{I_a R_a}{V} \times 100$$

+	$V_0 > V$	타여자, 분권
−	$V_0 < V$	직권, 과복권
0	$V_0 = V$	평복권

(9) 직류 발전기의 병렬 운전

① 조건

ㄱ 극성과 단자전압이 일치(용량 임의)해야 한다.

ㄴ 외부특성이 수하 특성이어야 한다.

ㄷ 용량이 다를 경우 부하전류로 나타낸 외부특성 곡선이 거의 일치해야 한다.

→ 용량에 비례하여 부하분담이 이루어진다.

ㄹ 용량이 같은 경우, 외부특성 곡선이 일치해야 한다.

ㅁ 병렬 운전 시 직권, 과복권 균압 모선이 필요하다.

② 병렬 운전식

$$V = E_1 - I_1 R_1 = E_2 - I_2 R_2$$

$$I = I_1 + I_2$$

③ 부하분담

ㄱ 유기기전력이 큰 쪽이 부하분담이 큼

ㄴ 유기기전력이 같으면 전기자 저항에 반비례함

ㄷ 용량이 다르고, 나머지가 같으면 용량에 비례함

(10) 직류 전동기

① 발전기 원리 : 플레밍의 오른손 법칙

전동기 원리 : 플레밍의 왼손 법칙

② 역기전력 : $E = \dfrac{P}{a} Z\phi \dfrac{N}{60} = K\phi N = V - I_a R_a$

③ 회전속도 : $n = \dfrac{E}{K\phi} = K \cdot \dfrac{V - I_a R_a}{\phi}$ [rps]

④ 토크 : $T = \dfrac{P}{\omega} = \dfrac{PZ\phi I_a}{2\pi a} = K\phi I_a$ [N·m]

$$T = \dfrac{1}{9.8} \times \dfrac{P_m}{\omega} = 0.975 \dfrac{P_m}{N} [\mathrm{kg}_f \cdot \mathrm{m}]$$

$$T = 0.975 \dfrac{P_m}{N} = 0.975 \dfrac{E \cdot I_a}{N} [\mathrm{kg}_f \cdot \mathrm{m}] = 9.55 \dfrac{P_m}{N} [\mathrm{N \cdot m}]$$

⑤ 직류 전동기의 종류

종류	전동기의 특징
타여자	• (+), (−) 극성을 반대로 접속하면 → 회전 방향이 반대 • 정속도 전동기
분권	• 정속도 특성의 전동기 • 위험 상태 → 정격전압, 무여자 상태 • (+), (−) 극성을 반대로 접속하면 → 회전 방향이 불변 • $T \propto I \propto \dfrac{1}{N}$
직권	• 변속도 전동기(전동차에 적합) • 부하에 따라 속도가 심하게 변함 • (+), (−) 극성을 반대로 접속하면 → 회전 방향이 불변 • 위험 상태 → 정격전압, 무부하 상태 • $T \propto I^2 \propto \dfrac{1}{N^2}$

(11) 직류 전동기 속도 제어

$n = K' \dfrac{V - I_a R_a}{\phi}$ (단, K' : 기계정수)

종류	특징
전압 제어	• 광범위 속도 제어 가능 • 워드 레너드 방식[광범위한 속도 조정(1 : 20), 효율 양호] • 일그너 방식(부하가 급변하는 곳, 플라이휠 효과 이용, 제철용 압연기) • 정토크 제어
계자 제어	• 세밀하고 안정된 속도 제어 • 효율은 양호하나 정류 불량 • 정출력 가변속도 제어
저항 제어	• 좁은 속도 조절 범위 • 동손 증가 시 효율 저하

(12) 직류 전동기 제동

① **발전 제동** : 전동기 전기자 회로를 전원에서 차단하는 동시에 계속 회전하고 있는 전동기를 발전기로 동작시켜 이때 발생되는 전기자의 역기전력을 전기자에 병렬 접속된 외부 저항에서 열로 소비하여 제동하는 방식

② **회생 제동** : 전동기의 전원을 접속한 상태에서 전동기에 유기되는 역기전력을 전원전압보다 크게 하여 이때 발생하는 전력을 전원 속에 반환하여 제동하는 방식

③ **역전 제동(플러깅)** : 전동기를 전원에 접속한 채로 전기자의 접속을 반대로 바꾸어 회전 방향과 반대의 토크를 발생시켜 급정지시키는 방법

(13) 직류기의 손실과 효율

① **고정손(무부하손)** : 철손(히스테리시스손, 와류손), 기계손(베어링손, 마찰손, 풍손)

② **부하손(가변손)** : 동손(전기자동손, 계자동손), 표유부하손

③ **총손실** : (철손)+(기계손)+(동손)+(표유부하손)

④ **최대 효율조건** : (부하손)=(고정손)

⑤ **실측효율**

$$\eta = \frac{(출력)}{(입력)} \times 100$$

⑥ **규약효율**

㉠ 발전기 : $\eta = \dfrac{(출력)}{(입력)} = \dfrac{(출력)}{(출력)+(손실)} \times 100$

㉡ 전동기 : $\eta = \dfrac{(출력)}{(입력)} = \dfrac{(입력)-(손실)}{(입력)} \times 100$

(14) 절연물의 최고 허용온도

절연 재료	Y	A	E	B	F	H	C
최고허용온도(단위 : ℃)	90	105	120	130	155	180	180 초과

(15) 직류 전동기의 토크 측정, 시험

① **전동기의 토크 측정** : 보조발전기법, 프로니 브레이크법, 전기 동력계법

② **온도 시험**

㉠ 실부하법

㉡ 반환부하법 : 홉킨스법, 블론델법, 카프법

(1) 동기 발전기의 구조 및 원리

① 동기속도 : $N_s = \dfrac{120f}{P}[\text{rpm}]$ (단, P : 극수)

② 코일의 유기기전력 : $E = 4.44 f \phi \omega k_\omega [\text{V}]$

③ 동기 발전기 : 회전 계자형
- ㉠ 계자는 기계적으로 튼튼하고 구조가 간단하여 회전에 유리함
- ㉡ 계자는 소요 전력이 적음
- ㉢ 절연이 용이함
- ㉣ 전기자는 Y결선으로 복잡하며, 고압을 유기함

④ 동기 발전기 : Y결선
- ㉠ 중성점을 접지할 수 있어 이상전압의 대책 용이
- ㉡ 코일의 유기전압이 $\dfrac{1}{\sqrt{3}}$배 감소하므로 절연 용이
- ㉢ 제3고파에 의한 순환 전류가 흐르지 않음

⑤ 수소 냉각 방식의 특징(대용량 기기)
- ㉠ 비중이 공기의 7%로 풍손이 공기의 $\dfrac{1}{10}$로 경감
- ㉡ 열전도도가 좋고 비열(공기의 약 14배)이 커서 냉각 효과가 큼
- ㉢ 절연물의 열화 및 산화가 없으므로 절연물의 수명이 길어짐
- ㉣ 소음이 적고 코로나 발생이 적음
- ㉤ 발전기 출력이 약 25% 정도 증가
- ㉥ 단점 : 수소는 공기와 혼합하면 폭발 우려(안전장치 필요)가 있으며, 설비비용 높음

(2) 전기자 권선법

① 분포권 : 매극 매상의 도체를 각각의 슬롯에 분포시켜 감아주는 권선법
- ㉠ 고조파 제거에 의한 파형을 개선
- ㉡ 누설 리액턴스를 감소
- ㉢ 집중권에 비해 유기기전력이 K_d배로 감소
- ㉣ 매극 매상의 슬롯수 : $q = \dfrac{(총슬롯수)}{(상수) \times (극수)}$
- ㉤ 분포권 계수 : $K_d = \dfrac{\sin \dfrac{\pi}{2m}}{q \sin \dfrac{\pi}{2mq}}$

② 단절권 : 코일 간격을 극간격보다 작게 하는 권선법

    ㉠ 고조파 제거에 의한 파형을 개선

    ㉡ 코일의 길이, 동량이 절약

    ㉢ 전절권에 비해 유기기전력이 K_v배로 감소

    ㉣ 단절비율 : $\beta = \dfrac{(\text{코일간격})}{(\text{극간격})} = \dfrac{(\text{코일피치})}{(\text{극피치})} = \dfrac{[\text{코일간격(슬롯)}]}{(\text{전슬롯수}) \div (\text{극수})}$

    ㉤ 단절권계수 : $K_v = \sin\dfrac{\beta\pi}{2}$

(3) 동기기의 전기자 반작용

① 횡축 반작용(교차자화작용) : R부하, 전기자 전류가 유기기전력과 동위상, 크기 : $I\cos\theta$, 일종의 감자작용

② 직축 반작용(발전기 : 전동기는 반대)

    ㉠ 감자작용 : L부하, 지상전류, 전기자전류가 유기기전력보다 위상이 $\dfrac{\pi}{2}$ 뒤질 때

    ㉡ 증자작용 : C부하, 진상전류, 전기자전류가 유기기전력보다 위상이 $\dfrac{\pi}{2}$ 앞설 때

(4) 동기 발전기의 출력

① 비돌극형

$$P_s = \frac{EV}{x_s}\sin\delta \ (\delta = 90°\text{에서 최대 출력})$$

② 돌극형

$$P_s = \frac{EV}{x_s}\sin\delta + \frac{V^2(x_d - x_q)}{2x_d x_q}\sin\delta \ (\delta = 60°\text{에서 최대 출력, 직축반작용 } x_d > \text{횡축반작용 } x_q)$$

(5) 동기기의 동기 임피던스

철심이 포화상태이고 정격 전압일 때 임피던스 $Z_s = r_a + jx_s \fallingdotseq x_s = x_a + x_l$

[x_s : 동기 리액턴스, x_a : 전기자 반작용 리액턴스(지속단락전류 제한), x_l : 전기자 누설 리액턴스{순간(돌발)단락전류 제한}]

(6) 동기 발전기의 특성

① 동기 임피던스

$$Z_s = \frac{E}{I_s} = \frac{V/\sqrt{3}}{I_s}[\Omega]$$

② % 동기 임피던스

㉠ $Z_s' = \frac{I_n Z_s}{E} \times 100 = \frac{P_n Z_s}{V^2} \times 100 = \frac{I_n}{I_s} \times 100$

㉡ % 동기 임피던스[PU]

$$Z_s' = \frac{1}{K_s} = \frac{P_n Z_s}{V^2} = \frac{I_n}{I_s}[\text{PU}]$$

③ 단락비 : 무부하 포화곡선, 3상 단락곡선

㉠ $K_s = \dfrac{(\text{정격전압을 유기하는 데 필요한 여자 전류})}{(\text{정격전류와 같은 단락전류를 유기하는 데 필요한 여자 전류})} = \dfrac{I_s}{I_n} = \dfrac{1}{Z_s'}[\text{PU}]$

㉡ 단락비가 큰 경우
- 동기 임피던스, 전압 변동률, 전기자 반작용, 효율이 적음
- 출력, 선로의 충전 용량, 계자 기자력, 공극, 단락전류가 큼
- 안정도 좋음, 중량이 무겁고 가격이 비쌈

㉢ 단락비 작은 기계 : 동기계, 터빈 발전기($K_s = 0.6 \sim 1.0$)

㉣ 단락비 큰 기계 : 철기계, 수차 발전기($K_s = 0.9 \sim 1.2$)

(7) 동기 발전기 자기 여자 작용

발전기 단자에 장거리 선로가 연결되어 있을 때 무부하 시 선로의 충전전류에 의해 단자전압이 상승하여 절연이 파괴되는 현상

> ※ **동기 발전기 자기 여자 방지책**
> - 수전단에 리액턴스가 큰 변압기를 사용한다.
> - 발전기를 2대 이상 병렬 운전을 한다.
> - 동기조상기에 부족여자 방식을 사용한다.
> - 단락비가 큰 기계를 사용한다.

(8) 전압 변동률

$$\epsilon = \frac{E - V}{V} \times 100$$

① 용량 부하의 경우($-$) : $E < V$
② 유도 부하의 경우($+$) : $E > V$

(9) 동기 발전기의 동기 병렬 운전

① 병렬 운전 조건

기전력의 크기가 같을 것	무효순환전류(무효횡류)	$I_C = \dfrac{E_a - E_b}{2Z_s} = \dfrac{E_C}{2Z_S}$
기전력의 위상이 같을 것	동기화전류(유효횡류)	$I_{cs} = \dfrac{E}{Z_s} \sin \dfrac{\delta}{2}$
기전력의 주파수가 같을 것	난조발생	–
기전력의 파형이 같을 것	고주파 무효순환전류	–
기전력의 상회전 방향이 같을 것(3상)		–

② 수수전력 $P_s = \dfrac{E^2}{2Z_s} \sin\delta$, 동기화력 $P_s = \dfrac{E^2}{2Z_s} \cos\delta$

(10) 난조(Hunting)

발전기의 부하가 급변하는 경우 회전자속도가 동기속도를 중심으로 진동하는 현상

① 원인
  - ㉠ 원동기의 조속기 감도가 너무 예민할 때
  - ㉡ 전기자저항이 너무 클 때
  - ㉢ 부하가 급변할 때
  - ㉣ 원동기 토크에 고조파가 포함될 때
  - ㉤ 관성모멘트가 작을 때

② 방지책
  - ㉠ 계자의 자극면에 제동 권선을 설치한다.
  - ㉡ 관성모멘트를 크게 → 플라이휠을 설치한다.
  - ㉢ 조속기의 감도를 너무 예민하지 않도록 한다.
  - ㉣ 고조파의 제거 → 단절권, 분포권을 설치한다.

③ 제동 권선의 역할
  - ㉠ 난조 방지
  - ㉡ 기동 토크 발생
  - ㉢ 파형개선과 이상전압 방지
  - ㉣ 유도기의 농형 권선과 같은 역할

(11) 동기 전동기

① 특징

    ㉠ 정속도 전동기

    ㉡ 기동이 어려움(설비비가 고가)

    ㉢ 역률 1.0으로 조정할 수 있으며, 진상과 지상전류의 연속 공급 가능(동기조상기)

    ㉣ 저속도 대용량의 전동기 → 대형 송풍기, 압축기, 압연기, 분쇄기

② 동기 전동기 기동법

    ㉠ 자기 기동법 : 제동 권선을 이용

    ㉡ 기동 전동기법 : 유도 전동기(2극 적게)를 기동 전동기로 사용

③ 안정도 증진법

    ㉠ 정상 리액턴스는 적고, 영상과 역상 임피던스는 크게 한다.

    ㉡ 플라이휠 효과와 반지름을 크게 하여 관성 모멘트를 크게 한다.

    ㉢ 조속기 동작을 신속하게 한다.

    ㉣ 단락비가 큰 기계(철기계, 수차형) 사용한다.

    ㉤ 속응 여자 방식을 채용한다.

④ 위상 특성 곡선(V곡선) : $I_a - I_f$ 관계 곡선(P는 일정), P : 출력, 계자전류의 변화에 대한 전기자 전류의 변화를 나타낸 곡선

    ㉠ 과여자 : 앞선 역률(진상), 전기자전류 증가, C

    ㉡ 부족여자 : 늦은 역률(지상), 전기자전류 증가, L

⑤ 토크 특성

    ㉠ $P = EI_a = \omega\tau = 2\pi\dfrac{N_s}{60}\tau$

    ㉡ $\tau = 9.55\dfrac{P_0}{N_s}[\text{N}\cdot\text{m}] = 0.975\dfrac{P_0}{N_s}[\text{kg}_f\cdot\text{m}]$

    ㉢ $P_0 = 1.026N_s\tau[\text{W}]$, $P_0 \propto \tau$ [(동기 와트)=(토크)]

03 변압기

(1) 변압기의 유기기전력과 권수비

① $E_1 = 4.44fN_1\phi_m[\text{V}]$, $E_2 = 4.44fN_2\phi_m[\text{V}]$

② 권수비 : $a = \dfrac{E_1}{E_2} = \dfrac{V_1}{V_2} = \dfrac{I_2}{I_1} = \dfrac{N_1}{N_2} = \sqrt{\dfrac{Z_1}{Z_2}} = \sqrt{\dfrac{R_1}{R_2}}$

(2) 변압기의 구조

① 분류

    내철형, 외철형, 권철심형

② 냉각 방식에 따른 분류

건식자냉식, 건식풍냉식, 유입자냉식(주상변압기), 유입풍냉식, 유입수냉식, 유입송유식

③ 변압기 절연유의 구비조건

　　㉠ 절연내력이 커야 한다.

　　㉡ 점도가 적고 비열이 커서 냉각효과가 커야 한다.

　　㉢ 인화점은 높고, 응고점은 낮아야 한다.

　　㉣ 고온에서 산화하지 않고, 침전물이 생기지 않아야 한다.

④ 변압기의 호흡작용

　　㉠ 외기의 온도 변화, 부하의 변화에 따라 내부기름의 온도가 변화하여 부피가 팽창·수축을 반복

　　㉡ 기름과 대기압 사이에 차가 생겨 공기가 출입하는 작용

⑤ 절연열화

변압기의 호흡작용으로 절연유의 절연내력이 저하하고 냉각효과가 감소하며 침전물이 생기는 현상

⑥ 절연열화 방지책

　　㉠ 콘서베이터 설치

　　㉡ 질소 봉입 방식

　　㉢ 흡착제 방식

(3) 변압기의 등가회로

※ 2차를 1차로 환산한 등가회로

① $V_2{}' = V_1 = a V_2$

② $I_2{}' = I_1 = \dfrac{I_2}{a}$

③ $Z_2{}' = \dfrac{V_2{}'}{I_2{}'} = \dfrac{a V_2}{\dfrac{I_2}{a}} = a^2 \dfrac{V_2}{I_2} = a^2 Z_2$ (단, $r_2' = a^2 r_2$, $x_2' = a^2 x_2$)

④ 2차를 1차로 환산한 임피던스

$$Z_{21} = r_{21} + j x_{21} = (r_1 + a^2 r_2) + j(x_1 + a^2 x_2)$$

(4) 백분율 강하

① % 저항 강하

$$p = \frac{I_{1n} r_{21}}{V_{1n}} \times 100 = \frac{I_{2n} r_{12}}{V_{2n}} \times 100$$

$$= \frac{I_{1n} r_{21}}{V_{1n}} \times \frac{I_{1n}}{I_{1n}} \times 100 = \frac{I_{1n}^2 r_{21}}{V_{1n} I_{1n}} \times 100$$

$$= \frac{P_s}{P_n} \times 100$$

② % 리액턴스 강하

$$q = \frac{I_{1n} \chi_{21}}{V_{1n}} \times 100 = \frac{I_{2n} \chi_{21}}{V_{2n}} \times 100$$

③ % 임피던스 강하

$$Z = \frac{I_{1n} Z_{21}}{V_{1n}} \times 100 = \frac{V_{1S}}{V_{1n}} \times 100 = \frac{I_{1n}(r_{21} + jx_{21})}{V_{1n}} \times 100 = \frac{I_n}{I_s} \times 100$$

(P_n : 변압기 용량, P_s : 임피던스 와트(동손), V_{1S} : 임피던스 전압, I_n : 정격전류, I_s : 단락전류)

㉠ 임피던스 전압($V_{1s} = I_{1n} \cdot Z_{21}$)
- 정격전류가 흐를 때 변압기 내 임피던스 전압 강하
- 변압기 2차측을 단락한 상태에서 1차 측에 정격전류(I_{1n})가 흐르도록 1차 측에 인가하는 전압

㉡ 임피던스 와트($P_s = I_{1n}^2 \cdot r_{21}$) : 임피던스 전압을 인가한 상태에서 발생하는 와트(동손)

(5) 전압 변동률

① $\epsilon = p\cos\theta \pm q\sin\theta$(+ : 지상, − : 진상)
② 최대 전압 변동률과 역률
㉠ $\cos\theta = \rho$
㉡ $\cos\theta \neq 1$
- 최대 전압 변동률 $\epsilon_{\max} = Z = \sqrt{p^2 + q^2}$
- 최대 전압 변동률일 때 역률 $\cos\theta_{\max} = \dfrac{p}{Z} = \dfrac{p}{\sqrt{p^2 + q^2}}$

(6) 변압기의 결선

① △ − △ 결선
㉠ 1, 2차 전압에 위상차가 없음, 상전류는 선전류의 $\dfrac{1}{\sqrt{3}}$ 배
㉡ 제3고조파 여자 전류가 통로를 가지게 되므로 기전력은 사인파전압을 유기함
㉢ 변압기 외부에 제3고조파가 발생하지 않으므로 통신선의 유도장해가 없음
㉣ 변압기 1대 고장 시 V − V 결선으로 변경하여 3상 전력 공급이 가능
㉤ 비접지 방식이므로 이상전압 및 지락 사고에 대한 보호가 어려움
㉥ 선간전압과 상전압이 같으므로 고압인 경우 절연이 어려움

② Y – Y 결선 특징

 ㉠ 1, 2차 전압에 위상차가 없음

 ㉡ 중성점을 접지할 수 있으므로 이상전압으로부터 변압기를 보호할 수 있음

 ㉢ 상전압이 선간전압의 $\dfrac{1}{\sqrt{3}}$ 배이므로 절연이 용이하여 고전압에 유리

 ㉣ 보호 계전기 동작이 확실함

 ㉤ 역 V 결선 운전이 가능

 ㉥ 중성점 접지 시 접지선을 통해 제3고조파가 흐르므로 통신선에 유도장해가 발생

③ △ – Y 결선(승압용), Y – △ 결선(강압용)

 ㉠ Y 결선으로 중성점을 접지할 수 있으므로 이상전압으로부터 변압기를 보호할 수 있음

 ㉡ △ 결선에 의한 여자 전류의 제3고조파 통로가 형성되므로 기전력의 파형이 사인파가 됨

 ㉢ △ – Y는 송전단에 Y – △는 수전단에 설치

 ㉣ 1, 2차 전압 및 전류 간에는 30°의 위상차가 발생

 ㉤ 1대 고장 시 송전 불가능

④ V – V 결선

 ㉠ 출력 $P_V = \sqrt{3}\, P_1$

 ㉡ 4대의 경우 출력 $P_V = 2\sqrt{3}\, P_1$

 ㉢ (이용률) $= \dfrac{\sqrt{3}\, P_1}{2P_1} \times 100 = 86.6\%$

 ㉣ (출력비) $= \dfrac{\sqrt{3}\, P_1}{3P_1} \times 100 = 57.7\%$

⑤ 상수의 변환

 ㉠ 3상 → 2상 변환

  • Scott 결선(T 결선)

   – 이용률 : 86.6%

   – T좌 변압기의 권수비 : $a_T = \dfrac{\sqrt{3}}{2} \times a$

  • Meyer 결선

  • Wood Bridge 결선

 ㉡ 3상 → 6상 변환

  • Fork 결선

  • 2중 성형 결선

  • 환상 결선, 대각 결선, 2중 △ 결선, 2중 Y 결선

(7) 병렬 운전

① 병렬 운전 조건

㉠ 극성, 권수비, 1, 2차 정격 전압이 같아야 한다(용량은 무관).

㉡ 각 변압기의 저항과 리액턴스비가 같아야 한다.

㉢ 부하분담 시 용량에 비례하고 임피던스 강하에는 반비례해야 한다.

㉣ 상회전 방향과 각 변위가 같아야 한다(3ϕ 변압기).

가능	불가능
Y − Y와 Y − Y	Y − Y와 Y − △
Y − △와 Y − △	Y − △와 △ − △
Y − △와 △ − Y	△ − Y와 Y − Y
△ − △와 △ − △	△ − △와 △ − Y
△ − Y와 △ − Y	−
△ − △와 Y − Y	−

② 부하분담

㉠ $\dfrac{I_a}{I_b} = \dfrac{I_A}{I_B} \times \dfrac{\%Z_b}{\%Z_a}$

분담 전류는 정격 전류에 비례하고 누설 임피던스에 반비례

㉡ $\dfrac{P_a}{P_b} = \dfrac{P_A}{P_B} \times \dfrac{\%Z_b}{\%Z_a}$

분담 용량은 정격 용량에 비례하고 누설 임피던스에 반비례

• I_a : A기 분담 전류, I_A : A기 정격 전류, P_a : A기 분담 용량, P_A : A기 정격 용량

• I_b : B기 분담 전류, I_B : B기 정격 전류, P_b : B기 분담 용량, P_B : B기 정격 용량

(8) 특수 변압기

① 단권 변압기

㉠ 특징

• 코일 권수 절약

• 손실이 적음

• 효율이 좋음

• 누설 리액턴스가 작음

• 1차와 2차 절연이 어려움

• 단락사고 시 단락전류가 큼

• 고압용, 대용량에 적절

ⓛ $\dfrac{V_h}{V_l} = \dfrac{N_1 + N_2}{N_1} = 1 + \dfrac{N_2}{N_1}$,

$$V_h = \left(1 + \dfrac{1}{a}\right)V_l = \left(1 + \dfrac{N_2}{N_1}\right)V_l$$

ⓒ 부하 용량(2차 출력) : $W = V_h I_2$

ⓔ 자기 용량(변압기 용량) : $\omega = e I_2 = (V_h - V_l)I_2$

ⓜ $\dfrac{(\text{자기 용량})}{(\text{부하 용량})} = \dfrac{V_h - V_l}{V_h}$

구분	단상	Y결선	△결선	V결선
$\dfrac{(\text{자기 용량})}{(\text{부하 용량})}$	$\dfrac{V_h - V_l}{V_h}$	$\dfrac{V_h - V_l}{V_h}$	$\dfrac{V_h^2 - V_l^2}{\sqrt{3}\,V_h V_l}$	$\dfrac{2}{\sqrt{3}} \cdot \left(\dfrac{V_h - V_l}{V_h}\right)$

② 누설 변압기
  ㉠ 수하특성(정전류 특성)
  ㉡ 전압 변동이 큼
  ㉢ 누설 리액턴스가 큼
  ㉣ 용도 : 용접용 변압기

③ 3상 변압기(내철형, 외철형)
  ㉠ 사용 철심양이 감소하여 철손이 감소하므로 효율이 좋음
  ㉡ 값이 싸고 설치 면적이 작음
  ㉢ Y, △ 결선을 변압기 외함 내에서 하므로 부싱 절약
  ㉣ 단상 변압기로의 사용이 불가능(권선마다 독립된 자기 회로가 없기 때문)
  ㉤ 1상만 고장이 발생하여도 사용할 수 없고 보수가 어려움

④ 3권선 변압기
  ㉠ Y – Y – △ 결선을 하여 제3고조파를 제거 가능
  ㉡ 조상 설비를 시설하여 송전선의 전압과 역률을 조정 가능
  ㉢ 발전소에서 소내용 전력공급이 가능

⑤ 계기용 변압기(PT)
  ㉠ 고전압을 저전압으로 변성, 2차측 정격전압(110V)
  ㉡ 2차측 단락 금지

⑥ 계기용 변류기(CT)
  ㉠ 대전류를 소전류로 변성, 2차 정격전류(5A)
  ㉡ CT 점검 시 2차측 단락(2차측 개방 금지) : 2차측 절연보호, 2차측에 고압 유기되는 것을 방지

⑦ 변압기 보호 계전기
  ㉠ 전기적인 보호장치 : 차동 계전기, 비율차동 계전기
  ㉡ 기계적인 보호장치 : 부흐홀츠 계전기, 서든 프레서(압력 계전기), 유위계, 유온계
    ※ 부흐홀츠 계전기 : 변압기 내부 고장 검출, 수소 검출
    ※ 콘서베이터 : 변압기 절연유의 열화 방지

(9) 변압기의 손실 및 효율

① 손실 : [무부하손(무부하시험)] + [부하손(단락시험)]
　　㉠ 동손(부하손)
　　㉡ 철손 : 히스테리시스손, 와류손

② 변압기 효율
　　㉠ 전부하 효율

$$\eta = \frac{P_n \cos\theta}{P_n \cos\theta + P_i + P_c} \times 100$$

　　㉡ $\dfrac{1}{m}$ 부하 시 효율

$$\eta_{\frac{1}{m}} = \frac{\frac{1}{m} P_n \cos\theta}{\frac{1}{m} P_n \cos\theta + P_i + \left(\frac{1}{m}\right)^2 P_c} \times 100$$

　　㉢ 최대 효율 조건
　　　• 전부하 시 : $P_i = P_c$ (철손 : 동손 = 1 : 1)

　　　• $\dfrac{1}{m}$ 부하 시 : $P_i = \left(\dfrac{1}{m}\right)^2 P_c$, $\dfrac{1}{m} = \sqrt{\dfrac{P_i}{P_c}}$ [(철손) : (동손) = 1 : 2]

　　　• 최대 효율 : $\eta_{\max} = \dfrac{\frac{1}{m} P_n \cos\theta}{\frac{1}{m} P_n \cos\theta + 2P_i} \times 100$

　　　• 전일 효율 : $\eta_{day} = \dfrac{(24시간 \ 출력 \ 전력량)}{(24시간 \ 입력 \ 전력량)} \times 100$

　　㉣ 일정시간 운전 시의 최대 효율 조건
　　　$24P_i = \Sigma h P_c$: 전부하 운전 시간이 짧은 경우 철손을 작게 한다.

(10) 변압기의 시험

① 권선의 저항 측정 시험
② 단락 시험 → 임피던스 전압, 임피던스 와트(동손) 측정
③ 무부하 시험 → 여자 전류, 철손 측정

(1) 유도 전동기의 사용 이유 및 특징

① 유도 전동기 사용 이유

㉠ 전원 획득이 쉬움

㉡ 구조가 간단하고, 값이 싸며, 튼튼함

㉢ 취급이 용이함

㉣ 부하 변화에 대하여 거의 정속도 특성을 가짐

② 농형과 권선형의 비교

농형	• 구조가 간단, 보수가 용이 • 효율이 좋음 • 속도 조정이 곤란 • 기동 토크가 작아 대형이 되면 기동이 곤란
권선형	• 중형과 대형에 많이 사용 • 기동이 쉽고, 속도 조정이 용이

(2) 슬립

전동기 전부하에 있어서 속도 감소의 동기속도에 대한 비율

① 슬립 : $s = \dfrac{N_s - N}{N_s} \times 100$

② 상대속도 : $s N_s = N_s - N$

③ 회전자속도(전동기속도) : $N = (1-s)N_s[\text{rpm}] = (1-s)\dfrac{120f}{p}[\text{rpm}]$

㉠ 유도 전동기 : $0 < S < 1$

㉡ 유도 제동기 : $1 < S < 2$

(3) 정지 시와 회전 시 비교

정지 시	회전 시
E_2	$E_{2s} = sE_2$
f_2	$f_{2s} = sf_2$
I_2	$I_{2s} = \dfrac{E_{2s}}{Z_{2s}} = \dfrac{sE_2}{\sqrt{r_2{}^2 + (sx_2)^2}} = \dfrac{E_2}{\sqrt{(\dfrac{r_2}{s})^2 + x_2^2}}$

(4) 유도 전동기 전력변환

① 전력변환 관계식 : $P_2 : P_{c2} : P_0 = 1 : s : (1-s)$

    ㉠ $P_{c2} = sP_2$

    ㉡ $P_0 = (1-s)P_2$

    ㉢ $P_{c2} = \dfrac{s}{1-s}P_0$

② 2차 효율 $\eta = \dfrac{P_0}{P_2} = 1 - s = \dfrac{N}{N_S} = \dfrac{\omega}{\omega_0}$

(5) 유도 전동기의 토크 특성, 토크와 슬립의 관계

① $T = \dfrac{P_2}{\omega_s} = \dfrac{P_2}{2\pi\dfrac{N_2}{60}} = \dfrac{P_2}{\dfrac{2\pi}{60} \times \dfrac{120f}{p}} = \dfrac{P_2}{\dfrac{4\pi f}{p}}$

$= 9.55\dfrac{P_2}{N_s}[\text{N}\cdot\text{m}] = 0.975\dfrac{P_2}{N_s}[\text{kg}_f\cdot\text{m}]$

② $T = \dfrac{P_0}{W} = \dfrac{P_0}{2\pi\dfrac{N}{60}} = \dfrac{P_0}{\dfrac{2\pi}{60}(1-s)N_s}$

$= \dfrac{P_0}{\dfrac{2\pi}{60}(1-s) \times \dfrac{120f}{p}} = \dfrac{P_0}{(1-s)\dfrac{4\pi f}{p}}$

$= 9.55\dfrac{P_0}{N}[\text{N}\cdot\text{m}] = 0.975\dfrac{P_0}{N}[\text{kg}_f\cdot\text{m}]$

③ 최대 토크슬립

$s_t = \dfrac{r_2}{x_2}$

④ 최대 토크

$T = \dfrac{P_2}{\omega_s} = \dfrac{m_2}{\omega_s}E_2 I_2 \cos\theta_2$

$= KE_2 \times \dfrac{sE_2}{\sqrt{r_2{}^2 + (sx_2)^2}} \times \dfrac{r_2}{\sqrt{r_2{}^2 + (sx_2)^2}}$

$= K\dfrac{sE_2{}^2 \cdot r_2}{r_2{}^2 + (sx_2)^2}$

    ㉠ $T \propto V^2$[토크는 공급전압의 제곱(자승)에 비례]

    ㉡ $S \propto \dfrac{1}{V^2}$

(6) 비례 추이의 원리 : 권선형 유도 전동기

① 비례 추이의 특징

㉠ 최대 토크 $\left(\tau_{\max} = K\dfrac{{E_2}^2}{2x_2}\right)$는 불변, 최대 토크의 발생 슬립은 변화

㉡ 저항이 클수록 기동전류는 감소, 기동 토크는 증가

② $\dfrac{r_2}{s} = \dfrac{r_2 + R}{s'}$ (s : 전부하 슬립, s' : 기동슬립, R : 2차 외부저항)

③ 기동 시 전부하 토크와 같은 토크로 기동하기 위한 외부저항

$R = \dfrac{1-s}{s}r_2$

④ 기동 시 최대 토크과 같은 토크로 기동하기 위한 외부저항

$R = \dfrac{1-s_t}{s_t}r_2 = \sqrt{r_1^2 + (x_1 + x_2')^2} - r_2' \fallingdotseq (x_1 + x_2') - r_2'\,[\Omega]$

⑤ 비례 추이할 수 없는 것 : 출력, 2차 효율, 2차 동손

(7) Heyland 원선도

① 원선도 작성에 필요한 시험

㉠ 저항 측정 : 1차 동손

㉡ 무부하(개방) 시험 : 철손, 여자 전류

㉢ 구속(단락) 시험 : 동손, 임피던스 전압, 단락전류

② 원선도에서 구할 수 없는 것 : 기계적 출력, 기계손

(8) 유도 전동기의 기동법 및 속도제어법

① 기동법

농형 유도 전동기	• 전전압 기동(직입기동) : 5kW • Y − △ 기동(5 ~ 15kW)급 : 전류 $\dfrac{1}{3}$ 배, 전압 $\dfrac{1}{\sqrt{3}}$ 배 • 기동 보상기법 : 단권 변압기 사용 감전압기동 • 리액터 기동법 : 전동기 1차에 리액터 접속 • 콘도르파법 : 기동 보상기법과 리액터 기동법 혼합
권선형 유도 전동기	• 2차 저항 기동법 → 비례 추이 이용 • 게르게스법

② 속도제어법

농형
유도 전동기
	• 주파수 변환법 : 전원의 주파수를 제어하여 속도를 제어
	  – 역률이 양호하며 연속적인 속도 제어가 되지만, 전용 전원이 필요
	  – 인견・방직 공장의 포트모터, 선박의 전기추진기
	• 극수 변환법
	• 전압 제어법 : 공극 전압의 크기를 조절하여 속도 제어
	• 저항제어법 : 가변저항의 크기를 제어하여 속도를 제어
	• 논리 극변환법 : 고정자 권선에서 코일의 결선을 바꾸어 속도를 제어(2:1 비율만 가능)
	• 다중권선법 : 극수가 다른 권선을 미리 감아 하나의 세트만 여자시켜 속도를 제어(제한적 사용)

권선형
유도 전동기
	• 2차 저항법
	  – 토크의 비례 추이를 이용
	  – 2차 회로에 저항을 삽입 토크에 대한 슬립 S를 바꾸어 속도 제어
	• 2차 여자법
	  – 회전자 기전력과 같은 주파수 전압을 인가하여 속도 제어
	  – 고효율로 광범위한 속도 제어
	• 종속접속법
	
	  – 직렬종속법 : $N = \dfrac{120}{P_1 + P_2} f$
	
	  – 차동종속법 : $N = \dfrac{120}{P_1 - P_2} f$
	
	  – 병렬종속법 : $N = 2 \times \dfrac{120}{P_1 + P_2} f$

(9) 단상 유도 전동기

① 종류(기동 토크가 큰 순서)

반발 기동형 > 반발 유도형 > 콘덴서 기동형 > 분상 기동형 > 셰이딩 코일형 > 모노사이클릭형

② 단상 유도 전동기의 특징

㉠ 교번자계가 발생

㉡ 기동 시 기동 토크가 존재하지 않으므로 기동 장치가 필요

㉢ 슬립이 0이 되기 전에 토크는 미리 0이 됨

㉣ 2차 저항이 증가되면 최대 토크는 감소(비례 추이할 수 없음)

㉤ 2차 저항값이 어느 일정값 이상이 되면 토크는 부($-$)가 됨

(10) 유도 전압 조정기(유도 전동기와 변압기 원리를 이용한 전압 조정기)

종류	단상 유도 전압 조정기	3상 유도 전압 조정기
전압 조정 범위	$(V_1 - E_2) \sim (V_1 + E_2)$	$\sqrt{3}(V_1 - E_2) \sim \sqrt{3}(V_1 + E_2)$
조정 정격 용량 [kVA]	$P_2 = E_2 I_2 \times 10^{-3}$	$P_2 = \sqrt{3}\, E_2 I_2 \times 10^{-3}$
정격 출력(부하) [kVA]	$P = V_2 I_2 \times 10^{-3}$	$P = \sqrt{3}\, V_2 I_2 \times 10^{-3}$
특징	• 교번자계 이용 • 입력과 출력 위상차 없음 • 단락 권선 필요	• 회전자계 이용 • 입력과 출력 위상차 있음 • 단락 권선 필요 없음

※ 단락 권선의 역할 : 누설 리액턴스에 의한 2차 전압 강하 방지

※ 3상 유도 전압 조정기 위상차 해결 → 대각유도전압 조정기

(11) 특수 유도 전동기

① 2중 농형 : 기동 토크가 크고, 기동 전류가 작아 운전효율이 좋으나 역률이 나쁨

ㄱ 바깥 권선(기동 권선) : 저항은 크나, 리액턴스가 작다.

ㄴ 안쪽 권선(운전 권선) : 저항은 작으나, 리액턴스가 크다.

② 딥 슬롯 : 효율이 좋고 구조가 간단하나 역률이 나쁨

(12) 유도 전동기의 시험

① 부하 시험

ㄱ 다이나모미터

ㄴ 프로니 브레이크

ㄷ 와전류 제동기

② 슬립 측정

ㄱ DC(직류) 밀리볼트계법

ㄴ 수화기법

ㄷ 스트로보스코프법

ㄹ 회전계법

③ 무부하 시험

전동기에 정격전압을 가하고 무부하운전하여 1상당 전압, 전류, 전력을 측정

→ 여자 전류, 여자 어드미턴스, 철손 측정

④ 구속시험

회전자의 회전을 막고 정격 전류를 흘려보낸 후 전압, 전류를 측정

→ 동손, 임피던스 전압 측정

⑤ 저항 측정

고정자 권선 저항 측정

05   정류기

(1) 회전 변류기

① 전압비 : $\dfrac{E_a}{E_d} = \dfrac{1}{\sqrt{2}} \sin \dfrac{\pi}{m}$ (단, m : 상수)

② 전류비 : $\dfrac{I_a}{I_d} = \dfrac{2\sqrt{2}}{m \cdot \cos\theta}$

③ 직류 전압 조정법

ㄱ 직렬 리액터에 의한 방법

ㄴ 유도전압 조정기에 의한 방법

ㄷ 동기 승압기에 의한 방법

ㄹ 부하 시 전압조정 변압기에 의한 방법

④ 난조(운전 중 부하 급변 시 새로운 부하각 중심으로 진동하는 현상)
　ㄱ 발생 원인
　　• 브러시 위치가 전기적 중성축보다 뒤쳐질 때
　　• 직류측 부하가 급변할 때
　　• 역률이 나쁠 때
　　• 교류측 전원 주파수의 주기적으로 변화할 때
　　• 전기자회로의 저항이 리액턴스에 비해 클 때
　ㄴ 난조의 방지법
　　• 제동 권선의 작용을 강하게 한다.
　　• 전기자저항에 비해 리액턴스를 크게 한다.
　　• 전기 각도와 기하 각도의 차를 작게 한다.

(2) 수은 정류기

① 전압비 : $\dfrac{E}{E_d} = \dfrac{\dfrac{\pi}{m}}{\sqrt{2}\,E\sin\dfrac{\pi}{m}}$

② 전류비 : $\dfrac{I_a}{I_d} = \dfrac{1}{\sqrt{m}}$

③ 이상현상
　ㄱ 역호 : 음극에 대하여 부전위로 있는 양극에 어떠한 원인에 의해 음극점이 형성되어 정류기의 밸브작용이 상실되는 현상
　　• 역호의 원인
　　　– 과전압, 과전류
　　　– 증기 밀도 과대
　　　– 양극 재료의 불량 및 불순물(수은방울 등) 부착
　　　– 내부 잔존가스압력 상승
　　• 역호 방지책
　　　– 과열, 과냉을 피한다.
　　　– 과부하를 피한다.
　　　– 진공도를 높인다.
　　　– 양극에 수은증기가 접촉되지 않도록 한다.
　ㄴ 실호 : 격자전압이 임계전압보다 正의 값이 되었을 때는 완전하게 아크를 점호하며 이 기능이 상실되어 양극의 점호에 실패하는 현상
　ㄷ 통호 : 양극에 음극점이 형성되어도 완전히 저지하여 전류를 통과시키지 않는 작용(제어격자)의 고장현상

(3) 다이오드 정류회로

구분	단상반파	단상전파	3상반파	3상전파
직류전압(E_d)	0.45E	0.9E	1.17E	1.35E
정류효율	40.6%	81.2%	96.5%	99.8%
맥동률	121%	48%	17%	4%

(4) 사이리스터 정류회로

※ 단방향성 : SCR(3), GTO(3), SCS(4), LASCR(3)
※ 양방향성 : SSS(2), TRIAC(3), DIAC(2)

① SCR(역저지 3단자)의 특성
  ㉠ 역방향 내전압이 크고, 순방향 전압 강하가 낮음
  ㉡ Turn On 조건
    • 양극과 음극 간에 브레이크 오버전압 이상의 전압을 인가한다.
    • 게이트에 래칭전류 이상의 전류를 인가한다.
  ㉢ Turn Off 조건 : 애노드의 극성을 부(−)로 한다.
  ㉣ 래칭전류 : 사이리스터가 Turn On하기 시작하는 순전류
  ㉤ 이온 소멸시간이 짧음
② SCR의 위상 제어(제어각 > 역률각)
  ㉠ 단상 반파 정류회로
$$E_d = 0.45E\left(\frac{1+\cos\alpha}{2}\right)$$
  ㉡ 단상 전파 정류회로
    • 저항만의 부하 : $E_d = 0.45E(1+\cos\alpha)$, $(1+\cos\alpha)$: 제어율
    • 유도성 부하 : $E_d = 0.9E\cos\alpha$, $\cos\alpha$: 격자율
  ㉢ 3상 반파 정류회로
$$E_d = \frac{3\sqrt{6}}{2\pi}E\cos\alpha = 1.17E\cos\alpha$$
  ㉣ 3상 전파 정류회로
$$E_d = \frac{6\sqrt{2}}{2\pi}E\cos\alpha = 1.35E\cos\alpha$$

(5) 사이클로 컨버터
① 전원주파수를 다른 주파수로 변환하는 소자
② AC 전력을 증폭

(6) 쵸퍼
DC 전력을 증폭

(7) 교류 정류자기(정류자 전동기)

① 원리 : 직류 전동기에 전류 인가

② 분류

   ㉠ 단상

      • 직권

       − 반발 전동기

          ⓐ 브러시를 단락시켜 브러시 이동으로 기동 토크, 속도 제어

          ⓑ 종류 : 아트킨손형, 톰슨형, 데리형

       − 단상 직권 정류자 전동기(만능 전동기, 직·교류 양용)

          ⓐ 종류 : 직권형, 직렬보상형, 유도보상형

          ⓑ 특징

             ㉮ 철손을 줄이기 위해 전기자와 계자를 성층 철심으로 함(약계자, 강전기자로 인덕턴스를 감소시켜 역률 개선)

             ㉯ 역률 개선을 위해 보상권선 설치

             ㉰ 회전속도를 증가시킬수록 역률 개선

      • 분권 : 현재 상용화되지 않음

   ㉡ 3상

      • 직권 : 3상 직권 정류자 전동기 → 중간 변압기로 사용(경부하 시 속도 상승 방지)

       − 효율 최대 : 빠른 동기속도

       − 역률 최대 : 동기속도 이상

      • 분권 : 3상 분권 정류자 전동기 → 시라게 전동기(브러시 이동으로 속도 제어 가능)

※ **교류 분권 정류자 전동기**

   정속도 전동기 & 교류 가변 속도 전동기

---

04 | 회로이론

01 직류회로

(1) 전기회로에 필요한 기본적인 전기량 요약

구분	기호	단위	기본식	
			직류	교류
전하량	$Q,\ q$	C	$Q = I \cdot t$	$q = \displaystyle\int i\ dt$
전류	$I,\ i$	A	$I = \dfrac{Q}{t}$	$i = \dfrac{dq}{dt}$
전압	$V,\ v$	V	$V = \dfrac{W}{Q}$	$v = \dfrac{dw}{dq}$
전력	$P,\ p$	W(J/s)	$P = VI$	$p = vi$

※ 전지의 연결 : $E = rI + V = I(r + R)$

① 직렬
  ㉠ 기전력 n배 : nE
  ㉡ 내부저항 n배 : nr
② 병렬
  ㉠ 기전력 : E
  ㉡ 내부저항 : $\dfrac{r}{m}$

(2) 직·병렬회로 요약

직렬회로(전압분배)	병렬회로(전류분배)
$R_0 = R_1 + R_2$	$R_0 = \dfrac{R_1 R_2}{R_1 + R_2}$
$V_1 = R_1 I = \dfrac{R_1}{R_1 + R_2} V$	$I_1 = \dfrac{V}{R_1} = \dfrac{R_2}{R_1 + R_2} I$
$V_2 = R_2 I = \dfrac{R_2}{R_1 + R_2} V$	$I_2 = \dfrac{V}{R_2} = \dfrac{R_1}{R_1 + R_2} I$

(1) 교류의 표시

① 순시값 : $i(t) = I_m \sin(\omega t + \theta)$[A] [(순시값)=(최댓값) $\sin(\omega t + $ 위상$)$]

② 평균값 : $I_{av} = \dfrac{1}{T} \displaystyle\int_0^T |\, i(t)\,|\, dt = \dfrac{1}{\frac{T}{2}} \displaystyle\int_0^{\frac{T}{2}} i(t) dt$

③ 실횻값 : $I_{rms} = \sqrt{\dfrac{1}{T} \displaystyle\int_0^T i^2 dt} = \sqrt{(1\text{주기 동안의 } i^2 \text{의 평균})}$

(2) 교류의 페이저 표시

① 정현파 교류를 크기와 위상으로 표시 : $v = v_{rms} \sin(\omega t + \theta)$

② 페이저 표시 : $V = \dfrac{v_{rms}}{\sqrt{2}} \angle\, \theta$

(3) 각 파형의 실횻값 및 평균값

구분	파형	실횻값	평균값	파고율	파형률
정현파		$\dfrac{I_m}{\sqrt{2}}$	$\dfrac{2}{\pi} I_m$	$\sqrt{2} \fallingdotseq 1.414$	$\dfrac{\pi}{2\sqrt{2}} \fallingdotseq 1.1$
정현전파		$\dfrac{I_m}{\sqrt{2}}$	$\dfrac{2}{\pi} I_m$	$\sqrt{2} \fallingdotseq 1.414$	$\dfrac{\pi}{2\sqrt{2}} \fallingdotseq 1.1$
정현반파		$\dfrac{I_m}{2}$	$\dfrac{1}{\pi} I_m$	2	$\dfrac{\pi}{2} \fallingdotseq 1.6$
삼각파		$\dfrac{I_m}{\sqrt{3}}$	$\dfrac{I_m}{2}$	$\sqrt{3} \fallingdotseq 1.732$	$\dfrac{2}{\sqrt{3}} \fallingdotseq 1.116$
톱니파		$\dfrac{I_m}{\sqrt{3}}$	$\dfrac{I_m}{2}$	$\sqrt{3} \fallingdotseq 1.732$	$\dfrac{2}{\sqrt{3}} \fallingdotseq 1.116$
구형파		I_m	I_m	1	1
구형반파		$\dfrac{I_m}{\sqrt{2}}$	$\dfrac{I_m}{2}$	$\sqrt{2} \fallingdotseq 1.414$	$\sqrt{2} \fallingdotseq 1.414$

(4) 파고율과 파형률

① 파고율(Crest Factor) : $\dfrac{(\text{최댓값})}{(\text{실횻값})}$ (실횻값의 분모값 → 반파정류가 가장 큼)

② 파형률(Form Factor) : $\dfrac{(\text{실횻값})}{(\text{평균값})}$

03   기본 교류회로

(1) R, L, C(단일소자)

① 저항 R

    ㉠ 전압, 전류 동위상

    ㉡ $Z = R$

② 인덕턴스 L

    ㉠ 전압이 전류보다 위상 90° 앞섬(유도성)

    ㉡ $Z = j\omega L$

    ㉢ $V_L = L\dfrac{di}{dt}$, $i = \dfrac{1}{L}\displaystyle\int V_L dt$ (전류 급격히 변화 ×)

③ 커패시턴스 C

    ㉠ 전류가 전압보다 위상 90° 앞섬(용량성)

    ㉡ $Z = 1/j\omega C$

    ㉢ $i = C\dfrac{dv}{dt}$, $v = \dfrac{1}{C}\displaystyle\int i\ dt$ (전압 급격히 변화 ×)

(2) $R-L-C$ 직렬회로

회로명	특징

$R-L$
직렬회로
	• 임피던스 : $Z = R + j\omega L = R + jX_L$
	  – 크기 : $Z = \sqrt{R^2 + X_L{}^2} = \sqrt{R^2 + (\omega L)^2}$
	  – 위상 : $\theta = \tan^{-1}\dfrac{\omega L}{R}[\text{rad}]$
	• $V = V_R + V_L$

$R-C$
직렬회로
	• 임피던스 $Z = R - j\dfrac{1}{\omega C} = R - jX_C$
	  – 크기 : $Z = \sqrt{R^2 + X_C{}^2} = \sqrt{R^2 + \left(\dfrac{1}{\omega C}\right)^2}$
	  – 위상 : $\theta = -\tan^{-1}\dfrac{1}{\omega CR}[\text{rad}]$
	• $V = V_R + V_C$

$R-L-C$ 직렬회로	• 임피던스 $Z = R + j(X_L - X_C) = R + j\left(\omega L - \dfrac{1}{\omega C}\right)$ – 크기 : $Z = \sqrt{R^2 + (X_L - X_C)^2} = \sqrt{R^2 + \left(\omega L - \dfrac{1}{\omega C}\right)^2}$ – 위상 : $\theta = \tan^{-1}\dfrac{\left(\omega L - \dfrac{1}{\omega C}\right)}{R}$ [rad] • $V = V_R + V_L + V_C$

(3) $R-L-C$ 병렬회로

회로명	특징
$R-L$ 병렬회로	• 어드미턴스 : $Y = \dfrac{1}{R} - j\dfrac{1}{X_L} = \dfrac{1}{R} - j\dfrac{1}{\omega L}$ – 크기 : $Y = \sqrt{\left(\dfrac{1}{R}\right)^2 + \left(\dfrac{1}{\omega L}\right)^2}$ – 위상 : $\theta = \tan^{-1}\dfrac{R}{\omega L}$ [rad] • $I = I_R + I_L$
$R-C$ 병렬회로	• 어드미턴스 : $Y = \dfrac{1}{R} + j\dfrac{1}{X_C} = \dfrac{1}{R} + j\omega C$ – 크기 : $Y = \sqrt{\left(\dfrac{1}{R}\right)^2 + \left(\dfrac{1}{X_C}\right)^2} = \sqrt{\left(\dfrac{1}{R}\right)^2 + (\omega C)^2}$ – 위상 : $\theta = \tan^{-1}\omega CR$ [rad] • $I = I_R + I_C$
$R-L-C$ 병렬회로	• 어드미턴스 : $Y = \dfrac{1}{R} + j\left(\omega C - \dfrac{1}{\omega L}\right)$ – 크기 : $Y = \sqrt{\left(\dfrac{1}{R}\right)^2 + \left(\omega C - \dfrac{1}{\omega L}\right)^2}$ – 위상 : $\theta = \tan^{-1}R\left(\omega C - \dfrac{1}{\omega L}\right)$ [rad] • $I = I_R + I_L + I_C$

(4) 공진회로

구분	직렬공진	병렬공진(반공진)
공진조건	$\omega_r L = \dfrac{1}{\omega_r C}$	$\omega_r C = \dfrac{1}{\omega_r L}$
공진주파수	$f_r = \dfrac{1}{2\pi\sqrt{LC}}$	$f_r = \dfrac{1}{2\pi\sqrt{LC}}$
임피던스	최소	최대
전류	최대	최소

※ 일반적인 병렬공진회로($R-L$직렬, C병렬)

• $Y = \dfrac{R}{R^2 + (wL)^2} = \dfrac{CR}{L}$

• $f_r = \dfrac{1}{2\pi}\sqrt{\dfrac{1}{LC} - \left(\dfrac{R}{L}\right)^2}$

(5) 선택도(첨예도)

① 직렬공진 : $Q = \dfrac{1}{R}\sqrt{\dfrac{L}{C}}$

② 병렬공진 : $Q = R\sqrt{\dfrac{C}{L}}$

04   교류 전력

(1) 단상 교류 전력

저항	유효 전력 소비 전력 평균 전력	$P = VI\cos\theta = P_a\cos\theta = I^2 R = \dfrac{V^2}{R} = GV^2\,[\text{W}]$
리액턴스	무효 전력	$P_r = VI\sin\theta = P_a\sin\theta = I^2 X = \dfrac{V^2}{X} = BV^2\,[\text{VAR}]$
임피던스	피상 전력	$P_a = VI = I^2 Z = \dfrac{V^2}{Z} = YV^2\,[\text{VA}]$

(2) 교류 전력 측정

구분	역률	유효 전력
3전압 계법	$\cos\theta = \dfrac{V_1{}^2 - V_2{}^2 - V_3{}^2}{2V_2 V_3}$	$P = \dfrac{1}{2R}(V_1{}^2 - V_2{}^2 - V_3{}^2)$
3전류 계법	$\cos\theta = \dfrac{I_1{}^2 - I_2{}^2 - I_3{}^2}{2I_2 I_3}$	$P = \dfrac{R}{2}(I_1{}^2 - I_2{}^2 - I_3{}^2)$

(3) 최대 전력 전달조건

① (내부저항)=(부하저항) : $R_L = R_g \rightarrow P_{\max} = \dfrac{V^2}{4R}$

② (내부 리액턴스)=(부하저항) : $X = R_L \rightarrow P_{\max} = \dfrac{V^2}{2R} = \dfrac{V^2}{2X}$

③ (내부 임피던스의 공액)=(부하 임피던스) : $Z_g^* = Z_L \rightarrow P_{\max} = \dfrac{V^2}{4R}$

(4) 역률 개선 콘덴서 용량

$Q_c = P(\tan\theta_1 - \tan\theta_2)\,[\text{kVA}]$

(1) 상호 인덕턴스와 결합계수

① $M = k\sqrt{L_1 L_2}$

② 결합계수 $k = \dfrac{M}{\sqrt{L_1 L_2}}$

ㄱ $k = 1$: 완전결합(이상결합)

ㄴ $k = 0$: 미결합

(2) 인덕턴스 접속

구분	직렬접속	병렬접속
가동접속	$L_0 = L_1 + L_2 + 2M$	$L_0 = \dfrac{L_1 L_2 - M^2}{L_1 + L_2 - 2M}$
차동접속	$L_0 = L_1 + L_2 - 2M$	$L_0 = \dfrac{L_1 L_2 - M^2}{L_1 + L_2 + 2M}$

(3) 이상 변압기

권수비 : $a = \dfrac{N_1}{N_2} = \dfrac{E_1}{E_2} = \dfrac{I_2}{I_1} = \sqrt{\dfrac{Z_1}{Z_2}}$

(1) 임피던스 궤적과 어드미턴스 궤적

① 임피던스 궤적

⊙ $Z = R + jX$

ⓛ R(저항)과 X(리액턴스)를 가변

ⓒ 전압 궤적

② 어드미턴스 궤적

⊙ 임피던스 궤적의 역궤적(Inverse Locus Diagram)

ⓛ 전류 궤적

(2) 회로별 궤적의 정리

구분	임피던스 궤적	어드미턴스 궤적
$R-L$ 직렬	가변하는 축에 평행한 반직선 벡터 궤적(1상한)	가변하지 않는 축에 원점이 위치한 반원 벡터 궤적 (4상한)
$R-C$ 직렬	가변하는 축에 평행한 반직선 벡터 궤적(4상한)	가변하지 않는 축에 원점이 위치한 반원 벡터 궤적 (1상한)
$R-L$ 병렬	가변하지 않는 축에 원점이 위치한 반원 벡터 궤적 (1상한)	가변하는 축에 평행한 반직선 벡터 궤적(4상한)
$R-C$ 병렬	가변하지 않는 축에 원점이 위치한 반원 벡터 궤적 (4상한)	가변하는 축에 평행한 반직선 벡터 궤적(1상한)

(1) **전압원** : 내부저항 0(단락)
　　전류원 : 내부저항 ∞

(2) 회로망의 기본 해석법

　① 지로 해석법(Branch Analysis)

　　㉠ 지로전류 선정

　　㉡ 접속점에 K.C.L 적용

　　㉢ 망로(Mesh)에 K.V.L 적용

　　㉣ 연립방정식 해법

　② 폐로 해석법(Loop Analysis, Mesh Analysis)

　　㉠ 망로(Mesh)전류 선정

　　㉡ 망로(Mesh)에 K.V.L 적용

　　　• 자기망로의 저항 : 자기저항(Self Resistance)

　　　• 이웃 망로와 걸쳐있는 저항 : 상호저항(Mutual Resistance)

　　㉢ 연립방정식 해법

　③ 절점 해석법(Node Analysis)

　　㉠ 기준절점 및 기준전위(Reference Potential) 선정

　　㉡ 절점에 K.C.L 적용

　　㉢ 연립방정식 해법

(3) 회로망의 여러 정리

　① 중첩의 정리(Principle of Superposition) → 선형회로

　　㉠ 다수의 독립 전압원 및 전류원을 포함하는 회로

　　㉡ 어떤 지로에 흐르는 전류는 각각 전원이 단독으로 존재할 때 그 지로에 흐르는 전류의 대수합과
　　　같다는 원리

　　㉢ 전압원은 단락(Short), 전류원은 개방(Open)시켜 전류의 특성 파악

② 테브난의 정리(Thevenin's Theorem)

등가 전압원의 원리로 임의의 회로망에 대한 개방 단자전압이 V_0, 부하측 개방단자 a, b에서 회로망 방향으로 본 합성 임피던스가 Z_0인 경우의 회로는 V_0에 하나의 임피던스가 부하 임피던스 Z_L과 직렬로 연결된 회로와 같다는 원리

※ **테브난 등가회로 구성**

- 회로에서 부하저항 RL을 분리
- 개방단자 a, b에 나타나는 전압 : 테브난전압(V_{TH})
- 전압원 단락, 전류원 개방 후 개방단자에세 본 임피던스 : 테브난 임피던스(Z_{TH})

※ **테브난 등가회로**

- 테브난 전압

$$V_{TH} = \frac{R_2}{R_1 + R_2} \times V_0 [\text{V}]$$

- 테브난 등가저항

$$R_{TH} = R_3 + \frac{R_1 R_2}{R_1 + R_2} [\Omega]$$

③ 노튼의 정리

등가 전류원의 정리로 전원을 포함하고 있는 회로망에서 임의의 두 단자 a, b를 단락했을 때 부하측 개방단자 a, b에서 회로망 방향으로 본 개방단 임피던스를 R_N라 할 경우 단자 a, b에 대하여 하나의 전류원 I_N에 하나의 임피던스 R_N가 병렬로 연결된 회로와 같다는 원리

※ **노튼의 등가회로 구성**

- 회로에서 부하저항 R_L을 분리
- 절점 a, b를 단락시켜 단락점에 흐르는 전류 : 노튼의 전류원(I_N)
- 전압원 단락, 전류원 개방 후 개방단자에서 본 임피던스 : 노튼의 임피던스(R_L)

※ **노튼 등가회로**

※ **전원의 변환(테브난의 회로와 노튼의 회로 상호 등가변환)**

$$V_{TH} = I_N R_N, \quad I_N = \frac{V_{TH}}{R_{TH}}, \quad R_{TH} = R_N$$

④ 밀만의 정리(Millman's Theorem)

   ㉠ 내부 임피던스를 갖는 여러 개의 전압원이 병렬로 접속되어 있을 때 그 병렬 접속점에 나타나는 합성전압

   ㉡ 각각의 전원을 단락했을 때 흐르는 전류의 대수합을 각각의 전원의 내부 임피던스의 대수합으로 나눈 것과 같다는 원리

$$V_{ab} = \frac{\dfrac{E_1}{Z_1} + \dfrac{E_2}{Z_2} + \cdots + \dfrac{E_n}{Z_n}}{\dfrac{1}{Z_1} + \dfrac{1}{Z_2} + \cdots + \dfrac{1}{Z_n}} = \frac{I_1 + I_2 + \cdots + I_n}{Y_1 + Y_2 + \cdots + Y_n} = \frac{Y_1 E_1 + Y_2 E_2 + \cdots + Y_n E_n}{Y_1 + Y_2 + \cdots + Y_n}$$

※ **밀만의 회로**

⑤ 가역의 정리, 상반의 정리(Reciprocity Theorem)

   ㉠ 임의의 선형 수동 회로망에서 회로망의 한 지로에 전원 전압을 삽입

   ㉡ 다른 임의의 지로에 흐르는 전류는 후자의 지로에 동일한 전압 전원을 삽입할 때 전자의 지로에 흐르는 전류와 동일하다는 원리

$$V_1 I_1 = V_2 I_2$$

⑥ 쌍대회로

원회로	쌍대	변환회로
직렬회로	⇔	병렬회로
전압원 V	⇔	전류원 I
저항 R	⇔	컨덕턴스 G
인덕턴스 L	⇔	정전 용량 C
리액턴스 X	⇔	서셉턴스 B
개방회로	⇔	단락회로
Y형	⇔	△형
키르히호프(전압법칙)	⇔	키르히호프(전류법칙)
폐로 방정식	⇔	절점 방정식
테브난의 정리	⇔	노튼의 정리

(1) Y ↔ △ 회로의 상호 변환

Y → △ 변환	△ → Y 변환
$Z_{ab} = \dfrac{Z_a Z_b + Z_b Z_c + Z_c Z_a}{Z_c} \, [\Omega]$	$Z_a = \dfrac{Z_{ab} Z_{ca}}{Z_{ab} + Z_{bc} + Z_{ca}} \, [\Omega]$
$Z_{bc} = \dfrac{Z_a Z_b + Z_b Z_c + Z_c Z_a}{Z_a} \, [\Omega]$	$Z_b = \dfrac{Z_{ab} Z_{bc}}{Z_{ab} + Z_{bc} + Z_{ca}} \, [\Omega]$
$Z_{ca} = \dfrac{Z_a Z_b + Z_b Z_c + Z_c Z_a}{Z_b} \, [\Omega]$	$Z_c = \dfrac{Z_{bc} Z_{ca}}{Z_{ab} + Z_{bc} + Z_{ca}} \, [\Omega]$

> ※ **저항, 선전류, 소비 전력(C는 반대)**
> - Y → △ 변환 : 3배
> - △ → Y 변환 : $\dfrac{1}{3}$ 배

(2) Y, △ 회로의 특징(대칭 3상)

Y 결선 특징	△ 결선 특징
• $V_l = \sqrt{3} \, V_p \angle 30°$ • $I_l = I_p$	• $V_l = V_p$ • $I_l = \sqrt{3} \, I_p \angle -30°$

(3) 3상 전력 계산

유효 전력	$P = 3 V_p I_p \cos\theta = \sqrt{3} \, V_l I_l \cos\theta = 3 I_p^2 R \, [\text{W}]$
무효 전력	$P_r = 3 V_p I_p \sin\theta = \sqrt{3} \, V_l I_l \sin\theta = 3 I_p^2 X \, [\text{Var}]$
피상 전력	$P_a = 3 V_p I_p = \sqrt{3} \, V_l I_l = 3 I_p^2 Z \, [\text{VA}]$

> ※ **주의**
> - 3상 회로의 모든 계산은 상(Phase)을 기준으로 계산하는 것이 일반적임
> - 임피던스는 각 상에 있는 것으로 계산
> - 부하에 주는 전압은 대부분 선간전압임

(4) 2전력계법

① $P = W_1 + W_2$

② $P_r = \sqrt{3}\,(W_1 - W_2)$

③ $P_a = 2\sqrt{W_1{}^2 + W_2{}^2 - W_1 W_2}$

④ $\cos\theta = \dfrac{P}{P_a} = \dfrac{W_1 + W_2}{2\sqrt{W_1{}^2 + W_2{}^2 - W_1 W_2}}$

※ **참고**

$\begin{cases} P_1 = P_2 & \rightarrow \ \text{역률 } \cos\theta = 1 \\ P_1 = 2P_2 & \rightarrow \ \text{역률 } \cos\theta = 0.866 \\ P_1 = 3P_2 & \rightarrow \ \text{역률 } \cos\theta = 0.756 \end{cases}$

---

(5) 대칭 전류 : 원형 회전자계 형성
비대칭 전류 : 타원 회전자계 형성

(6) V 결선

① 출력 : $P = \sqrt{3}\,VI\cos\theta\,[\text{W}]$

② 변압기 이용률 : $P = \dfrac{\sqrt{3}\,VI\cos\theta}{2\,VI\cos\theta} = 0.866$

③ 출력비 : $P = \dfrac{\sqrt{3}\,VI\cos\theta}{3\,VI\cos\theta} = 0.577$

09 　대칭좌표법

(1) 불평형회로의 해석

대칭성분을 이용한 각 상 표현	각 상을 이용한 대칭분 표현
$\begin{bmatrix} V_a \\ V_b \\ V_c \end{bmatrix} = \begin{bmatrix} 1 & 1 & 1 \\ 1 & a^2 & a \\ 1 & a & a^2 \end{bmatrix} \begin{bmatrix} V_0 \\ V_1 \\ V_2 \end{bmatrix}$	$\begin{bmatrix} V_0 \\ V_1 \\ V_2 \end{bmatrix} = \dfrac{1}{3}\begin{bmatrix} 1 & 1 & 1 \\ 1 & a & a^2 \\ 1 & a^2 & a \end{bmatrix} \begin{bmatrix} V_a \\ V_b \\ V_c \end{bmatrix}$

(2) 불평형률 : $\dfrac{[\text{역상분}(V_2)]}{[\text{정상분}(V_1)]}$

(3) 교류 발전기 기본식

① $V_0 = -Z_0 I_0$

② $V_1 = E_a - Z_1 I_1$

③ $V_2 = -Z_2 I_2$

10 비정현파 교류

(1) 비정현파의 푸리에 변환

(비정현파 교류)=(직류분)+(기본파)+(고조파)

① 비정현파 : $f(t) = a_0 + \sum_{n=1}^{\infty} a_n \cos nwt + \sum_{n=1}^{\infty} b_n \sin nwt$

② 직류분 : $a_0 = \dfrac{1}{2\pi} \displaystyle\int_0^{2\pi} f(wt)\, d(wt)$

③ cos항 : $a_n = \dfrac{1}{\pi} \displaystyle\int_0^{2\pi} f(wt) \cos nwt\, d(wt)$

④ sin항 : $b_n = \dfrac{1}{\pi} \displaystyle\int_0^{2\pi} f(wt) \sin nwt\, d(wt)$

(2) 여러 파형의 푸리에 변환

기함수, 정현대칭 원점대칭	sin항 (n : 정수)	$f(t) = -f(-t)$ $a_0 = 0,\ a_n = 0$ $f(t) = \sum_{n=1}^{\infty} b_n \sin nwt$
우함수, 여현대칭 Y축대칭	a_0, cos항 (n : 정수)	$f(t) = f(-t)$ $b_n = 0$ $f(t) = a_0 + \sum_{n=1}^{\infty} a_n \cos nwt$
구형파 / 삼각파 반파대칭	sin항과 cos항 (n : 홀수항)	$f(t) = -f(t+\pi)$ $a_0 = 0$ $f(t) = \sum_{n=1}^{\infty} a_n \cos nwt + \sum_{n=1}^{\infty} b_n \sin nwt$ $(n=1,\ 3,\ 5,\ \cdots,\ 2n-1)$

(3) 비정현파의 실훗값 → 직류분 존재

$$V_{r.m.s} = \sqrt{V_0^2 + V_1^2 + V_2^2 + \cdots + V_n^2}$$

(4) 왜형률 → 직류분 없음

$$(\text{왜형률}) = \frac{(\text{전고조파의 실횻값})}{(\text{기본파의 실횻값})} = \frac{\sqrt{V_2{}^2 + V_3{}^2 + \cdots + V_n{}^2}}{V_1}$$

(5) 비정현파의 전력

① 유효 전력 : $P = V_0 I_0 + \displaystyle\sum_{n=1}^{\infty} V_n I_n \cos\theta_n \, [\text{W}]$

② 무효 전력 : $P_r = \displaystyle\sum_{n=1}^{\infty} V_n I_n \sin\theta_n [\text{VAR}]$

③ 피상 전력 : $P_a = VI \, [\text{VA}]$

(6) 비정현파의 임피던스

$R-L$ 직렬회로
$Z_1 = R + j\ wL = \sqrt{R^2 + (wL)^2}$ $\vdots$ $Z_n = R + j\ nwL = \sqrt{R^2 + (nwL)^2}$

$R-C$ 직렬회로
$Z_1 = R - j\dfrac{1}{wC} = \sqrt{R^2 + \left(\dfrac{1}{wC}\right)^2}$ $\vdots$ $Z_n = R - j\dfrac{1}{nwC} = \sqrt{R^2 + \left(\dfrac{1}{nwC}\right)^2}$

$R-L-C$ 직렬회로
$Z_1 = R + j\left(wL - \dfrac{1}{wC}\right) = \sqrt{R^2 + \left(wL - \dfrac{1}{wC}\right)^2}$ $\vdots$ $Z_n = R + j\left(nwL - \dfrac{1}{nwC}\right) = \sqrt{R^2 + \left(nwL - \dfrac{1}{nwC}\right)^2}$

※ $I_3(\text{3고조파}) = \dfrac{V_3(\text{3고조파})}{Z_3(\text{3고조파})}$

(1) 구동점 임피던스($s = jw$)

① $R \to Z_R(s) = R$

② $L \to Z_L(s) = jwL = sL$

③ $C \to Z_c(s) = \dfrac{1}{jwC} = \dfrac{1}{sC}$

※ $Z(s) = \dfrac{Q(s)}{P(s)}$

- $Q(s) = 0$, $Z(s) = 0$, 단락 $\to$ 영점
- $P(s) = 0$ (특성근), $Z(s) = \infty$, 개방 $\to$ 극점

---

(2) 정저항회로

주파수에 관계없는 일정한 저항 $\to$ 주파수에 무관한 회로

$$\therefore R = \sqrt{\dfrac{L}{C}}\,[\Omega]$$

(3) 역회로

① 직렬 $\leftrightarrow$ 병렬

② $R \leftrightarrow G$

③ $L \leftrightarrow C$

(1) 4단자망 회로

임피던스 파라미터
$V_1 = Z_{11}I_1 + Z_{12}I_2$ $V_2 = Z_{21}I_1 + Z_{22}I_2$
$Z_{11} = \dfrac{A}{C}, \ Z_{12} = Z_{21} = \dfrac{1}{C}, \ Z_{22} = \dfrac{D}{C}$
어드미턴스 파라미터
$I_1 = Y_{11}V_1 + Y_{12}V_2$ $I_2 = Y_{21}V_1 + Y_{22}V_2$
$Y_{11} = \dfrac{D}{B}, \ Y_{12} = Y_{21} = -\dfrac{1}{B}, \ Y_{22} = \dfrac{A}{B}$
전송 파라미터(ABCD 파라미터)
$V_1 = AV_2 + BI_2$ $I_1 = CV_2 + DI_2$
$\begin{vmatrix} A & B \\ C & D \end{vmatrix} = AD - BC = 1$

(2) 영상 임피던스와 전달 함수

영상 임피던스 Z_{01}, Z_{02}	$Z_{01} = \sqrt{\dfrac{AB}{CD}}\,[\Omega], \ Z_{02} = \sqrt{\dfrac{DB}{CA}}\,[\Omega]$
영상 임피던스 Z_{01}, Z_{02}의 관계	$Z_{01}Z_{02} = \dfrac{B}{C}, \ \dfrac{Z_{01}}{Z_{02}} = \dfrac{A}{D}$
영상 전달 함수	$\theta = \ln(\sqrt{AD} + \sqrt{BC}) = \cosh^{-1}\sqrt{AD} = \sinh^{-1}\sqrt{BC}$

(1) 분포정수회로

① 직렬 임피던스 : $Z = R + j\omega L$

② 병렬 어드미턴스 : $Y = G + j\omega C$

③ 특성 임피던스 : $Z_0 = \sqrt{\dfrac{Z}{Y}} = \sqrt{\dfrac{R + j\omega L}{G + j\omega C}}$

④ 전파정수 : $\gamma = \sqrt{ZY} = \sqrt{(R + j\omega L)(G + j\omega C)} = \alpha + j\beta$ (α : 감쇠정수, β : 위상정수)

(2) 무손실 선로와 무왜형 선로

구분	무손실 선로	무왜형 선로
조건	$R = G = 0$	$RC = LG$
특성 임피던스	$Z_0 = \sqrt{\dfrac{Z}{Y}} = \sqrt{\dfrac{L}{C}}$	$Z_0 = \sqrt{\dfrac{Z}{Y}} = \sqrt{\dfrac{L}{C}}$
전파정수	$\gamma = \sqrt{ZY}$ $\alpha = 0$ $\beta = w\sqrt{LC}[\text{rad/m}]$ $[\text{rad/km}]$	$\gamma = \sqrt{ZY}$ $\alpha = \sqrt{RG}$ $\beta = \omega\sqrt{LC}[\text{rad/m}]$ $[\text{rad/km}]$
위상속도	$v = \dfrac{\omega}{\beta} = \dfrac{\omega}{\omega\sqrt{LC}} = \dfrac{1}{\sqrt{LC}}$	$v = \dfrac{\omega}{\beta} = \dfrac{\omega}{\omega\sqrt{LC}} = \dfrac{1}{\sqrt{LC}}$

(3) 반사계수와 투과계수

① 반사계수 : $\dfrac{(\text{반사파})}{(\text{입사파})} = \dfrac{Z_L - Z_0}{Z_L + Z_0} = \dfrac{Z_2 - Z_1}{Z_2 + Z_1}$

② 투과계수 : $\dfrac{(\text{투과파})}{(\text{입사파})} = \dfrac{2Z_L}{Z_0 + Z_L} = \dfrac{2Z_2}{Z_1 + Z_2}$

③ 정재파비 : $\dfrac{1 + |\rho|}{1 - |\rho|}$ (ρ : 반사계수)

(1) $R-L$ 직렬회로

$R-L$ 직렬회로	직류 기전력 인가 시(S/W On)	직류 기전력 인가 시(S/W Off)
전류 $i(t)$	$i(t) = \dfrac{E}{R}\left(1 - e^{-\frac{R}{L}t}\right)$	$i(t) = \dfrac{E}{R}e^{-\frac{R}{L}t}$
특성근	$P = -\dfrac{R}{L}$	$P = -\dfrac{R}{L}$
시정수	$\tau = \dfrac{L}{R}$ [sec]	$\tau = \dfrac{L}{R}$ [sec]
V_R	$V_R = E\left(1 - e^{-\frac{R}{L}t}\right)$ [V]	$V_R = Ee^{-\frac{R}{L}t}$
V_L	$V_L = Ee^{-\frac{R}{L}t}$ [V]	$V_L = Ee^{-\frac{R}{L}t}$

(2) $R-C$ 직렬회로

$R-C$ 직렬회로	직류 기전력 인가 시(S/W On)	직류 기전력 인가 시(S/W Off)
전하 $q(t)$	$q(t) = CE\left(1 - e^{-\frac{1}{RC}t}\right)$	$q(t) = CEe^{-\frac{1}{RC}t}$
전류 $i(t)$	$i = \dfrac{E}{R}e^{-\frac{1}{RC}t}$ [A] (충전)	$i = -\dfrac{E}{R}e^{-\frac{1}{RC}t}$ [A] (방전)
특성근	$P = -\dfrac{1}{RC}$	$P = -\dfrac{1}{RC}$
시정수	$\tau = RC$ [sec]	$\tau = RC$ [sec]
V_R	$V_R = Ee^{-\frac{1}{RC}t}$ [V]	$V_R = Ee^{-\frac{1}{RC}t}$
V_c	$V_c = E\left(1 - e^{-\frac{1}{RC}t}\right)$ [V]	$V_R = Ee^{-\frac{1}{RC}t}$

(3) $R-L-C$ 직렬회로

구분	특성	응답곡선
과제동(비진동적)	• $R > 2\sqrt{\dfrac{L}{C}}$ • 서로 다른 두 실근	
임계 제동	• $R = 2\sqrt{\dfrac{L}{C}}$ • 중근	
부족 제동(진동적)	• $R < 2\sqrt{\dfrac{L}{C}}$ • 서로 다른 두 허근	

(4) $L-C$ 직렬회로

① $i = \dfrac{E}{\sqrt{\dfrac{L}{C}}} \sin \dfrac{1}{\sqrt{LC}} t \,[\mathrm{A}] \rightarrow$ 불변의 진동전류

② $V_L = L\dfrac{di}{dt} = E\cos \dfrac{1}{\sqrt{LC}} t \,[\mathrm{V}] \rightarrow$ 최소 : $-E$, 최대 : E

③ $V_C = E - V_L = E\left(1 - \cos \dfrac{1}{\sqrt{LC}} t\right)[\mathrm{V}] \rightarrow$ 최소 : 0, 최대 : $2E$

(5) 과도상태

① 과도상태가 나타나지 않는 위상각 : $\theta = \tan^{-1}\dfrac{X}{R}$

② 과도상태가 나타나지 않는 R값 : $R = \sqrt{\dfrac{L}{C}}$

※ 과도현상은 시정수가 클수록 오래 지속된다.

05 | 한국전기설비규정(KEC)

(1) 주요 내용

2023년 이전 규정		2023년 이후 변경사항
〈절연전선〉		
저압 절연전선	450 / 750V 비닐절연전선 450 / 750V 고무절연전선 450 / 750V 저독성 난연 폴리올레핀 절연전선 등	「전기용품 및 생활용품 안전관리법」의 적용을 받는 것 또는 KS에 적합하거나 동등 이상의 성능을 만족하는 것
고압 / 특고압 절연전선	KS에 적합한 또는 동등 이상의 전선	
〈저압케이블〉		
저압 케이블	0.6 / 1kV 연피케이블 클로로프렌외장케이블 비닐외장케이블 폴리에틸렌외장케이블 저독성 난연 폴리올레핀외장케이블 300 / 500V 연질 비닐시스케이블 유선텔레비전 급전겸용 동축케이블 등	「전기용품 및 생활용품 안전관리법」의 적용을 받는 것 또는 KS에 적합하거나 동등 이상의 성능을 만족하는 것
〈고압 케이블〉		
고압케이블	연피케이블 알루미늄케이블 클로로프렌외장케이블 비닐외장케이블 폴리에틸렌외장케이블 저독성 난연 폴리올레핀외장케이블 콤바인덕트케이블 등	KS에 적합하거나 동등 이상의 성능을 만족하는 것
〈전기자동차〉		
–		충전장치 시설, 충전 케이블 및 부속품 시설, 방호장치 등 충전설비 방진·방수 보호성능 적용 및 급속충전설비 비상정지장치 설치가 의무화되고 과금형콘센트 전기자동차 충전장치 시설기준이 마련되었다.
〈용어〉		
조속기, 커버, 조상기, 메시, 이격거리, …		속도조절기, 덮개, 무효 전력 보상 장치, 그물망, 간격 등 일본식 한자어나 어려운 축약어 및 외래어였거나 혼용하여 사용하였던 기존 기술기준 25개의 용어와 설비규정 177개의 용어를 순화 및 표준화하였다.

(2) 접지방식의 문자 분류

① 제1문자 : 전력계통과 대지와의 관계
  ㉠ T(Terra) : 전력계통을 대지에 직접접지
  ㉡ I(Insulation) : 전력계통을 대지로부터 절연 또는 높은 임피던스를 삽입하여 접지
② 제2문자 : 설비 노출도전성 부분과 대지와의 관계
  ㉠ T(Terra) : 설비 노출도전성 부분을 대지에 직접접지(기기 등)
  ㉡ N(Neutral) : 설비 노출도전성 부분을 중성선에 접속
③ 제3문자 : 중성선(N)과 보호도체(PE)의 관계
  ㉠ S(Separator) : 중성선(N)과 보호도체(PE)를 분리
  ㉡ C(Combine) : 중성선(N)과 보호도체(PE)를 겸용

(3) 계통접지 종류

① TN－S : 계통 내에 별도의 중성선과 보호도체가 계통전체에 시설된 방식
  ㉠ 별도의 PE와 N이 있는 TN－S

  ㉡ 접지된 보호도체는 있으나 중성선이 없는 배선 TN－S

  ㉢ 별도 접지된 선도체와 보호도체가 있는 TN－S

  ※ 설비비가 고가이거나, 노이즈에 예민한 설비(전산설비, 병원 등)에 적합

② TN-C : 계통 전체에 대한 중성선과 보호도체의 기능을 하나의 도선으로 시설

※ 노이즈에 대한 문제가 있음, 배전계통에 사용(지락보호용 과전류차단기는 사용 가능하나, 누전차단기는 설치 불가)

③ TN-C-S : 전원부는 TN-C 방식을 이용, 간선에는 중성선과 보호도체를 분리 TN-S 계통으로 사용

※ 수변전실이 있는 대형 건축물에 사용

④ TT : 변압기와 전기설비측을 개별적으로 접지하는 방식

※ 주상변압기 접지선과 수용가접지선이 분리되어 있는 상태
※ 기기 자체를 단독접지할 수 있다.
※ 개별기기 접지방식으로 ELB로 보호

⑤ IT : 비접지방식 또는 임피던스를 삽입접지하고 노출도전성 부분은 개별접지

※ 노출도전부가 보호도체에 일괄접지하는 경우와 일괄+개별접지하는 방식이 있다.

한국전기설비규정(KEC; Korea Electro – technical Code) : 전기설비기술기준 고시에서 정하는 전기설비 (발전·송전·변전·배전 또는 전기사용을 위하여 설치하는 기계·기구·댐·수로·저수지·전선로·보안통신선로 및 그 밖의 설비)의 안전성능과 기술적 요구사항을 구체적으로 정한 규정

(1) 일반사항

① 통칙
　㉠ 적용범위 : 인축의 감전에 대한 보호와 전기설비 계통, 시설물, 발전용 수력설비, 발전용 화력설비, 발전설비 용접 등의 안전에 필요한 성능과 기술적인 요구사항에 대하여 적용
　㉡ 전압의 구분

구분	교류(AC)	직류(DC)
저압	1kV 이하	1.5kV 이하
고압	1kV 초과 7kV 이하	1.5kV 초과 7kV 이하
특고압	7kV 초과	

② 용어 정의
　• 발전소 : 발전기, 원동기, 연료전지, 태양전지 등을 시설하여 전기를 발생하는 곳(단, 비상용 예비전원, 휴대용 발전기 제외)
　• 변전소 : 구외에서 전송된 전기를 변압기, 정류기 등에 의해 변성하여 구외로 전송하는 곳
　• 개폐소 : 발전소 상호 간, 변전소 상호 간 또는 발전소와 변전소 간 50kV 이상의 송전선로를 연결 또는 차단하기 위한 전기설비
　• 급전소 : 전력계통의 운용에 관한 지시를 하는 곳
　• 인입선 : 가공인입선 및 수용장소의 조영물의 옆면 등에 시설하는 전선으로 그 수용장소의 인입구에 이르는 부분의 전선

　－ 가공인입선 : 가공전선의 지지물에서 분기하여 지지물을 거치지 않고 다른 수용장소의 인입구에 이르는 부분의 전선(길이 : 50m 이하)
　－ 이웃 연결 인입선 : 한 수용장소의 인입선에서 분기하여 지지물을 거치지 않고 다른 수용장소의 인입구에 이르는 부분의 전선

- 관등회로 : 방전등용 안정기(변압기 포함)로부터 방전관까지의 전로
- 리플프리직류 : 교류를 직류로 변환할 때, 리플성분이 10%(실횻값) 이하를 포함한 직류
- 무효 전력 보상 설비 : 무효전력을 조정하는 전기기계기구
- 전기철도용 급전선 : 전기철도용 변전소로부터 다른 전기철도용 변전소 또는 전차선에 이르는 전선
- 전기철도용 급전선로 : 전기철도용 급전선 및 이를 지지하거나 수용하는 시설물
- 지지물 : 목주, 철주, 철근 콘크리트주, 철탑으로 전선, 약전류전선, 케이블을 지지
- 지중관로 : 지중전선로, 지중약전류전선로, 지중광섬유케이블선로, 지중에 시설하는 수관 및 가스관과 이와 유사한 것 및 이들에 부속하는 지중함 등
- 계통연계 : 둘 이상의 전력계통 사이를 전력이 상호 융통될 수 있도록 선로를 통하여 연결하는 것 (전력계통 상호 간을 송전선, 변압기 또는 직류 – 교류변환설비 등에 연결)
- 계통외도전부 : 전기설비의 일부는 아니지만 지면에 전위 등을 전해줄 위험이 있는 도전성 부분
- 계통접지 : 전력계통에서 돌발적으로 발생하는 이상현상에 대비하여 대지와 계통을 연결하는 것 (중성점을 대지에 접속하는 것)
- 기본보호(직접접촉에 대한 보호) : 정상운전 시 기기의 충전부에 직접 접촉함으로써 발생할 수 있는 위험으로부터 인축의 보호
- 고장보호(간접접촉에 대한 보호) : 고장 시 기기의 노출도전부에 간접 접촉함으로써 발생할 수 있는 위험으로부터 인축을 보호
- 노출도전부 : 충전부는 아니지만 고장 시에 충전될 위험이 있고, 사람이 쉽게 접촉할 수 있는 기기의 도전성 부분
- 단독운전 : 전력계통의 일부가 전력계통의 전원과 전기적으로 분리된 상태에서 분산형전원에 의해서만 가압되는 상태
- 분산형전원 : 중앙급전 전원과 구분되는 것으로서 전력소비지역 부근에 분산하여 배치 가능한 전원(상용전원의 정전 시에만 사용하는 비상용 예비전원은 제외하며, 신재생에너지 발전설비, 전기저장장치 등을 포함)
- 단순 병렬운전 : 자가용 발전설비 또는 저압 소용량 일반용 발전설비를 배전계통에 연계하여 운전하되, 생산한 전력의 전부를 자체적으로 소비하기 위한 것으로서 생산한 전력이 연계계통으로 송전되지 않는 병렬 형태
- 내부 피뢰시스템 : 등전위본딩 또는 외부 피뢰시스템의 전기적 절연으로 구성된 피뢰시스템의 일부
- 등전위본딩 : 등전위를 형성하기 위해 도전부 상호 간을 전기적으로 연결

- 외부피뢰시스템 : 수뢰부시스템, 인하도선시스템, 접지극시스템으로 구성된 피뢰시스템의 일종
  - 수뢰부시스템 : 낙뢰를 포착할 목적으로 피뢰침, 망상도체, 피뢰선 등과 같은 금속 물체를 이용한 외부 피뢰시스템의 일부
  - 인하도선시스템 : 뇌전류를 수뢰시스템에서 접지극으로 흘리기 위한 외부 피뢰시스템의 일부
  - 접지시스템 : 기기나 계통을 개별적 또는 공통으로 접지하기 위하여 필요한 접속 및 장치로 구성된 설비
- 서지보호장치(SPD; Surge Protective Device) : 과도 과전압을 제한하고 서지전류를 분류시키기 위한 장치
- 특별저압(ELV; Extra Low Voltage) : 인체에 위험을 초래하지 않을 정도의 저압
  - AC 50V 이하 / DC 120V 이하
  - SELV(Safety Extra Low Voltage)는 비접지회로
  - PELV(Protective Extra Low Voltage)는 접지회로

- T(Terra : 대지)
- I(Insulation : 절연) : 대지와 완전 절연, 저항 삽입 대지와 접지
- N(Neutral : 중성)
- S(Separated : 분리) : 중성선과 보호도체를 분리한 상태로 도체에 포설
- C(Combined : 조합) : 중성선과 보호도체를 묶어 단일화로 포설
- PE(보호도체)
  - Protective 보호하는
  - Equipotential : 등전위
  - Earthing : 접지
- F(Function : 기능)
- S(Satety : 안전)

- 접근상태 : 제1차 접근상태 및 제2차 접근상태
  - 제1차 접근상태 : 가공전선이 다른 시설물과 접근(병행하는 경우를 포함하며, 교차하는 경우 및 동일 지지물에 시설하는 경우를 제외)하는 경우에 가공전선이 다른 시설물의 위쪽 또는 옆쪽에서 수평거리로 가공전선로의 지지물의 지표상의 높이에 상당하는 거리 안에 시설(수평거리로 3m 미만인 곳에 시설되는 것을 제외)됨으로써 가공전선로의 전선의 절단, 지지물의 도괴 등의 경우에 그 전선이 다른 시설물에 접촉할 우려가 있는 상태
  - 제2차 접근상태 : 가공전선이 다른 시설물과 접근하는 경우에 그 가공전선이 다른 시설물의 위쪽 또는 옆쪽에서 수평거리로 3m 미만인 곳에 시설되는 상태
③ 안전을 위한 보호
  ㉠ 감전에 대한 보호
    - 기본 보호 : 직접접촉을 방지하는 것(전기설비의 충전부에 인축이 접촉하여 일어날 수 있는 위험으로부터 보호)
      - 인축의 몸을 통해 전류가 흐르는 것을 방지하여야 한다.
      - 인축의 몸에 흐르는 전류를 위험하지 않는 값 이하로 제한하여야 한다.
    - 고장 보호 : 기본절연의 고장에 의한 간접접촉을 방지(노출도전부에 인축이 접촉하여 일어날 수 있는 위험으로부터 보호)
      - 인축의 몸을 통해 고장전류가 흐르는 것을 방지하여야 한다.
      - 인축의 몸에 흐르는 고장전류를 위험하지 않는 값 이하로 제한하여야 한다.
      - 인축의 몸에 흐르는 고장전류의 지속시간을 위험하지 않은 시간까지로 제한하여야 한다.
  ㉡ 과전류에 대한 보호
    - 과전류에 의한 과열 또는 전기·기계적 응력에 의한 위험으로부터 인축의 상해를 방지하고 재산을 보호하여야 한다.
    - 과전류에 대한 보호는 과전류가 흐르는 것을 방지하거나 과전류의 지속시간을 위험하지 않는 시간까지로 제한함으로써 보호하여야 한다.
  ㉢ 고장전류에 대한 보호
    - 고장전류가 흐르는 도체 및 다른 부분은 고장전류로 인해 허용온도 상승 한계에 도달하지 않도록 하여야 한다.
    - 도체를 포함한 전기설비는 인축의 상해 또는 재산의 손실을 방지하기 위하여 보호장치가 구비되어야 한다.
    - 고장으로 인해 발생하는 과전류에 대하여 보호되어야 한다.
  ㉣ 열영향에 대한 보호
    고온 또는 전기 아크로 인해 가연물이 발화 또는 손상되지 않도록 전기설비를 설치하여야 한다. 또한, 정상적으로 전기기기가 작동할 때 인축이 화상을 입지 않도록 하여야 한다.
  ㉤ 전압 외란, 전자기 장애에 대한 대책
    - 회로의 충전부 사이의 결함으로 발생한 전압에 의한 고장으로 인한 인축의 상해가 없도록 보호하여야 하며, 유해한 영향으로부터 재산을 보호하여야 한다.
    - 저전압과 뒤이은 전압 회복의 영향으로 발생하는 상해로부터 인축을 보호하여야 하며, 손상에 대해 재산을 보호하여야 한다.

- 설비는 규정된 환경에서 그 기능을 제대로 수행하기 위해 전자기 장애로부터 적절한 수준의 내성을 가져야 한다. 설비를 설계할 때는 설비 또는 설치 기기에서 발생되는 전자기 방사량이 설비 내의 전기사용기기와 상호 연결 기기들이 함께 사용되는 데 적합한지를 고려하여야 한다.
  - ⊎ 전원공급 중단에 대한 보호
    전원공급 중단으로 인해 위험과 피해가 예상되면 설비 또는 설치기기에 보호장치를 구비하여야 한다.

(2) 전선

① 전선의 식별

ㄱ 구분

상(문자)	색상
L1	갈색
L2	검은색
L3	회색
N	파란색
보호도체	녹색 – 노란색

ㄴ 색상 식별이 종단 및 연결 지점에서만 이루어지는 나도체 등은 전선 종단부에 색상이 반영구적으로 유지될 수 있는 도색, 밴드, 색 테이프 등의 방법으로 표시해야 한다.

② 전선의 종류

ㄱ 저압 절연전선

ㄴ 코드

ㄷ 캡타이어케이블

ㄹ 저압케이블

ㅁ 고압 및 특고압 케이블

특고압케이블
- 특고압인 전로에 사용
  - 절연체가 에틸렌 프로필렌고무혼합물 또는 가교폴리에틸렌 혼합물인 케이블로서 선심 위에 금속제의 전기적 차폐층을 설치한 것
  - 파이프형 압력 케이블
  - 금속피복을 한 케이블
- 사용전압이 고압 및 특고압인 전로(전기기계기구 안의 전로를 제외한다)의 전선으로 절연체가 폴리프로필렌 혼합물인 케이블을 사용하는 경우 다음에 적합하여야 한다.
  - 도체의 상시 최고 허용 온도는 90℃ 이상일 것
  - 절연체의 인장강도는 12.5N/mm^2 이상일 것
  - 절연체의 신장률은 350% 이상일 것
  - 절연체의 수분 흡습은 1mg/cm^3 이하일 것(단, 정격전압 30kV 초과 특고압 케이블은 제외한다)

ㅂ 나전선 등
- 나전선 및 지선·가공지선·보호도체·보호망·전력보안 통신용 약전류전선 기타의 금속선은 KS에 적합하거나 동등 이상의 성능을 만족하는 것을 사용하여야 한다.

③ 전선의 접속

㉠ 전선의 전기저항을 증가시키지 않도록 접속한다.

㉡ 전선의 세기(인장하중)를 20% 이상 감소시키지 않아야 한다.

㉢ 도체에 알루미늄 전선과 동 전선을 접속하는 경우에는 접속 부분에 전기적 부식이 생기지 않도록 해야 한다.

㉣ 절연전선 상호・절연전선과 코드, 캡타이어케이블 또는 케이블과 접속하는 경우에는 코드 접속기나 접속함 기타의 기구를 사용해야 한다(단, 10mm^2 이상인 캡타이어케이블 상호 간을 접속하는 경우에는 그러하지 않는다).

㉤ 두 개 이상의 전선을 병렬로 사용하는 경우

- 각 전선의 굵기는 동선 50mm^2 이상 또는 알루미늄 70mm^2 이상으로 한다.
- 전선은 같은 도체, 같은 재료, 같은 길이 및 같은 굵기의 것을 사용한다.
- 병렬로 사용하는 전선에는 각각에 퓨즈를 설치하지 않아야 한다.
- 각 극의 전선은 동일한 터미널러그에 완전히 접속한다(2개 이상의 리벳 또는 2개 이상의 나사로 접속).
- 교류회로에서 병렬로 사용하는 전선은 금속관 안에 전자적 불평형이 생기지 않도록 시설해야 한다.

(3) 전로의 절연

① 전로를 절연하지 않아도 되는 곳(전로는 다음의 경우를 제외하고는 대지로부터 절연하여야 한다)

㉠ 저압 전로에 접지공사를 하는 경우의 접지점

㉡ 전로의 중성점에 접지공사를 하는 경우의 접지점

㉢ 계기용 변성기의 2차측 전로에 접지공사를 하는 경우의 접지점

㉣ 저압 가공전선이 특별 고압 가공전선과 동일 지지물에 시설되는 부분의 접지공사 접지점

㉤ 25kV 이하 다중접지 방식에서 다중접지하는 경우 접지점

㉥ 파이프라인 시설에서 소구경관에 접지공사 접지점

㉦ 저압 전로와 사용전압 300V 이하의 저압 전로를 결합하는 변압기 2차측 전로 접지공사 접지점

㉧ 직류계통에 접지공사를 하는 경우의 접지점

㉨ 시험용 변압기, 전력 반송용 결합리액터, 전기울타리 전원장치, X선 발생장치, 전기방식용 양극, 단선식 전기 철도의 귀선과 같이 전로의 일부를 대지로부터 절연하지 않고 사용하는 것이 부득이한 경우

㉩ 전기욕기, 전기로, 전기보일러, 전해조 등 대지부터 절연이 기술상 곤란한 경우

② 저압 전로의 절연성능

전기사용장소의 사용전압이 저압인 전로의 전선 상호 간 및 전로와 대지 사이의 절연저항은 개폐기 또는 과전류차단기로 구분할 수 있는 전로마다 다음 표에서 정한 값 이상이어야 한다. 다만, 전선 상호 간의 절연저항은 기계기구를 쉽게 분리가 곤란한 분기회로의 경우 기기 접속 전에 측정할 수 있다.

또한, 측정 시 영향을 주거나 손상을 받을 수 있는 SPD 또는 기타 기기 등은 측정 전에 분리시켜야 하고, 부득이하게 분리가 어려운 경우에는 시험전압을 250V DC로 낮추어 측정할 수 있지만 절연저항 값은 1MΩ 이상이어야 한다.

전로의 사용전압[V]	DC시험전압[V]	절연저항[MΩ]
SELV 및 PELV	250	0.5
FELV, 500V 이하	500	1.0
500V 초과	1,000	1.0

※ 특별저압(Extra Law Voltage : 2차 전압이 AC 50V, DC 120V 이하)으로 SELV(비접지회로 구성) 및 PELV(접지회로 구성)은 1차와 2차가 전기적으로 절연된 회로, FELV는 1와 2차가 전기적으로 절연되지 않은 회로
※ 사용전압이 저압인 전로에서 정전이 어려운 경우 등 절연저항 측정이 곤란한 경우에는 누설전류를 1mA 이하로 유지하여야 한다.

안전절연변압기 (SELV)

안전절연변압기 (PELV)

권선 사이가 기본 절연인 변압기 (FELV)

③ 전로의 누설전류

전로	단상 2선식	놀이용전차
최대공급전류의 $\frac{1}{2,000}$ 이하	$\frac{1}{1,000}$ 이하	$\frac{1}{5,000}$ 이하

④ 절연내력시험
　㉠ 절연내력시험 : 일정 전압을 가할 때 절연이 파괴되지 않은 한도로서 전선로나 기기에 일정 배수의 전압을 일정시간(10분) 동안 흘릴 때 파괴되지 않는지 확인하는 시험이다.
　㉡ 절연내력시험 시행 부분
　　• 고압 및 특고압 전로(전로와 대지 간)
　　• 개폐기, 차단기, 전력용 콘덴서, 유도전압조정기, 계기용 변성기, 기타 기구의 전로, 발·변전소의 기계기구 접속선, 모선(충전 부분과 대지 간)
　　• 발전기, 전동기, 무효 전력 보상 장치(권선과 대지 간)
　　• 수은정류기(주 양극과 외함 간 경우 2배로 시험, 음극 및 외함과 대지 간인 경우 1배로 시험)
⑤ 시험전압

종류		시험전압	최저시험전압
최대사용전압 7kV 이하		(최대사용전압)×1.5	500V
최대사용전압 7kV 초과 25kV 이하(중성선 다중접지 방식)		(최대사용전압)×0.92	-
최대사용전압 7kV 초과 60kV 이하	비접지	(최대사용전압)×1.25	10.5kV
최대사용전압 60kV 초과 비접지			-
최대사용전압 60kV 초과 중성점 접지식		(최대사용전압)×1.1	75kV
최대사용전압 60kV 초과 중성점 직접접지		(최대사용전압)×0.72	-
최대사용전압 170kV 초과 중성점 직접접지 (발·변전소 또는 이에 준하는 장소 시설)		(최대사용전압)×0.64	-

※ 전로에 케이블을 사용하는 경우에는 직류로 시험할 수 있으며, 시험전압은 교류의 경우 2배가 된다.

㉠ 정리

종류	비접지	중성점 접지	중성점 직접접지
170kV	×1.25	×1.1	×0.64
60kV	(최저시험전압 10.5kV)	(최저시험전압 75kV)	×0.72
7kV	×1.5(최저시험전압 500V)	(25kV 이하 중성점 다중접지)×0.92	

㉡ 회전기 및 정류기(회전변류기 제외한 교류 회전기는 교류시험전압에 1.6배의 직류시험 가능)

종류		시험전압	시험방법
회전기	발전기·전동기·무효 전력 보상 장치·기타회전기 (회전변류기를 제외한다)	최대사용전압 7kV 이하	최대사용전압의 1.5배의 전압 (500V 미만으로 되는 경우에는 500V)	권선과 대지 사이에 연속하여 10분간 가한다.
		최대사용전압 7kV 초과	최대사용전압의 1.25배의 전압 (10,500V 미만으로 되는 경우에는 10,500V)	
	회전변류기		직류측의 최대사용전압의 1배의 교류전압 (500V 미만으로 되는 경우에는 500V)	
정류기	최대사용전압 60kV 이하		직류측의 최대사용전압의 1배의 교류전압 (500V 미만으로 되는 경우에는 500V)	충전부분과 외함 간에 연속하여 10분간 가한다.
	최대사용전압 60kV 초과		교류측의 최대사용전압의 1.1배의 교류전압 또는 직류측의 최대사용전압의 1.1배의 직류전압	교류측 및 직류고전압측 단자와 대지 사이에 연속하여 10분간 가한다.

㉢ 연료전지 및 태양전지 모듈의 절연내력

연료전지 및 태양전지 모듈은 최대사용전압의 1.5배의 직류전압 또는 1배의 교류전압(500V 미만으로 되는 경우에는 500V)을 충전부분과 대지 사이에 연속하여 10분간 가하여 절연내력을 시험하였을 때 이에 견디는 것이어야 한다.

(4) 접지시스템

① 접지시스템의 구분 및 종류

㉠ 구분
- 계통접지
- 보호접지
- 피뢰시스템접지 등

㉡ 종류

단독접지					공통접지					통합접지				
특고	고압	저압	피뢰설비	통신	특고	고압	저압	피뢰설비	통신	특고	고압	저압	피뢰설비	통신

② 접지시스템의 시설

　　㉠ 구성요소 : 접지극, 접지도체, 보호도체

　　㉡ 접지극의 시설 및 접지저항
　　　• 접지극의 시설은 다음 방법 중 하나 또는 복합하여 시설
　　　　- 콘크리트에 매입된 기초 접지극
　　　　- 토양에 매설된 기초 접지극
　　　　- 토양에 수직 또는 수평으로 직접 매설된 금속전극(봉, 전선, 테이프, 배관, 판 등)
　　　　- 케이블의 금속외장 및 그 밖에 금속피복
　　　　- 지중 금속구조물(배관 등)
　　　　- 대지에 매설된 철근콘크리트의 용접된 금속 보강재(단, 강화콘크리트는 제외)
　　㉢ 접지극의 매설

　　　• 접지극은 토양을 오염시키지 말아야 하며 가능한 다습한 부분에 설치해야 한다.

ⓒ 접지극은 지하 0.75m 이상 깊이 매설해야 한다.

ⓔ 접지도체를 철주 기타의 금속체를 따라서 시설하는 경우 접지극을 금속체로부터 1m 이상 이격해야 한다(밑 0.3m 이상 시는 예외).

ⓜ 접지도체 : IV절연전선(OW 제외), 케이블을 사용한다.

ⓗ 접지도체의 지하 0.75m ~ 지표상 2m 부분은 합성수지관 또는 몰드로 덮는다.

• 수도관 등을 접지극으로 사용하는 경우

– 지중에 매설되어 있고 대지와의 전기저항값이 3Ω 이하의 값을 유지하고 있는 금속제 수도관로가 다음에 따르는 경우 접지극으로 사용이 가능하다.

ⓐ 접지도체와 금속제 수도관로의 접속은 안지름 75mm 이상인 부분 또는 여기에서 분기한 안지름 75mm 미만인 분기점으로부터 5m 이내의 부분에서 하여야 한다(단, 금속제 수도관로와 대지 사이의 전기저항값이 2Ω 이하인 경우에는 분기점으로부터의 거리는 5m를 넘을 수 있다).

ⓑ 접지도체와 금속제 수도관로의 접속부를 수도계량기로부터 수도 수용가 측에 설치하는 경우에는 수도계량기를 사이에 두고 양측 수도관로를 등전위본딩 하여야 한다.

ⓒ 접지도체와 금속제 수도관로의 접속부를 사람이 접촉할 우려가 있는 곳에 설치하는 경우에는 손상을 방지하도록 방호장치를 설치하여야 한다.

ⓓ 접지도체와 금속제 수도관로의 접속에 사용하는 금속제는 접속부에 전기적 부식이 생기지 않아야 한다.

– 건축물・구조물의 철골 기타의 금속제는 이를 비접지식 고압전로에 시설하는 기계기구의 철대 또는 금속제 외함의 접지공사 또는 비접지식 고압전로와 저압전로를 결합하는 변압기의 저압전로의 접지공사의 접지극으로 사용할 수 있다(단, 대지와의 사이에 전기저항값이 2Ω 이하인 값을 유지하는 경우에 한한다).

ⓢ 접지도체・보호도체

• 접지도체 최소 굵기

구분		구리	철제
큰 고장전류가 흐르지 않는 경우		$6mm^2$ 이상	$50mm^2$ 이상
피뢰시스템이 접속된 경우		$16mm^2$ 이상	
고장 시 전류를 안전하게 통할 수 있는 것	특고압・고압 전기설비용	$6mm^2$ 이상 연동선	
	중성점 접지용	$16mm^2$ 이상 연동선	
	중성점 접지용 다음 경우 • 7kV 이하 전로 • 25kV 이하 특고압 가공전선로, 중성선 다중접지식(2초 이내 자동차단장치 시설)	$6mm^2$ 이상 연동선	
이동 사용기계기구 금속제 외함 접지시스템 중 특고압・고압 전기설비용 접지도체 및 중성점 접지도체 • 클로로프렌캡타이어케이블(3종 및 4종) • 클로로설포네이트폴리에틸렌캡타이어케이블(3종 및 4종)의 1개 도체 • 다심 캡타이어케이블의 차폐 • 기타의 금속체		$10mm^2$	
저압 전기설비용 접지도체	다심 코드 또는 다심 캡타이어케이블	$0.75mm^2$	
	유연성이 있는 연동연선	$1.5mm^2$	

- 보호도체
  - 보호도체 종류(다음 중 하나 또는 복수로 구성)
    ⓐ 다심케이블의 도체
    ⓑ 충전도체와 같은 트렁킹에 수납된 절연도체 또는 나도체
    ⓒ 고정된 절연도체 또는 나도체
    ⓓ 금속케이블 외장, 케이블 차폐, 케이블 외장, 전선묶음(편조전선), 동심도체, 금속관
  - 보호도체 또는 보호본딩도체로 사용해서는 안 되는 곳
    ⓐ 금속 수도관
    ⓑ 가스·액체·분말과 같은 잠재적인 인화성 물질을 포함하는 금속관
    ⓒ 상시 기계적 응력을 받는 지지 구조물 일부
    ⓓ 가요성 금속배관(단, 보호도체의 목적으로 설계된 경우는 예외)
    ⓔ 가요성 금속전선관
    ⓕ 지지선, 케이블트레이 및 이와 비슷한 것
  - 보호도체의 최소 단면적

상도체의 단면적 S([mm^2], 구리)	보호도체의 최소 단면적([mm^2], 구리)	
	보호도체의 재질	
	상도체와 같은 경우	상도체와 다른 경우
$S \le 16$	S	$(k_1/k_2) \times S$
$16 < S \le 35$	16(a)	$(k_1/k_2) \times 16$
$S > 35$	S(a)/2	$(k_1/k_2) \times (S/2)$

※ k_1 : 도체 및 절연의 재질에 따라 선정된 상도체에 대한 k값
※ k_2 : KS C IEC에서 선정된 보호도체에 대한 k값
※ a : PEN도체의 최소단면적은 중성선과 동일하게 적용한다.
ⓐ 보호도체의 단면적은 다음의 계산 값 이상이어야 한다.
  ㉮ 차단시간이 5초 이하인 경우에만 다음 계산식을 적용한다.

$$S = \frac{\sqrt{I^2 t}}{k}$$

여기서 S : 단면적[mm^2]
I : 보호장치를 통해 흐를 수 있는 예상 고장전류 실횻값[A]
t : 자동차단을 위한 보호장치의 동작시간[sec]
k : 보호도체, 절연, 기타 부위의 재질 및 초기온도와 최종온도에 따라 정해지는 계수
  ㉯ 계산 결과가 표의 값 이상으로 산출된 경우, 계산 값 이상의 단면적을 가진 도체를 사용하여야 한다.

ⓑ 보호도체가 케이블의 일부가 아니거나 상도체와 동일 외함에 설치되지 않으면 다음 굵기 이상으로 한다.

구분	구리	알루미늄
기계적 손상에 보호되는 경우	$2.5mm^2$ 이상	$16mm^2$ 이상
기계적 손상에 보호되지 않는 경우	$4mm^2$ 이상	$16mm^2$ 이상

- 보호도체의 단면적 보강
  ⓐ 보호도체는 정상 운전상태에서 전류의 전도성 경로로 사용되지 않아야 한다.
  ⓑ 전기설비의 정상 운전상태에서 보호도체에 10mA를 초과하는 전류가 흐르는 경우, 보호도체를 증강하여 사용한다.
    ※ 보호도체의 개수나 별도 단자 구비 유무와 상관없이 구리 $10mm^2$ 이상, 알루미늄 $16mm^2$ 이상으로 한다.
• 보호도체와 계통도체 겸용
  - 겸용도체 종류
    ⓐ 중성선과 겸용(PEN)
    ⓑ 상도체와 겸용(PEL)
    ⓒ 중간도체와 겸용(PEM)
  - 겸용도체 사용 조건
    ⓐ 고정된 전기설비에만 사용한다.
    ⓑ 구리 $10mm^2$, 알루미늄 $16mm^2$ 이상으로 사용한다.
    ⓒ 중성선과 보호도체의 겸용도체는 전기설비의 부하측에 시설하면 안 된다.
    ⓓ 폭발성 분위기 장소는 보호도체를 전용으로 하여야 한다.
• 주접지단자
  - 접지시스템은 주접지단자를 설치하고, 다음의 도체들을 접속하여야 한다.
    ⓐ 등전위본딩도체
    ⓑ 접지도체
    ⓒ 보호도체
    ⓓ 기능성 접지도체
  - 여러 개의 접지단자가 있는 장소는 접지단자를 상호 접속하여야 한다.
  - 주접지단자에 접속하는 각 접지도체는 개별적으로 분리할 수 있어야 하며, 접지저항을 편리하게 측정할 수 있어야 한다.

◎ 전기수용가 접지
- 저압수용가 인입구 접지
  - 수용장소 인입구 부근에서 변압기 중성점 접지를 한 저압전선로의 중성선 또는 접지측 전선에 추가로 접지공사를 할 수 있다.

접지 대상물	접지 저항값	접지선의 최소 굵기
수도관로, 철골	3Ω 이하	$6mm^2$ 이상 연동선

- 주택 등 저압수용장소 접지

  계통접지는 TN − C − S 방식인 경우 구리 $10mm^2$ 이상 알루미늄 $16mm^2$ 이상을 사용한다.
- 변압기 중성점접지(고압 · 특고압 변압기)

일반	[접지 저항값$(R)] \leq \dfrac{150}{I_1}$
고압 · 특고압 전로	• [2초 이내 자동차단장치 시설 시$(R)] \leq \dfrac{300}{I_1}$
35kV 이하 특고압 전로가 저압측과 혼촉 시 저압 대지전압 150V 초과하는 경우	• [1초 이내 자동차단장치 시설 시$(R)] \leq \dfrac{600}{I_1}$

- 공통접지 및 통합접지

  고압 및 특고압과 저압 전기설비의 접지극이 서로 근접하여 시설되어 있는 변전소 또는 이와 유사한 곳에서는 다음과 같이 공통접지시스템으로 할 수 있다.
  - 저압 전기설비의 접지극이 고압 및 특고압 접지극의 접지저항 형성영역에 완전히 포함되어 있다면 위험전압이 발생하지 않도록 이들 접지극을 상호 접속하여야 한다.
  - 접지시스템에서 고압 및 특고압 계통의 지락사고 시 저압계통에 가해지는 상용주파 과전압은 다음 표에서 정한 값을 초과해서는 안 된다.

[저압설비 허용 상용주파 과전압]

고압계통에서 지락고장시간[초]	저압설비 허용 상용주파 과전압[V]	비고
>5	$U_0 + 250$	중성선 도체가 없는 계통에서 U_0는
≤5	$U_0 + 1,200$	선간전압을 말한다.

[비고]
- 순시 상용주파 과전압에 대한 저압기기의 절연 설계기준과 관련된다.
- 중성선이 변전소 변압기의 접지계통에 접속된 계통에서 건축물외부에 설치한 외함이 접지되지 않은 기기의 절연에는 일시적 상용주파 과전압이 나타날 수 있다.

※ 통합접지시스템은 공통접지에 의한다.
※ 낙뢰에 의한 과전압 등으로부터 전기전자기기 등을 보호하기 위해 서지보호장치를 설치하여야 한다.

③ 감전보호용 등전위본딩

└ 이유 ┬ 보호용 등전위본딩
　　　　• 전기기기 노출도전성 부분(기기외함)　┐ 접지단자와 접속
　　　　• 계통외도전성 부분(철골, 수도관 등)　┘
　　　　 (감전, 화재보호)
　　├ 기능용 등전위본딩
　　　 서로 다른 전자기기를 연결하여 사용 시 같은 전위 기준점을
　　　 갖기 위해 사용(오작동, 측정오류 방지)
　　└ 낙뢰보호용 등전위본딩
　　　 피뢰침의 접지를 통해 전력계통, 통신설비의 위해 방지
　　　 (접지 간 전위차에 의한 뇌전류에 대한 기기 손상 방지)

ⓛ 감전보호용 등전위본딩

등전위본딩의 적용 (건축물, 구조물에서 접지도체, 주접지단자와 다음 부분)	보호등전위본딩
수도관, 가스관 등 외부에서 내부로 인입되는 금속배관	수도관, 가스관 등 외부에서 내부로 인입되는 최초 밸브 후단에서 등전위본딩
건축물, 구조물의 철근, 철골 등의 금속 보강재	건축물, 구조물의 철근, 철골 등의 금속 보강재
일상생활에서 접촉가능한 금속제 난방 배관 및 공조설비 등 계통 외 도전부 ※ 주접지단자에 보호등전위본딩, 접지도체, 기능성 접지 도체를 접속하여야 한다.	건축물, 구조물의 외부에서 내부로 들어오는 금속제 배관 • 1개소에 집중하여 인입, 인입구 부근에서 서로 접속하여 등전위본딩바에 접속한다. • 대형 건축물 등으로 1개소에 집중하기 어려운 경우 본딩도체를 1개의 본딩바에 연결한다.

ⓒ 보호등전위본딩 도체

주접지단자에 접속하기 위한 등전위본딩 도체는 설비 내 가장 큰 보호도체가 $A \times \frac{1}{2}$ 이상이며 다음 단면적 이상일 것

구리	알루미늄	강철	구리(다른 재질의 동등한 단면적) 초과 필요 없는 굵기
6mm^2	16mm^2	50mm^2	25mm^2 이하

ⓔ 보조 보호등전위본딩
- 보조 보호등전위본딩의 대상은 전원자동차단에 의한 감전보호방식에서 고장 시 자동차단시간이 고장 시 자동차단에서 요구하는 계통별 최대차단시간을 초과하는 경우
- 위 경우의 차단시간을 초과하고 2.5m 이내에 설치된 고정기기의 노출도전부와 계통외도전부는 보조 보호등전위본딩을 하여야 한다[보조 보호등전위본딩의 유효성에 관해 의문이 생길 경우 동시에 접근 가능한 노출도전부와 계통외도전부 사이의 저항값(R)이 다음의 조건을 충족하는지 확인].

교류계통 : $R \leq \dfrac{50\,V}{I_a}[\Omega]$	직류계통 : $R \leq \dfrac{120\,V}{I_a}[\Omega]$

I_a : 보호장치의 동작전류[누전차단기의 경우 $I_{\triangle n}$(정격감도전류), 과전류보호장치의 경우 5초 이내 동작전류]

- 도체의 굵기
  ⓐ 두 개의 노출도전부를 접속하는 경우 도전성은 노출도전부에 접속된 더 작은 보호도체의 도전성보다 커야 한다.
  ⓑ 노출도전부를 계통외도전부에 접속하는 경우 도전성은 같은 단면적을 갖는 보호도체의 1/2 이상이어야 한다.
  ⓒ 케이블의 일부가 아닌 경우 또는 선로도체와 함께 수납되지 않은 본딩도체는 다음 값 이상이어야 한다.

구분	구리	알루미늄
기계적 보호가 된 것	2.5mm^2	16mm^2
기계적 보호가 없는 것	4mm^2	16mm^2

ⓜ 비접지 국부등전위본딩
- 절연성 바닥으로 된 비접지 장소에서 다음의 경우 국부등전위본딩을 하여야 한다.
  - 전기설비 상호 간이 2.5m 이내인 경우
  - 전기설비와 이를 지지하는 금속체 사이
- 전기설비 또는 계통외도전부를 통해 대지에 접촉하지 않아야 한다.

(5) 접지공사 생략이 가능한 장소
① 사용전압이 직류 300V 또는 교류 대지전압이 150V 이하인 기계기구를 건조한 곳에 시설하는 경우
② 저압용의 기계기구를 건조한 목재의 마루 기타 이와 유사한 절연성 물건 위에서 취급하도록 시설하는 경우

③ 저압용이나 고압용의 기계기구, 특고압 배전용 변압기의 시설에서 규정하는 특고압 전선로에 접속하는 배전용 변압기나 이에 접속하는 전선에 시설하는 기계기구 또는 KEC 333.32(25kV 이하인 특고압 가공전선로의 시설)의 1과 4에서 규정하는 특고압 가공전선로의 전로에 시설하는 기계기구를 사람이 쉽게 접촉할 우려가 없도록 목주 기타 이와 유사한 것의 위에 시설하는 경우
④ 철대 또는 외함의 주위에 적당한 절연대를 설치하는 경우
⑤ 외함이 없는 계기용 변성기가 고무·합성수지 기타의 절연물로 피복한 것일 경우
⑥ 전기용품 및 생활용품 안전관리법의 적용을 받는 2중 절연구조로 되어 있는 기계기구를 시설하는 경우
⑦ 저압용 기계기구에 전기를 공급하는 전로의 전원측에 절연변압기(2차 전압이 300V 이하이며, 정격용량이 3kVA 이하인 것에 한한다)를 시설하고 그 절연변압기의 부하측 전로를 접지하지 않은 경우
⑧ 물기 있는 장소 이외의 장소에 시설하는 저압용의 개별 기계기구에 전기를 공급하는 전로에 전기용품 및 생활용품 안전관리법의 적용을 받는 인체감전보호용 누전차단기(정격감도전류가 30mA 이하, 동작시간이 0.03초 이하의 전류동작형에 한한다)를 시설하는 경우
⑨ 외함을 충전하여 사용하는 기계기구에 사람이 접촉할 우려가 없도록 시설하거나 절연대를 시설하는 경우

(6) 피뢰시스템(LPS; Lighting Protection System)
구조물 뇌격으로 인한 물리적 손상을 줄이기 위해 사용되는 전체 시스템
① 적용범위
　ⓐ 전기전자설비가 설치된 건축물·구조물로서 낙뢰로부터 보호가 필요한 것 또는 지상으로부터 높이가 20m 이상인 것
　ⓑ 전기설비 및 전자설비 중 낙뢰로부터 보호가 필요한 설비
② 구성
　ⓐ 직격뢰로부터 대상물을 보호하기 위한 외부피뢰시스템
　ⓑ 간접뢰 및 유도뢰로부터 대상물을 보호하기 위한 내부피뢰시스템

[**서지보호기**(SPD; Surge Protective Device)]

③ 외부피뢰시스템

　㉠ 수뢰부시스템

수뢰부시스템 방식	배치
• 돌침, 수평도체, 그물망도체 자연적 구성부재 중 한 가지 또는 조합 사용 • 보호각법, 회전구제법, 그물망법 중 한 가지 또는 조합사용	• 건축물·구조물의 뾰족한 부분, 모서리 등에 우선

• 60m를 초과하는 건축물·구조물의 측격뢰 보호용 수뢰부시스템
　－ 60m를 넘는 경우는 최상부로부터 전체높이의 20% 부분에 한함(피뢰시스템 등급 IV 이상)
　－ 뾰족한 부분, 모서리 등에 우선 배치(피뢰시스템 등급 IV 이상)
　－ 수뢰부는 구조물의 철골 프레임 또는 전기적으로 연결된 철골 콘크리트의 금속과 같은 자연부재 인하도선에 접속 또는 인하도선을 설치
• 건축물·구조물과 분리되지 않은 수뢰부시스템의 시설은 다음에 따른다.
　－ 지붕 마감재가 불연성 재료로 된 경우 지붕표면에 시설할 수 있다.
　－ 지붕 마감재가 높은 가연성 재료로 된 경우 지붕재료와 다음과 같이 이격하여 시설한다.
　　ⓐ 초가지붕 또는 이와 유사한 경우 0.15m 이상
　　ⓑ 다른 재료의 가연성 재료인 경우 0.1m 이상

보호각법	회전구체법	그물망법
일반적 건물에 적용	뇌격거리 개념 도입 (회전구체와 접촉하는 모든 부분 설치)	구조물 표면이 평평하고 넓은 지붕 형태

피뢰 레벨	20m	30m	45m	60m
I	25	–	–	–
II	35	25	–	–
III	45	35	25	–
IV	55	45	35	25

등급	R(회전구체의 반경)
I	20m
II	30m
III	45m
IV	60m

등급	그물망 치수[m]
I	5×5
II	10×10
III	15×15
IV	20×20

　㉡ 인하도선시스템

• 수뢰부시스템과 접지시스템을 연결하는 것으로 다음에 의한다.
　－ 복수의 인하도선을 병렬로 구성해야 한다. 다만, 건축물·구조물과 분리된 피뢰시스템인 경우 예외로 한다.
　－ 경로의 길이가 최소가 되도록 한다.
　－ 인하도선의 재료는 구리, 알루미늄, 이연, 스테인리스 등으로 최소 단면적 50mm² 이상이어야 한다.

- 수뢰부시스템과 접지극시스템 사이에 전기적 연속성이 형성되도록 다음에 따라 시설한다.
  - 경로는 가능한 한 최단거리로 곧게 수직으로 시설하되, 루프 형성이 되지 않아야 하며, 처마 또는 수직으로 설치된 홈통 내부에 시설하지 않아야 한다.
  - 전기적 연속성이 보장되어야 한다(전기적 연속성 적합성은 해당하는 금속부재의 최상단부와 지표레벨 사이의 직류전기저항 0.2Ω 이하).
  - 시험용 접속점을 접지극시스템과 가까운 인하도선과 접지극시스템의 연결부분에 시설하고, 이 접속점은 항상 닫힌 회로가 되어야 하며 측정 시에 공구 등으로만 개방할 수 있어야 한다. 다만, 자연적 구성부재를 이용하는 경우나 본딩을 하는 경우는 제외한다.
- 배치방법
  - 건축물·구조물과 분리된 피뢰시스템
    ⓐ 뇌전류의 경로가 보호대상물에 접촉하지 않도록 하여야 한다.
    ⓑ 별개의 지주에 설치되어 있는 경우 각 지주마다 1가닥 이상의 인하도선을 시설한다.
    ⓒ 수평도체 또는 그물망도체인 경우 지지 구조물마다 1가닥 이상의 인하도선을 시설한다.
  - 건축물·구조물과 분리되지 않은 피뢰시스템
    ⓐ 벽이 불연성 재료로 된 경우에는 벽의 표면 또는 내부에 시설할 수 있다. 다만, 벽이 가연성 재료인 경우에는 0.1m 이상 이격하고, 이격이 불가능한 경우에는 도체의 단면적을 100mm² 이상으로 한다.
    ⓑ 인하도선의 수는 2가닥 이상으로 한다.
    ⓒ 보호대상 건축물·구조물의 투영에 다른 둘레에 가능한 한 균등한 간격으로 배치한다. 다만, 노출된 모서리 부분에 우선하여 설치한다.
    ⓓ 병렬 인하도선의 최대 간격은 피뢰시스템 등급에 따라 Ⅰ·Ⅱ등급은 10m, Ⅲ등급은 15m, Ⅳ등급은 20m로 한다.
- 자연적 구성부재
  - 전기적 연속성이 있는 구조물 등의 금속제 구조체(철골, 철근 등)
  - 구조물 등의 상호 접속된 강제 구조체
  - 건축물, 외벽 등을 구성하는 금속 구조재의 크기가 인하도선에 대한 요구조건에 적합하거나 두께가 0.5mm 이상인 금속관. 다만, 수직방향 전기적 연속성이 유지되도록 접속한다.
  - 구조물 등의 상호 접속된 철근·철골 등을 인하도선으로 이용하는 경우 수평 환상도체는 설치하지 않아도 된다.
ⓒ 접지극시스템

방식	수평 또는 수직접지극(A형)	환상도체접지극 또는 기초접지극(B형)
배치	수평 또는 수직접지극(A형)은 2개 이상을 동일간격 배치	환상도체접지극 또는 기초접지극(B형)은 접지극 면적을 환산한 평균반지름이 등급별 접지극 최소길이 이상(단, 미만인 경우 수직·수평접지극 2개 이상 추가 시설)
접지저항	10Ω 이하인 경우 접지극 최소길이 이하로 시설 가능	
접지극	• 지표하 0.75m 이상 • 암반지역(대지저항 큰 곳), 전자통신시스템이 많은 곳은 환상도체접지극 또는 기초접지극 사용 • 재료는 환경오염 및 부식 우려가 없어야 한다. • 철근 또는 금속제 지하구조물 등 자연적 구성부재는 접지극으로 사용 가능	

※ 고압·특고압 전기설비의 피뢰시스템도 위의 규정과 같다.

④ 내부피뢰시스템
  ㉠ 전기전자설비 보호
    • 일반사항
      – 피뢰구역은 외부구역(LPZO)과 내부구역(LPZN)으로 나눈다.
      – 피뢰구역 경계 부근에는 접지 또는 본딩을 하여야 한다(단, 본딩이 불가능한 경우 서지보호장치를 설치한다).
      – 서로 분리된 구조물 사이가 전력선 또는 신호선으로 연결된 경우 각각의 피뢰구역은 각 구조물에 접지를 구성한다.
    • 전기적 절연
      수뢰부 또는 인하도선과 건축물·구조물의 금속부분 사이의 전기적인 절연은 수뢰부시스템의 배치에 의한 이격거리로 한다.
    • 접지·본딩으로 보호
      – 뇌서지전류를 대지로 방류시키기 위한 접지를 시설하여야 한다.
      – 전위 차를 해소하고 자계를 감소시키기 위한 본딩을 구성하여야 한다.
        ※ 접지극은 환상도체접지극 또는 기초접지극으로 한다.
        ⓐ 복수의 건축물·구조물 등이 각각 접지를 구성, 각각의 접지 상호 간은 병행 설치된 도체로 연결한다(단, 차폐케이블인 경우는 차폐선을 양끝에서 각각의 접지시스템에 등전위본딩하는 것으로 한다).
      – 전자·통신설비에서 위험한 전위차를 해소하고 자계를 감소시킬 경우 등전위본딩망을 시설한다.
        ⓐ 건축물·구조물의 도전성 부분 또는 내부설비 일부분을 통합한다.
        ⓑ 등전위본딩망은 그물망 폭이 5m 이내, 구조물과 구조물 내부의 금속부분은 다중으로 접속한다(단, 금속 부분이나 도전성 설비가 피뢰구역의 경계를 지나가는 경우에는 직접 또는 서지보호장치를 통하여 본딩한다).
        ⓒ 도전성 부분의 등전위본딩은 방사형, 그물망형 또는 이들의 조합형으로 한다.
    • 서지보호장치 시설
      – 전기전자설비 등에 연결된 전선로를 통해 서지가 유입되는 경우, 해당 선로에는 서지보호장치를 설치한다.
      – 지중 저압수전의 경우 내부 전기전자기기의 과전압범주별 임펄스내전압이 규정값에 충족하는 경우 서지보호장치를 생략할 수 있다.
  ㉡ 피뢰시스템 등전위본딩
    • 일반사항
      피뢰시스템의 등전위하는 다음과 같은 설비들을 서로 접속함으로써 이루어진다.
      – 금속제 설비
      – 구조물에 접속된 외부 도전성 부분
      – 내부피뢰시스템

- 등전위본딩 상호접속
  - 자연적 구성부재로 인한 본딩으로 전기적 연속성을 확보할 수 없는 장소는 본딩도체로 연결한다.
  - 본딩도체로 직접접속이 적합하지 않거나 허용되지 않는 장소는 서지보호장치로 연결한다.
  - 본딩도체로 직접접속이 허용되지 않는 장소는 절연방전갭을 사용한다.
- 금속제설비의 등전위본딩

외부피뢰시스템이 보호대상 건축물·구조물에서 분리된 독립형인 경우	외부피뢰시스템이 보호대상 건축물·구조물에 접속된 경우
지표레벨 부근에 시설	• 지표레벨 부근 시설(기초부분) - 등전위본딩도체는 등전위본딩바에 접속 - 등전위본딩바는 접지시스템에 접속 - 쉽게 점검 가능 • 절연 요구조건에 따른 안전거리 미확보 시 피뢰시스템과 건조물, 내부설비 도전성 부분은 등전위본딩하여 직접접속 또는 충전부인 경우 서지보호장치 설치(서지보호장치 시설 시 보호레벨은 기기 임펄스내전압보다 낮을 것)

  - 건조물 등전위본딩
    - ⓐ 지하 0.5m와 높이 20m마다 환상도체를 설치한다(단, 철근콘크리트, 철골구조물의 구조체에 인하도선을 등전위본딩하는 경우 환상도체는 설치하지 않아도 된다).
- 인입설비의 등전위본딩
  - 건조물의 외부에서 내부로 인입되는 설비의 도전성 부분은 인입구 부근에서 등전위본딩을 한다.
  - 전원선은 서지보호장치를 경유하여 등전위본딩을 한다.
  - 통신 및 제어선은 내부와의 위험한 전위차 발생을 방지하기 위해 직접 또는 서지보호장치를 통해 등전위본딩을 한다.
- 등전위본딩바
  - 짧은 도전성 경로로 접지시스템에 접속할 수 있는 위치에 설치한다.
  - 외부 도전성 부분, 전원선과 통신선의 인입점이 다른 경우 여러 개의 등전위본딩바를 설치할 수 있다.

(1) 가공전선로 지지물 및 전선에 가해지는 풍압하중

① 갑종 풍압하중

풍압을 받는 구분			구성재의 수직 투영면적 1m²에 대한 풍압
지지물	목주, 철주의 원형, 철근 콘크리트주, 철탑의 원형		588Pa
	철주	삼각형 또는 마름모형의 것	1,412Pa
		강관에 의하여 구성되는 4각형의 것	1,117Pa
		기타의 것	복재(腹材)가 전·후면에 겹치는 경우에는 1,627Pa, 기타의 경우에는 1,784Pa
	철근 콘크리트주	원형 이외의 것	882Pa
	철탑	단주 원형 이외의 것(완철류는 제외함)	1,117Pa
		강관으로 구성되는 것	1,255Pa
		기타의 것	2,157Pa
전선, 기타 가섭선	다도체(구성하는 전선이 2가닥마다 수평으로 배열되고 또한 그 전선 상호 간의 거리가 전선의 바깥지름의 20배 이하인 것)		666Pa
	단도체		745Pa
특고압 애자장치			1,039Pa
목주·철주(원형의 것에 한한다) 및 철근 콘크리트주의 완금류 (특별 고압 전선로용의 것에 한한다)			단일재 1,196Pa
			기타 1,627Pa

※ 표에 정한 구성재의 수직 투영면적 1m²에 대한 풍압을 기초로 하여 계산한 것이다.

② 을종 풍압하중

전선 기타의 가섭선 주위에 두께 6mm, 비중 0.9의 빙설이 부착된 상태에서 수직투영면적 372Pa(다도체를 구성하는 전선은 333Pa), 갑종 풍압하중의 2분의 1을 기초로 하여 계산한 것이다.

③ 병종 풍압하중

빙설이 적은 지역으로 인가 밀집한 장소이며 35kV 이하의 전선기 특고압 절연전선 또는 케이블을 사용하는 특고압 가공전선로의 지지물 등으로, 갑종 풍압하중의 2분의 1을 기초로 하여 계산한 것이다.

④ 풍압하중의 적용

지역		고온계절	저온계절
빙설이 많은 지방 이외의 지방		갑종	병종
빙설이 많은 지방	일반지역	갑종	을종
	해안지방, 기타 저온의 계절에 최대풍압이 생기는 지역	갑종	갑종과 을종 중 큰 값 선정
인가가 많이 연접되어 있는 장소		병종 적용 가능	

(2) 지지물의 종류와 안전율, 매설깊이

① 지지물의 기초 안전율 : 2 이상(이상 시 철탑에 대한 안전율 : 1.33 이상)
  ⊙ 목주 : 풍압하중에 대한 안전율은 1.5 이상일 것
  ⓛ 철주 : A종과 B종으로 구분
  ⓒ 철근 콘크리트주 : A종과 B종으로 구분
  ⓔ 철탑 : 지지선이 필요없음(지지선이 그 강도를 분담시켜서는 안 된다)
② 기초 안전율의 적용 예외사항인 철근 콘크리트주 매설 깊이

설계하중	전주길이		매설깊이
6.8kN 이하	15m 이하		$l =$ (전장)$\times 1 \div 6$m 이상
	15m 초과 16m 이하		2.5m
	16m 초과 20m 이하(연약한 지반)		2.8m
6.8kN 초과 9.8kN 이하	14m 이상 20m 이하(연약한 지반)		$l + 30$cm
9.81kN 초과 14.72kN 이하	14m 이상 20m 이하	15m 이하	$l + 0.5$m
		15m 초과 18m 이하	3m 이상
		18m 초과	3.2m 이상

③ 특별 고압 가공전선로용 지지물(B종 및 철탑)
  ⊙ 직선형 : 전선로의 직선 부분(3° 이하인 수평각도를 이루는 곳을 포함)
  ⓛ 각도형 : 전선로 중 3°를 초과하는 수평각도를 이루는 곳
  ⓒ 잡아당김형 : 전가섭선을 인류하는 곳(맨 끝)에 사용하는 것
  ⓔ 내장형 : 전선로의 지지물 양쪽의 경간의 차가 큰 곳에 사용하는 것
  ⓜ 보강형 : 전선로의 직선 부분에 그 보강을 위하여 사용하는 것
  ※ 직선주는 목주, A종 철근 콘크리트주 5° 이하, B종 철근 콘크리트주 철탑은 3° 이하, 이를 넘는 경우는 각도형을 사용한다.
④ 가공전선로 지지물의 철탑오름 및 전주오름 방지
  가공전선로 지지물에 취급자가 오르내리는 데 사용하는 발판 볼트 등은 지상 1.8m 이상부터 설치해야 한다.

(3) 지지선의 시설

지지선은 지지물의 강도를 보강하고, 전선로의 안전성을 증가시키며, 불평형 장력을 줄이기 위해 시설한다.
① 가공전선로의 지지물로 사용하는 철탑은 지지선을 사용하여 그 강도를 분담시켜서는 안 된다.
② 가공전선로의 지지물로 사용하는 철주 또는 철근 콘크리트주는 지지선을 사용하지 않는 상태에서 2분의 1 이상의 풍압하중에 견디는 강도를 가지는 경우 이외에는 지지선을 사용하여 그 강도를 분담시켜서는 안 된다.

③ 가공전선로의 지지물에 시설하는 지선은 다음에 의하여야 한다.
  ㉠ 지선의 안전율은 2.5 이상일 것. 이 경우에 허용 인장하중의 최저는 4.31kN으로 한다.
  ㉡ 지선에 연선을 사용할 경우에는 다음에 의하여야 한다.
    • 지름 2.6mm 이상인 소선 3가닥 이상의 연선을 사용한 것이어야 한다. 다만, 소선의 지름이 2mm 이상인 아연도강연선으로서 소선의 인장강도가 0.68kN/mm² 이상인 것을 사용하는 경우에는 그러하지 않는다(다만, 목주에 시설하는 지선에 대해서는 적용하지 않는다).
    • 지중부분 및 지표상 0.3m 까지의 부분에는 내식성이 있는 것 또는 아연도금을 한 철봉을 사용해야 한다.
  ㉢ 지선근가는 지선의 인장하중에 충분히 견디도록 시설해야 한다.
④ 도로를 횡단하여 시설하는 지선의 높이는 지표상 5m 이상으로 하여야 한다. 다만, 기술상 부득이한 경우로서 교통에 지장을 초래할 우려가 없는 경우에는 지표상 4.5m 이상, 보도의 경우에는 2.5m 이상으로 할 수 있다.
⑤ 시설목적
  ㉠ 지지물의 강도 보강
  ㉡ 전선로의 안전성 증가
  ㉢ 불평형 장력이 큰 개소에 시설
  ㉣ 가공전선로가 건물과 접근하는 경우에 접근하는 측의 반대편에 보안을 위해 시설
⑥ 고압 · 특고압 가공전선로의 지지물에 지선 시설
  ㉠ 목주, A종 철주, A종 콘크리트주(5° 이하, 직선형)
    • 5기 이하마다, 직각 방향 양쪽에 시설한다.
    • 15기 이하마다, 전선로 방향으로 양쪽에 지선을 시설한다.
  ㉡ B종 철주, B종 콘크리트주(3° 이하, 직선형)
    • 10기 이하마다 장력에 견디는 형태 1기(수평각도 5° 넘는 것)를 시설한다.
    • 5기 이하마다 보강형 1기를 시설한다.
  ㉢ 철탑 : 직선부분에 10기 이하마다 내장애자장치를 갖는 철탑 1기를 시설한다.

(4) 가공전선의 굵기 · 안전율 · 높이

① 전선 굵기

구분	전선 굵기	보안공사
저압 400V 미만	3.2mm 경동선(절연전선의 경우 2.6mm)	4.0mm
400V 이상 저압 또는 고압	시가지 5.0mm 경동선 시가지 외 4.0mm 경동선	5.0mm
특별고압 가공전선	22mm² 경동연선 이상 시가지 내 : 100kV 미만 − 55mm² 100kV 이상 − 150mm²	−

※ 동복강선 : 3.5mm

② 안전율

　　㉠ 경동선 및 내열 동합금선 : 2.2 이상

　　㉡ 그 밖의 전선 : 2.5 이상

③ 저압 · 고압 · 특고압 가공전선의 높이

장소	저압	고압	특고압[kV]		
			35kV 이하	~ 160kV 이하	160kV 초과
횡단보도교	3.5m (절연전선 또는 케이블 3m)	3.5m	6.5m (절연전선 또는 케이블인 경우 4m)	6.5m (케이블인 경우 5m)	6.5+N×0.12
일반	5m(교통지장 없음 4m)	5m	5m	6m	6m+N×0.12
도로 횡단	6m			−	불가
철도 횡단	6.5m				6.5m+N×0.12
산지	−	−		5m	5m+N×0.12

※ 일반(도로 방향 포함), (케이블), N=160kV 초과 / 10kV(반드시 절상 후 계산)

④ 특별 고압 시가지의 가공전선의 높이(지지물에 위험을 표시하고, 목주 사용 불가)

　　㉠ 35kV 이하 : 10m(절연전선 : 8m)

　　㉡ 35kV 초과 : 10+(1단수×0.12m)

(5) 케이블에 의한 가공전선로 시설

조가용선	인장강도	굵기	접지	간격	
				행거	금속제테이프
저 · 고압	5.93kN 이상	22mm² 이상 아연도강연선	케이블 피복의 금속체 KEC 140(접지시스템)의 규정에 준하여 접지공사	0.5m 이하	0.2m 이하, 나선형
특고압	13.93kN 이상	22mm² 이상 아연도강연선			

※ 100kV 초과의 경우로 지락 또는 단락 발생 시 1초 이내에 자동으로 차단하는 장치를 시설한다.

(6) 특고압 가공전선과 지지물과의 간격

특별 고압 가공전선(케이블은 제외한다)과 그 지지물 · 완금류 · 지주 또는 지선 사이의 이격거리는 표에서 정한 값 이상이어야 한다(단, 기술상 부득이한 경우에 위험의 우려가 없도록 시설한 때에는 표에서 정한 값의 0.8배까지 감할 수 있다).

사용전압	간격[m]	사용전압	간격[m]
15kV 미만	0.15	70kV 이상 80kV 미만	0.45
15kV 이상 25kV 미만	0.2	80kV 이상 130kV 미만	0.65
25kV 이상 35kV 미만	0.25	130kV 이상 160kV 미만	0.9
35kV 이상 50kV 미만	0.3	160kV 이상 200kV 미만	1.1
50kV 이상 60kV 미만	0.35	200kV 이상 230kV 미만	1.3
60kV 이상 70kV 미만	0.4	230kV 이상	1.6

(7) 가공전선로 지지물 간 거리의 제한

① 가공전선로 지지물 간 거리의 제한[KEC 332.9(고압), 333.1(시가지), 333.21(특고압)]

구분	표준경간	전선굵기에 따른 장경간 사용		시가지
		고압 25mm^2	특고압 50mm^2	
목주・A종	150m	300m 이하		75m(목주 사용 불가)
B종	250m	500m 이하		150m
철탑	600m	–		400m

② 보안공사[KEC 222.10(저압), 332.10(고압), 333.22(특고압)]

구분	보안공사			사용전선 굵기에 따른 표준경간을 사용할 수 있는 경우				
	저・고압	제1종 특고압	제2,3종 특고압	저압	고압	제1종 특고압	제2종 특고압	제3종 특고압
				22mm^2	38mm^2	150mm^2	95mm^2	목주, A종 38mm^2 B종, 철탑 55mm^2
목주, A종	100m	사용 불가	100m	150m	150m	100m	100m	150m
B종	150m	150m	200m	250m	250m	250m	250m	250m
철탑	400m	400m(단주 300m)		600m	600m	600m	600m	600m

③ 일반공사 목주안전율 및 보안공사 전선굵기

	저압	고압	특고압		
일반공사 목주안전율	풍압하중의 1.2배	1.3	1.5		
보안공사 목주안전율	1.5	1.5	• 제1종 특고압 : 사용불가 • 제2종 특고압 보안공사 : 2		
보안공사 전선굵기	• 400V 미만 : 5.26kN 이상, 지름 4mm 이상 경동선 • 400V 이상 : 8.01kN, 지름 5mm 이상 경동선		1종 특고압 보안공사(시가지)		제2종, 3종 특고압 보안공사
			100kV 미만	인장강도 21.67kN 이상, 55mm^2 이상 경동연선	인장강도 8.71kN 이상 또는 22mm^2 이상 경동선
			100 이상 300kV 미만	인장강도 58.84kN 이상, 150mm^2 이상 경동연선	
			300kV 이상	인장강도 77.47kN 이상, 200mm^2 이상 경동연선	

※ 제1, 2, 3종 특고압 보안공사 구분

제1종 특고압 보안공사	제2종 특고압 보안공사	제3종 특고압 보안공사
2차 접근 상태		1차 접근 상태
35kV 초과	35kV 이하	

• 제1종 특고압 보안공사
  – 지락 또는 단락 시 3초(100kV 이상 2초) 이내에 차단하는 장치를 시설한다.
  – 애자는 1련으로 하는 경우는 50% 충격섬락전압이 타 부분의 110% 이상이어야 한다(사용전압이 130kV를 넘는 경우 105% 이상이거나, 아크혼 붙은 2련 이상).

(8) 가공전선의 병행설치, 공용설치, 첨가 통신선 : 동일 지지물 시설

① 병행설치 : 동일 지지물(별개 완금류)에 전력선과 전력선을 동시에 시설하는 것이다(KEC 222.9 / 332.8, 333.17).

구분	고압	35kV 이하	35kV 초과 60kV 이하	60kV 초과
저압 고압(케이블)	0.5m 이상(0.3m)	1.2m 이상(0.5m)	2m 이상(1m)	$2m(1m) + N \times 0.12m$
기타	\$35kV 이하 – 상부에 고압측을 시설하며 별도의 완금에 시설할 것 • 35 ~ 100kV 이하의 특고압 – $N = \dfrac{(60kV \text{ 초과})}{10kV}$(반드시 절상하여 계산) – 21.67kN 금속선, 50mm² 이상의 경동연선을 시설할 것 – 특고압 가공전선로는 제2종 특고압 보안공사 시설할 것			

② 공용설치 : 동일 지지물(별개 완금류)에 전력선과 약전선을 동시에 시설하는 것이다(KEC 222.21 / 332.21, 333.19).

구분	저압	고압	특고압
약전선(케이블)	0.75m 이상(0.3m)	1.5m 이상(0.5m)	2m 이상(0.3m)
기타	• 저·고압 – 전선로의 지지물로서 사용하는 목주의 풍압하중에 대한 안전율은 1.5 이상일 것 – 상부에 가공전선을 시설하며 별도의 완금에 시설할 것 • 특고압 – 제2종 특고압 보안공사에 의할 것 – 사용전압 35kV 이하에서만 시설할 것 – 21.67kN 이상의 연선, 50mm² 이상인 경동연선 사용할 것		

③ 첨가 : 가공전선로의 지지물에 통신선을 동시에 시설하는 것이다.

구분	저·고압		특고압		22.9kV − Y
	통신선	절연·케이블	통신선	절연·케이블	
통신선	0.6m 이상	0.3m 이상	1.2m 이상	0.3m 이상	0.75m 이상 중성선 0.6m 이상

(9) 가공전선과 약전선(안테나)의 접근교차 시 이격거리

KEC 222.13 / 332.13, 222.14 / 332.14[저·고압 가공전선과 약전선(안테나)의 접근 또는 교차]

구분	저압			고압			25kV 이하 특고압 가공전선		
	일반	고압 절연	케이블	일반	고압 절연	케이블	일반	특고압 절연	케이블
접근, 교차, 안테나	0.6m	0.3m	0.3m	0.8m	−	0.4m	2.0m	1.5m	0.5m

(10) 가공약전류전선로의 유도장해 방지

저압 또는 고압 가공전선로와 기설 가공약전류전선로가 병행하는 경우에는 유도작용에 의하여 통신상의 장해가 생기지 않도록 전선과 기설 약전류전선 간의 지지물 간 거리는 2m 이상이어야 한다.

(11) 유도장해의 방지(KEC 333.2)

특고압 가공전선로는 기설가공전화선로에 대하여 상시 정전유도 작용에 의한 통신상의 장해가 없도록 시설하고 유도전류를 다음과 같이 제한한다.

① 사용전압이 60kV 이하인 경우에는 전화선로의 길이 12km마다 유도전류가 $2\mu A$를 넘지 않도록 해야 한다.

② 사용전압이 60kV 초과인 경우에는 전화선로의 길이 40km마다 유도전류가 $3\mu A$를 넘지 않도록 해야 한다.

(12) 가공전선과 건조물(조영재)의 지지물 간 거리

① 저·고압 가공전선 이격거리(KEC 332.11 / 332.12)

구분			저압 가공전선			고압 가공전선		
			일반	고압 절연	케이블	일반	고압 절연	케이블
건조물	상부 조영재	상방	2m	1m		2m	−	1m
		측·하방, 기타 조영재	1.2m	0.4m		1.2m	−	0.4m
기타	삭도(지주), 저압 전차선		0.6m	0.3m		0.8m		0.4m
	저압 전차선로의 지지물		0.3m			0.6m		0.3m
	식물		상시 부는 바람에 접촉하지 않도록 한다.					

② 특고압 가공전선과 각종 시설물의 접근 또는 교차

㉠ 특고압 가공전선과 건조물의 접근(KEC 333.23)

구분			지지물 간 거리			
			일반 (기타전선)	특고압 절연	케이블	35kV 초과
건조물	상부 조영재	상방	3m	2.5m	1.2m	(규정값)＋N×0.15m
		측·하방,	−	☆1.5m	0.5m	
	기타 조영재		3m	☆1.5m	0.5m	

※ N＝(35kV 초과분)/10kV(반드시 절상 후 계산) / ☆ 전선에 사람이 쉽게 접촉할 수 없는 경우 1m

㉡ 특고압 가공전선과 도로 등의 접근 또는 교차(KEC 333.24)

구분	이격거리	
	35kV 이하	35kV 초과
이격거리	3m	3m＋(단수)×0.15m

※ $N=\dfrac{(35\text{kV 초과분})}{10\text{kV}}$ (반드시 절상 후 계산)

ⓒ 특고압 가공전선과 기타 시설물의 접근 또는 교차(KEC 333.25 / 333.26 / 333.30)

구분	지지물 간 거리				
	35kV 이하			35kV 초과 60kV 이하	60kV 초과
	일반	절연	케이블		
삭도(지지물)	2m	1m	0.5m	2m	$2m + N \times 0.12m$
저·고압 가공전선	2m				$2m + N \times 0.12m$
식물	2m				$2m + N \times 0.12m$

$N =$ (60kV 초과분) / 10kV × 0.12m(반드시 절상하여 계산)

ⓓ 특고압 절연전선 또는 케이블 사용 시 35kV 이하에 한하여 지지물 간 거리를 감할 수 있음

지지물 구분	전선의 종류	간격
저압 가공전선 또는 저·고압 전차선	특고압 절연전선	1.5m(저압 가공전선이 절연전선 또는 케이블일 때 1m)
	케이블	1.2m(저압 가공전선이 절연전선 또는 케이블일 때 0.5m)
고압 가공전선	특고압 절연전선	1m
	케이블	0.5m
가공 약전류 전선 등	특고압 절연전선	1m
	케이블	0.5m

③ 25kV 이하인 특고압 가공전선로의 시설(KEC 333.32)

ⓐ 사용전압이 15kV 이하인 접지도체 : 공칭단면적 $6mm^2$ 이상의 연동선
ⓑ 사용전압이 15kV 초과 25kV 미만인 접지도체 : 공칭단면적 $6mm^2$ 이상의 연동선
ⓒ 접지 상호 간의 거리
  • 15kV 이하 : 300m 이하
  • 15kV 초과 25kV 이하 : 150m 이하
ⓓ 접지 저항값

전압	분리 시 개별 접지 저항값	1km마다 합성 접지 저항값
15kV 이하	300Ω	30Ω
15kV 초과 25kV 이하	300Ω	15Ω

ⓔ 경간

지지물의 종류	경간
목주·A종 철주 또는 A종 철근 콘크리트주	100m
B종 철주 또는 B종 철근 콘크리트주	150m
철탑	400m

ⓕ 전선 상호 간 이격거리

구분	나전선	특고압 절연전선	케이블 특고압 절연전선
나전선	1.5m	–	–
특고압 절연전선	–	1.0m	0.5m
케이블	–	0.5m	0.5m

ⓖ 식물 사이의 이격거리는 1.5m 이상

(13) 농사용 저압 가공전선로의 시설(KEC 222.22)

① 사용전압은 저압이어야 한다.

② 전선은 인장강도 1.38kN 이상의 것 또는 지름 2mm 이상의 경동선이어야 한다.

③ 지표상의 높이는 3.5m 이상이어야 한다(다만, 사람이 출입하지 아니하는 곳은 3m).

④ 목주의 굵기는 위쪽 끝 지름 0.09m 이상이어야 한다.

⑤ 전선로의 지지물 간 거리는 30m 이하이어야 한다.

⑥ 다른 전선로에 접속하는 곳 가까이에 그 저압 가공전선로 전용의 개폐기 및 과전류차단기를 각 극(과전류차단기는 중성극을 제외한다)에 시설해야 한다.

(14) 구내에 시설하는 저압 가공전선로(400V 이하)(KEC 222.23)

① 저압 가공전선은 지름 2mm 이상의 경동선이어야 한다(단, 경간 10m 미만 : 공칭단면적 $4mm^2$ 이상의 연동선).

② 경간은 30m 이하이어야 한다.

③ 전선과 다른 시설물과의 이격거리 : 상방 1m, 측방 / 하방 0.6m(케이블 0.3m)

(15) 옥측전선로(KEC 221.2 / 331.13)

① 저압 : 애자사용배선, 합성수지관배선, 케이블배선, 금속관배선(목조 이외), 버스덕트배선(목조 이외)

　㉠ 애자사용 시 전선의 공칭단면적 : $4mm^2$ 이상

　㉡ 애자사용 시 이격거리

다른 시설물	접근상태	간격
조영물의 상부 조영재	위쪽	2m (전선이 고압 절연전선, 특고압 절연전선 또는 케이블인 경우 1m)
	옆쪽 또는 아래쪽	0.6m (전선이 고압 절연전선, 특고압 절연전선 또는 케이블인 경우 0.3m)
조영물의 상부 조영재 이외의 부분 또는 조영물 이외의 시설물		0.6m (전선이 고압 절연전선, 특고압 절연전선 또는 케이블인 경우 0.3m)

※ 애자사용배선에 의한 저압 옥측전선로의 전선과 식물과의 이격거리는 0.2m 이상이어야 한다.

② 고압 : 케이블배선[KEC 140(접지시스템)의 규정에 준하여 접지공사]

③ 특고압 : 100kV를 초과할 수 없다.

(16) 옥상전선로(KEC 221.3 / 331.14)

① 저압

구분	지지점 간 거리
지지물	15m 이내
조영재	2m(케이블 1m) 이상
약전류전선, 안테나	1m(케이블 0.3m) 이상

- 2.6mm 이상 경동선
- 다른 시설물과 접근하거나 교차하는 경우 시 이격거리 0.6m(고압 절연전선, 특고압 절연전선, 케이블 0.3m) 이상

② 특고압 : 시설 불가

(17) 지중전선로의 시설(KEC 334.1)

① 사용전선 : 케이블, 직접매설식에서 트로프를 사용하지 않을 경우는 CD(콤바인덕트)케이블을 사용한다.

② 매설방식
- ㉠ 직접 매설식
- ㉡ 관로식
- ㉢ 암거식(공동구)

장소	매설깊이		
	직접 매설식		관로식
	차량, 기타 중량물의 압력	기타 (차량, 압박받을 우려 없는 장소)	
길이	1.0m 이상	0.6m 이상	1m 이상

③ 케이블 가압장치

냉각을 위해 가스를 밀봉한다(1.5배 유압 또는 수압, 1.25배 기압에 10분간 견딜 것

④ 지중전선의 피복금속체 접지 : KEC 140를 따라야 한다.

⑤ 지중전선과 지중약전류전선 등 또는 관과의 접근 또는 교차(KEC 223.6 / 334.6)

구분	약전류전선	유독성 유체 포함 관
저·고압	0.3m 이하	1m(25kV 이하, 다중접지방식 0.5m) 이하
특고압	0.6m 이하	

⑥ 지중함의 시설
- ㉠ 지중함은 견고하고 차량 기타 중량물의 압력에 견디는 구조여야 한다.
- ㉡ 지중함은 그 안의 고인 물을 제거할 수 있는 구조로 되어 있어야 한다.
- ㉢ 폭발성 또는 연소성의 가스가 침입할 우려가 있는 것에 시설하는 지중함으로서 그 크기가 $1m^3$ 이상인 것에는 통풍장치 기타 가스를 방산시키기 위한 적당한 장치를 시설해야 한다.
- ㉣ 지중함의 뚜껑은 시설자 이외의 자가 쉽게 열 수 없도록 시설해야 한다.

(18) 터널 안 전선로의 시설(KEC 335.1)

① 철도·궤도 또는 자동차 전용 터널 내 전선로

전압	전선의 굵기	애자사용공사 시 높이	시공방법
저압	2.6mm 이상 경동절연전선	노면상, 레일면상 2.5m 이상	• 합성수지관배선 • 금속관배선 • 가요전선관배선 • 케이블배선 • 애자사용배선
고압	4mm 이상 고압 / 특고압 절연전선	노면상, 레일면상 3m 이상	• 케이블배선 • 애자사용배선

② 사람이 상시 통행하는 터널 안 전선로
- ㉠ 저압 전선은 차량 전용 터널 내 공사 방법과 같다.
- ㉡ 고압 전선은 케이블공사에 의하여 시설할 수 있다.
- ㉢ 특고압 전선은 시설하지 않는 것을 원칙으로 한다.

(19) 인입선의 시설

① 저압 인입선(KEC 221.1.1), 고압 인입선(KEC 332.5)

구분	저압				고압			
	일반	도로	철도	횡단보도	일반	도로	철도	횡단보도
높이 (케이블)	4m (교통 지장 없을 시 2.5m)	5m (교통 지장 없을 시 3m)	6.5m	3m	5m	6m	6.5m	3.5m
					위험표시 3.5m			
사용 전선	15m 이하 : 1.25kN/2.0mm 이상 인입용 비닐절연전선, 케이블				• 8.01kN/5mm 이상 경동선, 케이블			
	15m 초과 : 2.30kN/2.6mm 이상 인입용 비닐절연전선, 케이블				• 이웃 연결 인입선 불가			

※ 저압 연접 인입선의 시설(KEC 221.1.2)
- 인입선에서 분기하는 점으로부터 100m를 초과하지 말 것
- 도로 폭 5m 초과 금지
- 옥내 관통 금지

② 특고압 가공인입선(KEC 333.7)

구분	일반	도로	철도	횡단보도			
35kV 이하	5m (케이블 4m)	6m	6.5m	4m (케이블 / 특고압 절연전선 사용)			
35kV 초과 160kV 이하	6m	–	6.5m	5m(케이블 사용)			
	사람 출입이 없는 산지 : 5m 이상						
160kV 초과	일반	6m+N	철도	6.5m+N	산지	5m+N	

- (단수)=(160kV 초과) / 10kV (반드시 절상), N=(단수)×0.12m
- 변전소 또는 개폐소에 준하는 곳 이외 곳에서는 사용전압 100kV 이하
- 이웃 연결 인입선 불가

(20) 수상전선로(KEC 335.3)

저압	고압	수면상에 접속점이 있는 경우	접속점이 육상에 있는 경우
케이블			
클로로프렌 캡타이어케이블	고압용 캡타이어케이블	저압 4m 이상 고압 5m 이상	5m 이상 도로 이외 저압 4m 이상

(1) 통칙(KEC 200)

① 전기설비 적용범위(KEC 201)

저압	고압 · 특고압

• 교류 1kV 또는 직류 1.5kV 이하인 저압의 전기를 공급하거나 사용하는 전기설비에 적용하며 다음의 경우를 포함한다.
   – 전기설비를 구성하거나 연결하는 선로와 전기기계 기구 등의 구성품
   – 저압 기기에서 유도된 1kV 초과 회로 및 기기
     (예 저압 전원에 의한 고압방전등, 전기집진기 등)
	• 교류 1kV 초과 또는 직류 1.5kV를 초과하는 고압 및 특고압 전기를 공급하거나 사용하는 전기설비에 적용한다. 고압 · 특고압 전기설비에서 적용하는 전압의 구분은 다음에 따른다.
	   – 고압 : 교류는 1kV를, 직류는 1.5kV를 초과하고, 7kV 이하인 것
	   – 특고압 : 7kV를 초과하는 것

② 배전방식(KEC 202)

  ㉠ 교류회로

    • 3상 4선식의 중성선 또는 PEN도체는 충전도체는 아니지만 운전전류를 흘리는 도체이다.

    • 3상 4선식에서 파생되는 단상 2선식 배전방식의 경우 두 도체 모두가 선도체이거나 하나의 선도체와 중성선 또는 하나의 선도체와 PEN도체이다.

    • 모든 부하가 선간에 접속된 전기설비에서는 중성선의 설치가 필요하지 않을 수 있다.

  ㉡ 직류회로

  PEL과 PEM도체는 충전도체는 아니지만 운전전류를 흘리는 도체이다. 2선식 배전방식이나 3선식 배전방식을 적용한다.

③ 계통접지 방식(KEC 203)

  ㉠ 저압

    • 분류

      – TN계통

      – TT계통

      – IT계통

    • 문자정의

      – 제1문자 : 전원계통과 대지의 관계

        ⓐ T : 한 점을 대지에 직접 접속

        ⓑ I : 모든 충전부를 대지와 절연시키거나 높은 임피던스를 통하여 한 점을 대지에 직접 접속

- 제2문자 : 전기설비의 노출도전부와 대지의 관계
  - ⓐ T : 노출도전부를 대지로 직접 접속, 전원계통의 접지와는 무관
  - ⓑ N : 노출도전부를 전원계통의 접지점(교류계통에서는 통상적으로 중성점, 중성점이 없을 경우는 선도체)에 직접 접속
- 그 다음 문자(문자가 있을 경우) : 중성선과 보호도체의 배치
  - ⓐ S : 중성선 또는 접지된 선도체 외에 별도의 도체에 의해 제공되는 보호 기능
  - ⓑ C : 중성선과 보호 기능을 한 개의 도체로 겸용(PEN도체)

• 심벌 및 약호
  - 심벌

기호 설명	
	중성선(N), 중간도체(M)
	보호도체(PE)
	중성선과 보호도체겸용(PEN)

  - 약호

T	Terra	대지(접지)
I	Isolated	절연(대지 사이에 교유임피던스 사용)
N	Neutral	중성
S	Separate	분리
C	Combined	결합

• 결선도
  - TN계통
    - ⓐ TN – S : TN – S계통은 계통 전체에 대해 별도의 중성선 또는 PE도체를 사용한다. 배전계통에서 PE도체를 추가로 접지할 수 있다.

[계통 내에서 별도의 중성선과 보호도체가 있는 TN – S계통]

[계통 내에서 별도의 접지된 선도체와 보호도체가 있는 TN – S계통]

[계통 내에서 접지된 보호도체는 있으나 중성선의 배선이 없는 TN – S계통]

ⓑ TN - C : 그 계통 전체에 대해 중성선과 보호도체의 기능을 동일도체로 겸용한 PEN도체를 사용한다. 배전계통에서 PEN도체를 추가로 접지할 수 있다.

[TN - C계통]

ⓒ TN - C - S : 계통의 일부분에서 PEN도체를 사용하거나 중성선과 별도의 PE도체를 사용하는 방식이 있다. 배전계통에서 PEN도체와 PE도체를 추가로 접지할 수 있다.

[설비의 어느 곳에서 PEN이 PE와 N으로 분리된 3상 4선식 TN - C - S계통]

− TT계통 : 전원의 한 점을 직접 접지하고 설비의 노출도전부는 전원의 접지전극과 전기적으로 독립적인 접지극에 접속시킨다. 배전계통에서 PE도체를 추가로 접지할 수 있다.

[설비 전체에서 별도의 중성선과 보호도체가 있는 TT계통]

[설비 전체에서 접지된 보호도체가 있으나 배전용 중성선이 없는 TT계통]

− IT계통

ⓐ 충전부 전체를 대지로부터 절연시키거나 한 점을 임피던스를 통해 대지에 접속시킨다. 전기설비의 노출도전부를 단독 또는 일괄적으로 계통의 PE도체에 접속시킨다. 배전계통에서 추가접지가 가능하다.

ⓑ 계통은 충분히 높은 임피던스를 통하여 접지할 수 있다. 이 접속은 중성점, 인위적 중성점, 선도체 등에서 할 수 있다. 중성선은 배선할 수도 있고, 배선하지 않을 수도 있다.

[계통 내의 모든 노출도전부가 보호도체에 의해 접속되어 일괄 접지된 IT계통]

[노출도전부가 조합으로 또는 개별로 접지된 IT계통]

(2) 안전을 위한 보호(감전, 과전류, 과도 · 과전압, 열영향)

① 감전에 대한 보호(KEC 211)

㉠ 일반 요구사항

- 교류 : 실횻값
- 직류 : 리플프리

㉡ 보호대책

- 전원의 자동차단
- 이중절연 또는 강화절연
- 한 개의 전기사용기기에 전기를 공급하기 위한 전기적 분리
- SELV와 PELV에 의한 특별저압

㉢ 전원자동차단

- 요구사항
  - 기본보호는 충전부의 기본절연 또는 격벽이나 외함에 의한다.
  - 고장보호는 보호등전위본딩 및 자동차단에 의한다.
  - 추가적인 보호로 누전차단기를 시설할 수 있다.
- 고장 시 자동차단

보호장치는 고장의 경우 다음에서 규정된 차단시간 내에서 회로의 선도체 또는 설비의 전원을 자동으로 차단하여야 한다.

[32A 이하 분기회로의 최대 차단시간]

[단위 : 초]

계통	$50V < U_0 \leq 120V$		$120V < U_0 \leq 230V$		$230V < U_0 \leq 400V$		$400V < U_0$	
	교류	직류	교류	직류	교류	직류	교류	직류
TN	0.8	☆	0.4	5	0.2	0.4	0.1	0.1
TT	0.3	☆	0.2	0.4	0.07	0.2	0.04	0.1

- TT 계통에서 차단은 과전류보호장치에 의해 이루어지고 보호등전위본딩은 설비 안의 모든 계통외도전부와 접속되는 경우 TN 계통에 적용 가능한 최대차단시간이 사용될 수 있다.
- U_0는 대지에서 공칭교류전압 또는 직류 선간전압이다.
- ☆ 차단은 감전보호 외에 다른 원인에 의해 요구될 수도 있다.

※ TN 계통에서 배전회로(간선)와 위 표의 경우를 제외하고는 5초 이하의 차단시간을 허용한다.
※ TT 계통에서 배전회로(간선)와 위 표의 경우를 제외하고는 1초 이하의 차단시간을 허용한다.

- 누전차단기 시설(추가적인 보호)
  - 금속제 외함을 가지는 사용전압이 50V를 초과하는 저압의 기계기구로서 사람이 쉽게 접촉할 우려가 있는 곳에 시설하는 것

  > ※ **적용 제외**
  > - 기계기구를 발전소 · 변전소 · 개폐소 또는 이에 준하는 곳에 시설하는 경우
  > - 기계기구를 건조한 곳에 시설하는 경우
  > - 대지전압이 150V 이하인 기계기구를 물기가 있는 곳 이외의 곳에 시설하는 경우
  > - 이중 절연구조의 기계기구를 시설하는 경우
  > - 그 전로의 전원측에 절연변압기(2차 전압이 300V 이하인 경우에 한한다)를 시설하고 또한 그 절연변압기의 부하측의 전로에 접지하지 아니하는 경우
  > - 기계기구가 고무 · 합성수지 기타 절연물로 피복된 경우
  > - 기계기구가 유도 전동기의 2차측 전로에 접속되는 것일 경우

  - 주택의 인입구 등 다른 절에서 누전차단기 설치를 요구하는 전로
  - 특고압전로, 고압전로 또는 저압전로와 변압기에 의하여 결합되는 사용전압 400V 이상의 저압전로 또는 발전기에서 공급하는 사용전압 400V 이상의 저압전로(발전소 및 변전소와 이에 준하는 곳에 있는 부분의 전로를 제외한다)
  - 다음의 전로에는 자동복구 기능을 갖는 누전차단기를 시설할 수 있다.
    ⓐ 독립된 무인 통신중계소 · 기지국
    ⓑ 관련법령에 의해 일반인의 출입을 금지 또는 제한하는 곳
    ⓒ 옥외의 장소에 무인으로 운전하는 통신중계기 또는 단위기기 전용회로. 단, 일반인이 특정한 목적을 위해 지체하는(머물러 있는) 장소로서 버스정류장, 횡단보도 등에는 시설할 수 없다.
    ⓓ 누전차단기를 저압전로에 사용하는 경우 일반인이 접촉할 우려가 있는 장소(세대 내 분전반 및 이와 유사한 장소)에는 주택용 누전차단기를 시설하여야 한다.
- TN계통
  - TN계통에서 설비의 접지 신뢰성은 PEN도체 또는 PE도체와 접지극과의 효과적인 접속에 의한다.
  - TN계통에서 과전류보호장치 및 누전차단기는 고장보호에 사용할 수 있다. 누전차단기를 사용하는 경우 과전류보호 겸용의 것을 사용해야 한다.
  - TN-C계통에는 누전차단기를 사용해서는 안 된다. TN-C-S계통에 누전차단기를 설치하는 경우에는 누전차단기의 부하측에는 PEN도체를 사용할 수 없다. 이러한 경우 PE도체는 누전차단기의 전원측에서 PEN도체에 접속하여야 한다.
- TT계통
  - 전원계통의 중성점이나 중간점은 접지하여야 한다. 중성점이나 중간점을 이용할 수 없는 경우, 선도체 중 하나를 접지하여야 한다.
  - 누전차단기를 사용하여 고장보호를 하여야 한다. 다만, 고장 루프임피던스가 충분히 낮을 때는 과전류보호장치에 의하여 고장보호를 할 수 있다.

• IT계통 : 노출도전부 또는 대지로 단일고장이 발생한 경우에는 고장전류가 작기 때문에 자동차단이 절대적 요구사항은 아니다. 그러나 두 곳에서 고장 발생 시 동시에 접근이 가능한 노출도전부에 접촉되는 경우에는 인체에 위험을 피하기 위한 조치를 하여야 한다.

[각 계통의 동작조건 사항]

TN계통	TT계통	IT계통		
$U_0 \geq I_a Z_s$	$U_0 \geq I_a Z_s$	1차 고장 후 다른 2차 고장 발생 시		

• Z_s : 고장루프 임피던스
  – 전원의 임피던스
  – 고장점까지의 선도체 임피던스
  – 고장점과 전원 사이의 보호도체 임피던스
• I_a : 차단시간 내에 차단장치 또는 누전차단기를 자동으로 동작하게 하는 전류[A]
• U_0 : 공칭대지전압[V]
	• Z_s : 고장루프 임피던스
	  – 전원
	  – 고장점까지 선도체
	  – 노출도전부 보호도체
	  – 접지도체
	  – 설비접지극
	  – 전원접지극
	• I_a : 차단시간 내에 차단장치 또는 누전차단기를 자동으로 동작하게 하는 전류[A]
	• U_0 : 공칭대지전압[V]
	
	그룹 / 개별 접지
	$50V > I_{\triangle n} R_A$
	• R_A : 노출도전부에 접속된 보호도체와 접지극저항의 합[Ω]
	• $I_{\triangle n}$: 누전차단기의 정격동작전류
		1차 고장이 발생 후 다른 곳에 2차 고장 발생 시 자동차단조건		

		노출도전부가 같은 접지계통에 집합적으로 접지된 보호도체와 접촉 시		노출도전부가 그룹별 또는 개별접지 시
		$U \geq 2 I_a Z_s$ (비접지계통)	$U_0 \geq 2$ $I_a Z_s'$ (접지계통)	$50[V] \geq I_d R_A$(교류) $120[V] \geq I_d R_A$(직류)
		• Z_s : 회로의 선도체와 보호도체를 포함하는 고장루프 임피던스 • Z_s' : 회로의 중성선과 보호도체를 포함하는 고장루프 임피던스 • I_a : 차단시간 내에 차단장치 또는 누전차단기를 자동으로 동작하게 하는 전류[A] • U : 선간 공칭전압[V] • U_0 : 선도체와 대지 간 공칭전압[V] • R_A : 접지극과 노출도전부에 접속된 보호도체저항의 합 • I_d : 하나의 선도체와 노출도전부 사이에서 무시할 수 있는 임피던스로 1차 고장이 발생했을 때의 고장전류[A]로 전기설비의 누설전류와 총 접지 임피던스를 고려한 값		

ⓔ 기능적 특별저압(FELV)(KEC 211.2.8) : 기능상의 이유로 교류 50V, 직류 120V 이하인 공칭전압을 사용하지만, SELV 또는 PELV에 대한 모든 요구조건이 충족되지 않고 SELV와 PELV가 필요치 않은 경우에는 기본보호 및 고장보호의 보장을 위해 다음을 따라야 한다. 이러한 조건의 조합을 FELV라 한다.
• 기본보호는 기본절연, 격벽, 외함 중 하나에 따른다.
• FELV계통의 전원은 최소한 단순분리형 변압기에 의한다.
• 적용
  – 플러그를 다른 전압계통의 콘센트에 꽂을 수 없어야 한다.
  – 콘센트는 다른 전압계통의 플러그를 수용할 수 없어야 한다.
  – 콘센트는 보호도체에 접속하여야 한다.
ⓜ 이중절연 또는 강화절연에 대한 보호(KEC 211.3) : 이중 또는 강화절연은 기본절연의 고장으로 인해 전기기기의 접근 가능한 부분에 위험전압이 발생하는 것을 방지하기 위한 보호대책

ⓑ 전기적 분리에 의한 보호(KEC 211.4)
- 고장보호를 위한 요구사항
  - 분리된 회로는 최소한 단순 분리된 전원을 통하여 공급되어야 하며, 분리된 회로의 전압은 500V 이하이어야 한다.
  - 분리된 회로의 충전부는 어떤 곳에서도 다른 회로, 대지 또는 보호도체에 접속되어서는 안 되며, 전기적 분리를 보장하기 위해 회로 간에 기본절연을 하여야 한다.
  - 가요 케이블과 코드는 기계적 손상을 받기 쉬운 전체 길이에 대해 육안으로 확인이 가능하여야 한다.
  - 분리된 회로들에 대해서는 분리된 배선계통의 사용이 권장된다. 다만, 분리된 회로와 다른 회로가 동일 배선계통 내에 있으면 금속외장이 없는 다심케이블, 절연전선관 내의 절연전선, 절연덕팅 또는 절연트렁킹에 의한 배선이 되어야 하며 다음의 조건을 만족하여야 한다.
    ⓐ 정격전압은 최대 공칭전압 이상일 것
    ⓑ 각 회로는 과전류에 대한 보호를 할 것
  - 분리된 회로의 노출도전부는 다른 회로의 보호도체, 노출도전부 또는 대지에 접속되어서는 안 된다.
ⓐ SELV(Safety Extra-Low Voltage)와 PELV(Protective Extra-Low Voltage)를 적용한 특별저압에 의한 보호(KEC 211.5)
- 요구사항
  - 특별저압계통의 전압한계는 교류 50V 이하, 직류 120V 이하이어야 한다.
  - 특별저압회로를 제외한 모든 회로로부터 특별저압계통을 보호분리하고, 특별저압계통과 다른 특별저압계통 간에는 기본절연을 하여야 한다.
  - SELV계통과 대지 간의 기본절연을 하여야 한다.
- SELV와 PELV회로에 대한 요구사항
  - 충전부와 다른 SELV와 PELV회로 사이에 기본절연이 필요하다.
  - 이중절연 또는 강화절연 또는 최고전압에 대한 기본절연 및 보호차폐에 의한 SELV 또는 PELV 이외의 회로들의 충전부로부터 보호분리해야 한다.
  - SELV회로는 충전부와 대지 사이에 기본절연이 필요하다.
  - PELV회로 및 PELV회로에 의해 공급되는 기기의 노출도전부는 접지한다.
  - SELV와 PELV 계통의 플러그와 콘센트는 다음에 따라야 한다.
    ⓐ 플러그는 다른 전압계통의 콘센트에 꽂을 수 없어야 한다.
    ⓑ 콘센트는 다른 전압계통의 플러그를 수용할 수 없어야 한다.
    ⓒ SELV계통에서 플러그 및 콘센트는 보호도체에 접속하지 않아야 한다.
  - SELV회로의 노출도전부는 대지 또는 다른 회로의 노출도전부나 보호도체에 접속하지 않아야 한다.
  - 건조한 상태에서 다음의 경우는 기본보호를 하지 않아도 된다.
    ⓐ SELV회로에서 공칭전압이 교류 25V 또는 직류 60V를 초과하지 않는 경우
    ⓑ PELV회로에서 공칭전압이 교류 25V 또는 직류 60V를 초과하지 않고 노출도전부 및 충전부가 보호도체에 의해서 주접지단자에 접속된 경우
  - SELV 또는 PELV 계통의 공칭전압이 교류 12V 또는 직류 30V를 초과하지 않는 경우에는 기본보호를 하지 않아도 된다.

◎ 추가적 보호(KEC 211.6)
- 누전차단기
- 보조 보호등전위본딩

㉢ 기본보호방법(KEC 211.7)
- 충전부의 기본절연
- 격벽 또는 외함

㉣ 장애물 및 접촉범위 밖에 배치(KEC 211.8)

㉠ 숙련자와 기능자의 통제 또는 감독이 있는 설비에 적용 가능한 보호대책(KEC 211.9)
- 비도전성 장소
- 비접지 국부 등전위본딩에 의한 보호
- 두 개 이상의 전기사용기기에 전원 공급을 위한 전기적 분리
※ SELV, PELV, FELV 정리

3종기기

구분	SELV	PELV	FELV
전원	• 안전절연변압기 • 안전절연변압기와 동등한 전원 • 축전지 • 독립전원		• 단순분리형 변압기 • SELV, PELV용 전원 • 단권변압기
회로분리	구조적 분리 있음		구조적 분리 없음
특징	• 비접지회로 • 노출도전부는 비접지	• 접지회로 • 회로접지는 보호도체에 접속을 허용 • 노출도전부는 접지	• 접지회로 • 노출도전부는 보호도체에 접속

② 과전류에 대한 보호(KEC 212)
㉠ 요구사항(KEC 212.1.1) : 과전류로 인하여 회로의 도체, 절연체, 접속부, 단자부 또는 도체를 감싸는 물체 등에 유해한 열적 및 기계적인 위험이 발생되지 않도록 그 회로의 과전류를 차단하는 보호장치를 설치해야 한다.

ⓒ 회로의 특성에 따른 요구사항(KEC 212.2)
- 선도체의 보호 : 과전류검출기 설치
- 중성선의 보호
  - TT계통 또는 TN계통
    ⓐ 중성선의 단면적이 선도체의 단면적과 동등 이상의 크기이고, 그 중성선의 전류가 선도체의 전류보다 크지 않을 것으로 예상될 경우, 중성선에는 과전류검출기 또는 차단장치를 설치하지 않아도 된다.
    ⓑ 중성선의 단면적이 선도체의 단면적보다 작은 경우 과전류검출기를 설치할 필요가 있다. 검출된 과전류가 설계전류를 초과하면 선도체를 차단해야 하지만 중성선을 차단할 필요까지는 없다.
    ⓒ ⓐ·ⓑ의 경우 모두 단락전류로부터 중성선을 보호해야 한다.
    ⓓ 중성선에 관한 요구사항은 차단에 관한 것을 제외하고 중성선과 보호도체 겸용(PEN) 도체에도 적용한다.
  - IT계통 : 중성선을 배선하는 경우 중성선에 과전류검출기를 설치해야 하며, 과전류가 검출되면 중성선을 포함한 해당 회로의 모든 충전도체를 차단해야 한다. 다음의 경우에는 과전류검출기를 설치하지 않아도 된다.
    ⓐ 설비의 전력 공급점과 같은 전원측에 설치된 보호장치에 의해 그 중성선이 과전류에 대해 효과적으로 보호되는 경우
    ⓑ 정격감도전류가 해당 중성선 허용전류의 0.2배 이하인 누전차단기로 그 회로를 보호하는 경우
  - 중성선의 차단 및 재연결 : 중성선에 설치하는 개폐기 및 차단기는 차단 시에는 중성선이 선도체보다 늦게 차단되어야 하며, 재연결 시에는 선도체와 동시 또는 그 이전에 재연결 되는 것을 설치하여야 한다.
- 보호장치의 종류 및 특성
  - 과부하전류 및 단락전류 겸용 보호장치 : 예상되는 단락전류를 포함한 모든 과전류를 차단 및 투입할 수 있다.
  - 과부하전류 전용 보호장치 : 차단용량은 그 설치점에서의 예상 단락전류값 미만으로 할 수 있다.
  - 단락전류 전용 보호장치 : 예상 단락전류를 차단할 수 있어야 하며, 차단기인 경우에는 이 단락전류를 투입할 수 있다.
ⓒ 과부하전류에 대한 보호(KEC 212.4)
- 도체와 과부하 보호장치 사이의 협조
  과부하에 대해 케이블(전선)을 보호하는 장치의 동작특성은 다음의 조건을 충족해야 한다.
  $$I_B \leq I_n \leq I_Z$$
  $$I_2 \leq 1.45 \times I_Z$$
  I_B : 회로의 설계전류
  I_Z : 케이블의 허용전류
  I_n : 보호장치의 정격전류
  I_2 : 보호장치가 규약시간 이내에 유효하게 동작하는 것을 보장하는 전류

[과부하 보호 설계 조건도]

- 과부하 보호장치의 설치위치 : 과부하 보호장치는 전로 중 도체의 단면적, 특성, 설치방법, 구성의 변경으로 도체의 허용전류값이 줄어드는 곳(이하 분기점이라 함)에 설치한다.
  - 보호장치(P_2)는 분기회로의 분기점(O)으로부터 3m 이내 설치한다(KEC 212.4.2).

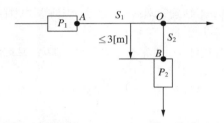

[분기회로(S_2)의 분기점(O)에서 3m 이내에 설치된 과부하 보호장치(P_2)]

- 과부하 보호장치의 생략
  ⓐ 분기회로의 전원측에 설치된 보호장치에 의하여 분기회로에서 발생하는 과부하에 대해 유효하게 보호되고 있는 분기회로
  ⓑ 단락보호가 되고 있으며, 분기점 이후의 분기회로에 다른 분기회로 및 콘센트가 접속되지 않는 분기회로 중, 부하에 설치된 과부하 보호장치가 유효하게 동작하여 과부하전류가 분기회로에 전달되지 않도록 조치를 하는 경우
  ⓒ 통신회로용, 제어회로용, 신호회로용 및 이와 유사한 설비
  ※ 안전을 위해 과부하 보호장치를 생략
    사용 중 예상치 못한 회로의 개방이 위험 또는 큰 손상을 초래할 수 있는 다음과 같은 부하에 전원을 공급하는 회로에 대해서는 과부하 보호장치를 생략할 수 있다.
    • 회전기의 여자회로
    • 전자석 크레인의 전원회로
    • 전류변성기의 2차 회로
    • 소방설비의 전원회로
    • 안전설비(주거침입경보, 가스누출경보 등)의 전원회로

㉣ 단락전류에 대한 보호(KEC 212.5) : 이 기준은 동일회로에 속하는 도체 사이의 단락인 경우에만 적용하여야 한다.

- 설치위치 : 과부하 보호장치 설치위치와 동일
- 단락보호장치의 생략 : 배선을 단락위험이 최소화할 수 있는 방법과 가연성 물질 근처에 설치하지 않는 조건이 모두 충족되면 다음과 같은 경우 단락보호장치를 생략할 수 있다.
  - 발전기, 변압기, 정류기, 축전지와 보호장치가 설치된 제어반을 연결하는 도체
  - 전원차단이 설비의 운전에 위험을 가져올 수 있는 회로
  - 특정 측정회로
- 단락보호장치의 특성
  - 차단용량 : 정격차단용량은 단락전류보호장치 설치점에서 예상되는 최대 크기의 단락전류보다 커야 한다.
  - 케이블 등의 단락전류 : 회로의 임의의 지점에서 발생한 모든 단락전류는 케이블 및 절연도체의 허용온도를 초과하지 않는 시간 내에 차단되도록 해야 한다. 단락지속시간이 5초 이하인 경우, 통상 사용조건에서의 단락전류에 의해 절연체의 허용온도에 도달하기까지의 시간 t는 다음과 같이 계산할 수 있다.

$$t = \left(\frac{kS}{I} \right)^2$$

  t : 단락전류 지속시간[sec]
  S : 도체의 단면적[mm^2]
  I : 유효 단락전류[A, rms]
  k : 도체 재료의 저항률, 온도계수, 열용량, 해당 초기온도와 최종온도를 고려한 계수

㉤ 저압전로 중의 개폐기 및 과전류차단장치의 시설(KEC 212.6)
- 저압전로 중의 개폐기의 시설
  - 저압전로 중에 개폐기를 시설하는 경우 그 곳의 각 극에 설치하여야 한다.
  - 사용전압이 다른 개폐기는 상호 식별이 용이하도록 시설하여야 한다.
- 저압 옥내전로 인입구에서의 개폐기의 시설
  - 저압 옥내전로에는 인입구에 가까운 곳으로서 쉽게 개폐할 수 있는 곳에 개폐기를 각 극에 시설하여야 한다.
  - 사용전압이 400V 이하인 옥내전로로서 다른 옥내전로(정격전류가 16A 이하인 과전류차단기 또는 정격전류가 16A를 초과하고 20A 이하인 배선용 차단기로 보호되고 있는 것에 한한다)에 접속하는 길이 15m 이하의 전로에서 전기의 공급을 받는 것은 1번째의 규정에 의하지 않을 수 있다.
  - 저압 옥내전로에 접속하는 전원측의 전로의 그 저압 옥내전로의 인입구에 가까운 곳에 전용의 개폐기를 쉽게 개폐할 수 있는 곳의 각 극에 시설하는 경우에는 1번째의 규정에 의하지 않을 수 있다.

- 저압전로 중의 과전류차단기의 시설
  - 퓨즈(gG)의 용단특성

정격전류의 구분	시간	정격전류의 배수	
		불용단전류	용단전류
4A 이하	60분	1.5배	2.1배
4A 초과 16A 미만	60분	1.5배	1.9배
16A 이상 63A 이하	60분	1.25배	1.6배
63A 초과 160A 이하	120분	1.25배	1.6배
160A 초과 400A 이하	180분	1.25배	1.6배
400A 초과	240분	1.25배	1.6배

  - 배선용 차단기

과전류트립						순시트립(주택용)	
정격전류의 구분	시간	정격전류의 배수(모든 극에 통전)				형	트립범위
		부동작전류		동작전류		B	$3I_n$ 초과 $5I_n$ 이하
		산업용	주택용	산업용	주택용	C	$5I_n$ 초과 $10I_n$ 이하
63A 이하	60분	1.05배	1.13배	1.3배	1.45배	D	$10I_n$ 초과 $20I_n$ 이하
63A 초과	120분	1.05배	1.13배	1.3배	1.45배	• B, C, D : 순시트립전류에 다른 차단기 분류 • I_n : 차단기 정격전류	

- 저압전로 중의 전동기 보호용 과전류보호장치의 시설
  - 과부하보호장치, 단락보호전용 차단기 및 단락보호전용 퓨즈는 다음에 따라 시설할 것
    ⓐ 과부하보호장치로 전자접촉기를 사용할 경우에는 반드시 과부하계전기가 부착되어 있을 것
    ⓑ 단락보호전용 차단기의 단락동작설정 전류값은 전동기의 기동방식에 따른 기동돌입전류를 고려할 것
    ⓒ 단락보호전용 퓨즈는 용단 특성에 적합한 것일 것

[단락보호전용 퓨즈(aM)의 용단특성]

정격전류의 배수	불용단시간	용단시간
4배	60초 이내	–
6.3배	–	60초 이내
8배	0.5초 이내	–
10배	0.2초 이내	–
12.5배	–	0.5초 이내
19배	–	0.1초 이내

- 옥내에 시설하는 전동기(정격출력이 0.2kW 이하인 것을 제외한다)에는 전동기가 손상될 우려가 있는 과전류가 생겼을 때에 자동적으로 이를 저지하거나 이를 경보하는 장치를 하여야 한다. 다만, 다음의 어느 하나에 해당하는 경우에는 그러하지 아니하다.
  ⓐ 전동기를 운전 중 상시 취급자가 감시할 수 있는 위치에 시설
  ⓑ 전동기의 구조나 부하의 성질로 보아 전동기가 손상될 수 있는 과전류가 생길 우려가 없는 경우
  ⓒ 단상전동기로써 그 전원측 전로에 시설하는 과전류차단기의 정격전류가 16A(배선용 차단기는 20A) 이하인 경우

> ※ **과전류차단기용 퓨즈**
> - 고압
>   - 포장 퓨즈 : 정격전류 1.3배에 견디고, 2배 전류로 120분 이내 용단
>   - 비포장 퓨즈 : 정격전류 1.25배에 견디고, 2배 전류에 2분 이내에 용단
> - 과전류차단기의 시설 제한
>   고압 또는 특별고압의 전로에는 기계, 기구 및 전선을 보호하기 위하여 필요한 곳에 과전류차단기를 시설한다. 다음 경우는 시설을 금한다.
>   - 접지공사의 접지도체
>   - 다선식 전로의 중성선
>   - 변압기 중성점접지한 저압 가공전선로 접지측 전선
> - 지락차단 장치 등의 시설
>   - 사용전압 50V 넘는 금속제 외함을 가진 저압 기계기구로서 사람 접촉 우려 시 전로에 지기가 발생한 경우
>   - 특고압 전로, 고압 전로 또는 저압 전로가 변압기에 의해서 결합되는 사용전압 400V 이상의 저압 전로에 지락이 생긴 경우(전로를 자동 차단하는 장치 시설)
>   - 지락차단장치 설치 예외 장소
>   ⓐ 기계기구를 발·변전소, 개폐소, 이에 준하는 곳에 시설하는 경우
>   ⓑ 기계기구를 건조한 곳에 시설하는 경우
>   ⓒ 대지전압 150V 이하를 습기가 없는 곳에 시설하는 경우
>   ⓓ 전로전원측에 절연 변압기(2차 300V 이하) 시설, 부하측 비접지의 경우
>   ⓔ 2중 절연 구조
>   ⓕ 기계기구 내 누전차단기를 설치한 경우
>   ⓖ 기계기구가 고무·합성수지 기타 절연물로 피복된 경우

- 분기회로의 시설
  분기회로는 과부하보호장치, 단락전류 보호장치의 시설기준에 준하여 시설해야 한다.

③ 과도전압에 대한 보호

[기기에 요구되는 정격 임펄스 내전압]

설비의 공칭전압 [V]	교류 또는 직류 공칭전압에서 산출한 상전압	요구되는 정격 임펄스 내전압$_a$[kV]			
		매우 높은 정격 임펄스 전압 장비 (과전압 범주 IV)	높은 정격 임펄스 전압 장비 (과전압 범주 III)	통상 정격 임펄스 전압 장비 (과전압 범주 II)	감축 정격 임펄스 전압 장비 (과전압 범주 I)
		[예] 계기, 원격제어시스템	[예] 배선반, 개폐기, 콘센트	[예] 가전용 배전 전자기기 및 도구	[예] 민감한 전자 장비
120/208	150	4	2.5	1.5	0.8
(220/380)^d 230/400 277/480	300	6	4	2.5	1.5
400/690	600	8	6	4	2.5
1,000	1,000	12	8	6	4
1,500DC	1,500DC	–	–	8	6

a : 임펄스 내전압은 활성도체와 PE 사이에 적용된다.
b : 현재 국내 사용 전압이다.

④ 열 영향에 대한 보호

[접촉 범위 내에 있는 기기에 접촉 가능성이 있는 부분에 대한 온도 제한]

접촉할 가능성이 있는 부분	접촉할 가능성이 있는 표면의 재료	최고 표면온도[℃]
손으로 잡고 조작시키는 것	금속	55
	비금속	65
손으로 잡지 않지만 접촉하는 부분	금속	70
	비금속	80
통상 조작 시 접촉할 필요가 없는 부분	금속	80
	비금속	90

⑤ 과열에 대한 보호

　㉠ 강제 공기 난방시스템 : 강제 공기 난방시스템에서 중앙 축열기의 발열체가 아닌 발열체는 정해진 풍량에 도달할 때까지는 동작할 수 없고, 풍량이 정해진 값 미만이면 정지되어야 한다.

　㉡ 온수기 또는 증기발생기 : 온수 또는 증기를 발생시키는 장치는 어떠한 운전 상태에서도 과열 보호가 되도록 설계 또는 공사를 하여야 한다.

　㉢ 공기난방설비 : 공기난방설비의 프레임 및 외함은 불연성 재료이어야 한다.

(3) 옥내배선

저압 옥내공사는 합성수지관공사, 금속관공사, 가요전선관공사, 케이블공사에 의해 시설할 수 있다. 특수장소는 다음에 따라 시설한다.

시설장소	사용전압	400V 미만	400V 이상
전개된 장소	건조한 장소	애자사용공사, 합성수지몰드공사, 금속몰드공사, 금속덕트공사, 버스덕트공사, 라이팅덕트공사	애자사용공사, 금속덕트공사, 버스덕트공사
	기타의 장소	애자사용공사, 버스덕트공사	애자사용공사
점검할 수 있는 은폐 장소	건조한 장소	금속몰드공사, 금속덕트공사, 버스덕트공사, 셀룰러덕트, 라이팅덕트공사	금속덕트공사, 버스덕트 공사
점검할 수 없는 은폐 장소	건조한 장소	플로어덕트공사, 셀룰러덕트공사	–

※ 모든 옥내공사 공통 사항
- 옥외용 비닐절연전선 제외
- 단선 $10mm^2$, 알루미늄 $16mm^2$ 이하만 사용. 넘는 경우 연선 사용
- 관 안에는 접속점, 나전선 사용 금지

① 저압 애자사용공사
   ㉠ 구비조건 : 절연성, 난연성, 내수성
   ㉡ 전선 : 절연전선[옥외용 비닐절연전선(OW), 인입용 비닐절연전선(DV) 제외]
   ㉢ 전선 상호 간격 : 0.06m 이상
   ㉣ 전선 – 조영재 이격거리
     • 400V 미만 : 25mm 이상
     • 400V 이상 : 45mm(건조장소 : 25mm) 이상
   ㉤ 지지점 간 거리 : 2m 이하(400V 이상으로 조영재에 따르지 않는 경우 6m 이하)
   ㉥ 약전류전선, 수관, 가스관, 다른 옥내공사와의 이격거리 0.1m(나전선일 때는 0.3m)

② 합성수지관공사(KEC 232.11)
   ㉠ 특징
     • 장점 : 내부식성과 절연성이 뛰어나고, 시공이 용이하다.
     • 단점 : 열과 충격에 약하다.
   ㉡ 1가닥의 길이 : 4m
   ㉢ 전선 : 절연전선[단선 $10mm^2$, 알루미늄 $16mm^2$ 이하(OW 제외) 예외]
   ㉣ 관 내부에는 전선의 접속점이 없을 것
   ㉤ 관 상호 및 관과 박스와 삽입 깊이 : 관 외경의 1.2배(접착제 : 0.8배) 이상
   ㉥ 지지점 간 거리 : 1.5m 이하
   ㉦ 관에 넣을 수 있는 전선의 수용량(피복을 포함한 단면적)
     • 전선의 굵기가 다를 때 : 합성수지관 총면적의 32%
     • 전선의 굵기가 같을 때 : 합성수지관 총면적의 48%
   ㉧ 습하거나 물기있는 장소에는 방습장치 설치

③ 금속관공사(KEC 232.12)

　㉠ 장점 : 전기, 기계적 안전, 단락, 접지사고 시 화재 위험 감소

　　단점 : 부식성, 무겁다, 가격이 비싸다.

　㉡ 1가닥의 길이 : 3.66m

　㉢ 전선 : 절연전선(OW 제외)

　㉣ 연선사용(단선 $10mm^2$, 알루미늄 $16mm^2$ 이하 예외)

　㉤ 관 내부에는 전선의 접속점이 없을 것

　㉥ 콘크리트에 매설 시 관 두께 : 1.2mm 이상[노출 시 1mm 이상(길이 4m 이하인 단소관 : 0.5mm)]

　㉦ 수도관 접지 클램프 : 3Ω

　※ 접지공사 생략
　　– 길이 4m 이하 건조장소에 시설하는 경우
　　– DC 300V, AC 150V 이하로 8m 이하인 것을 사람 접촉의 우려가 없도록 하거나 건조 장소에 시설할 경우

④ 금속몰드공사(KEC 232.22)

　㉠ 전선 : 절연전선(OW 제외)

　㉡ 몰드 안에는 전선의 접속점이 없을 것

　㉢ 폭 50mm 이하, 두께 0.5mm 이상(합성수지몰드 폭 : 35mm 이하)

⑤ 가요전선관공사(KEC 232.13)

　㉠ 전선 : 절연전선(OW 제외)

　㉡ 연선사용(단선 $10mm^2$, 알루미늄 $16mm^2$ 이하 예외)

　㉢ 제2종 금속제 가요전선관을 사용(단, 전개되거나 점검가능한 은폐장소에는 1종 가요전선관 사용 가능)

⑥ 금속덕트공사(KEC 232.31)

　㉠ 전선 : 절연전선(OW 제외)

　㉡ 전선 삽입 정도 : 덕트 내 단면적의 20% 이하(전광표시장치, 출퇴표시등, 제어회로 등의 배선만 넣는 경우 : 50% 이하)

　㉢ 덕트 폭 4cm를 넘고, 두께 1.2mm 이상 철판

　㉣ 지지점 간 거리 : 3m 이하, 수직 6m

⑦ 버스덕트공사(KEC 232.61)

　㉠ 종류

　　• 피더 : 도중에 부하접속 불가

　　• 플러그인 : 도중에 접속용 플러그

　　• 트롤리 : 이동 부하 접속

　㉡ 덕트 및 전선 상호 간 견고하고 전기적으로 완전하게 접속

　㉢ 지지점 간 거리 : 3m 이하(수직 6m)

　㉣ 끝부분을 먼지가 침입하지 않도록 폐쇄

⑧ 라이팅덕트공사(KEC 232.71)

　㉠ 지지 간격 : 2m 이하

　㉡ 끝부분을 막고, 개구부는 아래로 향해 시설

⑨ 셀룰러덕트공사(KEC 232.33)

  ㉠ 전선은 절연전선(옥외용 비닐절연전선 제외)일 것

  ㉡ 연선일 것. 단, 10mm² 이하(알루미늄은 16mm²)일 때 예외

  ㉢ 판 두께

덕트의 최대 폭	덕트의 판 두께
150 mm 이하	1.2mm
150mm 초과 200mm 이하	1.4mm[KS D 3602(강제 합판) 중 SDP2, SDP3 또는 SDP2G에 적합한 것은 1.2mm]
200mm 초과	1.6mm

⑩ 플로어덕트공사(KEC 232.32)

  ㉠ 전선은 절연전선(옥외용 비닐절연전선 제외)일 것

  ㉡ 연선일 것. 단, 10mm² 이하(알루미늄은 16mm²)일 때 예외

  ㉢ 물이 고이지 않도록 하고 인출구는 물이 스며들지 않도록 밀봉할 것

⑪ 케이블공사(KEC 232.51)

  ㉠ 지지 간격 : 2m 이하(캡타이어케이블 : 1m 이하)

  ㉡ 직접 콘크리트 내 매입 경우 : MI 케이블, 직매용 케이블, 강대개장 케이블

  ㉢ 전선 밑지지 부분의 안전율 : 4 이상

⑫ 고압 옥내공사의 시설

  ㉠ 공사 : 케이블배선, 애자사용배선(건조하고 전개 장소), 케이블트레이배선

  ㉡ 외피 : 접지시스템

  ㉢ 고압 애자사용배선(사람이 접촉할 우려가 없도록 시설)

  ㉣ 전선 : 단면적 6mm² 연동선 이상 절연전선, 인하용 고압 절연전선

  ㉤ 지지 간격 : 6m 이하(조영재면 따라 시설 시 : 2m)

  ㉥ 전선 상호 간격 : 0.08m 이상, 전선 – 조영재 이격거리 : 0.05m 이상

⑬ 특별 고압 옥내공사

  ㉠ 사용전압 : 100kV 이하(케이블트레이배선 시 35kV 이하)

  ㉡ 사용전선 : 케이블은 철재, 철근 콘크리트관, 덕트 등의 기타 견고한 장치에 시설

⑭ 옥내공사와 약전류전선 또는 관과의 접근, 교차

  ㉠ 저압 – 약전선, 수도관, 가스관 : 0.1m 이상(나전선 0.3m)

  ㉡ 고압 – 저압, 고압, 약전선, 수도관, 가스관 : 0.15m 이상

  ㉢ 저압, 고압 – 특고압 : 0.6m 이상

  ㉣ 특고압 – 약전선, 수도관, 가스관 : 접촉하지 않게 시설

⑮ 옥내 저압용 전구선 시설

  코드, 캡타이어케이블 0.75mm² 이상

⑯ 옥내 이동전선의 시설

  ㉠ 저압 : 코드, 캡타이어케이블 0.75mm² 이상

  ㉡ 고압 : 고압용 캡타이어케이블

⑰ 케이블트레이시스템(KEC 232.41)

	수평트레이		수직트레이
구분	다심	단심	다심, 단심
벽면	20mm 이상	20mm 이상	가장 굵은 전선 바깥지름 0.3배 이상

ⓐ 저압 옥내배선은 다음에 의한다.
- 전선은 연피케이블, 알루미늄피케이블 등 난연성 케이블 또는 금속관 혹은 합성수지관 등에 넣은 절연전선 사용한다.
- 케이블트레이 내에서 전선을 접속하는 경우 그 부분을 절연한다.
ⓑ 케이블트레이는 다음에 적합하게 시설한다.
- 케이블트레이의 안전율은 1.5 이상으로 시설한다.
- 전선의 피복 등을 손상시킬 수 있는 돌기 등이 없이 매끈하여야 한다.
- 금속제 케이블트레이 계통은 기계적 또는 전기적으로 완전하게 접속하여야 한다.
ⓒ 구조물 : 사다리형, 펀칭형, 메시형, 바닥밀폐형 기타 이와 유사한 구조물

(4) 배선설비

① 공사방법의 분류(KEC 232.2)

종류	공사방법
전선관시스템	합성수지관공사, 금속관공사, 가요전선관공사
케이블트렁킹시스템	합성수지몰드공사, 금속몰드공사, 금속덕트공사(a)
케이블덕트시스템	플로어덕트공사, 셀룰러덕트공사, 금속덕트공사(b)
애자공사	애자사용공사
케이블트레이시스템(래더, 브래킷 포함)	케이블트레이공사
케이블공사	고정하지 않는 방법, 직접 고정하는 방법, 지지선 방법

- a : 금속본체와 커버가 별도로 구성되어 커버를 개폐할 수 있는 금속덕트공사를 말한다.
- b : 본체와 커버 구분없이 하나로 구성된 금속덕트공사를 말한다.

② 배선설비 적용 시 고려사항(KEC 232.3)
ⓐ 회로 구성
- 하나의 회로도체는 다른 다심케이블, 다른 전선관, 다른 케이블덕팅시스템 또는 다른 케이블트렁킹시스템을 통해 배선해서는 안 된다.
- 여러 개의 주회로에 공통 중성선을 사용하는 것은 허용되지 않는다.
- 여러 회로가 하나의 접속 상자에서 단자 접속되는 경우 각 회로에 대한 단자는 단자블록에 관한 것을 제외하고 절연 격벽으로 분리해야 한다.
- 모든 도체가 최대공칭전압에 대해 절연되어 있다면 여러 회로를 동일한 전선관시스템, 케이블덕트시스템 또는 케이블트렁킹시스템의 분리된 구획에 설치할 수 있다.
ⓑ 병렬접속
두 개 이상의 선도체(충전도체) 또는 PEN도체를 계통에 병렬로 접속하는 경우 다음에 따른다.
- 병렬도체 사이에 부하전류가 균등하게 배분될 수 있도록 조치를 취한다.
- 절연물의 허용온도에 적합하도록 부하전류를 배분하는 데 특별히 주의한다. 적절한 전류분배를 할 수 없거나 4가닥 이상의 도체를 병렬로 접속하는 경우에는 부스바트렁킹시스템의 사용을 고려한다.
ⓒ 전기적 접속
접속 방법은 다음 사항을 고려하여 선정한다.
- 도체와 절연재료
- 도체를 구성하는 소선의 가닥수와 형상

- 도체의 단면적
- 함께 접속되는 도체의 수

㉣ 교류회로 – 전기자기적 영향(맴돌이전류 방지)
- 강자성체(강제금속관 또는 강제덕트) 안에 설치하는 교류회로의 도체는 보호도체를 포함하여 각 회로의 모든 도체를 동일한 외함에 수납하도록 시설해야 한다.

㉤ 하나의 다심케이블 속의 복수회로
- 모든 도체가 최대공칭전압에 대해 절연되어 있는 경우, 동일한 케이블에 복수의 회로를 구성할 수 있다.

㉥ 화재의 확산을 최소화하기 위한 배선설비의 선정과 공사
- 화재의 확산위험을 최소화하기 위해 적절한 재료를 선정하고 다음에 따라 공사하여야 한다.

㉦ 배선설비와 다른 공급설비와의 접근
- 다른 전기 공급설비와의 접근
  저압 옥내배선이 다른 저압 옥내배선 또는 관등회로의 배선과 접근하거나 교차 시 애자사용공사에 의하여 시설하고 저압 옥내배선과 다른 저압 옥내배선 또는 관등회로의 배선 사이의 이격거리는 0.1m(애자사용공사 시 나전선인 경우에는 0.3m) 이상이어야 한다.
- 통신 케이블과의 접근
  - 지중통신케이블과 지중전력케이블이 교차·접근하는 경우 100mm 이상 이격하여야 한다.
  - 지중전선이 지중약전류전선 등과 접근하거나 교차하는 경우에 상호 간의 이격거리가 저압지중전선은 0.3m 이하(내화성 격벽)이어야 한다.

㉧ 금속 외장 단심케이블
- 동일 회로의 단심케이블의 금속 시스 또는 비자성체 강대외장은 그 배선의 양단에서 모두 접속하여야 한다.

㉨ 수용가 설비에서의 전압강하
- 다른 조건을 고려하지 않는다면 수용가 설비의 인입구로부터 기기까지의 전압강하는 다음 표의 값 이하이어야 한다.

[수용가설비의 전압강하]

설비의 유형	조명[%]	기타[%]
A – 저압으로 수전하는 경우	3	5
B – 고압 이상으로 수전하는 경우(a)	6	8

a : 가능한 한 최종회로 내의 전압강하가 A 유형의 값을 넘지 않도록 하는 것이 바람직하다. 사용자의 배선설비가 100m를 넘는 부분의 전압강하는 m당 0.005% 증가할 수 있으나 이러한 증가분은 0.5%를 넘지 않아야 한다.

- 다음의 경우에는 위의 표보다 더 큰 전압강하를 허용할 수 있다.
  - 기동시간 중의 전동기
  - 돌입전류가 큰 기타 기기
- 다음과 같은 일시적인 조건은 고려하지 않는다.
  - 과도과전압
  - 비정상적인 사용으로 인한 전압 변동

③ 배선설비의 선정과 설치에 고려해야 할 외부영향(KEC 232.4)
- 주위온도
- 외부 열원
- 물의 존재(AD) 또는 높은 습도(AB)
- 침입고형물의 존재(AE)
- 부식 또는 오염 물질의 존재(AF)
- 충격(AG)
- 진동(AH)
- 그 밖의 기계적 응력(AJ)
- 식물, 곰팡이와 동물의 존재(AK)
- 동물의 존재(AL)
- 태양 방사(AN) 및 자외선 방사
- 지진의 영향(AP)
- 바람(AR)
- 가공 또는 보관된 자재의 특성(BE)
- 건축물의 설계(CB)

⑤ 옥내 시설하는 저압 접촉전선배선(KEC 232.81)

구분	애자	버스덕트	절연 트롤리배선
높이	• 3.5m 이상	−	−
전선 굵기	• 11.2kN 이상 • 6mm 또는 28mm^2 이상	• 20mm^2 이상 띠모양 • 5mm 이상 긴 막대모양	• 6mm 또는 28mm^2 이상
상호 간격	• 수평 : 0.14m • 은폐 시 : 0.12m • 구부리기 어려운 경우 : 0.28m	−	• 단면적 500mm^2 미만 : 2m • 단면적 500mm^2 이상 : 3m (굽은 부분 반지름 3m 이하 : 1m)

⑥ 엘리베이터 · 덤웨이터 등의 승강로 안의 저압 옥내배선 등의 시설(KEC 242.11)
엘리베이터 · 덤웨이터 등의 승강로 내에 시설하는 사용전압이 400V 미만인 저압 옥내배선, 저압의 이동전선 및 이에 직접 접속하는 리프트케이블은 비닐리프트케이블 또는 고무리프트케이블을 사용하여야 한다.

⑦ 조명설비(KEC 234)
ㄱ 설치 요구사항
등기구는 다음을 고려하여 설치하여야 한다.
- 시동전류
- 고조파전류
- 보상
- 누설전류
- 최초 점화전류
- 전압강하
ㄴ 열영향에 대한 주변의 보호
등기구의 주변에 발광과 대류 에너지의 열영향은 다음을 고려하여 선정 및 설치하여야 한다.
- 램프의 최대 허용 소모전력
- 인접 물질의 내열성

- 등기구 관련 표시
- 가연성 재료로부터 적절한 간격 유지(스포트라이트나 프로젝터는 모든 방향에서 가연성 재료로부터 다음의 최소 거리를 두고 설치)

정격용량	최소거리
100W 이하	0.5m
100W 초과 300W 이하	0.8m
300W 초과 500W 이하	1.0m
500W 초과	1.0m 초과

ⓒ 코드 또는 캡타이어케이블과 옥내배선과의 접속

코드 또는 캡타이어케이블과 옥내배선과의 접속은 다음에 의하여 시설하여야 한다.

- 점검할 수 없는 은폐장소에는 시설하지 않아야 한다.
- 옥내에 시설하는 저압의 이동전선과 저압 옥내배선과의 접속에는 꽂음 접속기 기타 이와 유사한 기구를 사용하여야 한다. 다만, 이동전선을 조가용선에 조가하여 시설하는 경우에는 그러하지 않는다.
- 접속점에는 조명기구 및 기타 전기기계기구의 중량이 걸리지 않도록 한다.

ⓔ 점멸기의 시설

- 다음의 경우에는 타임스위치를 포함한 센서 등을 설치하여야 한다.
  - 여관, 호텔의 객실입구등 : 1분 이내
    일반주택 및 아파트 각 호실의 현관등 : 3분 이내

ⓜ 네온방전등

- 대지전압 300V 이하
- 시설방법
  - 전선 : 네온관용 전선
  - 배선은 외상을 받을 우려가 없고 사람이 접촉될 우려가 없는 노출장소 또는 점검할 수 있는 은폐장소에 시설할 것
  - 전선은 자기 또는 유리제 등의 애자로 견고하게 지지하여 조영재의 아랫면 또는 옆면에 부착

선 - 선		60mm	
선 - 조영재	노출 시	6kV 이하	20mm 이상
		6kV 초과 9kV 이하	30mm 이상
		9kV 초과	40mm 이상
지지점		1m	

- 전선을 넣은 유리관

두께	1mm
지지점	0.5m
관 끝과 지지점	0.08m 이상 0.12m 이하

⑧ 안전보호(KEC 311)

ⓐ 절연수준의 선정

절연수준은 기기최고전압 또는 충격내전압을 고려하여 결정하여야 한다.

ⓛ 직접 접촉에 대한 보호
  • 전기설비는 충전부에 무심코 접촉 또는 근처의 위험구역에 무심코 도달하는 것을 방지한다.
  • 계통의 도전성 부분에 대한 접촉을 방지한다.
  • 보호는 그 설비의 위치가 출입제한 전기운전구역 여부에 의하여 다른 방법으로 이루어질 수 있다.
ⓒ 간접 접촉에 대한 보호
  고장 시 충전으로 인한 인축의 감전을 방지하여야 하며, 그 보호방법은 접지설비에 따른다.
ⓔ 아크고장에 대한 보호
  운전 중에 발생하는 아크고장으로부터 운전자가 보호할 수 있도록 시설해야 한다.
ⓜ 직격뢰에 대한 보호
  낙뢰 등에 의한 과전압으로부터 보호할 수 있도록 피뢰시설을 설비하는 등의 조치를 한다.
ⓗ 화재에 대한 보호
  공간 분리, 내화벽, 불연재료의 시설 등 화재예방을 위한 대책을 고려하여야 한다.
ⓢ 절연유 누설에 대한 보호
  • 옥내
    − 누설되는 절연유가 스며들지 않는 바닥에 유출방지 턱을 시설한다.
    − 건축물 안에 지정된 보존구역으로 집유한다.
  • 옥외
    − 절연유 유출 방지설비의 선정 : 절연유의 양, 우수 및 화재보호시스템의 용수량, 근접 수로 및 토양조건을 고려한다.
    − 집유조 및 집수탱크 시설 시 최대 용량 변압기의 유량에 대한 집유능력이 있어야 한다.
    − 관련 배관은 액체가 침투하지 않는 것이어야 한다.
    − 집수탱크의 용량은 물의 유입으로 지나치게 감소되지 않아야 하며, 자연배수 및 강제배수가 가능하여야 한다.
    − 수로 및 지하수를 보호
      ⓐ 집유조 및 집수탱크는 바닥으로부터 절연유 및 냉각액의 유출을 방지하여야 한다.
      ⓑ 배출된 액체는 유수분리장치를 통하여야 하며 이 목적을 위하여 액체의 비중을 고려하여야 한다.
ⓞ 절연가스의 누설에 대한 보호
  • 절연가스 가스누설로 인한 위험성이 있는 구역은 환기가 되어야 한다.
ⓩ 식별 및 표시
  • 내구성, 내부식성이 있는 물질로 만들고 지워지지 않는 문자로 표시기에 명확히 표시되어야 한다.
⑨ 접지설비(KEC 321)
  ⓛ 고압 · 특고압 접지계통
    • 일반사항
      − 고압 또는 특고압 기기가 출입제한 된 전기설비 운전구역 이외의 장소에 설치되었다면 접지시스템 설계흐름도(KS C IEC 6.1936 − 1)에 의한다.
    • 접지시스템 : 고압 또는 특고압 전기설비의 접지는 원칙적으로 공통접지, 통합접지에 적합하여야 한다.

ⓛ 혼촉에 의한 위험방지시설

접지공사(사용전압 35kV 이하로 지기발생 시 1초 이내에 자동차단하거나 25kV 이하의 중성점 다중접지 전로 경우 이외에는 10Ω 이하)를 시행한다.

- 접지공사는 변압기 시설장소마다 시행한다.
- 접지저항을 얻기 어려운 토지 상황의 경우 : 가공접지선(인장강도 5.26kN, 동선 4.0mm)을 사용하여 변압기 시설장소에서(200m) 떼어 놓을 수 있다.
- 변압기 시설장소에서 떼어 놓아도 얻기 어려운 경우 : 가공공동지선을 이용하여 각 변압기 중심으로 직경 400m 이내 지역으로 그 변압기에 접속되는 전선로 바로 아랫부분에서 각 변압기의 양쪽에 있도록 하고, 가공공동지선과 대지 간 합성 저항치는 지름(1km)지역 안에서 접지저항치를 갖도록 한다.
- 접지선을 가공공동지선으로 분리할 경우 단독 접지저항치가 300Ω 이하가 되도록 한다.

ⓒ 혼촉방지판이 있는 변압기에 접속하는 저압 옥외전선의 시설
- 저압 전선은 1구 내에만 시설한다.
- 저압 가공전선로 또는 저압 옥상전선로의 전선은 케이블이어야 한다.
- 저압 가공전선과 고압 또는 특별 고압 가공전선을 동일 지지물에 시설하지 않는다(단, 고압, 특고압 가공전선이 케이블인 경우는 예외).

ⓔ 특별고압과 고압의 혼촉에 의한 위험방지 시설
특별고압을 고압으로 변성하는 변압기의 고압 전로에는 고압측(사용전압의 3배) 이하인 전압이 가해진 경우, 방전하는 장치를 변압기 단자 가까운 1극에 설치하고 접지공사를 실시한다(단, 고압측 사용전압의 3배 이하에서 동작하는 피뢰기를 고압 모선에 시설한 경우는 생략 가능, 접지저항 10Ω 이하).

⑩ 전로의 중성점의 접지(KEC 322.5)
ⓐ 접지목적
- 전로의 보호 장치의 확실한 동작의 확보
- 이상 전압의 억제
- 대지전압의 저하
ⓑ 시설기준
- 접지도체는 공칭단면적 16mm² 이상의 연동선(저압 전로의 중성점에 시설 : 공칭단면적 6mm² 이상의 연동선)을 사용한다.
- 접지도체에 접속하는 저항기·리액터 등은 고장 시 흐르는 전류를 안전하게 통할 수 있는 것을 사용한다.

ⓒ 고저항 중성점접지계통(지락전류 제한, 고저항 접지계통, 300V ~ 1kV 이하)
- 접지저항기는 계통의 중성점과 접지극 도체와의 사이에 설치한다.
- 변압기 또는 발전기의 중성점에서 접지저항기에 접속하는 점까지의 중성선은 동선 $10mm^2$ 이상, 알루미늄선 또는 동복 알루미늄선은 $16mm^2$ 이상의 절연전선으로서 접지저항기의 최대정격전류 이상이어야 한다.
- 계통의 중성점은 접지저항기를 통하여 접지하여야 한다.
- 기기 본딩 점퍼의 굵기 : 접지극 도체를 접지저항기에 연결할 때는 기기 접지 점퍼는 다음의 예외사항을 제외하고 표에 의한 굵기이어야 한다.
  - 접지극 전선이 접지봉, 관, 판으로 연결될 때는 $16mm^2$ 이상이어야 한다.
  - 콘크리트 매입 접지극으로 연결될 때는 $25mm^2$ 이상이어야 한다.
  - 접지링으로 연결되는 접지극 전선은 접지링과 같은 굵기 이상이어야 한다.

[기기 접지 점퍼의 굵기]

상전선 최대 굵기[mm^2]	접지극 전선[mm^2]
30 이하	10
38 또는 50	16
60 또는 80	25
80 초과 175 이하	35
175 초과 300 이하	50
300 초과 550 이하	70
550 초과	95

  - 접지극 도체가 최초 개폐장치 또는 과전류장치에 접속될 때는 기기 본딩 점퍼의 굵기는 $10mm^2$ 이상으로서 접지저항기의 최대전류 이상의 허용전류를 갖는다.

(5) 고압 · 특고압 시설

① 특고압 배전용 변압기의 시설(발 · 변전소 개폐소 내 25kV 이하에 접속하는 것은 제외)(KEC 341.2)
  ㉠ 특고압 절연전선, 케이블 사용
  ㉡ 변압기 1차 : 35kV 이하, 2차 : 저압, 고압
  ㉢ 총출력 : 1,000kVA 이하(가공전선로에 접속 시 500kVA 이하)
  ㉣ 변압기 특고압 : 개폐기, 과전류차단기 시설
  ㉤ 2차측이 고압 경우 : 개폐기 시설(쉽게 개폐할 수 있도록)
② 특고압을 직접 저압으로 변성하는 변압기의 시설(KEC 341.3)
  ㉠ 전기로 등 전류가 큰 전기를 소비하기 위한 변압기
  ㉡ 발 · 변전소, 개폐소 또는 이에 준하는 곳에 시설하는 소내용 변압기
  ㉢ 25kV 이하의 중성점 다중접지식 전로에 접속하는 변압기
  ㉣ 교류식 전기철도 신호용 변압기
  ㉤ 사용전압 35kV 이하인 변압기로 특고압과 저압 혼촉 시 자동차단장치가 있는 경우

ⓗ 사용전압 100kV 이하인 변압기로 특고압과 저압 전선 간에 접지공사를 한 금속제 혼촉방지판 있는 경우(접지 저항값 10Ω 이하)

　※ 사용전압 25,000V 이하의 특고압 전선로에 접속하는 변압기를 공장 또는 이와 유사한 산업용 설비와 주거용 건물 이외에 시설하는 경우 시설용량의 합계가 500kVA 초과한다면 동력용 변압기를 조명 및 전열용 변압기와 별도로 시설한다.

③ 동작 시 아크발생 기계기구 이격거리(피뢰기, 개폐기, 차단기)(KEC 341.7)

　목재의 벽, 천장, 기타의 가연성의 물체로부터 고압 : 1m 이상, 특고압 : 2m 이상이어야 한다.

　※ 35kV 이하 특고, 화재 발생 우려가 없도록 제한 시 1.0m 이상 이격한다.

④ 개폐기의 시설(KEC 341.9)

　㉠ 전로 중 개폐기는 각 극에 설치한다.

　㉡ 고압용, 특별 고압용 개폐기 : 개폐상태 표시 장치가 있어야 한다.

　㉢ 고압, 특별 고압용 개폐기로 중력 등에 의해 자연동작 우려가 있는 것 : 자물쇠 장치, 기타 방지 장치를 시설한다.

　㉣ 고압, 특별 고압용 개폐기로 부하전류를 차단하기 위한 것이 아닌 DS(단로기)는 부하전류가 흐를 때 개로할 수 없도록 시설하지만 보기 쉬운 곳에 부하전류 유무 표시장치, 전화 지령장치, 태블릿 을 사용하는 경우 예외이다.

　※ 개폐기 설치 예외 개소
　　• 저압 분기회로용 개폐기로서 중성선, 접지측 전선의 경우
　　• 사용전압 400V 미만 저압 2선식의 점멸용 개폐기는 단극에서 시설하는 경우
　　• 25kV 이하 중성점 다중접지식 전로의 중성선에 설치하는 경우
　　• 제어회로에 조작용 개폐기 시설하는 경우

⑤ 피뢰기의 시설(KEC 341.13)

　㉠ 발・변전소 또는 이에 준하는 장소의 가공전선 인입구, 인출구

　㉡ 가공전선로에 접속하는 배전용 변압기 고압 및 특고압측

　㉢ 고압, 특고압 가공전선로에서 공급받는 수용장소 인입구

　㉣ 가공전선로와 지중전선로가 접속되는 곳

　※ 피뢰기의 접지저항 : 10Ω 이하
　　단, 고압 가공전선로에 시설하는 피뢰기 접지공사의 접지극을 변압기 중성점 접지용 접지극으로부터 1m 이상 격리하 여 시설하는 경우에는 30Ω 이하이어야 한다.

(1) 1kV 이하 방전등(KEC 234.11)

대지전압은 300V 이하(단, 대지전압 150V 이하 전로인 경우 제외)로 제한한다.

※ 백열전등 또는 방전등
- 방전등은 사람이 접촉될 우려가 없도록 시설해야 한다.
- 방전등용 안정기는 옥내배선과 직접 접속하여 시설해야 한다.

(2) 저압 옥내배선의 사용전선(KEC 231.3)

전선의 굵기는 2.5mm^2 이상 연동선을 사용한다.

※ 400V 미만인 경우 다음에 의하여 시설할 수 있다.
- 전광표시장치와 기타 이와 유사한 장치, 제어회로 : 1.5mm^2 이상의 연동선
- 과전류차단장치 시설 : 0.75mm^2 이상의 캡타이어케이블
- 진열장 : 0.75mm^2 이상의 코드, 캡타이어케이블

(3) 나전선의 사용 제한(KEC 231.4)

① 애자사용배선의 경우로 전기로용 전선, 절연물이 부식하는 장소 전선, 취급자 이외의 자가 출입할 수 없도록 설비한 장소에 시설하는 전선일 경우
② 버스덕트 또는 라이팅덕트배선에 의하는 경우
③ 이동 기중기, 놀이용 전차선 등의 접촉전선을 시설하는 경우

(4) 설치방법에 해당하는 공사방법의 종류(KEC 232.2)

종류	배선방법
전선관시스템	합성수지관공사, 금속관공사, 가요전선관공사
케이블트렁킹시스템	합성수지몰드공사, 금속몰드공사, 금속덕트공사(a)
케이블덕트시스템	플로어덕트공사, 셀룰러덕트공사, 금속덕트공사(b)
애자공사	애자사용공사
케이블트레이시스템(래더, 브래킷 포함)	케이블트레이공사
케이블공사	고정하지 않는 방법, 직접 고정하는 방법, 지지선 방법

a : 금속본체와 커버가 별도로 구성되어 커버를 개폐할 수 있는 금속덕트공사를 말한다.
b : 본체와 커버 구분없이 하나로 구성된 금속덕트공사를 말한다.

(5) 고주파 전류에 의한 장해의 방지(KEC 231.5)

전기기계기구는 무선설비의 기능에 계속적이고 중대한 장해를 주는 고주파 전류가 생길 우려가 있는 경우에는 다음의 시설을 한다.

① 형광 방전등에는 정전 용량 $0.006\mu\text{F}$ 이상 $0.5\mu\text{F}$ 이하(예열시동식의 것으로 글로우램프에 병렬로 접속하는 것은 $0.006\mu\text{F}$ 이상 $0.01\mu\text{F}$ 이하)인 커패시터를 시설한다.

② 저압에 정격출력 1kW 이하인 전기드릴용 소형교류직권전동기의 단자 상호 간에 정전 용량이 $0.1\mu\text{F}$ 인 무유도형 커패시터, 대지 사이에 $0.003\mu\text{F}$의 관통형 커패시터를 시설한다.

③ 전기드릴용을 제외한 소형교류직권전동기의 단자 상호 간에 $0.1\mu\text{F}$, 각 단자와 대지와의 사이에 $0.003\mu\text{F}$의 커패시터를 시설한다.

④ 네온점멸기에 전원 상호 간 및 접점의 근접하는 곳에서 고주파전류를 방지하는 장치를 시설한다.

(6) 저압 옥내간선의 시설

저압 옥내간선은 손상을 받을 우려가 없는 곳에 다음에 의해 시설해야 한다.

① 전동기 정격전류 합계 ≤ 전등, 전열(기타 기계기구) 정격전류의 합계인 경우

[간선의 허용전류(I_a)]$= \sum I_M + \sum I_H$

② 전동기 정격전류 합계 > 기타 기계기구의 정격전류 합계 경우

㉠ 전동기 정격이 50A 이하 : (전동기 정격전류×1.25배)+(기타 정격전류합계)

$I_a \geq \sum I_M \times 1.25 + \sum I_H$

㉡ 전동기 정격이 50A 초과 : (전동기 정격전류×1.1배)+(기타 정격전류합계)

$I_a \geq \sum I_M \times 1.1 + \sum I_H$

※ $\sum I_M$: 전동기 정격전류의 합
　$\sum I_H$: 전열기 정격전류의 합
　I_a : 간선의 허용전류
　I_B : 과전류차단기의 정격전류
　예 $\sum I_M = 10+30=40\text{A}$, $\sum I_H = 20+10=30\text{A}$
　　 $\sum I_M > \sum I_H$이며 $\sum I_M$이 50A 이하이므로 $k=1.25$
　　 $I_a = kI_M + I_H = 1.25 \times 40+30=80\text{A}$

(7) 분기회로의 시설(KEC 212.6.4)

분기회로는 과부하 보호장치, 단락보호장치의 예외 및 생략기준에 준하여 시설한다.

(8) 특수장소의 저압 옥내배선

① 특수장소의 저압 옥내배선

종류		특징
폭연성 먼지 (KEC 242.2)	금속관배선	• 박강전선관 이상, 패킹 사용, 분진방폭형 유연성 부속 • 관 상호 및 관과 박스 등은 5턱 이상의 나사 조임 접속
	케이블배선	• 개장된 케이블, MI
	이동전선	• 이동전선 : 고무절연 클로로프렌 캡타이어케이블
가연성 먼지 (KEC 242.2)	금속관배선	• 폭연성 분진에 준함
	케이블배선	
	합성수지관배선	• 부식 방지, 먼지의 침투 방지, 두께 2mm 이상
가연성 가스 (KEC 242.3)	금속관배선	• 폭연성 먼지에 준함
	케이블배선	
		• 전기기계기구 : 내압, 유압 방폭구조 또는 다른 성능의 방폭구조일 것
위험물 / 석유류 (KEC 242.4)		• 통상의 상태에서 위험물에 착화우려가 없도록 시설할 것
화약류 저장소 (KEC 242.5)		• 개폐기, 차단기로부터 저장소까지는 케이블 사용 • 전로의 대지전압 300V 이하일 것 • 전기기계기구는 전폐형일 것 • 전용의 과전류 개폐기 및 과전류차단기는 화약류 저장소 이외의 곳에 시설하고 누전차단기·누전경보기를 시설하여야 한다.

전시회, 쇼 및
공연장
(KEC 242.6)
		• 사용전압 : 400V 이하
		• 배선용 케이블 : $1.5mm^2$
		• 무대마루 밑 전구선 : 300/300V 편조 고무코드, 0.6/1kV EP 고무절연 클로로프렌캡타이어케이블
		• 이동전선 : 0.6/1kV EP 고무절연 클로로프렌캡타이어케이블, 0.6/1kV 비닐절연 비닐캡타이어케이블
		• 조명설비 : 높이 2.5m 이하
		• 저압발전장치의 접지
		  - 중성선 또는 발전기의 중성점은 발전기의 노출도전부에 접속시키지 말 것
		  - TN계통 : 보호도체를 이용하여 발전기에 접속
		• 개폐기 및 과전류 차단기 시설 : 조명용 분기회로 및 정격 32A 이하의 콘센트용 분기회로는 정격감도전류 30mA 이하의 누전차단기로 보호(비상조명 제외)

진열장 (KEC 234.8)		• 사용전압이 400V 이하일 것 • $0.75mm^2$ 이상의 코드 또는 캡타이어케이블
저압 접촉전선 배선 (KEC 232.81)		• 전개된 장소 또는 점검할 수 있는 은폐된 장소(기계기구에 시설하는 경우 이외) : 애자사용배선, 버스덕트배선, 절연트롤리배선 • 전선의 바닥에서의 높이는 3.5m 이상 • 전선은 11.2kN, 지름 6mm 경동선(단면적 $28mm^2$ 이상[단, 400V 이하 : 3.44kN, 지름 3.2mm 경동선(단면적 $8mm^2$ 이상)]

의료장소 (KEC 242.10)		• 의료용 절연변압기 : 2차 전압교류 250V 이하, 단상 2선식, 10kVA 이하 • 의료장소 및 접지계통 ※ 의료장소에 TN 계통을 적용할 때에는 주배전반 이후의 부하 계통에는 TN – C 계통으로 시설하지 말 것

의료장소 (KEC 242.10)	구분	접지계통	의료장소
	그룹 0	TT 또는 TN 계통	진찰실, 일반병실, 검사실, 처치실, 재활치료실 등 장착부를 사용하지 않는 의료장소
	그룹 1	TT 또는 TN 계통 단, 전원자동차단에 의한 보호가 의료행위에 중대한 지장을 초래할 우려가 있는 의료용 전기기기를 사용하는 회로에는 의료 IT를 적용	분만실, X선 검사실, MRI실, 회복실, 구급처치실, 인공투석실, 내시경실 등 장착부를 환자의 신체 외부 또는 심장 부위를 제외한 환자의 신체 내부에 삽입시켜 사용하는 의료장소
	그룹 2	의료 IT 계통 단, 이동식 X-레이 장치, 정격출력이 5kVA 이상인 대형 기기, 생명유지 장치가 아닌 일반 의료용 전기기기 회로 등에는 TT 또는 TN계통을 적용	관상동맥질환 처치실, 심혈관조영실, 중환자실, 수술실, 마취실, 회복실 등 장착부를 환자의 심장 부위에 삽입 또는 접촉시켜 사용하는 의료장소

의료장소 (KEC 242.10)	• 의료장소 내의 비상전원 – 절환시간 0.5초 이내에 비상전원을 공급하는 장치 또는 기기 : 수술실 등 – 절환시간 15초 이내에 비상전원을 공급하는 장치 또는 기기 – 절환시간 15초를 초과하여 비상전원을 공급하는 장치 또는 기기
이동식 숙박차량 정박지, 야영지 및 이와 유사한 장소 (KEC 242.8)	• 표준전압 : 220/380V 이하 • 정박지 전원배선 : 지중케이블, 가공케이블, 가공절연전선 • 가공전선의 높이 : 이동지역에서 지표상 6m(그 외 지역에서는 4m) • 고장보호장치 – 콘센트는 정격감도전류가 30mA 이하인 누전차단기에 의하여 개별적으로 보호 시설 – 과전류에 대한 보호장치 : 모든 콘센트는 과전류에 대한 보호 규정 • 콘센트 – 정격전압 200 ~ 250V, 정격전류 16A 단상 콘센트 – 설치 높이 : 0.5 ~ 1.5m
마리나 및 이와 유사한 장소 (KEC 242.9)	• 놀이용 수상 기계기구 또는 선상가옥에 전원을 공급하는 회로 • TN계통의 사용 시 TN – S계통만을 사용 • 육상의 절연변압기를 통하여 보호하는 경우를 제외하고 누전차단기를 사용 • 표준전압 : 220/380V 이하 • 하나의 콘센트는 하나의 놀이용 수상 기계기구 또는 하나의 선상가옥에만 전원을 공급 • 정격전압 : 200 ~ 250V, 정격전류 16A 단상 콘센트 • 마리나 내의 배선 : 지중케이블, 가공케이블, 가공절연전선, 무기질 절연케이블, 열가소성 또는 탄성재료 피복의 외장케이블

② 특수시설

종류	특징
전기울타리 (KEC 241.1)	• 사용전압 : 250V 이하 • 전선 굵기 : 1.38kN, 2.0mm 이상 경동선 • 이격거리 : 25mm 이상(전선과 기둥 사이), 0.3m 이상(전선과 수목 사이)
유희용 전차 (KEC 241.8)	• 사용전압 변압기 1차 : 400V 이하 / 변압기 2차 : DC 60V 또는 AC 40V • 접촉전선은 제3레일 방식으로 시설 • 누설전류 : AC 100mA/km, 　절연저항 : $\dfrac{(최대공급전류)}{5,000}$ 이하 • 변압기의 1차 전압은 400V 미만일 것 • 전차 내 승압 시 2차 전압 150V 이하
전격살충기 (KEC 241.7)	• 지표상 높이 : 3.5m 이상(단, 2차측 전압이 7kV 이하 – 1.8m) • 시설장소에 위험표시를 할 것
교통신호등 (KEC 234.15)	• 사용전압 : 300V 이하(단, 150V 초과 시 자동차단장치 시설) • 공칭단면적 2.5mm^2 연동선, 450/750V 일반용 단심 비닐절연전선(내열성에틸렌아세테이트 고무절연전선) • 전선의 지표상의 높이는 2.5m 이상일 것 • 전원측에는 전용 개폐기 및 과전류차단기를 각 극에 시설 • 조가용선 4mm 이상의 철선 2가닥
전기온상 (KEC 241.5)	• 대지전압 : 300V 이하, 발열선 온도 : 80℃를 넘지 않도록 시설 • 발열선의 지지점 간 거리는 1.0m 이하 • 발열선과 조영재 사이의 이격거리 0.025m 이상
전극식 온천온수기 (KEC 241.4)	• 온천온수기 사용전압 : 400V 미만 • 차폐장치와 온천온수기 이격거리 : 0.5m 이상(차폐장치와 욕탕 사이 이격거리 1.5m 이상)
전기욕기 (KEC 241.2)	• 변압기의 2차측 전로의 사용전압이 10V 이하(유도코일 파고값 30V 이하) • 전극 간의 이격거리 : 1m 이상 • 절연저항 : $0.5\text{M}\Omega$ 이상
전기부식방지 (KEC 241.16)	• 전기부식방지회로의 사용전압은 직류 60V 이하일 것 • 지중에 매설하는 양극의 매설깊이는 0.75m 이상일 것 • 양극과 그 주위 1m 이내의 거리에 있는 임의점과의 사이의 전위차는 10V를 넘지 않을 것 • 지표 또는 수중에서 1m 간격의 임의의 2점 간의 전위차가 5V를 넘지 않을 것
수중조명등 (KEC 234.14)	• 1차 전압 : 400V 미만 • 2차 전압 : 150V 이하(2차측을 비접지식) 　– 30V 이하 : 금속제 혼촉 방지판 설치 　– 30V 초과 : 전로에 지락이 생겼을 때에 자동적으로 전로를 차단하는 장치(정격감도전류 30mA 이하)
옥외등 (KEC 234.9)	• 대지전압 : 300V 이하 • 공사방법 : 금속관, 합성수지관, 케이블배선, 애자사용 시 2m 이상
전기자동차 전원설비 (KEC 241.17)	• 전기자동차 전원공급설비로 접지극이 있는 콘센트를 사용하여 접지 • 충전장치 시설 • 충전 케이블 및 부속품 시설 • 충전장치 등의 방호장치 시설
비행장 등화배선 (KEC 241.13)	• 직매식에 의한 매설깊이(항공기 이동지역) : 0.5m(그 외 0.75m) 이상 • 전선 : 공칭단면적 4mm^2 이상의 연동선을 사용한 450/750V 일반용 단심 비닐절연전선 또는 450/750V 내열성 에틸렌아세테이트 고무절연전선

소세력회로 (KEC 241.14)	• 전자개폐기 조작회로, 초인벨, 경보벨 등, 최대사용전압 60V 이하 전로 • 절연변압기 사용 : 1차 전압(300V 이하), 2차 전압(60V 이하) • 절연변압기 2차 단락전류		
	최대사용전압	2차 단락전류	과전류차단기 정격전류
	15V 이하	8A 이하	5A 이하
	15V 초과 30V 이하	5A 이하	3A 이하
	30V 초과 60V 이하	3A 이하	1.5A 이하
	• 전선 굵기 : $1mm^2$ 이상 연동선 사용(단, 케이블 사용 시 제외, 가공 시설 시 1.2mm 이상)		
전기집진장치 (KEC 241.9)	• 변압기의 1차측 전로에는 쉽게 개폐할 수 있는 곳에 개폐기를 시설 • 변압기로부터 전기집진응용장치에 이르는 전선은 케이블을 사용		
아크용접기 (KEC 241.10)	• 절연변압기 : 1차 전압 300V 이하		
X선 발생장치 (KEC 241.6)	구분	100kV 이하	100kV 초과
	전선 높이	2.5m	2.5+(단수)×0.02m
	전선 – 조영재 이격거리	0.3m	0.3+(단수)×0.02m
	전선 – 전선 상호 간격	0.45m	0.45+(단수)×0.03m
	(단수)=100kV 초과분 / 10kV, 반드시 절상		

(1) 전력보안통신설비의 시설(KEC 362)

① 통신케이블의 종류

광케이블, 동축케이블 및 차폐용 실드케이블(STP)

② 시설기준

㉠ 가공통신케이블은 반드시 조가선에 시설한다.

㉡ 통신케이블은 강전류전선 또는 가로수나 간판 등 다른 인공구조물과는 최소 간격 이상 분리하여 시설한다.

㉢ 전력구 내에 시설하는 지중통신케이블은 케이블 행거를 사용하여 시설한다.

(2) 가공통신선의 높이

[배전주(배전용 전주)의 공가 통신케이블의 지상고]

구분	지상고	비고
도로(인도)에 시설 시	5.0m 이상	경간 중 지상고 (교통에 지장을 줄 우려가 없는 경우 : 4.5m)
도로횡단 시	6.0m 이상	저압·고압 가공전선로에 시설 시 교통에 지장을 줄 우려가 없는 경우 : 5m
철도 궤도 횡단 시	6.5m 이상	레일면상
횡단보도교 위	3.0m 이상	그 노면상
기타	3.5m 이상	–

[배전설비와의 이격거리]

구분	이격거리	비고
7kV 초과	1.2m 이상	절연전선 : 0.3m
1kV 초과 7kV 이하	0.6m 이상	절연전선 : 0.3m
저압 또는 특고압 다중접지 중성도체	0.6m 이상	절연전선 : 0.3m, 광섬유케이블 : 0.15m

(3) 특고압 가공전선로의 첨가통신선과 도로, 철도, 횡단보도교 및 다른 선로와의 접근, 교차 시설

① 전선 : 16mm² 이상 절연전선, 8.01kN 이상 또는 25mm² 이상 경동선이어야 한다.

② 삭도나 다른 가공약전류전선과의 이격거리 : 0.8m(케이블 0.4m) 이상이어야 한다.

(4) 가공통신 인입선 시설(KEC 362.12)

차량이 통행하는 노면상의 높이는 4.5m 이상, 조영물의 붙임점에서의 지표상의 높이는 2.5m 이상이어야 한다.

(5) 특고압 가공전선로 첨가설치 통신선의 시가지 인입 제한(KEC 362.5)

시가지에 시설하는 통신선은 특별 고압 가공전선로의 지지물에 시설하여서는 안 된다. 단, 통신선이 5.26kN 이상, 단면적 $16mm^2$(단선의 경우 지름 4mm) 이상의 절연전선 또는 광섬유 케이블인 경우 그러하지 않는다.

(6) 전력선 반송 통신용 결합장치의 보안장치(KEC 362.11)

① CC : 결합 커패시터(결합안테나 포함)
② CF : 결합 필터
③ DR : 배류 선륜(전류용량 2A 이상)
④ FD : 동축 케이블
⑤ S : 접지용 개폐기
⑥ F : 포장 퓨즈(정격전류 10A 이하)
⑦ L_1 : 교류 300V 이하에서 동작하는 피뢰기
⑧ L_2 : 동작전압이 교류 1.3kV 초과 1.6kV 이하인 방전갭
⑨ L_3 : 동작전압이 2kV 초과 3kV 이하인 방전갭

(7) 무선용 안테나 등을 지지하는 철탑 등의 시설(KEC 364.1)

무선통신용 안테나나 반사판을 지지하는 지지물들의 안전율은 1.5 이상이어야 한다.

(8) 지중통신선로설비의 시설(KEC 363.1)

① 지중 공용설치 시 통신케이블의 광케이블 및 동축케이블은 지름 22mm 이하일 것
② 전력구내 통신케이블의 시설은 다음 시설에 준한다.
    ㉠ 전력구내에서 통신용 행거는 최상단에 시설하여야 한다.
    ㉡ 난연성 재질이 아닌 통신케이블 및 내관을 사용하는 경우에는 난연처리를 하여야 한다.
    ㉢ 통신용 행거 끝단에는 행거 안전캡(야광)을 씌워야 한다.
    ㉣ 전력케이블이 시설된 행거에는 통신케이블을 같이 시설하지 않아야 한다.

(1) 발・변전소, 개폐소 및 이에 준하는 곳의 시설

① 발・변전소 시설 원칙(KEC 351.1)

ㄱ 울타리, 담 등을 시설한다.

ㄴ 출입구에는 출입금지의 표시를 한다.

ㄷ 출입구에는 자물쇠 장치 기타 적당한 장치를 한다.

② 울타리・담 등의 높이와 충전 부분까지의 거리의 합계(KEC 351.1)

특고압	이격거리(a+b)	기타
35kV 이하	5.0m 이상	• 울타리에서 충전부까지 거리(a)
160kV 이하	6.0m 이상	• 울타리・담 등의 높이(b) : 2m 이상
160kV 초과	6.0m+H 이상	• 지면과 하부(c) : 15cm 이하

$N = (160\text{kV 초과분}) / 10\text{kV}(\text{반드시 절상}), \quad H = N \times 0.12\text{m}$

고압 또는 특고압 가공전선(케이블 제외함)과 금속제의 울타리・담 등이 교차하는 경우 좌, 우로 45m 이내의 개소에 KEC 320(접지시스템)의 규정에 의한 접지공사를 하여야 한다.

※ 고압용 기계기구의 시설
   • 고압용 기계기구 : 지표상 4.5m 이상(시가지 외 4m 이상)
   • 울타리높이와 충전부분까지의 거리 합계 : 5m 이상(위험 표시할 것)

③ 발전기 등의 보호장치(KEC 351.3)

발전기에는 다음의 경우에 자동적으로 이를 전로로부터 차단하는 장치를 시설해야 한다.

ㄱ 발전기에 과전류나 과전압이 생긴 경우

ㄴ 압유장치 유압이 현저히 저하된 경우

   • 수차발전기 : 500kVA 이상
   • 풍차발전기 : 100kVA 이상

ㄷ 수차발전기의 스러스트 베어링의 온도가 현저히 상승한 경우 : 2,000kVA를 초과

ㄹ 내부고장이 발생한 경우 : 10,000kVA 이상(10,000kW를 넘는 증기터빈 스러스트 베어링 온도)

④ 특고압용 변압기의 보호장치(KEC 351.4)

뱅크용량의 구분	동작조건	장치의 종류
5,000kVA 이상 10,000kVA 미만	변압기 내부고장	자동차단장치 또는 경보장치
10,000kVA 이상	변압기 내부고장	자동차단장치
타냉식 변압기 (변압기의 권선 및 철심을 직접 냉각 – 냉매강제순환)	냉각장치 고장, 변압기 온도의 현저히 상승	경보장치

⑤ 무효전력 보상장치의 보호장치(KEC 351.5)

설비종별	뱅크용량의 구분	자동적으로 전로로부터 차단하는 장치
전력용 커패시터 및 분리리액터	500kVA 초과 15,000kVA 미만	내부고장 또는 과전류가 생긴 경우에 동작하는 장치
	15,000kVA 이상	내부고장 및 과전류 또는 과전압이 생긴 경우에 동작하는 장치
조상기	15,000kVA 이상	내부고장이 생긴 경우에 동작하는 장치

기기의 종류	용량	사고의 종류	보호장치
발전기	모든 발전기	과전류, 과전압	자동차단장치
	500kVA 이상	수차의 유압 및 전원 전압이 현저히 저하	자동차단장치
	2,000kVA 이상	베어링 과열로 온도가 상승	자동차단장치
	10,000kVA 이상	발전기 내부 고장	자동차단장치
특별 고압 변압기	5,000kVA 이상 10,000kVA 미만	변압기의 내부고장	경보장치, 자동차단장치
	10,000kVA 이상	변압기의 내부고장	자동차단장치
	타냉식 특별 고압용 변압기	냉각 장치의 고장, 온도상승	경보장치
전력콘덴서 및 분리리엑터	500kVA 초과 15,000kVA 미만	내부고장 및 과전류	자동차단장치
	15,000kVA 이상	내부고장, 과전류 및 과전압	자동차단장치
무효 전력 보상 장치	15,000kVA 이상	내부고장	자동차단장치

⑥ 연료전지설비의 계측장치(KEC 351.6 / KEC 542.2.2)

ㄱ 발전기, 연료전지 또는 태양전지 모듈, 동기조상기

- 전압, 전류, 전력
- 베어링 및 고정자 온도(발전기, 무효 전력 보상 장치)
- 정격출력 10,000kW를 넘는 증기터빈 발전기 진동진폭

ㄴ 변압기

- 주변압기의 전압, 전류, 전력
- 특고 변압기의 온도

ㄷ 동기 발전기, 무효 전력 보상 장치 : 동기검정장치(용량이 현저히 작을 경우는 생략)

⑦ 상주 감시를 하지 않는 연료전지발전소의 시설(KEC 542.2.4)

ㄱ 변전소의 운전에 필요한 지식 및 기능을 가진 자(기술원)가 그 변전소에 상주하여 감시를 하지 않는 변전소는 다음에 따라 시설하는 경우에 한한다.

- 사용전압이 170kV 이하의 변압기를 시설하는 변전소로서 기술원이 수시로 순회하거나 그 변전소를 원격감시 제어하는 제어소(변전제어소)에서 상시 감시하는 경우
- 사용전압이 170kV를 초과하는 변압기를 시설하는 변전소로서 변전제어소에서 상시 감시하는 경우

ㄴ 다음의 경우에는 변전제어소 또는 기술원이 상주하는 장소에 경보장치를 시설한다.

- 운전조작에 필요한 차단기가 자동적으로 차단한 경우(차단기가 재연결한 경우 제외)
- 주요 변압기의 전원측 전로가 무전압으로 된 경우
- 제어회로의 전압이 현저히 저하한 경우

- 옥내 및 옥외변전소에 화재가 발생한 경우
- 출력 3,000kVA를 초과하는 특고압용 변압기는 그 온도가 현저히 상승한 경우
- 특고압용 타냉식변압기는 그 냉각장치가 고장난 경우
- 조상기는 내부에 고장이 생긴 경우
- 수소냉각식 조상기는 그 조상기 안의 수소의 순도가 90% 이하로 저하한 경우, 수소의 압력이 현저히 변동한 경우 또는 수소의 온도가 현저히 상승한 경우
- 가스절연기기(압력의 저하에 의하여 절연파괴 등이 생길 우려가 없는 경우 제외)의 절연가스의 압력이 현저히 저하한 경우
  - ⓒ 수소냉각식 조상기를 시설하는 변전소는 그 조상기 안의 수소의 순도가 85% 이하로 저하한 경우에 그 조상기를 전로로부터 자동적으로 차단하는 장치를 시설한다.
  - ⓔ 전기철도용 변전소는 주요 변성기기에 고장이 생긴 경우 또는 전원측 전로의 전압이 현저히 저하한 경우에 그 변성기기를 자동적으로 전로로부터 차단하는 장치를 설치한다(단, 경미한 고장이 생긴 경우에 기술원주재소에 경보하는 장치를 하는 때에는 그 고장이 생긴 경우에 자동적으로 전로로부터 차단하는 장치의 시설을 하지 않아도 된다).
- ⑧ 압축공기계통
  최고사용압력의 1.5배의 수압, 1.25배의 기압 : 연속 10분간 견뎌야 한다.
  - ㉠ 공기탱크는 개폐기, 차단기의 투입 및 차단 : 연속 1회 이상 가능해야 한다.
  - ㉡ 주공기 탱크 압력계 최고눈금 : 사용압력의 1.5배 이상 3배 이하이어야 한다.
  - ㉢ 절연가스는 가연성, 부식성 도는 유독성이 아니어야 한다.
  - ㉣ 절연가스 압력의 저하 시 : 경보장치 또는 압력계측장치를 시설한다.

(1) 전기철도의 용어 정의(KEC 402)

① **전차선** : 전기철도차량의 집전장치와 접촉하여 전력을 공급하기 위한 전선

② **전차선로** : 전기철도차량에 전력을 공급하기 위하여 선로를 따라 설치한 시설물로 전차선, 급전선, 귀선과 그 지지물 및 설비를 총괄한 것

③ **급전방식** : 전기철도차량에 전력을 공급하기 위하여 변전소로부터 급전선, 전차선, 레일, 귀선으로 구성되는 전력공급방식

④ **귀선회로** : 전기철도차량에 공급된 전력을 변전소로 되돌리기 위한 귀로

(2) 전기철도 전기방식의 일반사항(KEC 411)

① 전력수급조건(KEC 411.1)

수전선로의 전력수급조건 : 다음의 공칭전압(수전전압)으로 선정하여야 한다.

[공칭전압(수전전압)]

공칭전압(수전전압)[kV]	교류 3상 22.9, 154, 345

② 전차선로의 전압(KEC 411.2)

직류방식과 교류방식으로 구분

㉠ 직류방식 : 사용전압과 전압별 최고, 최저전압은 다음 표에 따라 선정하여야 한다.

[직류방식의 급전전압]

구분	최저 영구 전압	공칭전압[V]	최고 영구 전압	최고 비영구 전압	장기 과전압[V]
DC	500	750	900	950[1]	1,269
(평균값)	900	1,500	1,800	1,950	2,538

[1]회생제동의 경우 1,000V의 비지속성 최고전압은 허용 가능하다.

㉡ 교류방식 : 사용전압과 전압별 최고, 최저전압은 다음 표에 따라 선정하여야 한다.

[교류방식의 급전전압]

주파수 (실횻값)	최저 비영구 전압	최저 영구 전압	공칭전압[V][2]	최고 영구 전압	최고 비영구 전압	장기 과전압[V]
60[Hz]	17,500	19,000	25,000	27,500	29,000	38,746
	35,000	38,000	50,000	55,000	58,000	77,492

[2]급전선과 전차선간의 공칭전압은 단상교류 50kV(급전선과 레일 및 전차선과 레일 사이의 전압은 25kV)를 표준으로 한다.

(3) 전기철도 변전방식의 일반사항(KEC 421)

① 변전소의 용량 : 변전소의 용량은 급전구간별 정상적인 열차부하조건에서 1시간 최대출력 또는 순시 최대출력을 기준으로 결정하고, 연장급전 등 부하의 증가를 고려하여야 한다.

② 변전소의 설비

ㄱ 급전용 변압기는 직류 전기철도의 경우 3상 정류기용 변압기, 교류 전기철도의 경우 3상 스코트 결선 변압기의 적용을 원칙으로 하고, 급전계통에 적합하게 선정하여야 한다.

ㄴ 제어용 교류전원은 상용과 예비의 2계통으로 구성하여야 한다.

ㄷ 제어반의 경우 디지털계전기방식을 원칙으로 하여야 한다.

(4) 전기철도 전차선로의 일반사항(KEC 431)

① 전차선로의 충전부와 건조물 간의 절연이격

ㄱ 건조물과 전차선, 급전선 및 집전장치의 충전부 비절연 부분 간의 공기 절연이격 거리는 다음 표에 제시되어 있는 정적 및 동적 최소 절연이격거리 이상을 확보하여야 한다. 동적 절연이격의 경우 팬터그래프가 통과하는 동안의 일시적인 전선의 움직임을 고려하여야 한다.

ㄴ 해안 인접지역, 열기관을 포함한 교통량이 과중한 곳, 오염이 심한 곳, 안개가 자주 끼는 지역, 강풍 또는 강설 지역 등 특정한 위험도가 있는 구역에서는 최소 절연간격보다 증가시켜야 한다.

[전차선과 건조물 간의 최소 절연간격]

시스템 종류	공칭전압[V]	동적[mm]		정적[mm]	
		비오염	오염	비오염	오염
직류	750	25	25	25	25
	1,500	100	110	150	160
단상 교류	25,000	170	220	270	320

② 전차선로의 충전부와 차량 간의 절연이격(KEC 431.3)

ㄱ 차량과 전차선로나 충전부 비절연 부분 간의 공기 절연이격은 다음 표에 제시되어 있는 정적 및 동적 최소 절연이격거리 이상을 확보하여야 한다. 동적 절연이격의 경우 팬터그래프가 통과하는 동안의 일시적인 전선의 움직임을 고려하여야 한다.

ㄴ 해안 인접지역, 안개가 자주 끼는 지역, 강풍 또는 강설 지역 등 특정한 위험도가 있는 구역에서는 최소 절연이격거리보다 증가시켜야 한다.

[전차선과 차량 간의 최소 절연간격]

시스템 종류	공칭전압[V]	동적[mm]	정적[mm]
직류	750	25	25
	1,500	100	150
단상 교류	25,000	170	270

③ 전차선 및 급전선의 높이(KEC 431.6)

전차선과 급전선의 최소 높이는 다음 표의 값 이상을 확보하여야 한다. 다만, 전차선 및 급전선의 최소 높이는 최대 대기온도에서 바람이나 팬터그래프의 영향이 없는 안정된 위치에 놓여 있는 경우 사람의 안전 측면에서 건널목, 터널 내 전선, 공항 부근 등을 고려하여 궤도면상 높이로 정의한다. 전차선의 최소높이는 항상 열차의 통과 게이지보다 높아야 하며, 전기적 이격거리와 팬터그래프의 최소 작동높이를 고려하여야 한다.

[전차선 및 급전선의 최소 높이]

시스템 종류	공칭전압[V]	동적[mm]	정적[mm]
직류	750	4,800	4,400
	1,500	4,800	4,400
단상 교류	25,000	4,800	4,570

안전율	2.0 미만	2.0 이상 2.5 미만	2.5 이상
구분	• 빔 및 브래킷(1.0) • 철주(1.0) • 강봉형 지지선(1.0)	• 합금전차선(2.0) • 경동선(2.2) • 지지물 기초(2.0) • 장력조절장치(2.0)	• 조가선 및 지지부품(2.5) • 복합체 자재(2.5) • 브래킷 애자(2.5) • 선형 지지선

(5) 전기철도의 원격감시제어설비

① 원격감시제어시스템(SCADA)(KEC 435.1)

㉠ 원격감시제어시스템은 열차의 안전운행과 현장 전철전력설비의 유지보수를 위하여 제어, 감시대상, 수준, 범위 및 확인, 운용방법 등을 고려하여 구성하여야 한다.

㉡ 중앙감시제어반의 구성, 방식, 운용방식 등을 계획하여야 한다.

㉢ 변전소, 배전소의 운용을 위한 소규모 제어설비에 대한 위치, 방식 등을 고려하여 구성하여야 한다.

② 중앙감시제어장치 및 소규모감시제어장치(KEC 435.2)

㉠ 변전소 등의 제어 및 감시는 관제센터에서 이루어지도록 한다.

㉡ 원격감시제어시스템(SCADA)는 중앙집중제어장치(CTC), 통신집중제어장치와 호환되도록 하여야 한다.

㉢ 전기시설 관제소와 변전소, 구분소 또는 그 밖의 관제 업무에 필요한 장소에는 상호 연락할 수 있는 통신 설비를 시설하여야 한다.

㉣ 소규모감시제어장치는 유사시 현지에서 중앙감시제어장치를 대체할 수 있도록 하고, 전원설비 운용에 용이하도록 구성한다.

(6) 전기철도의 전기철도차량 설비

① 절연구간(KEC 441.1)

  ㉠ 교류 구간 : 변전소 및 급전구분소 앞에서 서로 다른 위상 또는 공급점이 다른 전원이 인접하게 될 경우 전원이 혼촉되는 것을 방지

  ㉡ 교류 – 교류 절연구간을 통과하는 방식

- 동력(역행) 운전방식
- 무동력(타행) 운전방식
- 변압기 무부하 전류방식
- 전력소비 없이 통과하는 방식

  ㉢ 교류 – 직류(직류 – 교류) 절연구간 : 교류구간과 직류 구간의 경계지점에 시설이 구간에서 전기철도는 속도 조정 차단 상태로 주행

  ㉣ 절연구간의 소요길이는 다음에 따라 결정한다.

- 아크 시간
- 잔류전압의 감쇄시간
- 팬터그래프 배치간격
- 열차속도

② 회생제동(KEC 441.5)

  ㉠ 전기철도차량은 다음과 같은 경우에 회생제동의 사용을 중단해야 한다.

- 전차선로 지락이 발생한 경우
- 전차선로에서 전력을 받을 수 없는 경우
- 전차선로의 전압에서 규정된 선로전압이 장기 과전압 보다 높은 경우

  ㉡ 회생전력을 다른 전기장치에서 흡수할 수 없는 경우에는 전기철도차량은 다른 제동시스템으로 전환되어야 한다.

  ㉢ 전기철도 전력공급시스템은 회생제동이 상용제동으로 사용이 가능하고 다른 전기철도차량과 전력을 지속적으로 주고받을 수 있도록 설계되어야 한다.

③ 전기위험방지를 위한 보호대책(KEC 441.6)

  ㉠ 감전을 일으킬 수 있는 충전부는 직접접촉에 대한 보호가 있어야 한다.

  ㉡ 간접 접촉에 대한 보호대책은 노출된 도전부는 고장 조건하에서 부근 충전부와의 유도 및 접촉에 의한 감전이 일어나지 않아야 한다.

- 보호용 본딩
- 자동급전 차단

  ㉢ 주행레일과 분리되어 있거나 또는 공동으로 되어있는 보호용 도체를 채택한 시스템에서 최소 2개 이상의 보호용 본딩 연결로가 있어야 하며, 한쪽 경로에 고장이 발생하더라도 감전 위험이 없어야 한다.

ㄹ 차체와 주행 레일과 같은 고정설비의 보호용 도체 간의 임피던스

[전기철도차량별 최대 임피던스]

차량 종류	최대 임피던스[Ω]
기관차, 객차	0.05
화차	0.15

• 측정시험
  - 전압 50V 이하
  - 50A 일정 전류

(7) 전기철도의 설비를 위한 보호

① 피뢰기 설치장소(KEC 451.3)

  ㉠ 변전소 인입측 및 급전선 인출측

  ㉡ 가공전선과 직접 접속하는 지중케이블에서 낙뢰에 의해 절연파괴의 우려가 있는 케이블 단말

  ※ 피뢰기는 가능한 한 보호하는 기기와 가깝게 시설하되 누설전류 측정이 용이하도록 지지대와 절연하여 설치한다.

② 피뢰기의 선정 : 밀봉형 사용

(8) 전기철도의 안전을 위한 보호

① 감전에 대한 보호조치(KEC 461.1)

  ㉠ 공칭전압이 교류 1kV 또는 직류 1.5kV 이하인 경우 사람이 접근할 수 있는 보행표면의 경우 가공 전차선의 충전부뿐만 아니라 전기철도차량 외부의 충전부(집전장치, 지붕도체 등)와의 직접접촉을 방지하기 위한 공간거리 이상을 확보하여야 한다(단, 제3레일 방식에는 적용되지 않는다).

[공칭전압이 교류 1kV 또는 직류 1.5kV 이하인 경우
사람이 접근할 수 있는 보행표면의 공간거리]

ⓛ 공간거리를 유지할 수 없는 경우 장애물을 설치, 장애물 높이는 장애물 상단으로부터 1.35m의 공간거리를 유지하여야 하며, 장애물과 충전부 사이의 공간거리는 최소한 0.3m로 하여야 한다.

ⓒ 공칭전압이 교류 1kV 초과 25kV 이하인 경우 또는 직류 1.5kV 초과 25kV 이하인 경우 공간거리 이상을 유지하여야 한다.

**[공칭전압이 교류 1kV 초과 25kV 이하인 경우 또는직류 1.5kV 초과
25kV 이하인 경우 사람이 접근할 수 있는 보행표면의 공간거리]**

ⓡ 공간거리를 유지할 수 없는 경우 충전부와의 직접 접촉에 대한 보호를 위해 장애물을 설치하여야 한다.

ⓜ 장애물 높이는 장애물 상단으로부터 1.5m의 공간거리를 유지하여야 하며, 장애물과 충전부 사이의 공간거리는 최소한 0.6m로 한다.

② 레일 전위의 접촉전압 감소 방법(KEC 461.3)

ⓛ 교류 전기철도 급전시스템은 다음 방법을 고려하여 접촉전압을 감소시켜야 한다.
- 접지극 추가 사용
- 등전위본딩
- 전자기적 커플링을 고려한 귀선로의 강화
- 전압제한소자 적용
- 보행 표면의 절연
- 단락전류를 중단시키는 데 필요한 트래핑 시간의 감소

ⓒ 직류 전기철도 급전시스템은 다음 방법을 고려하여 접촉전압을 감소시켜야 한다.
- 고장조건에서 레일 전위를 감소시키기 위해 전도성 구조물 접지의 보강
- 전압제한소자 적용
- 귀선 도체의 보강
- 보행 표면의 절연
- 단락전류를 중단시키는 데 필요한 트래핑 시간의 감소

③ 전기 부식 방지 대책(KEC 461.4)

　　㉠ 주행레일을 귀선으로 이용하는 경우 : 누설전류에 의하여 케이블, 금속제 지중관로 및 선로 구조물 등에 영향을 미치는 것을 방지하기 위한 적절한 시설을 하여야 한다.

　　㉡ 전기 철로 측의 전기 부식 방지를 위해서는 다음 방법을 고려하여야 한다.

- 변전소 간 간격 축소
- 레일본드의 양호한 시공
- 장대레일채택
- 절연도상 및 레일과 침목 사이에 절연층의 설치
- 기타

　　㉢ 매설금속체측 누설전류에 의한 전기 부식의 피해가 예상되는 곳은 다음 방법을 고려하여야 한다.

- 배류장치 설치
- 절연코팅
- 매설금속체 접속부 절연
- 저준위 금속체를 접속
- 궤도와의 이격거리 증대
- 금속판 등의 도체로 차폐

　　※ 직류 전기철도시스템이 매설 배관 또는 케이블과 인접할 경우 누설전류를 피하기 위해 최대한 이격시켜야 하며, 주행레일과 최소 1m 이상의 거리를 유지하여야 한다.

09　분산형전원설비

(1) 전기 공급방식(KEC 503.2.1)

분산형전원설비의 전기 공급방식, 접지 또는 측정 장치 등은 다음과 같은 기준에 따른다.

① 분산형전원설비의 전기 공급방식은 전력계통과 연계되는 전기 공급방식과 동일하여야 한다.

② 분산형전원설비 사업자의 한 사업장의 설비 용량 합계가 250kVA 이상일 경우에는 송·배전계통과 연계지점의 연결 상태를 감시 또는 유효전력, 무효전력 및 전압을 측정할 수 있는 장치를 시설하여야 한다.

(2) 전기저장장치(KEC 510)

① 설치장소의 요구사항

　　㉠ 전기저장장치의 이차전지, 제어반, 배전반의 시설은 기기 등을 조작 또는 보수·점검할 수 있는 공간을 확보하고 조명설비를 시설하여야 한다.

　　㉡ 폭발성 가스의 축적을 방지하기 위한 환기시설을 갖추고 제조사가 권장한 온도·습도·수분·멋디 등의 운영환경을 상시 유지하여야 한다.

　　㉢ 침수 및 누수의 우려가 없도록 시설하여야 한다.

　　㉣ 외벽 등 확인하기 쉬운 위치에 "전기저장장치 시설장소" 표기 및 일반인의 출입을 통제하기 위한 잠금장치 등을 설치해야 한다.

② 설비의 안전 요구사항

    ㉠ 충전부 등 노출부분은 절연 및 접촉방지를 위한 방호 시설물을 설치하여야 한다.

    ㉡ 고장이나 외부 환경요인으로 인하여 비상상황 발생 또는 출력에 문제가 있을 경우 안전하게 작동하기 위한 비상정지 스위치 등을 시설하여야 한다.

    ㉢ 모든 부품은 충분한 내열성을 확보하여야 한다.

    ㉣ 동일 구획 내 직병렬로 연결된 전기장치는 식별이 용이하도록 명판을 부착하여 장치 간 연결이 잘못되지 않도록 해야 한다.

    ㉤ 부식환경에 노출되는 경우, 금속제 및 부속품은 부식되지 않도록 녹방지 및 방식 처리를 하여야 한다.

③ 옥내 전로의 대지전압 제한

주택의 전기저장장치의 축전지에 접속하는 부하측 옥내배선을 다음에 따라 시설하는 경우에 주택의 옥내전로의 대지전압은 직류 600V 이하이어야 한다.

    ㉠ 전로에 지락이 생겼을 때 자동적으로 전로를 차단하는 장치를 시설한 경우

    ㉡ 사람이 접촉할 우려가 없는 은폐된 장소에 합성수지관배선, 금속관배선 및 케이블배선에 의하여 시설하거나 사람이 접촉할 우려가 없도록 케이블배선에 의하여 시설하고 전선에 적당한 방호장치를 시설한 경우

(3) 전기저장장치의 시설(KEC 511.2)

① 전기배선의 굵기 : $2.5mm^2$ 이상의 연동선

② 충전 및 방전 기능

    ㉠ 충전기능

      • 전기저장장치는 배터리의 SOC특성(충전상태 : State of Charge)에 따라 제조자가 제시한 정격으로 충전할 수 있어야 한다.

      • 충전할 때에는 전기저장장치의 충전상태 또는 배터리상태를 시각화하여 정보를 제공해야 한다.

    ㉡ 방전기능

      • 전기저장장치는 배터리의 SOC특성에 따라 제조자가 제시한 정격으로 방전할 수 있어야 한다.

      • 방전할 때에는 전기저장장치의 방전상태 또는 배터리상태를 시각화하여 정보를 제공해야 한다.

③ 전기저장장치의 이차전지는 다음에 따라 자동으로 전로로부터 차단하는 장치를 시설하여야 한다.

    ㉠ 과전압 또는 과전류가 발생한 경우

    ㉡ 제어장치에 이상이 발생한 경우

    ㉢ 이차전지 모듈의 내부 온도가 급격히 상승할 경우

④ 계측장치

전기저장장치를 시설하는 곳에는 다음의 사항을 계측하는 장치를 시설하여야 한다.

    ㉠ 축전지 출력단자의 전압, 전류, 전력 및 충·방전상태

    ㉡ 주요변압기의 전압, 전류 및 전력

(4) 태양광발전설비(KEC 520)

※ 주택의 전기저장장치의 축전지에 접속하는 부하측 옥내배선을 시설하는 경우에 주택의 옥내전로의 대지전압은 직류 600V 까지 적용할 수 있다.

① 설치장소의 요구사항

    ㉠ 인버터, 제어반, 배전반 등의 시설은 기기 등을 조작 또는 보수점검할 수 있는 충분한 공간을 확보하고 필요한 조명설비를 시설하여야 한다.

    ㉡ 인버터 등을 수납하는 공간에는 실내온도의 과열 상승을 방지하기 위한 환기시설을 갖추어야 하며, 적정한 온도와 습도를 유지하도록 시설하여야 한다.

    ㉢ 배전반, 인버터, 접속장치 등을 옥외에 시설하는 경우 침수의 우려가 없도록 시설하여야 한다.

    ㉣ 지붕에 시설하는 경우 취급자가 추락의 위험이 없도록 점검통로를 안전하게 시설하여야 한다.

    ㉤ 최대개방전압 DC 750V 초과 1,500V 이하인 시설장소는 울타리 등의 안전조치를 해야 한다.

② 설비의 안전 요구사항

    ㉠ 태양전지 모듈, 전선, 개폐기 및 기타 기구는 충전부분이 노출되지 않도록 시설하여야 한다.

    ㉡ 모든 접속함에는 내부의 충전부가 인버터로부터 분리된 후에도 여전히 충전상태일 수 있음을 나타내는 경고가 붙어 있어야 한다.

    ㉢ 태양광설비의 고장이나 외부 환경요인으로 인하여 계통연계에 문제가 있을 경우 회로분리를 위한 안전시스템이 있어야 한다.

③ 태양광설비의 시설

    ㉠ 간선의 시설기준(전기배선)

       • 모듈 및 기타 기구에 전선을 접속하는 경우는 나사로 조이고, 기타 이와 동등 이상의 효력이 있는 방법으로 기계적·전기적으로 안전하게 접속하고, 접속점에 장력이 가해지지 않아야 한다.

       • 배선시스템은 바람, 결빙, 온도, 태양방사와 같은 외부 영향을 견디도록 시설하여야 한다.

       • 모듈의 출력배선은 극성별로 확인할 수 있도록 표시하여야 한다.

       • 기타 사항은 KEC 512.1.1(전기저장장치의 전기배선)에 따라야 한다.

    ㉡ 전력변환장치의 시설 : 인버터, 절연변압기 및 계통 연계 보호장치 등 전력변환장치의 시설은 다음에 따라 시설하여야 한다.

       • 인버터는 실내·실외용을 구분하여야 한다.

       • 각 직렬군의 태양전지 개방전압은 인버터 입력전압 범위 이내이어야 한다.

       • 옥외에 시설하는 경우 방수등급은 IPX4 이상이어야 한다.

    ㉢ 태양광설비의 계측장치 : 태양광설비에는 전압, 전류 및 전력을 계측하는 장치를 시설하여야 한다.

    ㉣ 제어 및 보호장치 등

       • 중간단자함 및 어레이 출력 개폐기는 다음과 같이 시설하여야 한다.

         – 태양전지 모듈에 접속하는 부하측의 태양전지 어레이에서 전력변환장치에 이르는 전로(복수의 태양전지 모듈을 시설한 경우에는 그 집합체에 접속하는 부하측의 전로)에는 그 접속점에 근접하여 개폐기 기타 이와 유사한 기구(부하전류를 개폐할 수 있는 것에 한한다)를 시설하여야 한다.

         – 어레이 출력개폐기는 점검이나 조작이 가능한 곳에 시설하여야 한다.

       • 이 외에도 과전류 및 지락 보호장치, 접지설비, 피뢰설비 등을 시설하여야 한다.

(5) 풍력발전설비(KEC 530)

① 화재방호설비 시설(KEC 531.3)

500kW 이상의 풍력터빈은 나셀 내부의 화재 발생 시 이를 자동으로 소화할 수 있는 화재방호설비를 시설하여야 한다.

② 제어 및 보호장치 시설의 일반 요구사항(KEC 532.3.1)

  ㉠ 제어장치는 다음과 같은 기능 등을 보유하여야 한다.
- 풍속에 따른 출력 조절
- 출력제한
- 회전속도제어
- 계통과의 연계
- 기동 및 정지
- 계통 정전 또는 부하의 손실에 의한 정지
- 요잉에 의한 케이블 꼬임 제한

  ㉡ 보호장치는 다음의 조건에서 풍력발전기를 보호하여야 한다.
- 과풍속
- 발전기의 과출력 또는 고장
- 이상진동
- 계통 정전 또는 사고
- 케이블의 꼬임 한계

③ 접지설비

접지설비는 풍력발전설비 타워기초를 이용한 통합접지공사를 하여야 하며, 설비 사이의 전위차가 없도록 등전위본딩을 하여야 한다.

④ 계측장치의 시설(KEC 532.3.7)

풍력터빈에는 설비의 손상을 방지하기 위하여 운전상태를 계측하는 계측장치를 시설하여야 한다.

  ㉠ 회전속도계

  ㉡ 나셀(Nacelle) 내의 진동을 감시하기 위한 진동계

  ㉢ 풍속계

  ㉣ 압력계

  ㉤ 온도계

(6) 연료전지설비(KEC 540)

① 설치장소의 안전 요구사항(KEC 541.1)

  ㉠ 연료전지를 설치할 주위의 벽 등은 화재에 안전하게 시설하여야 한다.

  ㉡ 가연성 물질과 안전거리를 충분히 확보하여야 한다.

  ㉢ 침수 등의 우려가 없는 곳에 시설하여야 한다.

  ㉣ 연료전지설비는 쉽게 움직이거나 쓰러지지 않도록 견고하게 고정하여야 한다.

  ㉤ 연료전지설비는 건물 출입에 방해되지 않고 유지보수 및 비상시의 접근이 용이한 장소에 시설하여야 한다.

② 연료전지 발전실의 가스 누설 대책(KEC 541.2)

㉠ 연료가스를 통하는 부분은 최고사용 압력에 대하여 기밀성을 가지는 것이어야 한다.

㉡ 연료전지 설비를 설치하는 장소는 연료가스가 누설되었을 때 체류하지 않는 구조이어야 한다.

㉢ 연료전지 설비로부터 누설되는 가스가 체류 할 우려가 있는 장소에 해당 가스의 누설을 감지하고 경보하기 위한 설비를 설치하여야 한다.

③ 안전밸브(KEC 542.1.4)

㉠ 안전밸브가 1개인 경우는 그 배관의 최고사용압력 이하의 압력으로 한다. 다만, 배관의 최고사용 압력 이하의 압력에서 자동적으로 가스의 유입을 정지하는 장치가 있는 경우에는 최고사용압력 의 1.03배 이하의 압력으로 할 수 있다.

㉡ 안전밸브가 2개 이상인 경우에는 1개는 과압(통상의 상태에서 최고사용압력을 초과하는 압력) 에 준하는 압력으로 하고, 그 이외의 것은 그 배관의 최고사용압력의 1.03배 이하의 압력이어야 한다.

④ 연료전지설비의 보호장치(KEC 542.2.1)

연료전지는 다음의 경우에 자동적으로 이를 전로에서 차단하고 연료전지에 연료가스 공급을 자동적 으로 차단하며, 연료전지 내의 연료가스를 자동적으로 배제하는 장치를 시설하여야 한다.

㉠ 연료전지에 과전류가 생긴 경우

㉡ 발전요소의 발전전압에 이상이 생겼을 경우 또는 연료가스 출구에서의 산소농도 또는 공기 출구 에서의 연료가스 농도가 현저히 상승한 경우

㉢ 연료전지의 온도가 현저하게 상승한 경우

⑤ 접지설비(KEC 542.2.5)

㉠ 접지극은 고장 시 근처의 대지 사이에 생기는 전위차에 의해 사람, 가축, 시설물에 위험의 우려가 없도록 시설할 것

㉡ 접지도체는 공칭단면적 $16mm^2$ 이상의 연동선 또는 이와 동등 이상의 세기 및 굵기의 쉽게 부식 하지 않는 금속선(저압 전로의 중성점에 시설하는 것은 공칭단면적 $6mm^2$ 이상의 연동선 또는 이와 동등 이상의 세기 및 굵기의 쉽게 부식하지 않는 금속선)으로서 고장 시 흐르는 전류가 안전 하게 통할 수 있는 것을 사용하고 손상을 받을 우려가 없도록 시설할 것

㉢ 접지도체에 접속하는 저항기·리액터 등은 고장 시 흐르는 전류가 안전하게 통할 것

㉣ 접지도체·저항기·리액터 등은 취급자 이외의 자가 출입하지 아니하도록 시설하는 경우 외에는 사람의 접촉의 우려가 없도록 시설할 것

01 다음 중 기전력에 대한 설명으로 옳은 것은?

① 전기 저항의 역수

② 전류를 흐르게 하는 원동력

③ 도체에 흐르는 전류의 세기

④ 전기의 흐름

02 다음 중 배전반 및 분전반을 설치하기에 가장 적절한 장소는 어디인가?

① 출입구 신발장 내부

② 노출된 장소

③ 고온 다습한 장소

④ 화장실 내부

03 전로의 사용전압이 500V 이하인 옥내전로에서 분기회로의 절연저항값은 몇 $M\Omega$ 이상이어야 하는가?

① 0.1MΩ

② 0.5MΩ

③ 1.0MΩ

④ 1.5MΩ

04 다음 중 발전소·변전소·개폐소, 이에 준하는 곳, 전기사용장소 상호 간의 전선 및 이를 지지하거나 수용하는 시설물을 뜻하는 것은?

① 급전소

② 송전선로

③ 전선로

④ 전차선

05 다음 중 동기전동기를 송전선의 전압 조정 및 역률 개선에 사용하는 것은?

① 댐퍼

② 동기이탈

③ 제동권선

④ 동기조상기

06 어떤 콘덴서에 1,000V의 전압을 가하였더니 5×10^{-3}C의 전하가 축적되었다. 이 콘덴서의 용량은?

① $2.5 \mu \text{F}$

② $5 \mu \text{F}$

③ $25 \mu \text{F}$

④ $50 \mu \text{F}$

07 다음 중 전류와 자속에 대한 설명으로 옳은 것은?

① 전류와 자속은 항상 폐회로를 형성한다.

② 전류와 자속은 항상 폐회로를 형성하지 않는다.

③ 전류는 폐회로이나 자속은 아니다.

④ 자속은 폐회로이나 전류는 아니다.

08 다음 중 전기력선의 성질에 대한 설명으로 옳지 않은 것은?

① 전기력선 방향은 전기장 방향과 같으며, 전기력선의 밀도는 전기장의 크기와 같다.
② 전기력선은 도체 내부에 존재한다.
③ 전기력선은 등전위면에 수직으로 출입한다.
④ 전기력선은 양전하에서 음전하로 이동한다.

09 다음 중 전력계통의 안정도(Stability)에 대한 설명으로 옳지 않은 것은?

① PSS 대신에 속응 여자 시스템을 채택한다.
② 디지털 AVR을 설치한다.
③ 여자장치를 정지형 여자기로 설치한다.
④ FACTS 기기를 설치한다.

10 다음 중 고장 시의 불평형 차전류가 평형전류의 어떤 비율 이상으로 되었을 때 동작하는 계전기는?

① 과전압 계전기   ② 과전류 계전기
③ 전압 차동 계전기   ④ 비율 차동 계전기

11 다음 중 주파수 100Hz의 주기(T)는?

① 0.01sec   ② 0.6sec
③ 1.7sec   ④ 6sec

12 $e = 141\sin(120\pi t - \dfrac{\pi}{3})$인 파형의 주파수는 몇 Hz인가?

① 10Hz   ② 15Hz

③ 30Hz   ④ 60Hz

13 교류 회로에서 전압과 전류의 위상차를 θ[rad]라 할 때, $\cos\theta$는 무엇을 의미하는가?

① 전압변동률   ② 왜곡률

③ 효율   ④ 역률

14 다음 중 직류 발전기에서 유기기전력 E를 바르게 나타낸 것은?(단, 자속은 $\varnothing$, 회전속도는 N이다)

① $E \propto \varnothing N$ ② $E \propto \varnothing N^2$

③ $E \propto \dfrac{\varnothing}{N}$ ④ $E \propto \dfrac{N}{\varnothing}$

15 다음 중 검출값 편차의 크기에 비례하여 조작부를 제어하는 동작으로, 정상 오차를 수반하고 사이클링은 없으나 잔류 편차(Offset)가 발생하는 제어는?

① 적분 제어   ② 미분 제어

③ 비례 제어   ④ 비례 적분 제어

16 다음 중 소호리액터 접지방식에서 사용하는 탭의 크기는?

① 완전보상 　　　　　　　　　② (−)보상

③ 과보상 　　　　　　　　　　④ 부족보상

17 3상 4선식 배전방식에서의 1선당 최대공급전력의 크기는?(단, 상전압 : V, 선전류 : I이다)

① $0.57\,VI$ 　　　　　　　　② $0.75\,VI$

③ VI 　　　　　　　　　　　④ $1.73\,VI$

18 디음 중 플리커 예방을 위한 전력공급측의 대책으로 옳지 않은 것은?

① 공급전압을 승압한다

② 전용의 변압기로 공급한다

③ 전원계통에 리액터분을 보상한다.

④ 단락용량이 큰 계통에서 공급한다.

19 다음 중 기력발전소에서 가장 많이 사용하는 열 사이클은?

① 재생재열 사이클 　　　　　② 랭킨 사이클

③ 재열 사이클 　　　　　　　④ 재생 사이클

20 유효낙차 80m, 최대사용유량 25m³/s, 수차효율 87%, 발전기효율 97%인 수력발전소의 최대출력은?

① 약 13,230kW

② 약 15,880kW

③ 약 16,540kW

④ 약 18,670kW

21 부하율이 80%로 운전하는 화력발전소의 출력이 시간당 25,000kW일 때, 1일 석탄 소비량은?(단, 보일러 효율은 80%, 터빈의 열사이클 효율은 35%, 터빈 효율은 85%, 발전기효율은 75%이며, 석탄 발열량은 5,000kcal/kg이다)

① 약 455.2ton

② 약 458.7ton

③ 약 459.3ton

④ 약 462.5ton

22 다음 중 동기발전기를 병렬로 운전할 수 있는 조건으로 옳지 않은 것은?

① 기전력의 크기가 같을 것

② 기전력의 위상이 같을 것

③ 기전력의 주파수가 같을 것

④ 발전기의 초당 회전수가 같을 것

23 다음 중 동기전동기의 특징으로 옳지 않은 것은?

① 속도가 일정하다.

② 역률과 효율이 좋다.

③ 난조가 발생하지 않는다.

④ 기동 시 토크를 얻기 어렵다.

24 주파수 60Hz 회로에 접속되어 1,164rpm으로 회전하고 있는 유도전동기의 극수는?(단, 슬립은 3%이다)

① 5극

② 6극

③ 7극

④ 10극

25 다음 중 동기 발전기의 전기자 반작용에 대한 설명으로 옳지 않은 것은?

① 전기자 반작용은 부하 역률에 따라 크게 변화된다.

② 전기자 반작용의 결과 감자현상이 발생될 때 리액턴스의 값은 감소된다.

③ 전기자 전류에 의한 자속의 영향으로 감자 및 자화현상과 편자현상이 발생된다.

④ 계자 자극의 중심축과 전기자 전류에 의한 자속이 전기적으로 90°를 이룰 때 편자현상이 발생된다.

26 다음 중 직류기에서 전기자 반작용을 방지하기 위한 보상권선의 전류 방향은?

① 계자 전류의 방향과 같다.

② 계자 전류의 방향과 반대이다.

③ 전기자 전류 방향과 같다.

④ 전기자 전류 방향과 반대이다.

27 다음 단상 반파 정류 회로에서 R에 흐르는 직류 전류의 세기는?(단, V= 100V, R= $10\sqrt{2}$ Ω 이다)

① 2.28A

② 3.2A

③ 4.5A

④ 7.07A

28 다음과 같은 회로에서 저항 R의 크기는?

① 1Ω

② 2Ω

③ 3Ω

④ 4Ω

29 다음 중 전기회로의 과도 현상과 시상수와의 관계로 옳은 것은?

① 시상수가 클수록 과도 현상은 오래 지속된다.

② 고유응답이 초기값의 50%에 도달하는 데 걸린 시간이다.

③ 시상수와 과도 지속 시간은 관계가 없다.

④ 시상수는 전압의 크기에 비례한다.

30 $R = 5\,\Omega$, $L = 50\text{mH}$, $C = 2\mu\text{F}$인 직렬 회로의 공진 주파수는 몇 Hz인가?

① 약 498Hz ② 약 503Hz

③ 약 518Hz ④ 약 523Hz

31 임피던스 $Z = 6 + j8\,\Omega$에서 서셉턴스의 크기는?

① 0.06℧ ② 0.08℧

③ 0.6℧ ④ 0.8℧

32 정전용량 $20\mu\text{F}$의 콘덴서에 100V, 60Hz인 사인파 전원을 가할 때, 용량리액턴스의 크기와 콘덴서에 흐르는 전류의 세기는?

용량리액턴스(X_c) 　　전류의 세기(I_C)
① 약 $7.5\times10^{-3}\,\Omega$ 　　약 1.3A
② 약 $132.63\,\Omega$ 　　약 0.75A
③ 약 $7.5\times10^{-3}\,\Omega$ 　　약 13A
④ 약 $132.63\,\Omega$ 　　약 7.5A

33 다음과 같은 회로에 평형 3상 전원을 평형 3상 △ 결선 부하에 접속하였을 때 △ 결선 부하 1상의 유효전력이 P였다. 각 상의 임피던스의 크기는 Z로 유지하고 결선 방식만 △ 결선에서 Y결선으로 바꾸었을 때 Y결선의 부하전력은?

① $\dfrac{P}{3}$ 　　　　　　　　　　② P

③ $\sqrt{3}\,P$ 　　　　　　　　　　④ $3P$

34 어떤 교류회로의 전압과 전류의 순시값이 다음과 같을 때, 이 교류회로의 특성에 대한 설명으로 옳은 것은?

$$v(t) = 200\sqrt{2}\sin\left(\omega t + \frac{\pi}{6}\right)V$$

$$i(t) = 10\sin\left(\omega t + \frac{\pi}{3}\right)A$$

① 전류의 파고율은 10이다.
② 전압의 파형률은 1보다 작다.
③ 전압의 실횻값은 $200\sqrt{2}$ V이다.
④ 위상이 30° 앞선 진상전류가 흐른다.

35 어떤 회로에 $v = 100\sqrt{2}\sin\left(120\pi t + \frac{\pi}{4}\right)$V의 전압을 가했더니 $i = 10\sqrt{2}\sin\left(120\pi t - \frac{\pi}{4}\right)$A 의 전류가 흘렀다. 이 회로의 역률은?

① 0

② $\dfrac{1}{\sqrt{2}}$

③ 0.1

④ 1

36 어떤 부하에 100V, 5A의 교류 전류가 흐르고 역률이 90%일 때 부하의 유효 전력은?

① 20W

② 50W

③ 100W

④ 450W

37 등전위본딩의 본딩도체로 직접 접속할 수 없는 장소는 무엇으로 연결하여야 하는가?

① 접지선
② 본딩도체
③ 서지보호장치
④ 금속체 도전성 부분

38 접지극을 시설할 때 동결 깊이를 감안하여 지하 몇 cm 이상의 깊이로 매설하여야 하는가?

① 60cm
② 75cm
③ 90cm
④ 100cm

39 최대사용전압이 23,000V인 중성점 비접지식전로의 절연내력 시험전압은 몇 V인가?

① 16,560V
② 21,160V
③ 25,300V
④ 28,750V

40 다음 중 빈칸 ㉠, ㉡에 들어갈 단어가 바르게 연결된 것은?

> 지중전선로는 기설 지중약전류전선로에 대하여 ___㉠___ 또는 ___㉡___에 의하여 통신상의 장해를 주지 않도록 기설 약전류전선으로부터 충분히 이격시키거나 기타 적당한 방법으로 시설하여야 한다.

	㉠	㉡
①	정전용량	표피작용
②	정전용량	유도작용
③	누설전류	표피작용
④	누설전류	유도작용

41 지지물이 A종 철근콘트리트주일 때, 고압 가공전선로의 지지물 간 거리는 최대 몇 m인가?

① 150m
② 250m
③ 400m
④ 600m

42 다음 중 발전기의 용량에 관계없이 자동적으로 이를 전로로부터 차단하는 장치를 시설하여야 하는 경우는?

① 베어링의 과열
② 과전류 인입
③ 압유제어장치의 전원전압
④ 발전기 내부고장

43 발전소·변전소·개폐소 또는 이에 준하는 곳에서 개폐기 또는 차단기에 사용하는 압축공기장치의 공기압축기는 최고 사용압력의 1.5배의 수압을 연속하여 몇 분간 가하여 시험을 하였을 때에 이에 견디고 또한 새지 아니하여야 하는가?

① 5분
② 10분
③ 15분
④ 20분

44 다음 중 피뢰기의 설치 장소로 옳지 않은 곳은?

① 특고압 가공전선로에 접속하는 배전용 변압기의 고압측 및 특고압측
② 고압 및 특고압 가공전선로로부터 공급을 받는 수용장소의 인입구
③ 특고압 가공전선로와 지선이 접속하는 곳
④ 발전소, 변전소 또는 이에 준하는 장소의 가공전선 인입구 및 인출구

45 다음 중 옥내 저압전선으로 나전선을 사용할 수 없는 경우는?

① 금속관공사에 의하여 시설하는 경우

② 버스덕트공사에 의하여 시설하는 경우

③ 라이팅덕트공사에 의하여 시설하는 경우

④ 애자사용공사에 의하여 전개된 곳에 전기로용 전선을 시설하는 경우

46 다음 중 공통 중성선 다중접지방식 계통에서 사고 발생 시 정전 발생 없이 보호협조를 위해 사고 구간만을 제거할 수 있도록 하는 개폐기의 설치순서를 바르게 나열한 것은?

① 변전소 차단기 → 리클로저 → 섹셔널라이저 → 라인퓨즈

② 변전소 차단기 → 리클로저 → 라인퓨즈 → 섹셔널라이저

③ 변전소 차단기 → 섹셔널라이저 → 라인퓨즈 → 리클로저

④ 변전소 차단기 → 섹셔널라이저 → 리클로저 → 라인퓨즈

47 다음 중 차단기의 종류별 소호방식이 잘못 연결된 것은?

① GCB : 고성능 절연특성을 가진 가스를 이용하여 차단

② OCB : 절연유의 분해 가스 흡부력을 이용하여 소호

③ MBB : 전자력을 이용하여 아크를 소호

④ VCB : 공기의 자연소호방식을 이용하여 소호

48 다음 4단자 회로망에서 부하 Z_L을 개방할 때, 입력 어드미턴스는?(단, s는 복소주파수이다)

① $\dfrac{100s}{s^2+200s+5,000}$

② $\dfrac{100s}{s^2+200s-5,000}$

③ $\dfrac{s}{s^2+200s+5,000}$

④ $\dfrac{s}{s^2+200s-5,000}$

49 다음 중 서로 다른 유전체의 경계면에서 발생되는 전기적 현상에 대한 설명으로 옳은 것은?

① 전속밀도는 유전율이 큰 영역에서 크기가 줄어든다.
② 전계의 세기는 유전율이 작은 영역에서 크기가 줄어든다.
③ 경계면에서 전계 세기의 접선 성분은 유전율의 차이로 달라진다.
④ 경계면에서 전속밀도의 법선 성분은 유전율의 차이에 관계없이 같다.

50 직류분권 전동기의 기동방법 중 기동토크를 크게 하기 위한 방법으로 옳은 것은?

① 기동 토크를 작게 한다.
② 기동 토크를 크게 한다.
③ 계자 저항기의 저항 값을 크게 한다.
④ 계자 저항기의 저항 값을 0으로 한다.

PART 3

최종점검 모의고사

최종점검 모의고사

■ 취약영역 분석

| 01 | 직업기초능력평가

번호	O/×	영역	번호	O/×	영역	번호	O/×	영역
01		의사소통능력	18		수리능력	35		수리능력
02			19			36		
03			20		문제해결능력	37		의사소통능력
04			21		자원관리능력	38		
05		조직이해능력	22			39		
06			23		의사소통능력	40		정보능력
07		자원관리능력	24			41		
08			25			42		
09		문제해결능력	26			43		
10			27		문제해결능력	44		문제해결능력
11			28			45		
12		자원관리능력	29			46		
13			30		자원관리능력	47		수리능력
14			31			48		
15			32		문제해결능력	49		
16		수리능력	33		수리능력	50		
17			34					

| 02 | 직무수행능력평가

번호	51	52	53	54	55	56	57	58	59	60	61	62	63	64	65	66	67	68	69	70
O/×																				
번호	71	72	73	74	75	76	77	78	79	80	81	82	83	84	85	86	87	88	89	90
O/×																				
번호	91	92	93	94	95	96	97	98	99	100										
O/×																				

평가문항	100문항	평가시간	120분
시작시간	:	종료시간	:
취약영역			

`01` **직업기초능력평가**

※ 다음 글을 읽고 이어지는 질문에 답하시오. [1~3]

> 다음은 K공사의 야근문화 개선을 위한 회의 내용이다.
>
> 윤대표 : 야근에 대한 설문조사결과 과반수 이상이 눈치를 보고, 자기 일이 끝나도 퇴근을 못한다고 응답했다고 하네요. 강제 야근이 발생하게 되면 업무의 효율성도 저하된다는 의견도 나왔습니다. 야근문화를 개선해야 할 필요가 있다고 생각하는데 다들 어떠신가요?
>
> 박팀장 : 설문조사 내용 좀 볼 수 있을까요? 저는 저희 팀에서 야근에 대한 불평을 들어 본 적이 없어요.
>
> 윤대표 : 아니, 그걸 누가 그렇게 대놓고 얘기를 합니까? 박팀장, 우선 해결방안부터 생각해 보는 것은 어때요? 신팀장은 어떠세요?
>
> 신팀장 : 아, 죄송합니다. 지금 처리하고 있는 것이 있어서 못 들었는데요. 무슨 얘기를 하는 거죠?
>
> 윤대표 : 아니, 회의에 집중하셔야죠. 여기 모두 바쁜데 참석한 것이잖아요. 정신 좀 차리세요. 회의 때마다 집중을 안 하시네요? 맨날 그러니까 안 좋은 얘기가 나오는 겁니다.
>
> 박팀장 : 자기가 맡은 업무가 끝나면 퇴근하는 문화를 조성해야 된다고 생각해요. 그러기 위해선 업무 분담에 조금 더 신경 쓰고 모두가 업무를 효율적으로 처리하는 방향으로 환경을 만들어야 된다고 생각합니다.
>
> 윤대표 : 아니, 박팀장, 선임이 일이 안 끝났는데 먼저 끝낸다고 집에 가는 건 좀 아니지 않아요? 같이 도와 줘도 모자랄 판에. 그런 소리 말고 다들 야근 문화를 개선할 수 있는 방안에 대해 팀원들하고 상의한 다음 내일까지 제출해 주세요.

`01` **다음 중 위 상황에서 나타나지 않은 경청의 방해 요소는?**

① 다른 생각하기   ② 걸러내기
③ 비위 맞추기   ④ 판단하기

02 다음 중 윤대표, 신팀장, 박팀장이 가져야 할 올바른 경청 방법을 〈보기〉에서 모두 고르면?

> **보기**
>
> ㄱ. 상대방의 말을 중간에 끊거나 가로채지 않고, 끝까지 듣는다.
> ㄴ. 상대방의 말에 맞장구를 치며, 공감하고 긍정적으로 보이게 한다.
> ㄷ. 남의 말을 잘 듣는 청중이 되어 다른 이의 말에 세심히 귀 기울인다.
> ㄹ. 임의로 화제를 바꾸지 않는다.

① ㄱ, ㄴ
② ㄴ, ㄹ
③ ㄱ, ㄴ, ㄷ
④ ㄴ, ㄷ, ㄹ

03 윗글에서 윤대표는 경청 훈련의 필요성을 느끼게 된다. 다음 중 경청 훈련법으로 적절하지 않은 것은?

① 주의 기울이기(바라보기, 듣기, 따라 하기)
② 상대방의 경험을 인정하고 더 많은 정보 요청하기
③ 개방적인 질문하기
④ 왜? 라는 질문 통해 정확성 파악하기

04 다음 상황에서 C팀장이 D부장에게 제출한 문서의 종류로 가장 적절한 것은?

> B사업의 시행을 담당하고 있는 A사원은 업무 진행 과정에서 B사업과 관련된 특이 사항을 발견하였다. 사안의 중대성을 깨닫고 혼자서 해결하기 어렵다고 생각한 A사원은 C팀장에게 이를 보고하였다. C팀장은 문제를 해결하기 위한 방안을 문서로 작성하여 결재권자인 D부장에게 제출하였다.

① 결의서
② 품의서
③ 기안서
④ 기획서

※ 다음은 K기업의 부서별 업무소개 자료이다. 이어지는 질문에 답하시오. **[5~6]**

1. ___㉠___ 직무 특성 및 소개
시설투자 · 공사지원 · 유지관리로 회사의 자산 가치를 극대화하고 임직원과의 소통과 원활한 경영활동 지원을 위한 업무를 수행합니다. 효율적인 공간 활용 및 쾌적한 사무환경 구축, 임직원 복지 증진으로 업무 효율성을 높이는 등 총체적인 업무지원 제반 활동을 진행합니다. 세부적으로 본사 및 사업장 부동산 자산관리, 임대차 자산 계약관리 등을 담당하는 관재업무, 설비 총괄 관리 및 시설물 관리로 쾌적한 근무환경 조성 업무, 주주총회 기획 · 운영 · 관리 업무, 임직원 복리후생 제도 기획 · 운영 및 사회공헌 프로그램을 진행하는 복지관련 업무, 경영진 및 VIP 의전 및 대민 · 대관 관련 업무 등을 수행합니다.

2. ㉡ 구매직무 주요 업무 내용
 – 시장조사 : 환율, 원부자재 가격 변동 등 Trend 조사 및 분석
 – 업체발굴 : TCO관점에서 QCD 만족 시키는 협력사 검토
 – 협상/계약 : 가격 협상 및 납기 조율
 – 자재관리 : 시스템 상 재고와 실 창고 재고 일치화 및 재고 수량 조사
 – 협력사 관리 및 협력사 기술/품질지원 : SRM시스템 구축 및 운영
 – 원가절감 활동 : 통합구매, 구매방식 다양화, 구매 시기 조정

05 다음 중 빈칸 ㉠에 들어갈 업무로 옳은 것은?

① 총무 　　　　　　　　　② 인사
③ 회계 　　　　　　　　　④ 생산

06 다음 중 구매직무를 수행하기 위해 필요한 능력으로 옳지 않은 것은?

① 원가에 대한 이해력
② 데이터 분석 및 가공능력
③ 협상 및 설득능력
④ 생산 제품에 대한 지식

07 자원의 낭비요인을 다음과 같이 4가지로 나누어볼 때, 〈보기〉의 사례에 해당하는 낭비요인이 바르게 연결된 것은?

〈자원의 낭비요인〉

(가) 비계획적 행동 : 자원을 어떻게 활용할 것인가에 대한 계획 없이 충동적이고 즉흥적으로 행동하여 자원을 낭비하게 된다.

(나) 편리성 추구 : 자원을 편한 방향으로만 활용하는 것을 의미하며, 물적자원뿐만 아니라 시간, 돈의 낭비를 초래할 수 있다.

(다) 자원에 대한 인식 부재 : 자신이 가지고 있는 중요한 자원을 인식하지 못하는 것으로, 무의식적으로 중요한 자원을 낭비하게 된다.

(라) 노하우 부족 : 자원관리의 중요성을 인식하면서도 자원관리에 대한 경험이나 노하우가 부족한 경우를 말한다.

보기

㉠ A는 가까운 거리에 있는 패스트푸드점을 직접 방문하지 않고 배달 앱을 통해 배달료를 지불하고 음식을 주문한다.

㉡ B는 의자를 만들어 달라는 고객의 주문에 공방에 남은 재료와 주문할 재료를 떠올리고는 일주일 안으로 완료될 것이라고 이야기하였지만, 생각지 못한 재료의 배송 기간으로 제작 시간이 부족해 약속된 기한을 지키지 못하였다.

㉢ 현재 수습사원인 C는 처음으로 프로젝트를 담당하게 되면서 나름대로 계획을 세우고 열심히 수행했지만, 예상치 못한 상황이 발생하자 당황하여 처음 계획했던 대로 진행할 수 없었고 결국 아쉬움을 남긴 채 프로젝트를 완성하였다.

㉣ D는 TV에서 홈쇼핑 채널을 시청하면서 품절이 임박했다는 쇼호스트의 말을 듣고는 무작정 유럽 여행 상품을 구매하였다.

	(가)	(나)	(다)	(라)
①	㉡	㉣	㉠	㉢
②	㉢	㉣	㉡	㉠
③	㉢	㉠	㉡	㉣
④	㉣	㉠	㉡	㉢

※ 다음 글을 읽고 이어지는 질문에 답하시오. [8~9]

스코틀랜드 출신의 영국 세균학자 알렉산더 플레밍은 푸른곰팡이에 있는 페니실린이 세균을 죽이는 효과를 찾아냈다. 이 효과를 이용해 인류에게 '항생제'를 선물한 것이다. 알렉산더 플레밍이 파란곰팡이를 발견한 것은 우연이었다. 어느 날 배양하고 있던 포도상구균이 파란 곰팡이에 녹는 것을 발견하였고, 그 파란 곰팡이에서 페니실린을 추출한 것이다. 여기서 추출된 물질은 항생물질로 개발할 수 있었다. 페니실린을 시발점으로 항생제 분야를 개척함으로써 의학을 한 차원 더 발전시켰다. 이를 통해 인간은 세균과의 전쟁에서 우위를 점하게 되었다. 페니실린을 비롯한 항생제는 수많은 감염성 질환 환자와 부상자를 구해 왔다.

08 다음 중 윗글에서 이야기하고 있는 인물의 사고방식에 대한 생각으로 옳은 것은?

① 사고의 틀을 좀 더 개방적으로 유지하는 자세가 보이지 않아.
② 늘 융통적인 사고방식을 갖는 것은 중요하지 않은 것 같아.
③ 주변에서 발생하는 사소한 일을 그냥 지나치지 않았군.
④ 무언가 답을 얻을 때까지 논리적인 일관성을 유지하는 태도가 느껴지네.

09 다음 중 알렉산더 플레밍과 같은 사고방식을 가지기 위한 태도가 아닌 것은?

① 객관성   ② 개방성
③ 융통성   ④ 고정관념

※ 다음 글을 읽고 이어지는 질문에 답하시오. **[10~11]**

[사례 1]

저소득층 암환자는 보건소에 국가지원을 등록할 경우 진료비를 추가 지원받을 수 있지만 이를 알지 못해서 신청하지 못하는 경우가 있다. 지원금을 받더라도 대부분 환자가 선납하고 정산 받는 방식으로 진행되기 때문에 병원비 마련에도 어려움이 많다. 보건소의 저소득층 암환자의 진료비 추가지원에 필요한 정보는 국민건강보험공단에서 보유하고 있다. 보건소에서 신청하고 있는 저 소득층 암환자 의료비 지원업무를 국민건강보험공단에 위탁하여 공단에서 의료비 지원대상의 확인과 지원업무를 수행한다면 저소득층 암환자에 대한 지원이 누락되는 것을 방지할 수 있고 환자들의 진료비 선납 시 부담을 덜어 줄 수 있을 것이다.

[사례 2]

연극이 고유의 예술적 가치를 넘어 교육 방법으로서 활용될 수 있게 하는 것은 참여자들이 허구세계의 안과 밖, 역할의 안과 밖을 자유롭게 넘나들 수 있다는 점이다. 따라서 교육연극은 예술 자체를 경험하는 것에 초점을 두기 보다는, 드라마를 통하여 문제를 직면하고 그것을 해결하기 위해 결정을 내리고 결과를 검토하는 반성적 활동에 초점을 둔다. 극작가 브레히트는 '서사극'에서 거리 두기 개념을 제시하였는데 이것은 친숙한 것을 낯설게 보게 하여 정서적 반응을 차단하고 나아가 반성적 사고를 하도록 하는 것이다. 브레히트의 거리 두기는 배우와 관객이 객관적이고 비판적인 태도로 연극 속 상황을 바라보게 하여 사건 이면의 사회적 모순을 발견하고 새로운 인식을 가지게 하는 것이다.

---

10 다음 중 위 사례에서 공통적으로 드러나는 사고력은?

① 창의적 사고
② 논리적 사고
③ 전략적 사고
④ 비판적 사고

11 다음 중 사례 1에서 나타나는 사고력을 위한 노력으로 옳지 않은 것은?

① 어디서 어떤 것을 접하든지 늘 생각하는 습관을 들였다.
② 새롭고 유용한 아이디어를 생산했다.
③ 기존의 정보들을 특정한 요구조건에 맞거나 유용하도록 하였다.
④ 현재에 안주하지 않고 늘 문제의식을 가지고 있다.

※ 다음은 K회사의 원재료 정리에 대한 내용이다. 이어지는 질문에 답하시오. [12~13]

〈K회사의 원재료 재고 현황〉

원재료	입고 일시	무게(kg)	원재료	입고 일시	무게(kg)
ⓐ	2024.05.01 09:00	5	ⓐ	2024.05.01 16:14	2
ⓑ	2024.05.01 10:12	7	ⓒ	2024.05.01 16:49	3
ⓒ	2024.05.01 13:15	4	ⓐ	2024.05.01 17:02	5
ⓑ	2024.05.01 14:19	6	ⓑ	2024.05.01 17:04	4
ⓒ	2024.05.01 15:20	8	ⓒ	2024.05.01 19:04	8
ⓐ	2024.05.01 15:30	6	ⓑ	2024.05.01 21:49	5

〈K회사의 보관 방식〉

• K회사는 원재료 ⓐ, ⓑ, ⓒ를 받으면 무게에 따라 상자에 담아 포장한 후 보관한다.
• 원재료 ⓐ, ⓑ, ⓒ는 1개의 상자에 같이 포장이 가능하지만, 1개의 상자는 12kg을 초과할 수 없다.
• 원재료 ⓐ, ⓑ, ⓒ는 입고될 때 무게 그대로 분리하지 않고 포장한다.

12 K회사의 보관 방식에 따라 입고 순서대로 원재료를 상자에 담아 보관할 때 필요한 상자의 개수는?

① 6개
② 7개
③ 8개
④ 9개

13 원재료를 무게 순으로 하여 무거운 것부터 K회사의 보관 방식에 따라 보관한다면, 4번째 상자에 있는 원재료는?

① ⓐ
② ⓐ, ⓑ
③ ⓐ, ⓒ
④ ⓑ, ⓒ

※ 다음은 K회사 대표이사의 인터뷰 내용이다. 이어지는 질문에 답하시오. [14~15]

Q : 어떻게 이렇게 빠르게 제품을 개발하고 급성장할 수 있었나?

A : 아무래도 우리가 이렇게 급성장할 수 있었던 비결은 좋은 직원 덕분인 것 같다. 사람을 잘 뽑은 것. 그것이 첫 번째, 두 번째, 세 번째 이유다. 우리 회사의 직원 수는 8,000명이다. 이 사람들의 재능과 열정, 이것이 우리 속도의 비밀이자 성공의 이유다. 처음 시작할 때는 작은 소모임으로 시작했다. 서로 함께 부대끼며 사고를 공유하고 창의력을 키웠다. 재능 있는 사람들은 재능 있는 사람들과 일하고 싶어 한다. 이들은 자신이 전공한 분야에서 최고가 되어 세상을 바꾸고 싶어 하고, 세상에 변혁을 일으킬 수 있는 걸 만들고 싶어 한다. 우리는 그런 인재를 뽑아 능력을 뽐낼 수 있도록 적극적으로 지원해주었 다. 직급에 상관없이 성과에 따라 인센티브를 제공하였으며, 틀에 얽매인 사고방식을 타파하기 위해 자유로운 분위기를 유지하고 있다. 직원 한 명을 뽑더라도 계약직으로 쓰지 않는다. K회사라는 가치 아래 모두가 자발적으로 모여 일을 하고 있는 것이다. 우리는 이제 우리 분야에서 가장 우수한 성적을 거두고 있으며, 최고의 전문가라고 자부하고 있다. 그래서 재능 있는 사람들이 우리 회사에 매력을 느 껴 지원하게 된다. 우리는 우리 분야에서 더 확장하여 PC, 서버, 클라우드 등에 진출하고 있다. 한 분야 에서 최고의 자리에 올랐으며 이제 영역을 넘어서 무한히 뻗어갈 준비가 되어 있다.

14 S회사의 인사팀이 K회사를 벤치마킹하여 합리적인 인사관리원칙을 수립하려 할 때, 다음 중 적절 하지 않은 것은?

① 해당 직무 수행에 가장 적합한 인재를 뽑아 배치한다.

② 근로자가 창의력을 발휘할 수 있도록 새로운 제안의 기회를 주고, 적절한 보상을 위해 인센티브를 제공한다.

③ 가족, 친구, 선후배 등의 관계를 형성하고 있는 사람들을 선별하여 일할 수 있는 환경을 만든다.

④ 직장에서 신분이 보장되고 안정적으로 근무할 수 있다는 믿음을 갖게 한다.

15 다음 중 K회사의 대표이사가 강조하고 있는 자원관리능력으로 옳은 것은?

① 물적자원관리에 따른 자원의 확보

② 시간관리능력의 필요성

③ 예산관리 절차에 의한 효율성

④ 인적자원관리의 중요성

16 농도가 30%인 설탕물에서 물 50g을 증발시켜 35% 농도의 설탕물을 만들었다. 여기에 설탕을 더 넣어 40% 농도의 설탕물을 만든다면, 몇 g의 설탕을 추가해야 하는가?

① 20g   ② 25g
③ 30g   ④ 35g

17 K대리가 A지점에서 출발하여 B지점까지 가는데 중간 경유지인 X, Y, Z지점을 경유하지 않고 가는 최단 경로의 수는?

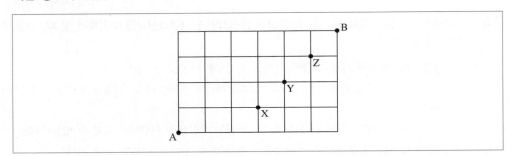

① 46가지   ② 48가지
③ 50가지   ④ 52가지

18 흰 구슬 3개, 검은 구슬 5개가 들어있는 주머니에서 연속해서 3개의 구슬을 꺼내려고 한다. 이때 흰 구슬 2개, 검은 구슬 1개를 꺼낼 확률은?(단, 꺼낸 구슬은 다시 넣지 않는다)

① $\dfrac{11}{56}$ ② $\dfrac{15}{56}$

③ $\dfrac{17}{56}$ ④ $\dfrac{23}{56}$

19 다음은 2024년 8월 ~ 2025년 2월의 지하철 승차인원에 관한 자료이다. 이에 대한 설명으로 옳지 않은 것은?

〈지하철 승차인원〉

(단위 : 만 명)

구분	2024년 8월	2024년 9월	2024년 10월	2024년 11월	2024년 12월	2025년 1월	2025년 2월
1호선	818	731	873	831	858	801	819
2호선	4,611	4,043	4,926	4,748	4,847	4,569	4,758
3호선	1,664	1,475	1,807	1,752	1,802	1,686	1,725
4호선	1,692	1,497	1,899	1,828	1,886	1,751	1,725
5호선	1,796	1,562	1,937	1,910	1,939	1,814	1,841
6호선	1,020	906	1,157	1,118	1,164	1,067	1,071
7호선	2,094	1,843	2,288	2,238	2,298	2,137	2,160
8호선	548	480	593	582	595	554	566
합계	14,243	12,537	15,480	15,007	15,389	14,379	14,665

① 2024년 10월의 전체 승차인원이 가장 많았다.

② 8호선의 2025년 2월 승차인원은 2024년 8월 대비 3% 이상 증가했다.

③ 3호선과 4호선의 승차인원 차이는 2024년 12월에 가장 컸다.

④ 2호선과 8호선의 전월 대비 2024년 9월 ~ 2025년 2월의 증감 추이는 같다.

20 K공사의 사원 A ~ E가 〈조건〉에 따라 야근을 할 때, 다음 중 수요일에 야근하는 사람은?

조건
- 사장님이 출근할 때는 모든 사람이 야근을 한다.
- E는 화요일에 야근을 한다.
- A가 야근할 때 C도 반드시 해야 한다.
- 수요일에는 한 명만 야근을 한다.
- 사장님은 월요일과 목요일에 출근을 한다.
- 월요일부터 금요일까지 한 사람당 3번 야근을 한다.
- B는 금요일에 야근을 한다.

① A

② B

③ C

④ D

21 다음 글을 참고할 때, 성격이 다른 비용은?

예산관리란 활동이나 사업에 소요되는 비용을 산정하고 예산을 편성하는 것뿐만 아니라 예산을 통제하는 것 또한 포함되는데, 이러한 예산은 대부분 개인 또는 기업에서 한정되어 있기 때문에, 정해진 예산을 얼마나 효율적으로 사용하는지는 매우 중요한 문제이다. 하지만 어떤 활동이나 사업의 비용을 추정하거나 예산을 잡는 작업은 결코 생각하는 것만큼 쉽지 않다. 무엇보다 추정해야 할 매우 많은 유형의 비용이 존재하기 때문이다. 이러한 비용은 크게 제품 생산 또는 서비스를 창출하기 위해 직접 소비되는 비용인 직접비용과 제품 생산 또는 서비스를 창출하기 위해 소비된 비용 중에서 직접비용을 제외한 비용으로, 제품 생산에 직접 관련되지 않은 비용인 간접비용으로 나눌 수 있다.

① 보험료   ② 건물관리비
③ 잡비   ④ 통신비

22 다음 사례에서 고려해야 할 인적 배치 방법으로 가장 적절한 것은?

갑은 사람들과 어울리기 좋아하는 외향적인 성격에 매사 긍정적인 사람이다. 이전 직장에서 회계부서에서 일한 결과, 자신의 성격이 가만히 사무실에 앉아서 일하는 것을 답답하고 힘들어한다는 것을 알고, 이번에는 영업부서로 지원을 하였다. 하지만 회사에서는 갑을 인사부서로 배정하였다. 이에 갑은 실망했지만, 부서에 적응하도록 노력했다. 하지만 인사부서는 다른 직원들의 긍정적인 면은 물론 부정적인 면을 평가해야 했고, 이렇게 평가된 내용으로 직원들의 보상과 불이익이 결정되어 다른 부서 직원들은 갑과 가깝게 지내기 꺼려 했다. 이에 갑은 회사에 다니기가 점점 더 싫어졌다.

① 적재적소 배치   ② 능력 배치
③ 균형 배치   ④ 양적 배치

23 다음 글의 빈칸에 들어갈 말로 가장 적절한 것은?

탁월함은 어떻게 습득되는가, 그것을 가르칠 수 있는가? 이 물음에 대하여 아리스토텔레스는 지성의 탁월함은 가르칠 수 있지만, 성품의 탁월함은 비이성적인 것이어서 가르칠 수 없고, 훈련을 통해서 얻을 수 있다고 대답한다.

그는 좋은 성품을 얻는 것을 기술을 습득하는 것에 비유한다. 그에 따르면, 리라(Lyra)를 켬으로써 리라를 켜는 법을 배우며 말을 탐으로써 말을 타는 법을 배운다. 어떤 기술을 얻고자 할 때 처음에는 교사의 지시대로 행동한다. 그리고 반복 연습을 통하여 그 행동이 점점 더 하기 쉽게 되고 마침내 제2의 천성이 된다. 이와 마찬가지로 어린아이는 어떤 상황에서 어떻게 행동해야 진실되고 관대하며 예의를 차리게 되는지 일일이 배워야 한다. 훈련과 반복을 통하여 그런 행위들을 연마하다 보면 그것들을 점점 더 쉽게 하게 되고, 결국에는 스스로 판단할 수 있게 된다.

그는 올바른 훈련이란 강제가 아니고 그 자체가 즐거움이 되어야 한다고 지적한다. 또한 그렇게 훈련받은 사람은 일을 바르게 처리하는 것을 즐기게 되고, 일을 바르게 처리하고 싶어하게 되며, 올바른 일을 하는 것을 어려워하지 않게 된다. 이처럼 성품의 탁월함이란 사람들이 '하는 것'만이 아니라 사람들이 '하고 싶어 하는 것'과도 관련된다. 그리고 한두 번 관대한 행동을 한 것으로 충분하지 않으며, 늘 관대한 행동을 하고 그런 행동에 감정적으로 끌리는 성향을 갖고 있어야 비로소 관대함에 관하여 성품의 탁월함을 갖고 있다고 할 수 있다.

다음과 같은 예를 통해 아리스토텔레스의 견해를 생각해 보자. 갑돌이는 성품이 곧고 자신감이 충만하다. 그가 한 모임에 참석하였는데, 거기서 다수의 사람들이 옳지 않은 행동을 한다고 생각했을 때, 그는 다수의 행동에 대하여 비판의 목소리를 낼 것이며 그렇게 하는 데에 별 어려움을 느끼지 않을 것이다. 한편, 수줍어하고 우유부단한 병식이도 한 모임에 참석하였는데, 그 역시 다수의 행동이 잘못되었다는 판단을 했다고 하자. 이런 경우에 병식이는 일어나서 다수의 행동이 잘못되었다고 말할 수 있겠지만, 그렇게 하려면 엄청난 의지를 발휘해야 할 것이고 자신과 힘든 싸움도 해야 할 것이다. 그런데도 병식이가 그렇게 행동했다면 우리는 병식이가 용기있게 행동하였다고 칭찬할 것이다. 그러나 아리스토텔레스가 보기에 성품의 탁월함을 가진 사람은 갑돌이다. 왜냐하면 _____ 우리가 어떠한 사람을 존경할 것인가가 아니라, 우리 아이를 어떤 사람으로 키우고 싶은가라는 질문을 받는다면 우리는 아리스토텔레스의 견해에 가까워질 것이다. 왜냐하면 우리는 우리 아이들을 갑돌이와 같은 사람으로 키우고 싶어 할 것이기 때문이다.

① 그는 내적인 갈등 없이 옳은 일을 하기 때문이다.
② 그는 옳은 일을 하는 천성을 타고났기 때문이다.
③ 그는 주체적 판단에 따라 옳은 일을 하기 때문이다.
④ 그는 자신이 옳다는 확신을 가지고 옳은 일을 하기 때문이다.

24 다음 글에서 밑줄 친 ㉠~㉣의 수정 방안으로 적절하지 않은 것은?

> 일반적으로 감기는 겨울에 걸린다고 생각하지만 의외로 여름에도 감기에 걸린다. 여름에는 찬 음식을 많이 먹거나 냉방기를 과도하게 사용하는 경우가 많은데, 그렇게 되면 체온이 떨어져 면역력이 약해지기 때문이다. ㉠ 감기를 순 우리말로 고뿔이라 한다.
> 여름철 감기를 예방하기 위해서는 찬 음식은 적당히 먹어야 하고 냉방기에 장시간 ㉡ 노출되어지는 것을 피해야 한다. ㉢ 또한 충분한 휴식을 취하고, 집에 돌아온 후에는 손발을 꼭 씻어야 한다. 만약 감기에 걸렸다면 탈수로 인한 탈진을 방지하기 위해 수분을 충분히 섭취해야 한다. 특히 감기로 인해 ㉣ 열이나 기침을 할 때에는 따뜻한 물을 여러 번에 나누어 조금씩 먹는 것이 좋다.

① 글의 통일성을 해치므로 ㉠을 삭제한다.
② 피동 표현이 중복되므로 ㉡을 '노출되는'으로 고친다.
③ 문맥의 자연스러운 흐름을 위해 ㉢을 '그러므로'로 고친다.
④ 호응 관계를 고려하여 ㉣을 '열이 나거나 기침을 할 때'로 고친다.

25 다음 글의 주장에 대한 반박으로 가장 적절한 것은?

> 한국 사회의 행복 수준은 단순히 풍요의 역설로 설명할 수 없다. 행복에 대한 심리학적 연구에 따르면 타인과 비교하는 성향이 강한 사람일수록 행복감이 낮아지게 된다. 비교 성향이 강한 사람은 사회적 관계에서 자신보다 우월한 사람들을 준거집단으로 삼아 비교하기 쉽고 이로 인해 상대적 박탈감이 커질 수 있기 때문이다. 한국과 같은 경쟁 사회에서는 진학이나 구직 등에서 과열 경쟁이 벌어지고 등수에 의해 승자와 패자가 구분된다. 이 과정에서 비교 우위를 차지하지 못한 사람들은 좌절을 경험하기 쉬운데, 비교 성향이 강할수록 좌절감은 더 크다. 따라서 한국 사회의 행복감이 낮은 이유는 한국 사람들이 다른 사람들과 비교하는 성향이 매우 높은 데에서 찾을 수 있다.

① 한국 사회는 인당 소득 수준이 비슷한 다른 나라와 비교했을 때 행복감의 수준이 상당히 낮다.
② 준거집단을 자기보다 우월한 사람들로 삼지 않는 나라라 하더라도 행복감이 높지 않은 나라가 있다.
③ 자신보다 우월한 사람들을 준거집단으로 삼는 경향이 한국보다 강해도 행복감은 더 높은 나라가 있다.
④ 한국보다 소득 수준이 높고 대학 입학을 위한 입시 경쟁이 매우 치열한 나라도 있다.

26 다음 글이 추구하는 궁극적인 삶으로 가장 적절한 것은?

우리는 흔히 불안을 부정적인 감정, 극복해야 할 감정으로 여긴다. 그런데 여기 불안을 긍정적인 의미로 바라보고 있는 한 학자가 있다. 그는 바로 독일의 실존주의 철학을 대표하는 하이데거이다. 하이데거가 바라본 불안의 의미를 알기 위해서는 하이데거의 철학 전반에 대해 살펴볼 필요가 있다. 돌멩이나 개, 소는 존재가 무엇인가라는 의문을 갖지 않는다. 오직 인간만이 존재란 무엇인가를 생각한다. 그런 인간을 하이데거는 현존재(現存在)라고 이름 붙였다. 현존재라는 말을 사용함으로써 하이데거는 인간을 존재에 대한 의문을 가지는 독특한 존재로 간주한다.

현존재는 세계 안에 거주하고 있으며 현존재와 세계는 떼려야 뗄 수 없는 관계에 있다. 하이데거는 현존재와 세계와의 관계를 도구 연관으로 설명했다. 도구 연관이란 세계의 모든 것들은 서로 수단 목적의 관계로 이루어져 있는데 이 관계가 반복적으로 이어진다는 것을 의미한다. 그래서 세계 속 사물은 다른 사물의 수단이 되고 동시에 또 다른 사물의 목적이 될 수 있다. 하이데거가 설명하는 도구 연관 네트워크는 궁극적으로 현존재의 생존을 위한 것이며 도구 연관 네트워크의 최종 목적의 자리에는 현존재가 있다.

그런데 바로 여기에서 문제가 발생한다. 인간은 현존재인 자신을 위해 사물을 도구로 사용하지만 그 사물에 얽매일 수 있다. 현존재가 목적으로서의 위상을 지니지 못하고 도구에 종속되어 자기 자신으로 살아가지 못하게 됨으로써 현존재는 세계 속의 도구와 수단 속에서 잊히는 것이다. 이것은 현존재의 퇴락을 의미한다.

하이데거는 이러한 상태에서 벗어날 수 있는 가능성을 불안에서 찾는다. 불안은 우리가 특수한 사물이나 상황을 통해 구체적으로 느끼는 공포와는 다르다. 불안은 인간이라는 존재에게만 고유하게 있는 것으로 어떤 구체적 대상에 대한 것이 아니라 인간의 삶이 가지는 유한성에서 오는 것이다. 인간의 유한성을 인식하고 여기에서 오는 불안을 느끼는 사람은 자기의 본래적이고 고유한 삶을 살아갈 수 있다. 불안이 있기에 인간은 현존재의 퇴락에서 벗어나 수단이 아닌 목적으로서 현존재의 위상을 가질 수 있는 것이다.

인간의 유한성을 외면하는 사람은 비본래적인 세상에 몰두함으로써 불안을 느끼지 않고 일상인의 위치로 살아간다. 그러나 인간의 유한성에서 유래하는 불안을 느끼는 현존재는 자신의 본래성을 회복할 수 있다. 불안을 느끼는 현존재만이 주체적이고 능동적으로 최종 목적으로서의 삶을 살아갈 수 있는 것이다. 하이데거가 불안을 긍정적으로 바라보는 이유가 바로 여기에 있다.

① 인간의 한계를 부정하며 도전적으로 살아가는 삶
② 과거 자신의 삶을 되돌아보고 반성하며 살아가는 삶
③ 자신이 가진 것들을 다른 사람들과 나누며 살아가는 삶
④ 인간 삶의 유한성과 자신의 본질을 생각하며 살아가는 삶

※ K공사에서 송년회를 개최하려고 한다. 자료를 보고 이어지는 질문에 답하시오. [27~28]

〈송년회 후보지별 평가점수〉

구분	가격	거리	맛	음식 구성	평판
A호텔	★★★☆	★★☆	★★★	★★★☆	★★★
B호텔	★★	★★★☆	★★☆	★★★	★★☆
C호텔	★☆	★★	★★	★★★☆	★★★☆
D호텔	★★★	★★☆	★★★☆	★★☆	★★★☆

※ ★은 하나당 5점이며, ☆은 하나당 3점이다.

27 K공사 임직원들은 맛과 음식 구성을 기준으로 송년회 장소를 결정하기로 하였다. 다음 중 어느 호텔에서 송년회를 진행하겠는가?(단, 맛과 음식 구성의 합산 점수가 1위인 곳과 2위인 곳의 점수 차가 3점 이하일 경우 가격 점수로 결정한다)

① A호텔   ② B호텔
③ C호텔   ④ D호텔

28 A ~ D호텔의 1인당 식대가 다음과 같고, 예산이 200만 원이라면 어느 호텔로 결정하겠는가?(단, K공사 임직원은 총 25명이다)

〈호텔별 1인당 식대〉

A호텔	B호텔	C호텔	D호텔
73,000원	82,000원	85,000원	75,000원

※ 총 식사비용이 가장 저렴한 곳과 식대 차이가 10만 원 이하일 경우, 맛 점수가 높은 곳으로 선정한다.

① A호텔   ② B호텔
③ C호텔   ④ D호텔

29 K공사 직원 A ~ E 5명은 점심식사를 하고 카페에서 각자 원하는 음료를 주문하였다. 다음 〈조건〉을 참고할 때, 카페라테 한 잔의 가격은 얼마인가?

> **조건**
> • 5명이 주문한 음료의 총 금액은 21,300원이다.
> • A를 포함한 3명의 직원은 아메리카노를 주문하였다.
> • B는 혼자 카페라테를 주문하였다.
> • 나머지 한 사람은 5,300원인 생과일주스를 주문하였다.
> • A와 B의 음료 금액은 총 8,400원이다.

① 4,500원   ② 4,600원
③ 4,700원   ④ 4,800원

30 K씨는 생일을 맞아 주말에 가족과 외식을 하려고 한다. 레스토랑별 통신사 할인 혜택과 예상금액이 다음과 같을 때, K씨의 가족이 가장 저렴하게 먹을 수 있는 방법은?(단, 원 단위 이하는 절사한다)

〈통신사별 멤버십 혜택〉

구분	A통신사	B통신사	C통신사
A레스토랑	10만 원 이상 결제 시 5,000원 할인	15% 할인	1,000원당 100원 할인
B레스토랑	재방문 시 8,000원 상당의 음료쿠폰 제공 (당일 사용 불가)	20% 할인	10만 원 이상 결제 시 10만 원 초과금의 30% 할인
C레스토랑	1,000원당 150원 할인	5만 원 이상 결제 시 5만 원 초과금의 10% 할인	30% 할인

〈레스토랑별 예상금액〉

구분	A레스토랑	B레스토랑	C레스토랑
예상금액(원)	143,300	165,000	174,500

	레스토랑	통신사	가격
①	A레스토랑	A통신사	120,380원
②	A레스토랑	B통신사	121,800원
③	B레스토랑	C통신사	132,000원
④	C레스토랑	C통신사	122,100원

31 K공사 대전본부에 근무하는 C부장은 내일 오전 10시에 목포로 출장을 갈 예정이다. 출장 당일 오후 1시에 미팅이 예정되어 있어 늦지 않게 도착하고자 한다. 주어진 교통편을 고려하였을 때, 다음 중 C부장이 선택할 가장 적절한 경로는?(단, 1인당 출장지원 교통비 한도는 5만 원이며, 도보이동에 따른 소요시간은 고려하지 않는다)

• H지점에서 대전역까지 비용

구분	소요시간	비용	비고
버스	30분	2,000원	–
택시	15분	6,000원	–

• 대전역에서 목포역까지 교통수단별 이용정보

구분	열차	출발시각	소요시간	비용	비고
직통	새마을호	10:00 / 10:50	2시간 10분	28,000원	–
직통	무궁화	10:20 / 10:40 10:50 / 11:00	2시간 40분	16,000원	–
환승	KTX	10:10 / 10:50	20분	6,000원	환승 10분 소요
	KTX	–	1시간 20분	34,000원	
환승	KTX	10:00 / 10:30	1시간	20,000원	환승 10분 소요
	새마을호	–	1시간	14,000원	

• 목포역에서 미팅장소까지 비용

구분	소요시간	비용	비고
버스	40분	2,000원	–
택시	20분	9,000원	–

① 버스 – 새마을호(직통) – 버스
② 택시 – 무궁화(직통) – 택시
③ 버스 – KTX / KTX(환승) – 택시
④ 택시 – KTX / 새마을호(환승) – 택시

32 다음은 국내 신재생에너지 산업에 대한 SWOT 분석 결과에 대한 자료이다. 이를 참고하여 세운 SWOT 전략과 경영 전략이 바르게 연결되지 않은 것을 〈보기〉에서 모두 고르면?

〈국내 신재생에너지 산업에 대한 SWOT 분석 결과〉

구분	분석 결과
강점(Strength)	• 해외 기관과의 협업을 통한 풍부한 신재생에너지 개발 경험 • 에너지 분야의 우수한 연구개발 인재 확보
약점(Weakness)	• 아직까지 화석연료 대비 낮은 전력 효율성 • 도입 필요성에 대한 국민적 인식 저조
기회(Opportunity)	• 신재생에너지에 대한 연구가 세계적으로 활발히 추진 • 관련 정부부처로부터 충분한 예산 확보
위협(Threat)	• 신재생에너지 특성상 설비 도입 시의 높은 초기 비용

보기

ㄱ. SO전략 – 개발 경험을 통해 쌓은 기술력을 바탕으로 향후 효과적인 신재생에너지 산업 개발 가능
ㄴ. ST전략 – 우수한 연구개발 인재들을 활용하여 초기비용 감축방안 연구 추진
ㄷ. WO전략 – 확보한 예산을 토대로 우수한 연구원 채용
ㄹ. WT전략 – 세계의 신재생에너지 연구를 활용한 전력 효율성 개선

① ㄱ, ㄴ
② ㄱ, ㄷ
③ ㄴ, ㄷ
④ ㄷ, ㄹ

33 다음은 2020년부터 2024년까지 K국의 출생 및 사망 현황에 관한 자료이다. 이에 대한 설명으로 옳지 않은 것은?

〈K국의 출생 및 사망 현황〉

(단위 : 명)

구분	2020년	2021년	2022년	2023년	2024년
출생아 수	436,455	435,435	438,420	406,243	357,771
사망자 수	266,257	267,692	275,895	280,827	285,534

① 출생아 수가 가장 많았던 해는 2022년이다.
② 사망자 수는 2021년부터 2024년까지 매년 전년 대비 증가하고 있다.
③ 2020년부터 2024년까지 사망자 수가 가장 많은 해와 가장 적은 해의 사망자 수 차이는 15,000명 이상이다.
④ 2022년 출생아 수는 같은 해 사망자 수의 1.7배 이상이다.

34 다음은 국내 연령별 흡연율 관련 자료이다. 이를 나타낸 그래프로 옳은 것은?

③

④

35 다음은 매년 버려지는 일회용품의 주요종류별 비율을 나타낸 자료이다. 이에 대한 설명으로 옳지 않은 것은?(단, 비율의 곱은 소수점 둘째 자리에서 반올림한다)

〈일회용품 쓰레기의 주요종류별 비율〉

(단위 : %)

연도 항목	2022년	2023년	2024년
종이컵	18.3	15.2	16.9
비닐봉투	31.5	30.2	29.8
종이봉투	12.4	13.8	15.2
숟가락 · 젓가락	8.7	5.4	5.6
접시 · 그릇	3.5	3.9	3.3
기저귀	22.1	20.2	21.8
기타	3.5	11.3	7.4

〈전체 쓰레기 중 일회용품이 차지하는 비율〉

(%)

2022년 : 일회용품 28, 음식물쓰레기 42, 유리 도자기류 11, 기타 19
2023년 : 일회용품 35, 음식물쓰레기 38, 유리 도자기류 6, 기타 21
2024년 : 일회용품 41, 음식물쓰레기 37, 유리 도자기류 8, 기타 14

■ 일회용품   ■ 음식물쓰레기   ■ 유리 도자기류   ■ 기타

① 일회용품 중 비닐봉투가 차지하는 비율은 매년 낮아지고 있지만, 종이봉투가 차지하는 비율은 매년 높아지고 있다.
② 전체 쓰레기 중 종이컵이 차지하는 비율은 2022년이 2024년보다 2.0%p 이상 더 낮다.
③ 매년 일회용품 중 차지하는 비율이 가장 높은 상위 2개 항목의 비율의 합은 전체 일회용품 비율의 합의 절반 이상을 차지한다.
④ 일회용품 중 숟가락 · 젓가락의 비율이 가장 높은 연도와 가장 낮은 연도의 비율의 차이는 접시 · 그릇 경우의 5.5배이다.

36 다음 중 (가) ~ (라) 문단의 주제로 적절하지 않은 것은?

> (가) 우리는 최근 '사회가 많이 깨끗해졌다.'라는 말을 많이 듣는다. 실제 우리의 일상생활은 정말 많이 깨끗해졌다. 과거에 비하면 일상생활에서 뇌물이 오가는 경우가 거의 없어진 것이다. 그런데 왜 부패인식지수가 나아지기는커녕 도리어 나빠지고 있을까? 일상생활과 부패인식지수가 전혀 다른 모습을 보이는 이유는 어디에 있을까?
>
> (나) 부패인식지수가 산출되는 과정에서 그 물음의 답을 찾을 수 있다. 부패인식지수는 국제투명성기구에서 매년 조사하여 발표하고 있는 세계적으로 가장 권위 있는 부패 지표로, 지수는 국제적인 조사 및 평가를 실시하고 있는 여러 기관의 조사 결과를 바탕으로 산출된다. 각 기관의 조사 항목과 조사 대상은 서로 다르지만, 주요 항목은 공무원의 직권 남용 억제 기능, 공무원의 공적 권력의 사적 이용, 공공서비스와 관련한 뇌물 등으로 공무원의 뇌물과 부패에 초점이 맞추어져 있다.
>
> (다) 부패인식지수를 이해하는 데에 주목하여야 할 또 하나의 중요한 점은 부패인식지수 계산에 사용된 각 지수의 조사 대상이다. 조사에 따라 약간의 차이가 있기는 하지만 조사는 주로 해당 국가나 해당 국가와 거래하고 있는 고위 기업인과 전문가들을 대상으로 이루어진다. 일반 시민이 아닌 기업 활동에서 공직자들과 깊숙한 관계를 맺고 있어 공직자들의 행태를 누구보다 잘 알고 있을 것으로 추정되는 사람들의 의견을 대상으로 하는 것이다. 결국 부패인식지수는 고위 기업경영인과 전문가들의 공직 사회의 뇌물과 부패에 대한 평가라 할 수 있다.
>
> (라) 그간 정부는 공무원행동강령, 청탁금지법, 부패방지기구 설치 등 많은 제도적인 노력을 기울여 왔다. 이러한 정부의 노력에도 불구하고 정부 반부패정책은 대부분 효과가 없는 것으로 보인다. 정부 노력에 대한 일반 시민들의 시선도 차갑기만 하다. 결국 법과 제도적 장치는 우리 사회에 만연한 연줄 문화 앞에서 힘을 쓰지 못하고 있는 것으로 해석할 수 있다.

① (가) : 일상부패에 대한 인식과 부패인식지수의 상반되는 경향에 대한 의문
② (나) : 공공분야에 맞추어진 부패인식지수의 산출과정
③ (다) : 특정 계층으로 집중된 부패인식지수의 조사 대상
④ (라) : 부패인식지수의 효과적인 개선방안

37 다음 기사를 읽고 이해한 내용으로 적절하지 않은 것은?

환경부가 최근 공개한 '2030 국가 온실가스 감축 기본 로드맵 수정안'에 따르면, 2030년 감축 목표치 3억 1,500만 톤 중 해외 감축량(9,600만 톤)을 1,600만 톤으로 줄이는 대신 국내 감축량을 2억 1,880만 톤에서 2억 9,860만 톤으로 늘릴 계획이다. 환경부 입장은 비용 부담 등 때문에 9,600만 톤에 대한 이행 방안이 불확실하다는 것이다. 그 반면, 온실가스 배출량이 많은 정유·화학 및 철강 업계 등에서는 강대국의 슈퍼 보호무역주의와 국제유가 상승으로 인한 대내외 경영 환경이 악화하는 가운데 온실가스 감축량 증가는 큰 부담이 되고 있다.

우리 정부는 물론 기업도 2015년 12월 맺은 파리기후협정에 따른 국제사회와의 약속을 존중하고 이를 실행하기 위해 온실가스 감축을 이행해야 한다. 그러나 이를 이행하는 과정에서 정부로서도 어려움이 있겠지만, 각국 정부의 우려처럼 기업의 글로벌 경쟁력 관점도 충분히 고려해야 한다. 2016년에 국가 온실가스 감축량에 대한 역할 분담 때에도 기업은 버거운 수준의 감축량이 할당되었다고 어려움을 토로했다. 그런데 이번 수정안을 보면 추가 감축량의 절반 이상이 산업부문에 추가 부담되어 설상가상으로 불확실한 경영 환경에서 우리 기업이 향후 글로벌 경쟁력을 잃게 될 수도 있는 것이다.

최근 우리 경제의 고용·소비·투자 부문에서도 적신호가 켜지고 있다. 그나마 반도체를 비롯한 정유·화학 및 철강 산업은 아직 괜찮아 보이지만, 중국 기업들이 무섭게 추격하고 있고 이 같은 산업에 대한 중국 정부의 지원은 엄청나다. 이제부터 우리 정유·화학 및 철강 기업은 신성장을 위한 투자를 해야만 공급 과잉으로 치닫고 있는 글로벌 시장에서 중국 기업과의 경쟁에 살아남을 수 있다. 따라서 그동안 산업 효율성 제고를 위한 지속적인 투자를 해온 기업에 또다시 온실가스 감축을 위한 추가 부담을 주게 된다면 예상치 못한 성장통을 겪을 수 있다.

이처럼 온실가스 감축에 대한 기업의 추가 부담은 기업의 글로벌 경쟁력 저하는 물론 원가 부담이 가격 인상으로 이어질 수 있다. 특히, 발전 산업의 경우 온실가스 감축 목표를 달성하기 위해 탄소배출권을 추가 구입하게 되고, 이는 전기 요금 상승 요인으로 작용해 기업과 국민이 이를 부담해야 한다. 더구나 탈원전 정책으로 인한 전기 요금의 인상이 예견되는 상황에서 온실가스 감축으로 인한 전기 요금의 추가 인상은 우리 사회에 더 큰 부담이 될 것이다.

결국, 온실가스 감축은 더 나은 사회를 만들기 위해 우리 모두가 안고 가야 할 문제이다. 따라서 정부는 정부대로, 기업은 기업 자체적으로 가장 효과적인 온실가스 부담에 대한 최적의 조합을 다시 고민해 봐야 한다. 정부는 국가경쟁력 제고의 큰 틀 속에서 정부가 끌고 나가야 할 최대 역할을, 그리고 기업은 산업경쟁력 창출을 위한 산업별 역할을 고려해 2030년까지 기간별로 구체적인 시나리오를 작성할 필요가 있다.

2030년에 전개될 글로벌 아시아 시대를 대비해 중국 및 인도 기업과 같은 후발 기업으로부터 우리 기업이 글로벌 경쟁력을 발휘할 수 있도록 기업 우선 정책을 우리 정부가 펼치지 못하면 우리 경제는 점점 더 어려워질 수밖에 없다. 따라서 온실가스 감축 문제도 이런 관점에서 우리 정부가 접근해야 할 것이며, 기업 역시 자체 경쟁력 제고를 위한 노력을 병행해야 할 것이다.

① 온실가스 감축은 글로벌 경쟁력을 잃게 되는 원인으로 작용할 수 있다.
② 우리의 정유·화학·철강 산업은 중국 기업과 경쟁 상태이다.
③ 정부는 경제를 위해 기업 우선 정책을 펼쳐야 한다.
④ 온실가스 감축으로 인한 경쟁력 저하는 제품의 가격 인하로 이어질 수 있다.

38 다음 글의 주제로 가장 적절한 것은?

우주 개발이 왜 필요한가에 대한 주장은 크게 다음 세 가지로 구분할 수 있다. 먼저 칼 세이건이 우려하는 것처럼 인류가 혜성이나 소행성의 지구 충돌과 같은 재앙에서 살아남으려면 지구 이외의 다른 행성에 식민지를 건설해야 한다는 것이다. 소행성의 지구 충돌로 절멸한 공룡의 전철을 밟지 않기 위해서 말이다. 여기에는 자원 고갈이나 환경오염과 같은 전 지구적 재앙에 대비하자는 주장도 포함된다. 그 다음으로 우리의 관심을 지구에 한정하다는 것은 인류의 숭고한 정신을 가두는 것이라는 호킹의 주장을 들 수 있다. 지동설, 진화론, 상대성 이론, 양자역학, 빅뱅 이론과 같은 과학적 성과들은 인류의 문명뿐만 아니라 정신적 패러다임의 변화에 지대한 영향을 끼쳤다. 마지막으로 우주 개발의 노력에 따르는 부수적인 기술의 파급 효과를 근거로 한 주장을 들 수 있다. 실제로 우주 왕복선 프로그램을 통해 산업계에 이전된 새로운 기술이 100여 가지나 된다고 한다. 인공심장, 신분확인 시스템, 비행추적 시스템 등이 그 대표적인 기술들이다. 그러나 우주 개발에서 얻는 이익이 과연 인류 전체의 이익을 대변할 수 있는가에 대해서는 쉽게 답할 수가 없다. 역사적으로 볼 때 탐사의 주된 목적은 새로운 사실의 발견이라기보다 영토와 자원, 힘의 우위를 선점하기 위한 것이었기 때문이다. 이러한 이유로 우주 개발에 의심의 눈초리를 보내는 사람들도 적지 않다. 그들은 우주 개발에 소요되는 자금과 노력을 지구의 가난과 자원 고갈, 환경 문제 등을 해결하는 데 사용하는 것이 더 현실적이라고 주장한다.

과연 그 주장을 따른다고 해서 이러한 문제들을 해결할 수 있는가? 인류가 우주 개발에 나서지 않고 지구 안에서 인류의 미래를 위한 노력을 경주한다고 가정해보자. 그렇더라도 인류가 사용할 수 있는 자원이 무한한 것은 아니며, 인구의 자연 증가를 막을 수 없다는 문제는 여전히 남는다. 지구에 자금과 노력을 투자해야 한다고 주장하는 사람들은 지금 당장은 아니더라도 언젠가는 이러한 문제들을 해결할 수 있다는 논리를 펼지도 모른다. 그러나 이러한 논리는 우주 개발을 지지하는 쪽에서 마찬가지로 내세울 수 있다. 오히려 인류가 미래에 닥칠 문제를 해결할 수 있는 방법은 지구 밖에서 찾게 될 가능성이 더 크지 않을까?

우주를 개발하려는 시도가 최근에 등장한 것은 아니다. 인류가 의식을 갖게 되면서부터 우주를 꿈꾸어 왔다는 증거는 세계 여러 민족의 창세신화에서 발견된다. 수천 년 동안 우주에 대한 인류의 꿈은 식어갈 줄 몰랐다. 그리고 그 결과가 오늘날의 우주 개발이라는 현실로 다가온 것이다. 이제 인류는 우주의 시초를 밝히게 되었고, 우주의 끄트머리를 바라볼 수 있게 되었으며, 우주 공간에 인류의 거주지를 만들 수 있게 되었다. 우주 개발을 해야 할 것이냐 말아야 할 것이냐는 이제 문제의 핵심이 아니다. 우리가 선택해야 할 문제는 우주 개발을 어떻게 해야 할 것인가이다. "달과 다른 천체들은 모든 나라가 함께 탐사하고 이용할 수 있도록 자유지역으로 남아 있어야 한다. 어느 국가도 영유권을 주장할 수는 없다."라는 린든 B. 존슨의 경구는 우주 개발의 방향을 일러주는 시금석이 되어야 한다.

① 우주 개발의 한계
② 지구의 당면 과제
③ 우주 개발의 정당성
④ 친환경적인 지구 개발

39 다음 중 데이터베이스의 필요성에 관한 옳은 설명을 〈보기〉에서 모두 고르면?

> **보기**
> ㄱ. 데이터의 중복을 줄이고 안정성을 높인다.
> ㄴ. 데이터의 양이 많아 검색이 어려워진다.
> ㄷ. 프로그램의 개발이 쉽고 개발 기간도 단축한다.
> ㄹ. 데이터가 한 곳에만 기록되어 있어 결함 없는 데이터를 유지하기 어려워진다.

① ㄱ, ㄴ   ② ㄱ, ㄷ

③ ㄴ, ㄷ   ④ ㄷ, ㄹ

40 H교사는 학생들의 상·벌점을 관리하고 있다. 학생들에 대한 상·벌점 영역인 [B3:B9]에 대해 [셀 서식] – [사용자 지정 형식] 기능을 이용하여 양수는 파란색으로, 음수는 빨간색으로 표현하고자 할 때, 표시 형식의 내용으로 옳은 것은?(단, [B3:B9]의 영역의 표시결과는 그대로 나타나야 한다)

	A	B
1	〈상·벌점 현황〉	
2	이름	상·벌점
3	감우성	10
4	김지훈	8
5	김채연	−12
6	나선정	−5
7	도지환	15
8	도현수	7
9	모수빈	13

① [빨강]#;[파랑]#   ② [파랑]#;[빨강]−#

③ [파랑]＋#;[빨강]−#   ④ [파랑]#;[빨강]#

41 다음은 K사의 일일 판매 내역이다. (가) 셀에 〈보기〉와 같은 함수를 입력할 때 출력되는 값으로 옳은 것은?

	A	B	C	D
1				(가)
2				
3	제품 이름	단가	수량	할인 적용
4	K소스	200	5	90%
5	K아이스크림	100	3	90%
6	K맥주	150	2	90%
7	K커피	300	1	90%
8	K캔디	200	2	90%
9	K조림	100	3	90%
10	K과자	50	6	90%

보기

=SUMPRODUCT(B4:B10,C4:C10,D4:D10)

① 2,610   ② 2,700
③ 2,710   ④ 2,900

42 다음 스프레드시트에서 [F2:F6] 영역처럼 표시하려고 할 때, [F5] 셀에 입력할 수식은?

	A	B	C	D	E	F
1	카페이름	주제	가입 인원	즐겨찾기 멤버	전체글	순위
2	영카	영화	172,789	22,344	827,581	4
3	농산물	건강	679,497	78,293	1,074,510	3
4	북카페	문화	71,195	8,475	891,443	5
5	강사모	반려동물	1,847,182	283,602	10,025,638	1
6	부동산	경제	1,126,853	183,373	784,700	2

① =RANK(C5,C2:C6)   ② =RANK(C2,C2:C6)
③ =RANK(C2,C5:C6)   ④ =RANK(F5,F2:F6)

43 K공사 총무팀 7명이 중국집에 점심식사를 하러 가서 짜장면 2개, 짬뽕 3개, 볶음밥 2개를 주문했다. 〈조건〉이 아래와 같다고 할 때, 다음 중 옳지 않은 것은?

조건

- 팀원은 A팀장, K과장, S과장, N대리, J대리, D사원, P사원이다.
- 1인 1메뉴를 시켰는데, 좋아하는 메뉴는 반드시 시키고, 싫어하는 메뉴는 반드시 시키지 않았으며, 같은 직급끼리는 같은 메뉴를 시키지 않았다.
- A팀장은 볶음밥을 좋아한다.
- J대리는 짜장면을 싫어한다.
- D사원은 대리와 같은 메뉴를 시키지 않았다.
- S과장은 짬뽕을 싫어한다.
- K과장은 사원과 같은 메뉴를 시켰다.
- N대리는 볶음밥을 싫어한다.

① S과장은 반드시 짜장면을 시킨다.
② K과장은 반드시 짬뽕을 시킨다.
③ J대리가 볶음밥을 시키면 N대리는 짬뽕을 시킨다.
④ A팀장은 모든 직급의 팀원들과 같은 메뉴를 시킬 수 있다.

44 K공연기획사는 2025년 봄부터 시작할 지젤 발레 공연 티켓을 Q소셜커머스에서 판매할 예정이다. Q소셜커머스에서 보낸 다음 판매 자료를 토대로 아침 회의 시간에 나눈 대화로 옳지 않은 것은?

〈2024년 판매결과 보고〉

공연명	정가	할인율	판매기간	판매량
백조의 호수	80,000원	67%	2024. 01. 20 ~ 2024. 01. 25	1,787장
세레나데 & 봄의 제전	60,000원	55%	2024. 03. 10 ~ 2024. 04. 10	1,200장
라 바야데르	55,000원	60%	2024. 06. 27 ~ 2024. 08. 28	1,356장
한여름 밤의 꿈	65,000원	65%	2024. 09. 10 ~ 2024. 09. 20	1,300장
호두까기 인형	87,000원	50%	2024. 12. 02 ~ 2024. 12. 08	1,405장

※ 할인된 티켓 가격의 10%가 티켓 수수료로 추가된다.
※ 2024년 1월 말에는 설 연휴가 있었다.

① A사원 : 기본 50% 이상 할인을 하는 건 할인율이 너무 큰 것 같아요.
② B팀장 : 표가 잘 안 팔려서 싸게 판다는 이미지를 줘 공연의 전체적인 질이 낮다는 부정적 인식을 줄 수도 있지 않을까요?
③ C주임 : 연휴 시기와 티켓 판매 일정을 어떻게 고려하느냐에 따라 판매량을 많이 올릴 수 있겠네요.
④ D사원 : 세레나데 & 봄의 제전의 경우 총 수익금이 3,700만 원 이상이었어요.

45 민수, 영희, 하연, 현민 총 4명이 졸업 사진을 찍어야 한다. 〈조건〉에 따라 사진을 찍을 때, 가장 먼저 찍게 되는 사람은?

> **조건**
> • 민수는 영희보다 먼저 찍는다.
> • 하연은 현민보다 먼저 찍는다.
> • 현민은 민수보다 먼저 찍는다.

① 민수　　　　　　　　　　② 영희
③ 하연　　　　　　　　　　④ 현민

46 다음은 K국의 1차 에너지 소비량 자료이다. 이에 대한 설명으로 옳은 것은?

〈1차 에너지 소비량 현황〉

(단위 : 백만 TOE)

① 매년 석유 소비량이 나머지 에너지 소비량의 합보다 많다.
② 석탄 소비량은 완만한 하락세를 보이고 있다.
③ 기타 에너지 소비량은 지속적으로 감소하는 추세이다.
④ 2016 ~ 2020년 원자력 소비량은 증감을 반복하고 있다.

47 다음은 OECD 주요 국가별 삶의 만족도 및 관련 지표를 나타낸 자료이다. 이에 대한 설명으로 옳지 않은 것은?

〈OECD 주요 국가별 삶의 만족도 및 관련 지표〉

(단위 : 점, %, 시간)

구분	삶의 만족도	장시간 근로자 비율	여가 · 개인 돌봄시간
덴마크	7.6	2.1	16.1
아이슬란드	7.5	13.7	14.6
호주	7.4	14.2	14.4
멕시코	7.4	28.8	13.9
미국	7.0	11.4	14.3
영국	6.9	12.3	14.8
프랑스	6.7	8.7	15.3
이탈리아	6.0	5.4	15.0
일본	6.0	22.6	14.9
한국	6.0	28.1	14.9
에스토니아	5.4	3.6	15.1
포르투갈	5.2	9.3	15.0
헝가리	4.9	2.7	15.0

※ 장시간 근로자 비율은 전체 근로자 중 주 50시간 이상 근무한 근로자의 비율이다.

① 삶의 만족도가 가장 높은 국가는 장시간 근로자 비율이 가장 낮다.
② 한국의 장시간 근로자 비율은 삶의 만족도가 가장 낮은 국가의 장시간 근로자 비율의 10배 이상
   이다.
③ 삶의 만족도가 한국보다 낮은 국가들의 장시간 근로자 비율 산술평균은 이탈리아의 장시간 근로
   자 비율보다 높다.
④ 여가 · 개인 돌봄시간이 가장 긴 국가와 가장 짧은 국가의 삶의 만족도 차이는 0.3점 이하이다.

※ 다음은 국내 취업률에 관한 자료이다. 이어지는 질문에 답하시오. **[48~49]**

〈2024년 학과별 취업률〉

(단위 : 명, %)

구분	경제	경영	문헌정보	식품영양	행정	무용	패션디자인	컴퓨터	기계
졸업자	7,127	28,000	1,210	6,470	8,695	1,025	1,501	8,478	8,155
취업률	57.0	58.8	53.5	60.0	46.9	30	47.1	61.7	71.7

※ 취업률은 재학생을 제외한 졸업자의 통계를 가지고 계산한 수치이다.

〈2024년 남·여 취업자의 연령별 비율〉

(단위 : %)

구분	15~29세	30~39세	40~49세	50~59세	60세 이상	계
남	22.3	28.6	25.8	13.7	9.6	100
여	16.0	24	27.1	21.0	11.9	100

※ 2024년의 취업자의 성비는 6 : 4이다.

〈학력별 인구비율〉

(단위 : %)

학력	연도		
	2022년	2023년	2024년
중학교 이하	20.0	19.0	18.0
고등학교	40.0	41.0	40.0
대학교 이상	40.0	40.0	42.0
계	100	100	100

〈학력별 취업률〉

(단위 : %)

학력	연도		
	2022년	2023년	2024년
중학교 이하	65.0	65.0	65.0
고등학교	70.6	71.0	70.0
대학교 이상	76.3	77.0	78.0

※ 각 학력의 연령별 취업률과 비율은 〈2024년 남, 여 취업자의 연령별 비율〉과 같다.

48 2024년 문헌정보학과 졸업자 중 취업을 하지 못한 사람은 몇 명인가?(단, 소수점 아래는 버림한다)

① 562명
② 563명
③ 564명
④ 565명

49 2024년에 우리나라의 인구는 5천만 명이었다. 이 중 학력이 고등학교인 30 ~ 39세 여성의 취업자 수는 몇 명인가?

① 1,144,000명

② 1,244,000명

③ 1,344,000명

④ 1,444,000명

50 다음은 연도별 20대 남녀의 흡연율 및 음주율에 대한 그래프이다. 이에 대한 설명으로 옳은 것을 〈보기〉에서 모두 고르면?

〈연도별 20대 남녀 흡연율 및 음주율〉

(단위 : %)

■ 남성흡연율   ■ 여성흡연율   — 남성음주율   --- 여성음주율

> **보기**
> ㄱ. 남성과 여성의 흡연율은 동일한 추이를 보인다.
> ㄴ. 남성흡연율이 가장 낮은 연도와 여성흡연율이 가장 낮은 연도는 동일하다.
> ㄷ. 남성은 음주율이 가장 낮은 해에 흡연율도 가장 낮다.
> ㄹ. 2022년 남성과 여성의 음주율 차이는 10%p 이상이다.

① ㄱ

② ㄴ

③ ㄱ, ㄷ

④ ㄴ, ㄷ

51 다음 중 전력계통을 연계할 경우의 장점으로 옳지 않은 것은?

① 계통 전체로서의 신뢰도가 증가한다.

② 전력의 융통으로 설비용량이 절감된다.

③ 건설비 및 운전 경비 절감으로 경제 급전이 용이하다.

④ 단락전류가 증가하고 통신선의 전자 유도장해가 작아진다.

52 지름이 10cm인 솔레노이드 코일에 5A의 전류가 흐를 때, 코일 내 자기장의 세기는 얼마인가?(단, 1cm당 권수는 20회이다)

① $10AT/m$ ② $10^2 AT/m$

③ $10^3 AT/m$ ④ $10^4 AT/m$

53 다음 중 고압 전로의 중성선에 시설하는 접지선의 최소 굵기는?

① $10mm^2$ ② $16mm^2$

③ $25mm^2$ ④ $35mm^2$

54 특고압 가공전선로에서 발생하는 극저주파 전자계는 지표상 1m에서 전계가 몇 kV/m 이하가 되도록 시설하여야 하는가?

① $0.5kV/m$ ② $1.5kV/m$

③ $2.5kV/m$ ④ $3.5kV/m$

55 다음 중 전하의 성질에 대한 설명으로 옳지 않은 것은?

① 같은 종류의 전하는 인력이 작용하고 다른 종류의 전하는 척력이 작용한다.

② 대전체에 들어있는 전하를 없애려면 접지시킨다.

③ 대전체의 영향으로 비대전체에 전기가 유도된다.

④ 전하는 가장 안정한 상태를 유지하려는 성질이 있다.

56 다음 중 저항 값이 클수록 효과가 좋은 것은?

① 접지저항   ② 절연저항

③ 도체저항   ④ 접촉저항

57 다음 중 자기 인덕턴스에 축적되는 에너지에 대한 설명으로 옳은 것은?

① 자기 인덕턴스 및 전류에 비례한다.

② 자기 인덕턴스 및 전류에 반비례한다.

③ 자기 인덕턴스에 비례하고, 전류의 제곱에 비례한다.

④ 자기 인덕턴스에 반비례하고 전류의 제곱에 반비례한다.

58 다음 중 빈칸 ㉠, ㉡에 들어갈 단어를 순서대로 바르게 나열한 것은?

> 패러데이의 전자 유도 법칙에서 유도 기전력의 크기는 코일을 지나는 ___㉠___의 매초 변화량과 코일의 ___㉡___에 비례한다.

        ㉠   ㉡

① 자속   굵기

② 자속   권수

③ 전류   권수

④ 전류   굵기

59 다음 중 전류에 의한 자계의 세기와 관계가 있는 법칙은?

① 옴의 법칙

② 렌츠의 법칙

③ 키르히호프의 법칙

④ 비오 – 사바르 법칙

60 송전전력이 3,000kW인 전력을 45km 떨어진 지점에 경제적으로 송전할 때 필요한 송전전압은? (단, Still식으로 산정한다)

① 약 25.53kV

② 약 29.78kV

③ 약 33.21kV

④ 약 41.52kV

61 어떤 회로에 $V = 200\sin\omega t$의 전압을 가했더니 $I = 50\sin\left(\omega t + \dfrac{\pi}{2}\right)$의 전류가 흘렀다면, 이 회로는 무엇인가?

① 저항회로

② 유도성회로

③ 용량성회로

④ 임피던스회로

62 다음 중 직류발전기의 전기자 반작용의 영향이 아닌 것은?

① 절연 내력의 저하

② 유기기전력의 저하

③ 전기적 중성축의 이동

④ 자속의 감소

63 유도 전동기의 1차 접속을 △에서 Y로 바꾸면 기동 시의 1차 전류는?

① $\dfrac{1}{3}$로 감소

② $\dfrac{1}{\sqrt{3}}$로 감소

③ $\sqrt{3}$ 배로 증가

④ 3배로 증가

64 다음 중 3상 교류 발전기의 기전력에 대하여 90° 늦은 전류가 통할 때, 반작용 기자력은?

① 자극축과 일치하는 감자작용

② 자극축보다 90° 빠른 증자작용

③ 자극축보다 90° 늦은 감자작용

④ 자극축과 직교하는 교차자화작용

65 다음 중 정지 상태에 있는 3상 유도 전동기의 슬립값은?

① ∞

② 0

③ $\dfrac{1}{2}$

④ 1

66 다음 중 차단기 문자 기호가 'OCB'인 것은?

① 진공차단기

② 기중차단기

③ 자기차단기

④ 유입차단기

67 다음 중 발전기나 변압기 보호에 사용되는 보호계전기로 옳지 않은 것은?

① 차동 계전기
② 비율 차동 계전기
③ 반한시 과전류 계전기
④ 방향 계전기

68 다음 중 배전방식에 대한 설명으로 옳지 않은 것은?

① 환상식 방식은 전류 통로에 대한 융통성이 있다.
② 수지식 방식은 전압 변동이 크고 정전 범위가 좁다.
③ 뱅킹 방식은 전압 강하 및 전력 손실을 경감한다.
④ 망상식 방식은 건설비가 비싸다.

69 다음 중 역률개선의 효과로 볼 수 없는 것은?

① 전력손실 감소
② 전압강하 감소
③ 감전사고 감소
④ 설비용량의 이용률 증가

70 다음 중 코일에 발생하는 유도 기전력의 크기는 어느 것에 관계가 되는가?

① 코일에 쇄교하는 자속수의 변화에 비례한다.
② 시간의 변화에 비례한다.
③ 시간의 변화에 반비례한다.
④ 코일에 쇄교하는 자속수에 비례한다.

71 다음 중 직류 발전기의 철심을 규소 강판으로 성층하여 사용하는 주된 이유로 옳은 것은?

① 브러시에서의 불꽃방지 및 정류개선
② 맴돌이전류손과 히스테리시스손의 감소
③ 전기자 반작용의 감소
④ 기계적 강도 개선

72 다음 중 직류 발전기에 있어서 전기자 반작용이 생기는 요인이 되는 전류는?

① 동손에 의한 전류　　　② 전기자 권선에 의한 전류
③ 계자 권선의 전류　　　④ 규소 강판에 의한 전류

73 다음 중 직류 발전기의 전기자 반작용을 없애는 방법으로 옳지 않은 것은?

① 보상권선 설치
② 보극 설치
③ 브러시 위치를 전기적 중성점으로 이동
④ 균압환 설치

74 직류 전동기의 회전수를 $\frac{1}{2}$로 하려면, 계자자속을 몇 배로 해야 하는가?

① $\frac{1}{4}$배

② $\frac{1}{2}$배

③ 2배

④ 4배

75 동기 발전기에서 극수 4, 1극의 자속수 0.062Wb, 1분간의 회전 속도를 1,800, 코일의 권수를 100이라고 할 때, 코일의 유기 기전력의 실횻값은?(단, 권선 계수는 1.0이다)

① 약 526V

② 약 1,488V

③ 약 1,652V

④ 약 2,336V

76 다음 중 동기 발전기의 병렬운전 시 기전력의 크기가 다를 경우 나타나는 현상이 아닌 것은?

① 권선이 가열된다.

② 동기화전력이 생긴다.

③ 무효순환전류가 흐른다.

④ 고압 측에 감자작용이 생긴다.

77 다음 중 다이오드의 정특성이란 무엇을 말하는가?

① PN 접합면에서의 반송자 이동 특성

② 소신호로 동작할 때의 전압과 전류의 관계

③ 다이오드를 움직이지 않고 저항률을 측정한 것

④ 직류 전압을 걸었을 때 다이오드에 걸리는 전압과 전류의 관계

78 $N_S = 1,200$rpm, $N = 1,176$rpm일 때의 슬립은?

① 6%   ② 5%

③ 3%   ④ 2%

79 다음 중 누전차단기의 설치목적으로 옳은 것은?

① 단락   ② 단선

③ 지락   ④ 과부하

80 다음과 같은 정류 회로의 지시값은 전류계에서 몇 mA로 표시되는가?(단, 전류계는 가동 코일형이고, 정류기의 저항은 무시한다)

① 1.8mA

② 4.5mA

③ 6.4mA

④ 9mA

81 다음에서 V_{ab}가 50V일 때 전류 I의 세기는?

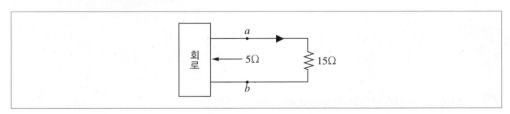

① 1.5A

② 2A

③ 2.5A

④ 3A

82 다음 회로의 역률과 유효전력이 바르게 연결된 것은?

	역률	유효전력[W]
①	0.5	25
②	0.5	50
③	$\dfrac{\sqrt{2}}{2}$	25
④	$\dfrac{\sqrt{2}}{2}$	50

83 용량 10Ah, 기전력 2V인 축전지 6개를 직렬 연결하여 사용할 때의 기전력이 12V일 때, 전지의 용량은?

① $\dfrac{10}{6}$ Ah   ② 10Ah

③ 60Ah   ④ 120Ah

84 다음 중 사인파 교류 $i = 3.14\sin\omega t$ [A]의 평균값을 구하면?

① 2A   ② 3A

③ 4A   ④ 5A

85 150Ω의 저항 5개를 조합하여 얻을 수 있는 합성 저항 중 가장 적은 합성 저항값은?

① 30Ω

② 40Ω

③ 50Ω

④ 60Ω

86 저항 4Ω, 유도 리액턴스 3Ω을 병렬로 연결할 때의 합성 임피던스는?

① 2.4Ω

② 5Ω

③ 7.5Ω

④ 10Ω

87 저항 4Ω, 유도 리액턴스 5Ω, 용량 리액턴스 2Ω이 직렬로 연결된 회로에서의 역률은?

① 0.8

② 0.9

③ 1

④ 1.1

88 다음 중 파고율, 파형률이 모두 1인 파형은?

① 사인파

② 고조파

③ 구형파

④ 삼각파

89 다음 중 간격이 d이고 도체판의 면적이 A인 두 평행판으로 만들어진 커패시터에 대한 설명으로 옳은 것은?

① 두 평행판의 면적 A를 크게 하면 커패시턴스가 감소한다.

② 두 평행판 사이의 거리 d를 짧게 하면 커패시턴스가 증가한다.

③ 두 개의 커패시터를 직렬보다 병렬로 연결하면 커패시턴스가 감소한다.

④ 두 평행판 사이에 유전율이 작은 물질을 사용하면 커패시턴스가 증가한다.

90 다음 중 비사인파를 많은 사인파의 합성으로 표시하는 전개식은?

① 푸리에(Fourier)　　　　　　　　② 헤르츠(Hertz)

③ 노튼(Norton)　　　　　　　　　④ 페러데이(Faraday)

91 다음 중 한국전기설비규정(KEC)상 저압의 범위로 옳은 것은?

① 직류는 600V, 교류는 750V 이하인 것

② 직류는 750V, 교류는 600V 이하인 것

③ 직류는 1.0kV, 교류는 750V 이하인 것

④ 직류는 1.5kV, 교류는 1kV 이하인 것

92 다음 중 전로의 절연원칙에 따라 반드시 절연하여야 하는 것은?

① 수용장소의 인입구 접지점

② 고압과 특별 고압 및 저압과의 혼촉 위험 방지를 한 경우 접지점

③ 저압 가공전선로의 접지측 전선

④ 시험용 변압기

93 가공전선로의 지지물에 하중이 가해지는 경우에 그 하중을 받는 지지물의 기초 안전율은 얼마 이상이어야 하는가?

① 0.5

② 1

③ 1.5

④ 2

94 연피케이블을 직접매설식에 의하여 차량, 기타 중량물의 압력을 받을 우려가 있는 장소에 시설하는 경우 매설 깊이는 몇 m 이상이어야 하는가?

① 0.6m

② 1m

③ 1.2m

④ 1.6m

95 한국전기설비기준에 의한 고압 가공전선로 철탑의 경간은 몇 m 이하로 제한하고 있는가?

① 150m
② 250m
③ 500m
④ 600m

96 2개 이상의 전선을 병렬로 사용하는 경우 동선과 알루미늄전선은 각각 얼마 이상의 굵기를 사용하여야 하는가?

① 동선 $25mm^2$, 알루미늄 $50mm^2$
② 동선 $35mm^2$, 알루미늄 $50mm^2$
③ 동선 $50mm^2$, 알루미늄 $70mm^2$
④ 동선 $50mm^2$, 알루미늄 $95mm^2$

97 옥내 배선공사를 할 때, 연동선을 사용할 경우 전선의 최소 단면적은?

① $1.5mm^2$
② $2.5mm^2$
③ $4mm^2$
④ $5mm^2$

98 교통신호등 회로에서 지락 발생 시 자동적으로 전로를 차단하는 장치를 시설해야 하는 사용전압은 몇 V를 초과하는 경우인가?

① 50V

② 100V

③ 150V

④ 200V

99 특고압용 타냉식 변압기에는 냉각장치에 고장이 생긴 경우를 대비하여 어떤 장치를 하여야 하는가?

① 온도시험장치

② 속도조정장치

③ 경보장치

④ 냉매흐름장치

100 교류 배전반에서 전류가 많이 흘러 전류계를 직접 주회로에 연결할 수 없을 때 사용하는 기기는?

① 전류 제한기

② 계기용 변압기

③ 계기용 변류기

④ 전류계용 절환 개폐기

PART **4**

PART **4**

채용 가이드

CHAPTER 01 블라인드 채용 소개

CHAPTER 02 서류전형 가이드

CHAPTER 03 인성검사 소개 및 모의테스트

CHAPTER 04 면접전형 가이드

CHAPTER 05 한국전기안전공사 면접 기출질문

1. 블라인드 채용이란?

채용 과정에서 편견이 개입되어 불합리한 차별을 야기할 수 있는 출신지, 가족관계, 학력, 외모 등의 편견요인은 제외하고, 직무능력만을 평가하여 인재를 채용하는 방식입니다.

2. 블라인드 채용의 필요성

- 채용의 공정성에 대한 사회적 요구
  - 누구에게나 직무능력만으로 경쟁할 수 있는 균등한 고용기회를 제공해야 하나, 아직도 채용의 공정 성에 대한 불신이 존재
  - 채용상 차별금지에 대한 법적 요건이 권고적 성격에서 처벌을 동반한 의무적 성격으로 강화되는 추세
  - 시민의식과 지원자의 권리의식 성숙으로 차별에 대한 법적 대응 가능성 증가
- 우수인재 채용을 통한 기업의 경쟁력 강화 필요
  - 직무능력과 무관한 학벌, 외모 위주의 선발로 우수인재 선발기회 상실 및 기업경쟁력 약화
  - 채용 과정에서 차별 없이 직무능력중심으로 선발한 우수인재 확보 필요
- 공정한 채용을 통한 사회적 비용 감소 필요
  - 편견에 의한 차별적 채용은 우수인재 선발을 저해하고 외모·학벌 지상주의 등의 심화로 불필요한 사회적 비용 증가
  - 채용에서의 공정성을 높여 사회의 신뢰수준 제고

3. 블라인드 채용의 특징

편견요인을 요구하지 않는 대신 직무능력을 평가합니다.

※ 직무능력중심 채용이란?
기업의 역량기반 채용, NCS기반 능력중심 채용과 같이 직무수행에 필요한 능력과 역량을 평가하여 선발하는 채용방식을 통칭합니다.

4. 블라인드 채용의 평가요소

직무수행에 필요한 지식, 기술, 태도 등을 과학적인 선발기법을 통해 평가합니다.

평가기준 = 직무수행에 필요한 직무능력

※ 과학적 선발기법이란?
직무분석을 통해 도출된 평가요소를 서류, 필기, 면접 등을 통해 체계적으로 평가하는 방법으로 입사지원서, 자기소개서, 직무수행능력평가, 구조화 면접 등이 해당됩니다.

5. 블라인드 채용 주요 도입 내용

- 입사지원서에 인적사항 요구 금지
  - 인적사항에는 출신지역, 가족관계, 결혼여부, 재산, 취미 및 특기, 종교, 생년월일(연령), 성별, 신장 및 체중, 사진, 전공, 학교명, 학점, 외국어 점수, 추천인 등이 해당
  - 채용 직무를 수행하는 데 있어 반드시 필요하다고 인정될 경우는 제외
    예 특수경비직 채용 시 : 시력, 건강한 신체 요구
    　　연구직 채용 시 : 논문, 학위 요구 등
- 블라인드 면접 실시
  - 면접관에게 응시자의 출신지역, 가족관계, 학교명 등 인적사항 정보 제공 금지
  - 면접관은 응시자의 인적사항에 대한 질문 금지

6. 블라인드 채용 도입의 효과성

- 구성원의 다양성과 창의성이 높아져 기업 경쟁력 강화
  - 편견을 없애고 직무능력 중심으로 선발하므로 다양한 직원 구성 가능
  - 다양한 생각과 의견을 통하여 기업의 창의성이 높아져 기업경쟁력 강화
- 직무에 적합한 인재선발을 통한 이직률 감소 및 만족도 제고
  - 사전에 지원자들에게 구체적이고 상세한 직무요건을 제시함으로써 허수 지원이 낮아지고, 직무에 적합한 지원자 모집 가능
  - 직무에 적합한 인재가 선발되어 직무이해도가 높아져 업무효율 증대 및 만족도 제고
- 채용의 공정성과 기업이미지 제고
  - 블라인드 채용은 사회적 편견을 줄인 선발 방법으로 기업에 대한 사회적 인식 제고
  - 채용과정에서 불합리한 차별을 받지 않고 실력에 의해 공정하게 평가를 받을 것이라는 믿음을 제공하고, 지원자들은 평등한 기회와 공정한 선발과정 경험

02 | 서류전형 가이드

01 채용공고문

1. 채용공고문의 변화

기존 채용공고문	변화된 채용공고문
• 취업준비생에게 불충분하고 불친절한 측면 존재 • 모집분야에 대한 명확한 직무관련 정보 및 평가기준 부재 • 해당분야에 지원하기 위한 취업준비생의 무분별한 스펙 쌓기 현상 발생	• NCS 직무분석에 기반한 채용공고를 토대로 채용전형 진행 • 지원자가 입사 후 수행하게 될 업무에 대한 자세한 정보 공지 • 직무수행내용, 직무수행 시 필요한 능력, 관련된 자격, 직업기초능력 제시 • 지원자가 해당 직무에 필요한 스펙만을 준비할 수 있도록 안내
• 모집부문 및 응시자격 • 지원서 접수 • 전형절차 • 채용조건 및 처우 • 기타사항	• 채용절차 • 채용유형별 선발분야 및 예정인원 • 전형방법 • 선발분야별 직무기술서 • 우대사항

2. 지원 유의사항 및 지원요건 확인

채용 직무에 따른 세부사항을 공고문에 명시하여 지원자에게 적격한 지원 기회를 부여함과 동시에 채용과정에서의 공정성과 신뢰성을 확보합니다.

구성	내용	확인사항
모집분야 및 규모	고용형태(인턴 계약직 등), 모집분야, 인원, 근무지역 등	채용직무가 여러 개일 경우 본인이 해당되는 직무의 채용규모 확인
응시자격	기본 자격사항, 지원조건	지원을 위한 최소자격요건을 확인하여 불필요한 지원을 예방
우대조건	법정·특별·자격증 가점	본인의 가점 여부를 검토하여 가점 획득을 위한 사항을 사실대로 기재
근무조건 및 보수	고용형태 및 고용기간, 보수, 근무지	본인이 생각하는 기대수준에 부합하는지 확인하여 불필요한 지원을 예방
시험방법	서류·필기·면접전형 등의 활용방안	전형방법 및 세부 평가기법 등을 확인하여 지원전략 준비
전형일정	접수기간, 각 전형 단계별 심사 및 합격자 발표일 등	본인의 지원 스케줄을 검토하여 차질이 없도록 준비
제출서류	입사지원서(경력·경험기술서 등), 각종 증명서 및 자격증 사본 등	지원요건 부합 여부 및 자격 증빙서류 사전에 준비
유의사항	임용취소 등의 규정	임용취소 관련 법적 또는 기관 내부 규정을 검토하여 해당여부 확인

직무기술서란 직무수행의 내용과 필요한 능력, 관련 자격, 직업기초능력 등을 상세히 기재한 것으로 입사 후 수행하게 될 업무에 대한 정보가 수록되어 있는 자료입니다.

1. 채용분야

설명

NCS 직무분류 체계에 따라 직무에 대한 「대분류 – 중분류 – 소분류 – 세분류」 체계를 확인할 수 있습니다. 채용 직무에 대한 모든 직무기술서를 첨부하게 되며 실제 수행 업무를 기준으로 세부적인 분류정보를 제공합니다.

채용분야	분류체계			
사무행정	대분류	중분류	소분류	세분류
분류코드	02. 경영·회계·사무	03. 재무·회계	01. 재무	01. 예산
				02. 자금
			02. 회계	01. 회계감사
				02. 세무

2. 능력단위

설명

직무분류 체계의 세분류 하위능력단위 중 실질적으로 수행할 업무의 능력만 구체적으로 파악할 수 있습니다.

능력단위	(예산)	03. 연간종합예산수립 05. 확정예산 운영	04. 추정재무제표 작성 06. 예산실적 관리
	(자금)	04. 자금운용	
	(회계감사)	02. 자금관리 05. 회계정보시스템 운용 07. 회계감사	04. 결산관리 06. 재무분석
	(세무)	02. 결산관리 07. 법인세 신고	05. 부가가치세 신고

3. 직무수행내용

설명

세분류 영역의 기본정의를 통해 직무수행내용을 확인할 수 있습니다. 입사 후 수행할 직무내용을 구체적으로 확인할 수 있으며, 이를 통해 입사서류 작성부터 면접까지 직무에 대한 명확한 이해를 바탕으로 자신의 희망직무 인지 아닌지, 해당 직무가 자신이 알고 있던 직무가 맞는지 확인할 수 있습니다.

직무수행내용	(예산) 일정기간 예상되는 수익과 비용을 편성, 집행하며 통제하는 일
	(자금) 자금의 계획 수립, 조달, 운용을 하고 발생 가능한 위험 관리 및 성과평가
	(회계감사) 기업 및 조직 내·외부에 있는 의사결정자들이 효율적인 의사결정을 할 수 있도록 유용한 정보를 제공, 제공된 회계정보의 적정성을 파악하는 일
	(세무) 세무는 기업의 활동을 위하여 주어진 세법범위 내에서 조세부담을 최소화시키는 조세전략을 포함하고 정확한 과세소득과 과세표준 및 세액을 산출하여 과세당국에 신고·납부하는 일

4. 직무기술서 예시

태도	(예산) 정확성, 분석적 태도, 논리적 태도, 타 부서와의 협조적 태도, 설득력
	(자금) 분석적 사고력
	(회계 감사) 합리적 태도, 전략적 사고, 정확성, 적극적 협업 태도, 법률준수 태도, 분석적 태도, 신속성, 책임감, 정확한 판단력
	(세무) 규정 준수 의지, 수리적 정확성, 주의 깊은 태도
우대 자격증	공인회계사, 세무사, 컴퓨터활용능력, 변호사, 워드프로세서, 전산회계운용사, 사회조사분석사, 재경관리사, 회계관리 등
직업기초능력	의사소통능력, 문제해결능력, 자원관리능력, 대인관계능력, 정보능력, 조직이해능력

5. 직무기술서 내용별 확인사항

항목	확인사항
모집부문	해당 채용에서 선발하는 부문(분야)명 확인 예 사무행정, 전산, 전기
분류체계	지원하려는 분야의 세부직무군 확인
주요기능 및 역할	지원하려는 기업의 전사적인 기능과 역할, 산업군 확인
능력단위	지원분야의 직무수행에 관련되는 세부업무사항 확인
직무수행내용	지원분야의 직무군에 대한 상세사항 확인
전형방법	지원하려는 기업의 신입사원 선발전형 절차 확인
일반요건	교육사항을 제외한 지원 요건 확인(자격요건, 특수한 경우 연령)
교육요건	교육사항에 대한 지원요건 확인(대졸 / 초대졸 / 고졸 / 전공 요건)
필요지식	지원분야의 업무수행을 위해 요구되는 지식 관련 세부항목 확인
필요기술	지원분야의 업무수행을 위해 요구되는 기술 관련 세부항목 확인
직무수행태도	지원분야의 업무수행을 위해 요구되는 태도 관련 세부항목 확인
직업기초능력	지원분야 또는 지원기업의 조직원으로서 근무하기 위해 필요한 일반적인 능력사항 확인

1. 입사지원서의 변화

기존지원서	VS	능력중심 채용 입사지원서
직무와 관련 없는 학점, 개인신상, 어학점수, 자격, 수상경력 등을 나열하도록 구성		해당 직무수행에 꼭 필요한 정보들을 제시할 수 있도록 구성

직무기술서

직무수행내용

요구지식 / 기술

관련 자격증

사전직무경험

인적사항	성명, 연락처, 지원분야 등 작성 (평가 미반영)
교육사항	직무지식과 관련된 학교교육 및 직업교육 작성
자격사항	직무관련 국가공인 또는 민간자격 작성
경력 및 경험사항	조직에 소속되어 일정한 임금을 받거나(경력) 임금 없이(경험) 직무와 관련된 활동 내용 작성

2. 교육사항

- 지원분야 직무와 관련된 학교 교육이나 직업교육 혹은 기타교육 등 직무에 대한 지원자의 학습 여부를 평가하기 위한 항목입니다.
- 지원하고자 하는 직무의 학교 전공교육 이외에 직업교육, 기타교육 등을 기입할 수 있기 때문에 전공 제한 없이 직업교육과 기타교육을 이수하여 지원이 가능하도록 기회를 제공합니다.
  (기타교육 : 학교 이외의 기관에서 개인이 이수한 교육과정 중 지원직무와 관련이 있다고 생각되는 교육내용)

구분	교육과정(과목)명	교육내용	과업(능력단위)

PART 4

3. 자격사항

- 채용공고 및 직무기술서에 제시되어 있는 자격 현황을 토대로 지원자가 해당 직무를 수행하는 데 필요한 능력을 가지고 있는지를 평가하기 위한 항목입니다.
- 채용공고 및 직무기술서에 기재된 직무관련 필수 또는 우대자격 항목을 확인하여 본인이 보유하고 있는 자격사항을 기재합니다.

자격유형	자격증명	발급기관	취득일자	자격증번호

4. 경력 및 경험사항

- 직무와 관련된 경력이나 경험 여부를 표현하도록 하여 직무와 관련한 능력을 갖추었는지를 평가하기 위한 항목입니다.
- 해당 기업에서 직무를 수행함에 있어 필요한 사항만을 기록하게 되어 있기 때문에 직무와 무관한 스펙을 갖추지 않아도 됩니다.
- 경력 : 금전적 보수를 받고 일정기간 동안 일했던 경우
- 경험 : 금전적 보수를 받지 않고 수행한 활동

※ 기업에 따라 경력 / 경험 관련 증빙자료 요구 가능

구분	조직명	직위 / 역할	활동기간(년 / 월)	주요과업 / 활동내용

Tip

입사지원서 작성 방법

○ 경력 및 경험사항 작성
- 직무기술서에 제시된 지식, 기술, 태도와 지원자의 교육사항, 경력(경험)사항, 자격사항과 연계하여 개인의 직무역량에 대해 스스로 판단 가능

○ 인적사항 최소화
- 개인의 인적사항, 학교명, 가족관계 등을 노출하지 않도록 유의

부적절한 입사지원서 작성 사례
- 학교 이메일을 기입하여 학교명 노출
- 거주지 주소에 학교 기숙사 주소를 기입하여 학교명 노출
- 자기소개서에 부모님이 재직 중인 기업명, 직위, 직업을 기입하여 가족관계 노출
- 자기소개서에 석・박사 과정에 대한 이야기를 언급하여 학력 노출
- 동아리 활동에 대한 내용을 학교명과 더불어 언급하여 학교명 노출

1. 자기소개서의 변화

- 기존의 자기소개서는 지원자의 일대기나 관심 분야, 성격의 장·단점 등 개괄적인 사항을 묻는 질문으로 구성되어 지원자가 자신의 직무능력을 제대로 표출하지 못합니다.
- 능력중심 채용의 자기소개서는 직무기술서에 제시된 직업기초능력(또는 직무수행능력)에 대한 지원자의 과거 경험을 기술하게 함으로써 평가 타당도의 확보가 가능합니다.

1. 우리 회사와 해당 지원 직무분야에 지원한 동기에 대해 기술해 주세요.

2. 자신이 경험한 다양한 사회활동에 대해 기술해 주세요.

3. 지원 직무에 대한 전문성을 키우기 위해 받은 교육과 경험 및 경력사항에 대해 기술해 주세요.

4. 인사업무 또는 팀 과제 수행 중 발생한 갈등을 원만하게 해결해 본 경험이 있습니까? 당시 상황에 대한 설명과 갈등의 대상이 되었던 상대방을 설득한 과정 및 방법을 기술해 주세요.

5. 과거에 있었던 일 중 가장 어려웠던(힘들었던) 상황을 고르고, 어떤 방법으로 그 상황을 해결했는지를 기술해 주세요.

Tip

자기소개서 작성 방법

① 자기소개서 문항이 묻고 있는 평가 역량 추측하기

> 예시
> • 팀 활동을 하면서 갈등 상황 시 상대방의 니즈나 의도를 명확히 파악하고 해결하여 목표 달성에 기여했던 경험에 대해서 작성해 주시기 바랍니다.
> • 다른 사람이 생각해내지 못했던 문제점을 찾고 이를 해결한 경험에 대해 작성해 주시기 바랍니다.

② 해당 역량을 보여줄 수 있는 소재 찾기(시간×역량 매트릭스)

예시

시간 →

평가역량	2020년	2021년	2022년	2023년
도전정신	대학 발표수업	대학 발표수업	~~다이어트 (헬스)~~	
대인관계	대학 발표수업	대학 발표수업		경영 동아리
의사소통	편의점 아르바이트	~~군대 작업~~	봉사 동아리	
직무역량			경영 동아리	Book Study
...				

③ 자기소개서 작성 Skill 익히기
- 두괄식으로 작성하기
- 구체적 사례를 사용하기
- '나'를 중심으로 작성하기
- 직무역량 강조하기
- 경험 사례의 차별성 강조하기

03 | 인성검사 소개 및 모의테스트

01 인성검사 유형

인성검사는 지원자의 성격특성을 객관적으로 파악하고 그것이 각 기업에서 필요로 하는 인재상과 가치에 부합하는가를 평가하기 위한 검사입니다. 인성검사는 KPDI(한국인재개발진흥원), K-SAD(한국사회적성개발원), KIRBS(한국행동과학연구소), SHR(에스에이치알) 등의 전문기관을 통해 각 기업의 특성에 맞는 검사를 선택하여 실시합니다. 대표적인 인성검사의 유형에는 크게 다음과 같은 세 가지가 있으며, 채용 대행업체에 따라 달라집니다.

1. KPDI 검사

조직적응성과 직무적합성을 알아보기 위한 검사로 인성검사, 인성역량검사, 인적성검사, 직종별 인적성검사 등의 다양한 검사 도구를 구현합니다. KPDI는 성격을 파악하고 정신건강 상태 등을 측정하고, 직무검사는 해당 직무를 수행하기 위해 기본적으로 갖추어야 할 인지적 능력을 측정합니다. 역량검사는 특정 직무 역할을 효과적으로 수행하는 데 직접적으로 관련 있는 개인의 행동, 지식, 스킬, 가치관 등을 측정합니다.

2. KAD(Korea Aptitude Development) 검사

K-SAD(한국사회적성개발원)에서 실시하는 적성검사 프로그램입니다. 개인의 성향, 지적 능력, 기호, 관심, 흥미도를 종합적으로 분석하여 적성에 맞는 업무가 무엇인가 파악하고, 직무수행에 있어서 요구되는 기초능력과 실무능력을 분석합니다.

3. SHR 직무적성검사

직무수행에 필요한 종합적인 사고 능력을 다양한 적성검사(Paper and Pencil Test)로 평가합니다. SHR의 모든 직무능력검사는 표준화 검사입니다. 표준화 검사는 표본집단의 점수를 기초로 규준이 만들어진 검사이므로 개인의 점수를 규준에 맞추어 해석·비교하는 것이 가능합니다. S(Standardized Tests), H(Hundreds of Version), R(Reliable Norm Data)을 특징으로 하며, 직군·직급별 특성과 선발 수준에 맞추어 검사를 적용할 수 있습니다.

인성검사는 특히 면접질문과 관련성이 높습니다. 면접관은 지원자의 인성검사 결과를 토대로 질문을 하기 때문입니다. 일관적이고 이상적인 답변을 하는 것이 가장 좋지만, 실제 시험은 매우 복잡하여 전문가라 해도 일정 성격을 유지하면서 답변을 하는 것이 힘듭니다. 또한, 인성검사에는 라이 스케일(Lie Scale) 설문이 전체 설문 속에 교묘하게 섞여 들어가 있으므로 겉치레적인 답을 하게 되면 회답태도의 허위성이 그대로 드러나게 됩니다. 예를 들어 '거짓말을 한 적이 한 번도 없다.'에 '예'로 답하고, '때로는 거짓말을 하기도 한다.'에 '예'라고 답하여 라이 스케일의 득점이 올라가게 되면 모든 회답의 신빙성이 사라지고 '자신을 돋보이게 하려는 사람'이라는 평가를 받을 수 있으므로 주의해야 합니다. 따라서 모의테스트를 통해 인성검사의 유형과 실제 시험 시 어떻게 문제를 풀어야 하는지 연습해 보고 체크한 부분 중 자신의 단점과 연결되는 부분은 면접에서 질문이 들어왔을 때 어떻게 대처해야 하는지 생각해 보는 것이 좋습니다.

03   유의사항

1. 기업의 인재상을 파악하라!

인성검사를 통해 개인의 성격 특성을 파악하고 그것이 기업의 인재상과 가치에 부합하는지를 평가하는 시험이기 때문에 해당 기업의 인재상을 먼저 파악하고 시험에 임하는 것이 좋습니다. 모의테스트에서 인재상에 맞는 가상의 인물을 설정하고 문제에 답해 보는 것도 많은 도움이 됩니다.

2. 일관성 있는 대답을 하라!

짧은 시간 안에 다양한 질문에 답을 해야 하는데, 그 안에는 중복되는 질문이 여러 번 나옵니다. 이때 앞서 자신이 체크했던 대답을 잘 기억해뒀다가 일관성 있는 답을 하는 것이 중요합니다.

3. 모든 문항에 대답하라!

많은 문제를 짧은 시간 안에 풀려다 보니 다 못 푸는 경우도 종종 생깁니다. 하지만 대답을 누락하거나 끝까지 다 못했을 경우 좋지 않은 결과를 가져올 수도 있으니 최대한 주어진 시간 안에 모든 문항에 답할 수 있도록 해야 합니다.

※ 모의테스트는 질문 및 답변 유형 연습을 위한 것으로 실제 시험과 다를 수 있습니다.
※ 인성검사는 정답이 따로 없는 유형의 검사이므로 결과지를 제공하지 않습니다.

번호	내용	예	아니요
001	나는 솔직한 편이다.	☐	☐
002	나는 리드하는 것을 좋아한다.	☐	☐
003	법을 어겨서 말썽이 된 적이 한 번도 없다.	☐	☐
004	거짓말을 한 번도 한 적이 없다.	☐	☐
005	나는 눈치가 빠르다.	☐	☐
006	나는 일을 주도하기보다는 뒤에서 지원하는 것을 선호한다.	☐	☐
007	앞일은 알 수 없기 때문에 계획은 필요하지 않다.	☐	☐
008	거짓말도 때로는 방편이라고 생각한다.	☐	☐
009	사람이 많은 술자리를 좋아한다.	☐	☐
010	걱정이 지나치게 많다.	☐	☐
011	일을 시작하기 전 재고하는 경향이 있다.	☐	☐
012	불의를 참지 못한다.	☐	☐
013	처음 만나는 사람과도 이야기를 잘 한다.	☐	☐
014	때로는 변화가 두렵다.	☐	☐
015	나는 모든 사람에게 친절하다.	☐	☐
016	힘든 일이 있을 때 술은 위로가 되지 않는다.	☐	☐
017	결정을 빨리 내리지 못해 손해를 본 경험이 있다.	☐	☐
018	기회를 잡을 준비가 되어 있다.	☐	☐
019	때로는 내가 정말 쓸모없는 사람이라고 느낀다.	☐	☐
020	누군가 나를 챙겨주는 것이 좋다.	☐	☐
021	자주 가슴이 답답하다.	☐	☐
022	나는 내가 자랑스럽다.	☐	☐
023	경험이 중요하다고 생각한다.	☐	☐
024	전자기기를 분해하고 다시 조립하는 것을 좋아한다.	☐	☐

PART 4

025	감시받고 있다는 느낌이 든다.	☐	☐
026	난처한 상황에 놓이면 그 순간을 피하고 싶다.	☐	☐
027	세상엔 믿을 사람이 없다.	☐	☐
028	잘못을 빨리 인정하는 편이다.	☐	☐
029	지도를 보고 길을 잘 찾아간다.	☐	☐
030	귓속말을 하는 사람을 보면 날 비난하고 있는 것 같다.	☐	☐
031	막무가내라는 말을 들을 때가 있다.	☐	☐
032	장래의 일을 생각하면 불안하다.	☐	☐
033	결과보다 과정이 중요하다고 생각한다.	☐	☐
034	운동은 그다지 할 필요가 없다고 생각한다.	☐	☐
035	새로운 일을 시작할 때 좀처럼 한 발을 떼지 못한다.	☐	☐
036	기분 상하는 일이 있더라도 참는 편이다.	☐	☐
037	업무능력은 성과로 평가받아야 한다고 생각한다.	☐	☐
038	머리가 맑지 못하고 무거운 느낌이 든다.	☐	☐
039	가끔 이상한 소리가 들린다.	☐	☐
040	타인이 내게 자주 고민상담을 하는 편이다.	☐	☐

※ 모의테스트는 질문 및 답변 유형 연습을 위한 것으로 실제 시험과 다를 수 있습니다.
※ 인성검사는 정답이 따로 없는 유형의 검사이므로 결과지를 제공하지 않습니다.

※ 이 성격검사의 각 문항에는 서로 다른 행동을 나타내는 네 개의 문장이 제시되어 있습니다. 이 문장들을 비교하여, 자신의 평소 행동과 가장 가까운 문장을 'ㄱ' 열에 표기하고, 가장 먼 문장을 'ㅁ' 열에 표기하십시오.

01   나는 _____

	ㄱ	ㅁ
A. 실용적인 해결책을 찾는다.	☐	☐
B. 다른 사람을 돕는 것을 좋아한다.	☐	☐
C. 세부 사항을 잘 챙긴다.	☐	☐
D. 상대의 주장에서 허점을 잘 찾는다.	☐	☐

02   나는 _____

	ㄱ	ㅁ
A. 매사에 적극적으로 임한다.	☐	☐
B. 즉흥적인 편이다.	☐	☐
C. 관찰력이 있다.	☐	☐
D. 임기응변에 강하다.	☐	☐

03   나는 _____

	ㄱ	ㅁ
A. 무서운 영화를 잘 본다.	☐	☐
B. 조용한 곳이 좋다.	☐	☐
C. 가끔 울고 싶다.	☐	☐
D. 집중력이 좋다.	☐	☐

04   나는 _____

	ㄱ	ㅁ
A. 기계를 조립하는 것을 좋아한다.	☐	☐
B. 집단에서 리드하는 역할을 맡는다.	☐	☐
C. 호기심이 많다.	☐	☐
D. 음악을 듣는 것을 좋아한다.	☐	☐

05 나는 _____

	ㄱ	ㅁ
A. 타인을 늘 배려한다.	☐	☐
B. 감수성이 예민하다.	☐	☐
C. 즐겨하는 운동이 있다.	☐	☐
D. 일을 시작하기 전에 계획을 세운다.	☐	☐

06 나는 _____

	ㄱ	ㅁ
A. 타인에게 설명하는 것을 좋아한다.	☐	☐
B. 여행을 좋아한다.	☐	☐
C. 정적인 것이 좋다.	☐	☐
D. 남을 돕는 것에 보람을 느낀다.	☐	☐

07 나는 _____

	ㄱ	ㅁ
A. 기계를 능숙하게 다룬다.	☐	☐
B. 밤에 잠이 잘 오지 않는다.	☐	☐
C. 한 번 간 길을 잘 기억한다.	☐	☐
D. 불의를 보면 참을 수 없다.	☐	☐

08 나는 _____

	ㄱ	ㅁ
A. 종일 말을 하지 않을 때가 있다.	☐	☐
B. 사람이 많은 곳을 좋아한다.	☐	☐
C. 술을 좋아한다.	☐	☐
D. 휴양지에서 편하게 쉬고 싶다.	☐	☐

09 나는 _____

	ㄱ	ㅁ
A. 뉴스보다는 드라마를 좋아한다.	☐	☐
B. 길을 잘 찾는다.	☐	☐
C. 주말엔 집에서 쉬는 것이 좋다.	☐	☐
D. 아침에 일어나는 것이 힘들다.	☐	☐

10 나는 _____

	ㄱ	ㅁ
A. 이성적이다.	☐	☐
B. 할 일을 종종 미룬다.	☐	☐
C. 어른을 대하는 게 힘들다.	☐	☐
D. 불을 보면 매혹을 느낀다.	☐	☐

11 나는 _____

	ㄱ	ㅁ
A. 상상력이 풍부하다.	☐	☐
B. 예의 바르다는 소리를 자주 듣는다.	☐	☐
C. 사람들 앞에 서면 긴장한다.	☐	☐
D. 친구를 자주 만난다.	☐	☐

12 나는 _____

	ㄱ	ㅁ
A. 나만의 스트레스 해소 방법이 있다.	☐	☐
B. 친구가 많다.	☐	☐
C. 책을 자주 읽는다.	☐	☐
D. 활동적이다.	☐	☐

04 | 면접전형 가이드

1. 면접전형의 변화

기존 면접전형에서는 일상적이고 단편적인 대화나 지원자의 첫인상 및 면접관의 주관적인 판단 등에 의해서 입사 결정 여부를 판단하는 경우가 많았습니다. 이러한 면접전형은 면접 내용의 일관성이 결여되거나 직무 관련 타당성이 부족하였고, 면접에 대한 신뢰도에 영향을 주었습니다.

기존 면접(전통적 면접)		능력중심 채용 면접(구조화 면접)

• 일상적이고 단편적인 대화
• 인상, 외모 등 외부 요소의 영향
• 주관적인 판단에 의존한 총점 부여
 	
⇩
 	
• 면접 내용의 일관성 결여
• 직무관련 타당성 부족
• 주관적인 채점으로 신뢰도 저하
	VS	• 일관성
		  – 직무관련 역량에 초점을 둔 구체적 질문 목록
		  – 지원자별 동일 질문 적용
		• 구조화
		  – 면접 진행 및 평가 절차를 일정한 체계에 의해 구성
		• 표준화
		  – 평가 타당도 제고를 위한 평가 Matrix 구성
		  – 척도에 따라 항목별 채점, 개인 간 비교
		• 신뢰성
		  – 면접진행 매뉴얼에 따라 면접위원 교육 및 실습

2. 능력중심 채용의 면접 유형

① 경험 면접
  • 목적 : 선발하고자 하는 직무 능력이 필요한 과거 경험을 질문합니다.
  • 평가요소 : 직업기초능력과 인성 및 태도적 요소를 평가합니다.

② 상황 면접
  • 목적 : 특정 상황을 제시하고 지원자의 행동을 관찰함으로써 실제 상황의 행동을 예상합니다.
  • 평가요소 : 직업기초능력과 인성 및 태도적 요소를 평가합니다.

③ 발표 면접
  • 목적 : 특정 주제와 관련된 지원자의 발표와 질의응답을 통해 지원자 역량을 평가합니다.
  • 평가요소 : 직무수행능력과 인지적 역량(문제해결능력)을 평가합니다.

④ 토론 면접
  • 목적 : 토의과제에 대한 의견수렴 과정에서 지원자의 역량과 상호작용능력을 평가합니다.
  • 평가요소 : 직무수행능력과 팀워크를 평가합니다.

1. 경험 면접

① 경험 면접의 특징

- 주로 직업기초능력에 관련된 지원자의 과거 경험을 심층 질문하여 검증하는 면접입니다.
- 직무능력과 관련된 과거 경험을 평가하기 위해 심층 질문을 하며, 이 질문은 지원자의 답변에 대하여 '꼬리에 꼬리를 무는 형식'으로 진행됩니다.

- 능력요소, 정의, 심사 기준
  - 평가하고자 하는 능력요소, 정의, 심사기준을 확인하여 면접위원이 해당 능력요소 관련 질문을 제시합니다.
- Opening Question
  - 능력요소에 관련된 과거 경험을 유도하기 위한 시작 질문을 합니다.
- Follow-up Question
  - 지원자의 경험 수준을 구체적으로 검증하기 위한 질문입니다.
  - 경험 수준 검증을 위한 상황(Situation), 임무(Task), 역할 및 노력(Action), 결과(Result) 등으로 질문을 구분합니다.

경험 면접의 형태

[면접관 1]　[면접관 2]　[면접관 3]

[면접관 1]　[면접관 2]　[면접관 3]

[지원자]

〈일대다 면접〉

[지원자 1]　[지원자 2]　[지원자 3]

〈다대다 면접〉

② 경험 면접의 구조

행동이 발생했던
상황의 맥락

문제를 해결했거나 문제해결 접근과정을
단계별로 논리적으로 설명하고 있는지 파악

성공여부와 관계없이 결과와 영향에 대한 이해
또는 이후 활용 / 개선 방향의 연계성 파악

S(Situation) — 귀하가 처해 있던 상황에 대해 말해 보시오.

T(Task) — 귀하가 수행한 과제 / 과업은 무엇인가?

A(Action) — 어떻게 행동(대응)했는가?

R(Result) — 그 행동의 결과는 어땠는가?

(   )에 관한 과거 경험에 대하여 말해 보시오.

행동이 발생한 맥락
귀하가 처해 있던 상황에
대해 말해 보시오.
- 언제 경험하였습니까?
- 어디에서 경험하였습니까?
- 당신은 어떻게 그 경험을
  하게 되었습니까?

Situation

관련 인물 및 과제
귀하가 수행한 과제 / 과업은
무엇인가?
- 당신이 맡은 역할은
  무엇이었습니까?
- 본인을 지원한 팀원 or
  조원은 누구였습니까?

Task

STAR
Framework

Action

Result

문제해결과정에 대한
구체적 설명
어떻게 행동(대응)했는가?
- 구체적으로 어떤 노력을 하였습니까?
- 어떤 어려움을 겪었으며 어떻게
  극복하였습니까?

결과 / 영향에 대한 이해
그 행동의 결과는 어땠는가?
- 어떤 교훈을 얻었습니까?

③ 경험 면접 질문 예시(직업윤리)

시작 질문	
1	남들이 신경 쓰지 않는 부분까지 고려하여 절차대로 업무(연구)를 수행하여 성과를 낸 경험을 구체적으로 말해 보시오.
2	조직의 원칙과 절차를 철저히 준수하며 업무(연구)를 수행한 것 중 성과를 향상시킨 경험에 대해 구체적으로 말해 보시오.
3	세부적인 절차와 규칙에 주의를 기울여 실수 없이 업무(연구)를 마무리한 경험을 구체적으로 말해 보시오.
4	조직의 규칙이나 원칙을 고려하여 성실하게 일했던 경험을 구체적으로 말해 보시오.
5	타인의 실수를 바로잡고 원칙과 절차대로 수행하여 성공적으로 업무를 마무리하였던 경험에 대해 말해 보시오.

후속 질문		
상황 (Situation)	상황	구체적으로 언제, 어디에서 경험한 일인가?
		어떤 상황이었는가?
	조직	어떤 조직에 속해 있었는가?
		그 조직의 특성은 무엇이었는가?
		몇 명으로 구성된 조직이었는가?
	기간	해당 조직에서 얼마나 일했는가?
		해당 업무는 몇 개월 동안 지속되었는가?
	조직규칙	조직의 원칙이나 규칙은 무엇이었는가?
임무 (Task)	과제	과제의 목표는 무엇이었는가?
		과제에 적용되는 조직의 원칙은 무엇이었는가?
		그 규칙을 지켜야 하는 이유는 무엇이었는가?
	역할	당신이 조직에서 맡은 역할은 무엇이었는가?
		과제에서 맡은 역할은 무엇이었는가?
	문제의식	규칙을 지키지 않을 경우 생기는 문제점 / 불편함은 무엇인가?
		해당 규칙이 왜 중요하다고 생각하였는가?
역할 및 노력 (Action)	행동	업무 과정의 어떤 장면에서 규칙을 철저히 준수하였는가?
		어떻게 규정을 적용시켜 업무를 수행하였는가?
		규정은 준수하는 데 어려움은 없었는가?
	노력	그 규칙을 지키기 위해 스스로 어떤 노력을 기울였는가?
		본인의 생각이나 태도에 어떤 변화가 있었는가?
		다른 사람들은 어떤 노력을 기울였는가?
	동료관계	동료들은 규칙을 철저히 준수하고 있었는가?
		팀원들은 해당 규칙에 대해 어떻게 반응하였는가?
		규칙에 대한 태도를 개선하기 위해 어떤 노력을 하였는가?
		팀원들의 태도는 당신에게 어떤 자극을 주었는가?
	업무추진	주어진 업무를 추진하는 데 규칙이 방해되진 않았는가?
		업무수행 과정에서 규정을 어떻게 적용하였는가?
		업무 시 규정을 준수해야 한다고 생각한 이유는 무엇인가?

결과 (Result)	평가	규칙을 어느 정도나 준수하였는가?
		그렇게 준수할 수 있었던 이유는 무엇이었는가?
		업무의 성과는 어느 정도였는가?
		성과에 만족하였는가?
		비슷한 상황이 온다면 어떻게 할 것인가?
	피드백	주변 사람들로부터 어떤 평가를 받았는가?
		그러한 평가에 만족하는가?
		다른 사람에게 본인의 행동이 영향을 주었다고 생각하는가?
	교훈	업무수행 과정에서 중요한 점은 무엇이라고 생각하는가?
		이 경험을 통해 느낀 바는 무엇인가?

2. 상황 면접

① 상황 면접의 특징

직무 관련 상황을 가정하여 제시하고 이에 대한 대응능력을 직무관련성 측면에서 평가하는 면접입니다.

- 상황 면접 과제의 구성은 크게 2가지로 구분
  - 상황 제시(Description) / 문제 제시(Question or Problem)
- 현장의 실제 업무 상황을 반영하여 과제를 제시하므로 직무분석이나 직무전문가 워크숍 등을 거쳐 현장성을 높임
- 문제는 상황에 대한 기본적인 이해능력(이론적 지식)과 함께 실질적 대응이나 변수 고려능력(실천적 능력) 등을 고르게 질문해야 함

상황 면접의 형태

② 상황 면접 예시

상황 제시	인천공항 여객터미널 내에는 다양한 용도의 시설(사무실, 통신실, 식당, 전산실, 창고 면세점 등)이 설치되어 있습니다.	실제 업무 상황에 기반함
	금년에 소방배관의 누수가 잦아 메인 배관을 교체하는 공사를 추진하고 있으며, 당신은 이번 공사의 담당자입니다.	배경 정보
	주간에는 공항 운영이 이루어져 주로 야간에만 배관 교체 공사를 수행하던 중, 시공하는 기능공의 실수로 배관 연결 부위를 잘못 건드려 고압배관의 소화수가 누출되는 사고가 발생하였으며, 이로 인해 인근 시설물에 누수에 의한 피해가 발생하였습니다.	구체적인 문제 상황
문제 제시	일반적인 소방배관의 배관연결(이음)방식과 배관의 이탈(누수)이 발생하는 원인에 대해 설명해 보시오.	문제 상황 해결을 위한 기본 지식 문항
	담당자로서 본 사고를 현장에서 긴급히 처리하는 프로세스를 제시하고, 보수완료 후 사후적 조치가 필요한 부분 및 재발방지 방안에 대해 설명해 보시오.	문제 상황 해결을 위한 추가 대응 문항

3. 발표 면접

① 발표 면접의 특징
- 직무관련 주제에 대한 지원자의 생각을 정리하여 의견을 제시하고, 발표 및 질의응답을 통해 지원자의 직무능력을 평가하는 면접입니다.
- 발표 주제는 직무와 관련된 자료로 제공되며, 일정 시간 후 지원자가 보유한 지식 및 방안에 대한 발표 및 후속 질문을 통해 직무적합성을 평가합니다.

- 주요 평가요소
  - 설득적 말하기 / 발표능력 / 문제해결능력 / 직무관련 전문성
- 이미 언론을 통해 공론화된 시사 이슈보다는 해당 직무분야에 관련된 주제가 발표면접의 과제로 선정되는 경우가 최근 들어 늘어나고 있음
- 짧은 시간 동안 주어진 과제를 빠른 속도로 분석하여 발표문을 작성하고 제한된 시간 안에 면접관에게 효과적인 발표를 진행하는 것이 핵심

발표 면접의 형태

[면접관 1] [면접관 2]   [면접관 1] [면접관 2]

[지원자]   [지원자 1] [지원자 2] [지원자 3]

〈개별 과제 발표〉   〈팀 과제 발표〉

※ 면접관에게 시각적 효과를 사용하여 메시지를 전달하는 쌍방향 커뮤니케이션 방식
※ 심층면접을 보완하기 위한 방안으로 최근 많은 기업에서 적극 도입하는 추세

② 발표 면접 예시

1. 지시문

> 당신은 현재 A사에서 직원들의 성과평가를 담당하고 있는 팀원이다. 인사팀은 지난주부터 사내 조직문화관련 인터뷰를 하던 도중 성과평가제도에 관련된 개선 니즈가 제일 많다는 것을 알게 되었다. 이에 팀장님은 인터뷰 결과를 종합하려 성과평가제도 개선 아이디어를 A4용지에 정리하여 신속 보고할 것을 지시하셨다. 당신에게 남은 시간은 1시간이다. 자료를 준비하는 대로 당신은 팀원들이 모인 회의실에서 5분 간 발표할 것이며, 이후 질의응답을 진행할 것이다.

2. 배경자료

> 〈성과평가제도 개선에 대한 인터뷰〉
>
> 최근 A사는 회사 사세의 급성장으로 인해 작년보다 매출이 두 배 성장하였고, 직원 수 또한 두 배로 증가하였다. 회사의 성장은 임금, 복지에 대한 상승 등 긍정적인 영향을 주었으나 업무의 불균형 및 성과보상의 불평등 문제가 발생하였다. 또한 수시로 입사하는 신입직원과 경력직원, 퇴사하는 직원들까지 인원들의 잦은 변동으로 인해 평가해야 할 대상이 변경되어 현재의 성과평가제도로는 공정한 평가가 어려운 상황이다.
>
> [생산부서 김상호]
> 우리 팀은 지난 1년 동안 생산량이 급증했기 때문에 수십 명의 신규인력이 급하게 채용되었습니다. 이 때문에 저희 팀장님은 신규 입사자들의 이름조차 기억 못할 때가 많이 있습니다. 성과평가를 제대로 하고 있는지 의문이 듭니다.
>
> [마케팅 부서 김흥민]
> 개인의 성과평가의 취지는 충분히 이해합니다. 그러나 현재 평가는 실적기반이나 정성적인 평가가 많이 포함되어 있어 객관성과 공정성에는 의문이 드는 것이 사실입니다. 이러한 상황에서 평가제도를 재수립하지 않고, 인센티브에 계속 반영한다면, 평가제도에 대한 반감이 커질 것이 분명합니다.
>
> [교육부서 홍경민]
> 현재 교육부서는 인사팀과 밀접하게 일하고 있습니다. 그럼에도 인사팀에서 실시하는 성과평가제도에 대한 이해가 부족한 것 같습니다.
>
> [기획부서 김경호 차장]
> 저는 저의 평가자 중 하나가 연구부서의 팀장님인데, 일 년에 몇 번 같이 일하지 않는데 어떻게 저를 평가할 수 있을까요? 특히 연구팀은 저희가 예산을 배정하는데, 저에게는 좋지만….

4. 토론 면접

① 토론 면접의 특징
- 다수의 지원자가 조를 편성해 과제에 대한 토론(토의)을 통해 결론을 도출해가는 면접입니다.
- 의사소통능력, 팀워크, 종합인성 등의 평가에 용이합니다.

> - 주요 평가요소
>   - 설득적 말하기, 경청능력, 팀워크, 종합인성
> - 의견 대립이 명확한 주제 또는 채용분야의 직무 관련 주요 현안을 주제로 과제 구성
> - 제한된 시간 내 토론을 진행해야 하므로 적극적으로 자신 있게 토론에 임하고 본인의 의견을 개진할 수 있어야 함

토론 면접의 형태

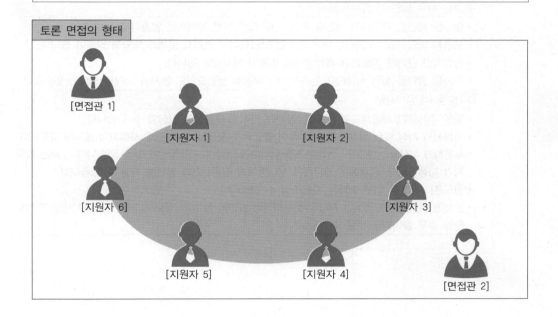

② 토론 면접 예시

고객 불만 고충처리

1. 들어가며

최근 우리 상품에 대한 고객 불만의 증가로 고객고충처리 TF가 만들어졌고 당신은 여기에 지원해 배치받았다. 당신의 업무는 불만을 가진 고객을 만나서 애로사항을 듣고 처리해 주는 일이다. 주된 업무로는 고객의 니즈를 파악해 방향성을 제시해 주고 그 해결책을 마련하는 일이다. 하지만 경우에 따라서 고객의 주관적인 의견으로 인해 제대로 된 방향으로 의사결정을 하지 못할 때가 있다. 이럴 경우 설득이나 논쟁을 해서라도 의견을 관철시키는 것이 좋을지 아니면 고객의 의견대로 진행하는 것이 좋을지 결정해야 할 때가 있다. 만약 당신이라면 이러한 상황에서 어떤 결정을 내릴 것인지 여부를 자유롭게 토론해 보시오.

2. 1분 자유 발언 시 준비사항

• 당신은 의견을 자유롭게 개진할 수 있으며 이에 따른 불이익은 없습니다.
• 토론의 방향성을 이해하고, 내용의 장점과 단점이 무엇인지 문제를 명확히 말해야 합니다.
• 합리적인 근거에 기초하여 개선방안을 명확히 제시해야 합니다.
• 제시한 방안을 실행 시 예상되는 긍정적·부정적 영향요인도 동시에 고려할 필요가 있습니다.

3. 토론 시 유의사항

• 토론 주제문과 제공해드린 메모지, 볼펜만 가지고 토론장에 입장할 수 있습니다.
• 사회자의 지정 또는 발표자가 손을 들어 발언권을 획득할 수 있으며, 사회자의 통제에 따릅니다.
• 토론회가 시작되면, 팀의 의견과 논거를 정리하여 1분간의 자유발언을 할 수 있습니다. 순서는 사회자가 지정합니다. 이후에는 자유롭게 상대방에게 질문하거나 답변을 하실 수 있습니다.
• 핸드폰, 서적 등 외부 매체는 사용하실 수 없습니다.
• 논제에 벗어나는 발언이나 지나치게 공격적인 발언을 할 경우, 위에서 제시한 유의사항을 지키지 않을 경우 불이익을 받을 수 있습니다.

1. 면접 Role Play 편성

- 교육생끼리 조를 편성하여 면접관과 지원자 역할을 교대로 진행합니다.
- 지원자 입장과 면접관 입장을 모두 경험해 보면서 면접에 대한 적응력을 높일 수 있습니다.

경험면접

STEP 1.
지원자 그룹 경험기술서 작성(30분)

STEP 2.
경험기반 인터뷰 실시(1인당 15분)

면접위원
(최소 2인 이상 구성)

질문
답변   답변

지원자
(1인 대상 권장)

STEP 3.
피드백 진행(1인당 5분)

발표면접

STEP 1.
지원자 그룹 발표 내용 작성(30분)

STEP 2.
발표 5분+추가질의 5분(1인당 10분)

면접위원
(최소 2인 이상 구성)

질문
발표 / 답변   발표 / 답변

지원자
(1인 대상 권장)

STEP 3.
피드백 진행(1인당 5분)

Tip

면접 준비하기
1. 면접 유형 확인 필수
   - 기업마다 면접 유형이 상이하기 때문에 해당 기업의 면접 유형을 확인하는 것이 좋음
   - 일반적으로 실무진 면접, 임원면접 2차례에 거쳐 면접을 실시하는 기업이 많고 실무진 면접과 임원면접에서 평가요소가 다르기 때문에 유형에 맞는 준비방법이 필요
2. 후속 질문에 대한 사전 점검
   - 블라인드 채용 면접에서는 주요 질문과 함께 후속 질문을 통해 지원자의 직무능력을 판단
     → STAR 기법을 통한 후속 질문에 미리 대비하는 것이 필요

PART 4

1. 2024년 기출질문

- 한국전기안전공사의 향후 비전을 말해 보시오.
- 한국전기안전공사의 최근 사업 및 이슈에 대해 말해 보시오.
- 희망부서에 배치되지 않았을 경우 어떻게 행동할 것인지 말해 보시오.
- 입사 후 자신에게 부여된 업무가 과도하다고 생각할 경우 어떻게 할지 말해 보시오.
- 출장이 잦은 업무를 맞을 수 있는가?
- 누전차단기의 원리에 대해 말해 보시오.
- 정전 및 누전 발생 시 대처방안을 말해 보시오.
- 중성선 단면적 산정 시 고려해야 할 요소에 대해 말해 보시오.
- 발전, 송전, 배전의 차이와 각 단계에서의 기술적 고려사항에 대해 말해 보시오.
- 방상형과 망상형 배전방식의 장단점 및 활용 분야에 대해 말해 보시오.
- 절연저항 측정기 사용방법과 주의사항에 대해 말해 보시오.
- 변압기의 원리에 대해 말해 보시오.
- 전기설비 안전점검의 절차와 점검 시 유의해야 할 위험 요소를 말해 보시오.
- 전기재해 예방을 위한 설비 개선 방안을 말해 보시오.
- 3상 교류 전력의 평형 조건과 불평형 시 발생하는 영향에 대해 말해 보시오.
- 책임감을 발휘해 본 경험에 대해 말해 보시오.
- 조직을 위해 자신을 희생한 경험이 있는가?
- 타인에게 공감을 얻어내기 위한 자신만의 방법에 대해 말해 보시오.
- 악성고객 응대경험이 있는가?
- 민원인과의 긍정적 관계구축을 위해서는 어떤 방법이 있는가?
- 갈등을 해결해 본 경험과 그 해결방안에 대해 말해 보시오.
- 실패했던 경험과 이를 통해 배운 점에 대해 말해 보시오.

2. 2023년 기출질문

- 조직의 성공을 위해 지원자가 어떤 노력을 하였는지 말해 보시오.
- 한국전기안전공사가 현재 추진하고 있는 사업은 무엇인지 아는 대로 말해 보시오.
- 우리 공사에 입사하게 되면 어떤 일을 하고 싶은가?
- 우리 공사에 입사 후 원하지 않는 직무로 배정된다면 어떻게 할 것인가?
- 지원자는 도전적인 일과 안정적인 일 중에서 어떤 일을 하고 싶은가?
- 본인의 장점과 단점에 대해 말해 보시오.
- 청렴에 대한 지원자의 생각을 말해 보시오.
- 효율은 좋지만 다소 위험한 일과 효율은 다소 떨어지나 안전한 일 중 어떤 것이 더 중요한가?
- 업무 수행 능력이 낮은 팀원 또는 후배가 있다면 어떻게 할 것인가?
- 팀원과 갈등이 생겼을 때 이를 어떻게 극복할 것인가?
- 상사와의 갈등이 생겼을 때 어떻게 극복할 것인가?
- 지원자에게 가장 중요한 가치는 무엇이라 생각하는가?
- 지원자가 우리 공사에 지원하기 전에 쌓았던 업무 관련 경험은 무엇인지 소개해 보시오.
- 지원자가 포기하지 않고 끊임없이 도전하여 성공한 경험이 있다면 말해 보시오.
- 현장업무가 잦은 편인데, 건강관리를 잘 하고 있는가?
- 본인이 알고 있는 전공 지식 중 한 가지에 대해 설명해 보시오.

PART 4

3. 2021년 기출질문

- 자신의 장점과 단점에 대해 말해 보시오.
- 자신의 단점으로 인해 곤란했던 경험과 이를 해결하기 위한 노력에 대해 말해 보시오.
- 남을 위해 봉사했던 경험에 대해 말해 보시오.
- 솔선수범한다는 말을 들어본 적이 있는가?
- 자기주도적으로 일을 해결한 경험에 대해 말해 보시오.
- 같이 입사한 동기가 계속 퇴근을 늦게 한다면 어떻게 할 것인지 말해 보시오.
- 한국전기안전공사의 비전은 무엇인가?
- 자신의 장단점을 말해 보시오.
- 끈기 있게 도전한 경험에 대해 말해 보시오.
- 계획했던 일을 포기한 적이 있는가?
- 상사가 회사의 비품을 훔치는 것을 보았다면 어떻게 대처할 것인가?
- 직원 대부분이 부정부패에 연관되어 있다면 어떻게 할 것인가?
- 프로젝트에서 담당자로 퇴사하고 신입인 자신이 투입된다면 어떻게 할 것인가?
- 자발적으로 계획을 세워 성공한 경험이 있는가?
- 비우호적인 사람과 지내야 한다면 어떻게 할 것인가?
- 부담되거나 선호하지 않는 부서로 발령된다면 어떻게 할 것인가?
- 집단에서 갈등 해결에 성공한(실패한) 경험이 있는가?
- 고객이 일을 빨리 처리해 달라고 하면 어떻게 대처할 것인가?
- 끈기가 있는 편인가?
- 마지막으로 할 말이 있는가?

4. 2020년 기출질문

- 비호의적인 사람과 어떤 관계로 지낼 것인가?
- 협력으로 좋은 결과를 만들어낸 경험이 있다면 말해 보시오.
- 상사가 비품을 훔치는 상황을 목격한다면 어떻게 대처할 것인가?
- 상사와 갈등이 생긴다면 어떻게 할 것인가?
- 본인의 학창시절 꿈에 대해 말해 보시오.
- 전기설비란 무엇인가?
- 책임감 있게 과업을 완수한 경험에 대해 말해 보시오.
- 책임감이 부족해서 실패했던 경험에 대해 말해 보시오.

답안채점 ● 성적분석 서비스

모바일
OMR

 → → → → → → →

도서 내 모의고사   로그인   '시작하기'   '응시하기'   나의 답안을   '성적분석 & 채점결과'   현재 내 실력
우측 상단에 위치한   하기   클릭   클릭   모바일 OMR   클릭   확인하기
QR코드 찍기   카드에 입력

도서에 수록된 모의고사에 대한
객관적인 결과(정답률, 순위)를
종합적으로 분석하여 제공합니다.

※OMR 답안채점 / 성적분석 서비스는 등록 후 30일간 사용 가능합니다.

시대에듀

공기업 취업을 위한 NCS
직업기초능력평가 시리즈

NCS부터 전공까지 완벽 학습 "통합서" 시리즈

공기업 취업의 기초부터 차근차근! 취업의 문을 여는 Master Key!

NCS 영역 및 유형별 체계적 학습 "집중학습" 시리즈

영역별 이론부터 유형별 모의고사까지! 단계별 학습을 통한 Only Way!

S

2025
최신판

한국전기
안전공사

정답 및 해설

NCS+전공+모의고사 4회

편저 | SDC(Sidae Data Center)

기출복원문제부터
대표기출유형 및
모의고사까지
한 권으로
마무리!

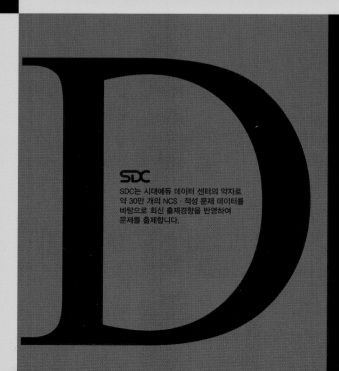

SDC
SDC는 시대에듀 데이터 센터의 약자로
약 30만 개의 NCS·적성 문제 데이터를
바탕으로 최신 출제경향을 반영하여
문제를 출제합니다.

시대에듀

Add+

합격의 공식 시대에듀 www.sdedu.co.kr

특별부록

CHAPTER 01 2024년 하반기 주요 공기업 NCS 기출복원문제

CHAPTER 02 2024년 하반기 주요 공기업 전기 전공 기출복원문제

끝까지 책임진다! 시대에듀!

QR코드를 통해 도서 출간 이후 발견된 오류나 개정법령, 변경된 시험 정보, 최신기출문제, 도서 업데이트 자료 등이 있는지 확인해 보세요! **시대에듀 합격 스마트 앱**을 통해서도 알려 드리고 있으니 구글 플레이나 앱 스토어에서 다운받아 사용하세요. 또한, 파본 도서인 경우에는 구입하신 곳에서 교환해 드립니다.

01

NCS 기출복원문제

01	02	03	04	05	06	07	08	09	10	11	12	13	14	15	16	17	18	19	20
④	③	⑤	③	③	③	④	④	④	⑤	③	④	②	①	③	④	⑤	④	③	④
21	22	23	24	25	26	27	28	29	30	31	32	33	34	35	36	37	38	39	40
⑤	③	②	⑤	⑤	③	③	③	①	①	③	①	②	①	④	③	④	④	④	③
41	42	43	44	45	46	47	48	49	50										
②	③	⑤	③	①	④	④	④	②	②										

01

정답 ④

쉼이란 대화 도중에 잠시 침묵하는 것을 말한다. 쉼을 사용하는 대표적인 경우는 다음과 같다.
• 이야기의 전이 시(흐름을 바꾸거나 다른 주제로 넘어갈 때)
• 양해, 동조, 반문의 경우
• 생략, 암시, 반성의 경우
• 여운을 남길 때
위와 같은 목적으로 쉼을 활용함으로써 논리성, 감정 제고, 동질감 등을 확보할 수 있다.
반면, 연단공포증은 면접이나 발표 등 청중 앞에서 이야기할 때 가슴이 두근거리고, 입술이 타고, 식은땀이 나고, 얼굴이 달아오르는 생리적인 현상으로, 쉼과는 관련이 없다. 연단공포증은 90% 이상의 사람들이 호소하는 불안이므로 극복하기 위해서는 연단공포증에 대한 걱정을 떨쳐내고 이러한 심리현상을 잘 통제하여 의사 표현하는 것을 연습해야 한다.

02

정답 ③

미국의 심리학자인 도널드 키슬러는 대인관계 의사소통 방식을 체크리스트로 평가하여 8가지 유형으로 구분하였다. 이 중 친화형은 따뜻하고 배려심이 깊으며, 타인과의 관계를 중시하는 유형이다. 또한 협동적이고 조화로운 성격으로, 자기희생적인 경향이 강하다.

키슬러의 대인관계 의사소통 유형
• 지배형 : 자신감이 있고 지도력이 있으나 논쟁적이고 독단이 강하여 대인 갈등을 겪을 수 있으므로 타인의 의견을 경청하고 수용하는 자세가 필요하다.
• 실리형 : 이해관계에 예민하고 성취 지향적으로 경쟁적인 데다 자기중심적이어서 타인의 입장을 배려하고 관심을 갖는 자세가 필요하다.
• 냉담형 : 이성적인 의지력이 강하고 타인의 감정에 무관심하며 피상적인 대인관계를 유지하므로 타인의 감정 상태에 관심을 가지고 긍정적인 감정을 표현하는 것이 필요하다.
• 고립형 : 혼자 있는 것을 선호하고 사회적 상황을 회피하며 지나치게 자신의 감정을 억제하므로 대인관계의 중요성을 인식하고 타인에 대한 비현실적인 두려움의 근원을 성찰하는 것이 필요하다.
• 복종형 : 수동적이고 의존적이며 자신감이 없으므로 적극적인 자기표현과 주장이 필요하다.
• 순박형 : 단순하고 솔직하며 자기주관이 부족하므로 자기주장을 하는 노력이 필요하다.
• 친화형 : 따뜻하고 인정이 많고 자기희생적이나 타인의 요구를 거절하지 못하므로 타인과의 정서적인 거리를 유지하는 노력이 필요하다.
• 사교형 : 외향적이고 인정하는 욕구가 강하며, 타인에 대한 관심이 많아서 간섭하는 경향이 있고 흥분을 잘 하므로 심리적 안정과 지나친 인정욕구에 대한 성찰이 필요하다.

03

철도사고는 달리는 도중에도 발생할 수 있으므로 먼저 인터폰을 통해 승무원에게 사고를 알리고, 열차가 멈춘 후에 안내방송에 따라 비상핸들이나 비상콕크를 돌려 문을 열고 탈출해야 한다. 만일 화재가 발생했을 경우에는 승무원에게 사고를 알리고 곧바로 119에도 신고를 해야 한다.

오답분석

① 침착함을 잃고 패닉에 빠지게 되면, 적절한 행동요령에 따라 대피하기 어렵다. 따라서 사고현장에서 대피할 때는 승무원의 안내에 따라 질서 있게 대피해야 한다.
② 화재사고 발생 시 승객들은 여유가 있을 경우 전동차 양 끝에 비치된 소화기를 통해 초기 진화를 시도해야 한다.
③ 역이 아닌 곳에서 열차가 멈췄을 경우 감전의 위험이 있으므로 반드시 승무원의 안내에 따라 반대편 선로의 열차 진입에 유의하며 대피 유도등을 따라 침착하게 비상구로 대피해야 한다.
④ 전동차에서 대피할 때는 부상자, 노약자, 임산부 등 탈출이 어려운 사람부터 먼저 대피할 수 있도록 배려하고 도와주어야 한다.

04

하향식 읽기 모형은 독자의 배경지식을 바탕으로 글의 맥락을 먼저 파악하는 읽기 전략이다. ③의 경우 제품 설명서를 통해 세부 기능과 버튼별 용도를 파악하고 기계를 작동시켰으므로 상향식 읽기를 수행한 사례이다. 제품 설명서를 하향식으로 읽는다면 제품 설명서를 읽기 전 제품을 보고 배경지식을 바탕으로 어떤 기능이 있는지 예측하고, 해당 기능을 수행하는 세부 방법을 제품 설명서를 통해 찾아봐야 한다.

오답분석

① 회의의 주제에 대한 배경지식을 가지고 회의 안건을 예상한 후 회의 자료를 파악하였으므로 하향식 읽기 모형에 해당한다.
② 헤드라인을 먼저 읽어 배경지식을 바탕으로 전체적인 내용을 파악하고 상세 내용을 읽었으므로 하향식 읽기 모형에 해당한다.
④ 요리에 대한 경험과 지식을 바탕으로 요리 과정을 파악하였으므로 하향식 읽기 모형에 해당한다.
⑤ 해당 분야에 대한 기본적인 지식을 바탕으로 서문이나 목차를 통해 책의 전체적인 흐름을 파악하였으므로 하향식 읽기 모형에 해당한다.

05

농도가 15%인 소금물 200g의 소금의 양은 $200 \times \frac{15}{100} = 30$g이고, 농도가 20%인 소금물 300g의 소금의 양은 $300 \times \frac{20}{100} = 60$g이다. 따라서 두 소금물을 섞었을 때의 농도는 $\frac{30+60}{200+300} \times 100 = \frac{90}{500} \times 100 = 18$%이다.

06

여직원끼리 인접하지 않는 경우는 남직원과 여직원이 번갈아 앉는 경우뿐이다. 이때 여직원 D의 자리를 기준으로 남직원 B가 옆에 앉는 경우를 다음과 같이 나눌 수 있다.

• 첫 번째, 여섯 번째 자리에 여직원 D가 앉는 경우
  남직원 B가 여직원 D 옆에 앉는 경우는 1가지뿐으로, 남은 자리에 남직원, 여직원이 번갈아 앉아 경우의 수는 $2 \times 1 \times 2! \times 2! = 8$가지이다.
• 두 번째, 세 번째, 네 번째, 다섯 번째 자리에 여직원 D가 앉는 경우
  각 경우에 대하여 남직원 B가 여직원 D 옆에 앉는 경우는 2가지이다. 남은 자리에 남직원, 여직원이 번갈아 앉으므로 경우의 수는 $4 \times 2 \times 2! \times 2! = 32$가지이다.

따라서 구하고자 하는 경우의 수는 $8 + 32 = 40$가지이다.

07

정답 ④

제시된 수열은 홀수 항일 때 +12, +24, +48, …씩 증가하고, 짝수 항일 때 +20씩 증가하는 수열이다.
따라서 빈칸에 들어갈 수는 13+48=61이다.

08

정답 ④

2022년에 중학교에서 고등학교로 진학한 학생의 비율은 99.7%이고, 2023년 중학교에서 고등학교로 진학한 학생의 비율은 99.6%이다. 따라서 진학한 비율이 감소하였으므로 중학교에서 고등학교로 진학하지 않은 학생의 비율은 증가하였음을 알 수 있다.

오답분석
① 중학교의 취학률이 가장 낮은 해는 97.1%인 2020년이다. 이는 97% 이상이므로 중학교의 취학률은 매년 97% 이상이다.
② 매년 초등학교의 취학률이 가장 높다.
③ 고등교육기관의 취학률은 2020년 이후로 계속해서 70% 이상을 기록하였다.
⑤ 고등교육기관의 취학률이 가장 낮은 해는 2016년이고, 고등학교의 상급학교 진학률이 가장 낮은 해 또한 2016년이다.

09

정답 ③

오답분석
① B기업의 매출액이 가장 많은 때는 2024년 3월이지만, 그래프에서는 2024년 4월의 매출액이 가장 많은 것으로 나타났다.
② 2024년 2월에는 A기업의 매출이 더 많지만, 그래프에서는 B기업이 더 많은 것으로 나타났다.
④ A기업의 매출액이 가장 적은 때는 2024년 4월이지만, 그래프에서는 2024년 3월의 매출액이 가장 적은 것으로 나타났다.
⑤ A기업과 B기업의 매출액의 차이가 가장 큰 때는 2024년 1월이지만, 그래프에서는 2024년 5월과 6월의 매출액 차이가 더 큰 것으로 나타났다.

10

정답 ⑤

스마트 팜 관련 정부 사업 참여 경험은 K사의 강점 요인이다. 또한 정부의 적극적인 지원은 스마트 팜 시장 성장에 따른 기회 요인이다. 따라서 스마트 팜 관련 정부 사업 참여 경험을 바탕으로 정부의 적극적인 지원을 확보하는 것은 내부의 강점을 통해 외부의 기회 요인을 극대화하는 SO전략에 해당한다.

오답분석
① · ② · ③ · ④ 외부의 기회를 이용하여 내부의 약점을 보완하는 WO전략에 해당한다.

11

정답 ③

A~F 모두 문맥을 무시하고 일부 문구에만 집착하여 뜻을 해석하고 있으므로 '과대해석의 오류'를 범하고 있다. 과대해석의 오류는 전체적인 상황이나 맥락을 고려하지 않고 특정 단어나 문장에만 집착하여 의미를 해석하는 오류로, 글의 의미를 지나치게 확대하거나 축소하여 생각하고, 문자 그대로의 의미에만 너무 집착하여 다른 가능성이나 해석을 배제하게 되는 논리적 오류이다.

오답분석
① 무지의 오류 : '신은 존재하지 않는다가 증명되지 않았으므로 신은 존재한다.'처럼 증명되지 않았다고 해서 그 반대의 주장이 참이라고 생각하는 오류이다.
② 연역법의 오류 : '조류는 날 수 있다. 펭귄은 조류이다. 따라서 펭귄은 날 수 있다.'처럼 잘못된 삼단논법에 의해 발생하는 논리적 오류이다.
④ 허수아비 공격의 오류 : '저 사람은 과거에 거짓말을 한 적이 있으니 이번에 일어난 사기 사건의 범인이다.'처럼 개별적 인과관계를 입증하지 않고 전혀 상관없는 별개의 논리를 만들어 공격하는 논리적 오류이다.
⑤ 권위나 인신공격에 의존한 논증 : '제정신을 가진 사람이면 그런 주장을 할 수가 없다.'처럼 상대방의 주장 대신 인격을 공격하거나, '최고 권위자인 A교수도 이런 말을 했습니다.'처럼 자신의 논리적인 약점을 권위자를 통해 덮으려는 논리적 오류이다.

12

정답 ④

A ~ E열차의 운행시간 단위를 시간 단위로, 평균 속력의 단위를 시간당 운행거리로 통일하여 정리하면 다음과 같다.

구분	운행시간	평균 속력	운행거리
A열차	900분=15시간	50m/s=(50×60×60)m/h=180km/h	15×180=2,700km
B열차	10시간 30분=10.5시간	150km/h	10.5×150=1,575km
C열차	8시간	55m/s=(55×60×60)m/h=198km/h	8×198=1,584km
D열차	720분=12시간	2.5km/min=(2.5×60)km/h=150km/h	12×150=1,800km
E열차	10시간	2.7km/min=(2.7×60)m/h=162km/h	10×162=1,620km

따라서 C열차의 운행거리는 네 번째로 길다.

13

정답 ②

K대학교 기숙사 운영위원회는 단순히 '기숙사에 문제가 있다.'라는 큰 문제에서 벗어나 식사, 시설, 통신환경이라는 세 가지 주요 문제를 파악하고 문제별로 다시 세분화하여 더욱 구체적으로 인과관계 및 구조를 파악하여 분석하고 있다. 따라서 제시문에서 나타난 문제해결 절차는 '문제 도출'이다.

문제해결 절차 5단계
1. 문제 인식 : 해결해야 할 전체 문제를 파악하여 우선순위를 정하고 선정 문제에 대한 목표를 명확히 하는 단계
2. 문제 도출 : 선정된 문제를 분석하여 해결해야 할 것이 무엇인지를 명확히 하는 단계로, 현상에 대한 문제를 분해하여 인과관계 및 구조를 파악하는 단계
3. 원인 분석 : 파악된 핵심 문제에 대한 분석을 통해 근본 원인을 도출해 내는 단계
4. 해결안 개발 : 문제로부터 도출된 근본 원인을 효과적으로 해결할 수 있는 최적의 해결 방안을 수립하는 단계
5. 실행 및 평가 : 해결안 개발을 통해 만들어진 실행 계획을 실제 상황에 적용하는 단계로, 해결안을 통해 문제의 원인들을 제거해 나가는 단계

14

정답 ①

공공사업을 위해 투입된 세금을 본래의 목적에 사용하지 않고 무단으로 다른 곳에 쓴 상황이므로 '예정되어 있는 곳에 쓰지 아니하고 다른 데로 돌려서 씀'을 의미하는 '전용(轉用)'이 가장 적절한 단어이다.

오답분석
② 남용(濫用) : 일정한 기준이나 한도를 넘어서 함부로 씀
③ 적용(適用) : 알맞게 이용하거나 맞추어 씀
④ 활용(活用) : 도구나 물건 따위를 충분히 잘 이용함
⑤ 준용(遵用) : 그대로 좇아서 씀

15

정답 ③

시조새는 비대칭형 깃털을 가진 최초의 동물로, 현대의 날 수 있는 조류처럼 바람을 맞는 곳의 깃털은 짧고, 뒤쪽은 긴 형태로 이루어졌으며, 이와 같은 비대칭형 깃털이 양력을 제공하여 짧은 거리의 활강을 가능하게 하였다. 따라서 비행을 하기 위한 시조새의 신체 조건은 날개의 깃털이 비대칭 구조로 형성되어 있는 것이다.

오답분석
① 제시문에서 언급하지 않은 내용이다.
②·④ 세 개의 갈고리 발톱과 척추뼈가 꼬리까지 이어지는 구조는 공룡의 특징을 보여주는 신체 조건이다.
⑤ 시조새는 현대 조류처럼 가슴뼈가 비행에 최적화된 형태로 발달되지 않았다고 언급하고 있다.

16

제시문은 서양의학에 중요한 영향을 준 히포크라테스와 갈레노스에 대해 소개하고 있다. 히포크라테스는 자연적 관찰을 통해 의사를 과학적인 기반 위의 직업으로 만들었으며, 히포크라테스 선서와 같이 전문직업으로써의 윤리적 기준을 마련한 서양의학의 상징이라고 소개하고 있으며, 갈레노스는 실제 해부와 임상 실험을 통해 의학 이론을 증명하고 방대한 저술을 남겨 후대 의학 발전에 큰 영향을 주었음을 설명하고 있다. 따라서 '히포크라테스와 갈레노스가 서양의학에 끼친 영향과 중요성'이 제시문의 주제이다.

오답분석
① 갈레노스의 의사로서의 이력은 언급하고 있지만, 생애에 대해 구체적으로 밝히는 글은 아니다.
② 갈레노스가 해부와 실험을 통해 의학 이론을 증명하였음을 설명할 뿐이며, 해부학의 발전 과정에 대해 설명하는 글은 아니다.
③ 히포크라테스 선서는 히포크라테스가 서양의학에 남긴 중요한 윤리적 기준이지만, 이를 중심으로 설명하는 글은 아니다.
⑤ 히포크라테스와 갈레노스 모두 4체액설과 같은 부분에서는 현대 의학과는 거리가 있었음을 밝히고 있다.

17

'비상구'는 '화재나 지진 따위의 갑작스러운 사고가 일어날 때에 급히 대피할 수 있도록 특별히 마련한 출입구'이다. 따라서 이와 가장 비슷한 단어는 '갇힌 곳에서 빠져나가거나 도망하여 나갈 수 있는 출구'를 의미하는 '탈출구'이다.

오답분석
① 진입로 : 들어가는 길
② 출입구 : 나갔다가 들어왔다가 하는 어귀나 문
③ 돌파구 : 가로막은 것을 쳐서 깨뜨려 통과할 수 있도록 뚫은 통로나 목
④ 여울목 : 여울물(강이나 바다 따위의 바닥이 얕거나 폭이 좁아 물살이 세게 흐르는 곳의 물)이 턱진 곳

18

A열차의 속력을 V_a, B열차의 속력을 V_b라 하고, 터널의 길이를 l, 열차의 전체 길이를 x라 하자.

A열차가 터널을 진입하고 빠져나오는 데 걸린 시간은 $\dfrac{l+x}{V_a}=14$초이다. B열차가 A열차보다 5초 늦게 진입하고 5초 빠르게 빠져나왔으므로 터널을 진입하고 빠져나오는 데 걸린 시간은 $14-5-5=4$초이다. 그러므로 $\dfrac{l+x}{V_b}=4$초이다.

따라서 $V_a=14(l+x)$, $V_b=4(l+x)$이므로 $\dfrac{V_a}{V_b}=\dfrac{14(l+x)}{4(l+x)}=3.5$배이다.

19

A팀은 5일마다, B팀은 4일마다 회의실을 사용하므로 두 팀이 회의실을 사용하고자 하는 날은 20일마다 겹친다. 첫 번째 겹친 날에 A팀이 먼저 사용했으므로 20일 동안 A팀이 회의실을 사용한 횟수는 4회이다. 두 번째 겹친 날에는 B팀이 사용하므로 40일 동안 A팀이 회의실을 사용한 횟수는 7회이고, 세 번째로 겹친 날에는 A팀이 회의실을 사용하므로 60일 동안 A팀은 회의실을 11회 사용하였다. 이를 표로 정리하면 다음과 같다.

겹친 횟수	첫 번째	두 번째	세 번째	네 번째	다섯 번째	⋯	$(n-1)$번째	n번째
회의실 사용 팀	A팀	B팀	A팀	B팀	A팀	⋯	A팀	B팀
A팀의 회의실 사용 횟수	4회	7회	11회	14회	18회	⋯		

겹친 날을 기준으로 A팀은 9회, B팀은 8회를 사용하였으므로 다음으로는 B팀이 회의실을 사용할 순서이다. 이때, B팀이 m번째로 회의실을 사용할 순서라면 A팀이 이때까지 회의실을 사용한 횟수는 $7m$회이다. 따라서 B팀이 겹친 날을 기준으로 회의실을 8회까지 사용하였고, 9번째로 사용할 순서이므로 이때까지 A팀이 회의실을 사용한 횟수는 최대 $7\times9=63$회이다.

20

마지막 조건에 따라 광물 B는 인회석이고, 광물 B로 광물 C를 긁었을 때 긁힘 자국이 생기므로 광물 C는 인회석보다 무른 광물이다. 한편, 광물 A로 광물 C를 긁었을 때 긁힘 자국이 생기므로 광물 A는 광물 C보다 단단하고, 광물 A로 광물 B를 긁었을 때 긁힘 자국이 생기지 않으므로 광물 A는 광물 B보다는 무른 광물이다. 따라서 가장 단단한 광물은 B이며, 그다음으로 A, C 순으로 단단하다.

오답분석
① 광물 C는 인회석보다 무른 광물이므로 석영이 아니다.
② 광물 A는 인회석보다 무른 광물이지만, 방해석인지는 확인할 수 없다.
③ 가장 무른 광물은 C이다.
⑤ 광물 B는 인회석이므로 모스 굳기 단계는 5단계이다.

21

J공사의 지점 근무 인원이 71명이므로 가용 인원수가 부족한 B오피스는 제외된다. 또한, 시설 조건에서 스튜디오와 회의실이 필요하다고 했으므로 스튜디오가 없는 D오피스도 제외된다. 나머지 A, C, E오피스는 모두 교통 조건을 충족하므로 임대비용만 비교하면 된다. A, C, E오피스의 5년 임대비용은 다음과 같다.
• A오피스 : 600만×71×5=213,000만 원 → 21억 3천만 원
• C오피스 : 3,600만×12×5=216,000만 원 → 21억 6천만 원
• E오피스 : (3,800만×12×0.9)×5=205,200만 원 → 20억 5천 2백만 원
따라서 사무실 이전 조건을 바탕으로 가장 저렴한 공유 오피스인 E오피스로 이전한다.

22

에너지바우처를 신청하기 위해서는 소득기준과 세대원 특성기준을 모두 충족해야 한다. C는 생계급여 수급자이므로 소득기준을 충족하고, 65세 이상이므로 세대원 특성기준도 충족한다. 그러나 C의 경우 보장시설인 양로시설에 거주하는 보장시설 수급자이므로 지원 제외 대상이다. 따라서 C는 에너지바우처를 신청할 수 없다.

오답분석
① A의 경우 의료급여 수급자이므로 소득기준을 충족하고, 7세 이하의 영유아가 있으므로 세대원 특성기준도 충족한다. 따라서 에너지바우처를 신청할 수 있다.
② B의 경우 교육급여 수급자이므로 소득기준을 충족하고, 한부모가족이므로 세대원 특성기준도 충족한다. 또한 4인 이상 세대에 해당하므로 바우처 지원금액은 716,300원으로 70만 원 이상이다.
④ 동절기 에너지바우처 지원방법은 요금차감과 실물카드 2가지 방법이 있다. 이 중 D의 경우 연탄보일러를 이용하고 있으므로 실물카드를 받아 연탄을 직접 결제하는 방식으로 지원받아야 한다.
⑤ E의 경우 생계급여 수급자이므로 소득기준을 충족하고, 희귀질환을 앓고 있는 어머니가 세대원으로 있으므로 세대원 특성기준도 충족한다. 또한 2인 세대에 해당하므로 하절기 바우처 지원금액인 73,800원이 지원된다. 이때, 하절기는 전기요금 고지서에서 요금을 자동으로 차감해 주므로 전기비에서 73,800원이 차감될 것이다.

23

A가족과 B가족 모두 소득기준과 세대원 특성기준이 에너지바우처 신청기준을 충족한다. A가족의 경우 5명이므로 총 716,300원을 지원받을 수 있다. 그러나 이미 연탄쿠폰을 발급받았으므로 동절기 에너지바우처는 지원받을 수 없다. 따라서 하절기 지원금액인 117,000원을 지원받는다. B가족의 경우 2명이므로 총 422,500원을 지원받을 수 있으며, 지역난방을 이용 중이므로 하절기와 동절기 모두 요금차감의 방식으로 지원받는다. 따라서 두 가족의 에너지바우처 지원 금액은 117,000+422,500=539,500원이다.

24

제시된 프로그램은 'result'의 초기 값을 0으로 정의한 후 'result' 값이 2를 초과할 때까지 하위 명령을 실행하는 프로그램이다. 이때 'result' 값을 1 증가시킨 후 그 값을 출력하고, 다시 1을 빼므로 $0 \to 1 \to 1$ 출력 $\to 0 \to 1 \to 1$ 출력 $\to 0 \to 1 \to$ 1 출력 $\to \cdots$ 과정을 무한히 반복하게 된다. 따라서 1이 무한히 출력된다.

25

ROUND 함수는 인수를 지정한 자릿수로 반올림한 값을 구하는 함수로, 「=ROUND(인수,자릿수)」로 표현한다. 이때 자릿수는 다음과 같이 나타낸다.

만의 자리	천의 자리	백의 자리	십의 자리	일의 자리	소수점 첫째 자리	소수점 둘째 자리	소수점 셋째 자리
-4	-3	-2	-1	0	1	2	3

따라서 「=ROUND(D2,-1)」는 [D2] 셀에 입력된 117.3365의 값을 십의 자리로 반올림하여 나타내므로, 출력되는 값은 120이다.

26

제시문은 ADHD의 원인과 치료 방법에 대한 글이다. 첫 번째 문단에서는 ADHD가 유전적 원인에 의해 발생한다고 설명하고, 두 번째 문단에서는 환경적 원인에 의해 발생한다고 설명하고 있다. 이를 종합하면 ADHD가 다양한 원인이 복합적으로 작용하는 질환임을 알 수 있다. 또한 빈칸 뒤에서도 다양한 원인에 부합하는 맞춤형 치료와 환경 조성이 필요하다고 하였으므로 빈칸에 들어갈 내용으로 가장 적절한 것은 ③이다.

27

~율/률의 앞 글자가 'ㄱ' 받침을 가지고 있으므로 '출석률'이 옳은 표기이다.

> **~율과 ~률의 구별**
> • ~율 : 앞 글자의 받침이 없거나 받침이 'ㄴ'인 경우 → 비율, 환율, 백분율
> • ~률 : 앞 글자의 받침이 있는 경우(단, 'ㄴ' 받침 제외) → 능률, 출석률, 이직률, 합격률

28

남성 합격자 수와 여성 합격자 수의 비율이 $2:3$이므로 여성 합격자는 48명이다.
남성 불합격자 수와 여성 불합격자 수가 모두 a명이라 하면 다음과 같이 정리할 수 있다.

(단위 : 명)

구분	합격자	불합격자	전체 지원자
남성	$2b=32$	a	$a+2b$
여성	$3b=48$	a	$a+3b$

남성 전체 지원자 수는 $(a+32)$명이고, 여성 전체 지원자 수는 $(a+48)$명이다.
$(a+32):(a+48)=6:7$
$\to 6\times(a+48)=7\times(a+32)$
$\to a=(48\times6)-(32\times7)$
$\therefore a=64$
따라서 전체 지원자 수는 $2a+5b=(64\times2)+(16\times5)=128+80=208$명이다.

29

A씨는 2023년에는 9개월 동안 K공사에 근무하였다. (건강보험료)=(보수월액)×(건강보험료율)이고, 2023년 1월 1일 이후 (장기요양

보험료)=(건강보험료)×$\dfrac{(장기요양보험료율)}{(건강보험료율)}$이므로 (장기요양보험료)=(보수월액)×(건강보험료율)×$\dfrac{(장기요양보험료율)}{(건강보험료율)}$이다.

그러므로 (보수월액)=$\dfrac{(장기요양보험료)}{(장기요양보험료율)}$이다.

따라서 A씨의 2023년 장기요양보험료는 35,120원이므로 보수월액은 $\dfrac{35,120}{0.9082\%}=\dfrac{35,120}{0.9082}\times100≒3,866,990$원이다.

30

'가명처리'란 개인정보의 일부를 삭제하거나 일부 또는 전부를 대체하는 등의 방법으로 추가 정보가 없이는 특정 개인을 알아볼 수 없도록 처리하는 것을 말한다(개인정보보호법 제2조 제1의2호).

오답분석

② 개인정보보호법 제2조 제3호
③ 개인정보보호법 제2조 제1호 가목
④ 개인정보보호법 제2조 제2호

31

「=COUNTIF(범위,조건)」 함수는 조건을 만족하는 범위 내 인수의 개수를 셈하는 함수이다. 이때, 열 전체에 적용하려면 해당 범위에서 숫자를 제외하면 된다. 따라서 B열에서 값이 100 이하인 셀의 개수를 구하는 함수는 「=COUNTIF(B:B,"<=100")」 이다.

32

• 초등학생의 한 달 용돈의 합계는 B열부터 E행까지 같은 열에 있는 금액의 합이다. 따라서 (A)에 들어갈 함수는 「=SUM(B2:E2)」이다.
• 한 달 용돈이 150,000원 이상인 학생 수는 [F2] 셀부터 [F7] 셀까지 금액이 150,000원 이상인 셀의 개수로 구할 수 있다. 따라서 (B)에 들어갈 함수는 「=COUNTIF(F2:F7,">=150,000")」이다.

33

빅데이터 분석을 기획하고자 할 때는 먼저 범위를 설정한 다음 프로젝트를 정의해야 한다. 그 후에 수행 계획을 수립하고 위험 계획을 수립해야 한다.

34

㉠ 짜깁기 : 기존의 글이나 영화 따위를 편집하여 하나의 완성품으로 만드는 일
㉡ 뒤처지다 : 어떤 수준이나 대열에 들지 못하고 뒤로 처지거나 남게 되다.

오답분석

• 짜집기 : 짜깁기의 비표준어형
• 뒤쳐지다 : 물건이 뒤집혀서 젖혀지다.

35

공문서에서 날짜를 작성할 때 날짜 다음에 괄호를 사용할 경우에는 마침표를 찍지 않아야 한다.

> **공문서 작성 시 유의사항**
> • 한 장에 담아내는 것이 원칙이다.
> • 마지막엔 반드시 '끝'자로 마무리한다.
> • 날짜 다음에 괄호를 사용할 경우에는 마침표를 찍지 않는다.
> • 복잡한 내용은 항목별로 구분한다('-다음-', 또는 '-아래-').
> • 대외문서이며 장기간 보관되는 문서이므로 정확하게 기술한다.

36

영서가 1시간 동안 빚을 수 있는 만두의 수를 x개, 어머니가 1시간 동안 빚을 수 있는 만두의 수를 y개라 할 때 다음 식이 성립한다.

$\frac{2}{3}(x+y)=60 \cdots \bigcirc$

$y=x+10 \cdots \bigcirc$

$\bigcirc \times \frac{3}{2}$에 $\bigcirc$을 대입하면

$x+(x+10)=90$

$\rightarrow 2x=80$

$\therefore x=40$

따라서 영서는 혼자서 1시간 동안 40개의 만두를 빚을 수 있다.

37

• 1,000 이상 10,000 미만
  맨 앞과 맨 뒤의 수가 같은 경우는 1~9의 수가 올 수 있으므로 9가지이고, 각각의 경우에 따라 두 번째 수와 네 번째 수로 0~9의 수가 올 수 있으므로 경우의 수는 10가지이다. 그러므로 모든 네 자리 대칭수의 개수는 9×10=90개이다.
• 10,000 이상 50,000 미만
  맨 앞과 맨 뒤의 수가 같은 경우는 1, 2, 3, 4의 수가 올 수 있으므로 4가지이고, 각각의 경우에 따라 두 번째 수와 네 번째 수로 0~9의 수가 올 수 있으므로 경우의 수는 10가지, 그 각각의 경우에 따라 세 번째에 올 수 있는 수 또한 0~9의 수가 올 수 있으므로 경우의 수는 10가지이다. 그러므로 10,000~50,000 사이의 대칭수의 개수는 4×10×10=400개이다.
따라서 1,000 이상 50,000 미만의 모든 대칭수의 개수는 90+400=490개이다.

38

어떤 자연수의 모든 자릿수의 합이 3의 배수일 때, 그 자연수는 3의 배수이다. 그러므로 2+5+□의 값이 3의 배수일 때, 25□는 3의 배수이다. 2+5=7이므로, 7+□의 값이 3의 배수가 되도록 하는 □의 값은 2, 5, 8이다. 따라서 가능한 모든 수의 합은 2+5+8=15이다.

39

바이올린(V), 호른(H), 오보에(O), 플루트(F) 중 첫 번째 조건에 따라 호른과 바이올린을 묶었을 때 가능한 경우는 3!=6가지로 다음과 같다.
- (HV)−O−F
- (HV)−F−O
- F−(HV)−O
- O−(HV)−F
- F−O−(HV)
- O−F−(HV)

이때 두 번째 조건에 따라 오보에는 플루트 왼쪽에 위치하지 않으므로 (HV)−O−F, O−F−(HV) 2가지는 제외된다.
따라서 왼쪽에서 두 번째 칸에는 바이올린, 호른, 오보에만 위치할 수 있으므로 플루트는 배치할 수 없다.

40

사회적 기업은 수익 창출을 통해 자립적인 운영을 추구하고, 사회적 문제 해결과 경제적 성장을 동시에 달성하려는 특징을 가진 기업 모델로, 영리 조직에 해당한다.

영리 조직과 비영리 조직
- 영리 조직 : 이윤 추구를 주된 목적으로 하는 집단으로, 일반적인 사기업이 해당된다.
- 비영리 조직 : 사회적 가치 실현을 위해 공익을 추구하는 집단으로 자선단체, 의료기관, 교육기관, 비정부기구(NGO) 등이 해당된다.

41

$(영업이익률)=\dfrac{(영업이익)}{(매출액)}\times100$이고, 영업이익을 구하기 위해서는 매출총이익을 먼저 계산해야 한다. 따라서 2022년 4분기의 매출총이익은 $60-80=-20$십억 원이고, 영업이익은 $-20-7=-27$십억 원이므로 영업이익률은 $-\dfrac{27}{60}\times100=-45\%$이다.

42

1시간은 3,600초이므로 36초는 $36초\times\dfrac{1시간}{3,600초}=0.01$시간이다. 그러므로 무빙워크의 전체 길이는 $5\times0.01=0.05$km이다.

따라서 무빙워크와 같은 방향으로 4km/h의 속력으로 걸을 때의 속력은 $5+4=9$km/h이므로 걸리는 시간은 $\dfrac{0.05}{9}=\dfrac{5}{900}=\dfrac{5}{900}$ $\times\dfrac{3,600초}{1시간}=20$초이다.

43

제시된 순서도는 result 값이 6을 초과할 때까지 2씩 증가하고, result 값이 6을 초과하면 그 값을 출력하는 순서도이다.
따라서 result 값이 5일 때 2를 더하여 $5+2=7$이 되어 6을 초과하므로 출력되는 값은 7이다.

44

정답 ③

방문 사유 → 파손 관련(NO) → 침수 관련(NO) → 데이터 복구 관련(YES) → ◎ 출력 → STOP
따라서 출력되는 도형은 ◎이다.

45

정답 ①

상품코드의 맨 앞 자릿수가 '9'이므로 2 ~ 7번째 자릿수의 이진코드 변환 규칙은 'ABBABA'를 따른다. 이를 변환하면 다음과 같다.

3	8	7	6	5	5
A	B	B	A	B	A
0111101	0001001	0010001	0101111	0111001	0110001

따라서 주어진 수를 이진코드로 바르게 변환한 것은 ①이다.

46

정답 ④

안전 스위치를 누르는 동안에만 스팀이 나온다고 하였으므로 안전 스위치를 누르는 등의 외부 입력이 없다면 스팀은 발생하지
않는다.

[오답분석]
① 기본형 청소구로 카펫을 청소하면 청소 효율이 떨어질 뿐이며, 카펫 청소는 가능하다고 언급되어 있다.
② 스팀 청소 완료 후 충분히 식지 않은 상태에서 통을 분리하면 뜨거운 물이 새어 나와 화상의 위험이 있다고 언급되어 있다.
③ 기본형 청소구의 돌출부를 누른 상태에서 잡아당기면 좁은 흡입구를 꺼낼 수 있다고 언급되어 있다.
⑤ 스팀 청소구의 물통에 물을 채우는 작업, 걸레판에 걸레를 부착하는 작업 모두 반드시 전원을 분리한 상태에서 진행해야 한다고
   언급되어 있다.

47

정답 ④

바닥에 물이 남는다면 스팀 청소구를 좌우로 자주 기울이지 않도록 주의하거나 젖은 걸레를 교체해야 한다.

48

정답 ⑤

팀 목표를 달성하도록 팀원을 격려하는 환경을 조성하기 위해서는 동료의 피드백이 필요하다. 긍정이든 부정이든 피드백이 없다면
팀원들은 개선을 이루거나 탁월한 성과를 내고자 하는 노력을 게을리하게 된다.

동료의 피드백을 장려하는 4단계
1. 간단하고 분명한 목표와 우선순위를 설정하라.
2. 행동과 수행을 관찰하라.
3. 즉각적인 피드백을 제공하라.
4. 뛰어난 수행성과에 대해 인정하라.

49

정답 ②

업무적으로 내적 동기를 유발하기 위해서는 업무 관련 교육을 꾸준히 하여야 한다.

내적 동기를 유발하는 방법
- 긍정적 강화법 활용하기
- 새로운 도전의 기회 부여하기
- 창의적인 문제해결법 찾기
- 자신의 역할과 행동에 책임감 갖기
- 팀원들을 지도 및 격려하기
- 변화를 두려워하지 않기
- 지속적인 교육 실시하기

50

정답 ②

갈등 정도와 조직 성과에 대한 그래프에서 갈등이 X점 수준일 때에는 조직 내부의 의욕이 상실되고 환경의 변화에 대한 적응력도 떨어져 조직 성과가 낮아진다. 갈등이 Y점 수준일 때에는 갈등의 순기능이 작용하여 조직 내부에 생동감이 넘치고 변화 지향적이며 문제해결능력이 발휘되어 조직 성과가 높아진다. 반면, 갈등이 Z점 수준일 때에는 오히려 갈등의 역기능이 작용하여 조직 내부에 혼란과 분열이 발생하고 조직 구성원들이 비협조적이 되어 조직 성과는 낮아지게 된다.

02 | 2024년 하반기 주요 공기업
전기 전공 기출복원문제

01	02	03	04	05	06	07	08	09	10	11	12	13	14	15	16	17	18	19	20
④	①	⑤	④	②	④	④	①	①	③	②	④	⑤	①	③	③	④	②	①	④
21	22	23	24	25	26	27	28	29	30										
④	⑤	②	③	⑤	①	④	②	④	⑤										

01

정답 ④

수평하중의 크기를 T, 지선에 작용하는 장력의 크기를 T_a, 지선과 지면 사이의 각도를 θ라 하면 다음과 같은 관계가 성립한다.

$\dfrac{T}{T_a} = \cos\theta$

이때, $\left(\dfrac{1}{\cos\theta}\right)^2 = 1 + \tan^2\theta$이므로

$\left(\dfrac{1}{\cos\theta}\right)^2 = \left(\dfrac{T_a}{T}\right)^2 = 1 + \left(\dfrac{24}{10}\right)^2 = \dfrac{676}{100}$이다.

따라서 $T_a = \sqrt{\dfrac{676}{100}} \times 7,000 = 2.6 \times 7,000 = 18,200\text{N}$이다.

02

정답 ①

각 파형의 실횻값 및 평균값

구분	파형	실횻값	평균값	파고율	파형률
정현파 (사인파)	V_m	$\dfrac{V_m}{\sqrt{2}}$	$\dfrac{2}{\pi}V_m$	$\sqrt{2}$	$\dfrac{\pi}{2\sqrt{2}}$
전파 (정류)		$\dfrac{V_m}{\sqrt{2}}$	$\dfrac{2}{\pi}V_m$	$\sqrt{2}$	$\dfrac{\pi}{2\sqrt{2}}$
반파 (정류)		$\dfrac{V_m}{2}$	$\dfrac{V_m}{\pi}$	2	$\dfrac{\pi}{2}$
구형파 (사각파)		V_m	V_m	1	1
반구형파		$\dfrac{V_m}{\sqrt{2}}$	$\dfrac{V_m}{2}$	$\sqrt{2}$	$\sqrt{2}$

삼각파 (톱니파)		$\dfrac{V_m}{\sqrt{3}}$	$\dfrac{V_m}{2}$	$\sqrt{3}$	$\dfrac{2}{\sqrt{3}}$
제형파 (사다리꼴)		$\dfrac{\sqrt{5}}{3}V_m$	$\dfrac{2}{3}V_m$	$\dfrac{3}{\sqrt{5}}$	$\dfrac{\sqrt{3}}{2}$

03

송수전단 전압이 각각 E_s, E_r 이고, 송수전단 전류가 각각 I_s, I_r 일 때,
4단자 정수 A, B, C, D에 대하여 $E_s = AE_r + BI_r$, $I_s = CE_r + DI_r$ 이다.

이를 행렬로 표현하면 $\begin{bmatrix} E_s \\ I_s \end{bmatrix} = \begin{bmatrix} A & B \\ C & D \end{bmatrix} \begin{bmatrix} E_r \\ I_r \end{bmatrix}$ 이다.

04
정답 ④

특성방정식 $F(s) = 4s^5 + 5s^4 - 3s^3 - 5s^2 + 7s + 15$를 Routh – Hurwitz 판별법으로 작성하면 다음과 같다.

s^5	$a_5 = 4$	$a_3 = -3$	$a_1 = 7$	0
s^4	$a_4 = 5$	$a_2 = -5$	$a_0 = 15$	0
s^3	$b_1 = -\dfrac{4 \times (-5) - (-3) \times 5}{5} = 1$	$b_2 = -\dfrac{4 \times 15 - 7 \times 5}{5} = -5$	$b_3 = -\dfrac{4 \times 0 - 0 \times 5}{5} = 0$	0
s^2	$c_1 = -\dfrac{5 \times (-5) - (-5) \times 1}{1} = 20$	$c_2 = -\dfrac{5 \times 0 - 15 \times 1}{1} = 15$	0	0
s^1	$d_1 = -\dfrac{1 \times 15 - (-5) \times 20}{20} = -\dfrac{115}{20}$	0	0	0
s^0	$e_1 = -\dfrac{20 \times 0 - 15 \times \left(-\dfrac{115}{20}\right)}{-\dfrac{115}{20}} = 15$	0	0	0

따라서 Routh – Hurwitz 판별법의 3행 3열 성분은 0이다.

05

정답 ②

따라서 A는 동작코일이고, B는 억제코일이다.

06

정답 ④

$FUN=DEA$ 이므로 $E=\dfrac{FUN}{DA}=\dfrac{4,500\times0.6\times200}{\dfrac{1}{0.6}\times(27\times30)}=400\text{lx}$ 이다.

07

정답 ④

도체 표면의 곡률이 클수록 전하밀도가 높고 전계의 세기가 크다.

[오답분석]
① 도체 내부에 전하가 존재하지 않는다.
② 도체 표면에 전하가 존재한다.
③ 도체 표면과 도체 내부의 전위는 서로 같다.
⑤ 도체 표면에서 전계의 방향은 도체 표면과 항상 수직(도체 표면의 법선 방향)이다.

> **도체의 전하분포**
> • 도체 표면의 전위와 도체 내부의 전위는 같고, 전위경도는 0이다.
> • 전하는 도체 내부에는 존재하지 않고, 도체 표면에만 존재한다.
> • 도체 표면에서 전계의 방향은 항상 도체 표면과 수직(도체 표면의 법선 방향)이다.
> • 도체 표면의 곡률이 클수록 전하밀도가 높다.
> • 도체 표면의 곡률이 클수록 전계의 세기가 크다.

08

정답 ①

$H=\dfrac{1}{2\pi r}$ 로 자계의 세기(H)는 도선으로부터 떨어진 거리(r)와 반비례 관계이다. 따라서 도선으로부터 10cm 떨어진 지점에서의 자계의 세기는 40cm 떨어진 지점에서의 자계의 세기보다 4배 더 크다.

09

감은 횟수가 n회인 환상 솔레노이드의 반지름이 a일 때 I만큼 전류가 흐른다면, 외부자계의 세기는 0이고, 내부자계의 세기는 $\frac{nI}{2\pi a}$이다.

10

동기발전기가 단락되었을 때 돌발 단락전류를 제한하는 역할을 하는 것은 누설리액턴스이다.

> **동기발전기 돌발단락**
> 일정 전압을 유도하고 있는 발전기의 3단지를 갑자기 단락하면 큰 돌발단락전류가 흐른 후 점점 감소하여 몇 초 뒤에는 지속단락전류의 값이 된다. 이것은 전기자 반작용이 순간적으로 나타나지 않기 때문에, 단락하는 순간 단락전류를 제한하는 것은 전기자 권선의 저항을 무시한 전기자 누설리액턴스뿐이므로, 큰 과도전류가 생긴다. 또 몇 초 뒤에는 전기자 반작용이 나타나서 과도전류는 급속히 감소하고 결국에는 동기리액턴스에 의하여 정해지는 지속단락전류가 된다.

11

BLDC모터는 브러시가 없어 마모가 없고 소음이 적다.

> **BLDC모터의 특징**
> • 반영구적이며 정기적인 유지보수가 필요 없다.
> • 고속회전에 적합하다.
> • 제어가 복잡하다.
> • 모터의 소형화 및 경량화가 가능하다.
> • 브러시가 없어 별도의 구동회로가 필요하다.
> • 마모가 없고 소음이 적다.

12

전기재료의 할증률 및 철거손실률(전기공사 표준품셈 1-6)

종류	할증률(%)	철거손실률(%)
옥외전선	5	2.5
옥내전선	10	–
케이블(옥외 / 옥내)	3 / 5	1.5 / –
전선관(옥외 / 옥내)	5 / 10	–
케이블 트레이, 덕트	5	–
트롤리 선	1	–
조가선(철·강)	4	4
합성수지 파형전선관	3	–

13
정답 ⑤

분산형전원 계통 연계설비의 시설(KEC 503)
분산형전원설비의 전기 공급방식, 측정 장치 등은 다음에 따른다.
- 분산형전원설비의 전기 공급방식은 전력계통과 연계되는 전기 공급방식과 동일할 것
- 분산형전원설비 사업자의 한 사업장의 설비용량 합계가 250kVA 이상인 경우에는 송배전계통과 연계지점의 연결 상태를 감시 또는 유효전력, 무효전력 및 전압을 측정할 수 있는 장치를 시설할 것

14
정답 ①

전기품질(분산형전원 배전계통 연계기술 기준 제15조)
- 직류 유입 제한 : 분산형전원 및 그 연계 시스템은 분산형전원 연결점에서 최대 정격 출력전류의 0.5%를 초과하는 직류 전류를 계통으로 유입시켜서는 안 된다.
- 역률 : 분산형전원의 역률은 90% 이상으로 유지함을 원칙으로 한다. 다만, 역송병렬로 연계하는 경우로서 연계계통의 전압상승 및 강하를 방지하기 위하여 기술적으로 필요하다고 평가되는 경우에는 연계계통의 전압을 적절하게 유지할 수 있도록 분산형전원 역률의 하한값과 상한값을 고객과 한전이 협의하여야 정할 수 있다. 또한 분산형전원의 역률은 계통 측에서 볼 때 진상역률이 되지 않도록 함을 원칙으로 한다.
- 플리커 : 분산형전원은 빈번한 기동·탈락 또는 출력변동 등에 의하여 한전계통에 연결된 다른 전기사용자에게 시각적인 자극을 줄만한 플리커나 설비의 오동작을 초래하는 전압요동을 발생시켜서는 안 된다.
- 고조파 : 특고압 한전계통에 연계되는 분산형전원은 연계용량에 관계없이 한전이 계통에 적용하고 있는 허용기준을 초과하는 고조파 전류를 발생시켜서는 안 된다.

15
정답 ③

전기자동차의 충전장치 시설(KEC 241.17.3)
전기자동차의 충전장치는 다음에 따라 시설하여야 한다.
- 충전부분이 노출되지 않도록 시설하고, 외함은 접지공사를 할 것
- 외부 기계적 충격에 대한 기계적 강도가 보장된 것
- 침수 등의 위험이 있는 곳에 시설하지 말 것(방진·방수 보호등급은 옥외의 경우 IP44 이상, 옥내의 경우 IP41 이상일 것)
- 먼지가 많은 장소, 가연성 가스나 부식성 가스 또는 위험물 등이 있는 장소에 시설하는 경우에는 통상의 사용 상태에서 부식이나 감전·화재·폭발의 위험이 없도록 시설할 것
- 충전장치에는 전기자동차 전용임을 나타내는 표지를 쉽게 보이는 곳에 설치할 것
- 전기자동차의 충전장치는 쉽게 열 수 없는 구조일 것
- 전기자동차의 충전장치 또는 충전장치를 시설한 장소에는 위험 표시를 쉽게 보이는 곳에 표지할 것
- 전기자동차의 충전장치는 부착된 충전 케이블을 거치할 수 있는 거치대 또는 수납공간(옥내 0.45m 이상, 옥외 0.6m 이상)을 갖는 구조이며, 충전 케이블은 반드시 거치할 것
- 충전장치의 충전 케이블 인출부는 옥내용의 경우 지면으로부터 0.45m 이상 1.2m 이내에, 옥외용의 경우 지면으로부터 0.6m 이상에 위치할 것
- 급속충전시설은 비상 개폐 또는 단로에 적합한 것을 설치할 것
- 과금형 콘센트는 접지극이 있는 방적형 또는 동등 이상의 보호 덮개가 있는 것을 사용할 것
- 전기자동차의 충전 케이블은 거치 또는 보관 시 케이블의 손상을 방지하기 위하여 주차구획 내에 위치하지 않도록 시설할 것

16
정답 ③

두 점전하 사이에 작용하는 힘의 크기는 $F_1 = \dfrac{1}{4\pi\epsilon_0}\dfrac{Q_1 Q_2}{r^2} = 9\times10^9\times\dfrac{Q_1 Q_2}{r^2}$ 이다.

$Q_1 = Q_2 = 10^{-4}$C이고 $r = 3$m이므로

$F_1 = 9\times10^9\times\dfrac{10^{-4}\times10^{-4}}{3^2} = 10$N이다.

따라서 정삼각형의 꼭짓점에 있는 한 점전하가 다른 두 점전하로부터 받는 힘의 크기는

$$F = \sqrt{F_1^2 + F_2^2 + 2F_1 F_2}$$
$$= \sqrt{10^2 + 10^2 + 2 \times 10 \times 10 \times \cos 60°} \fallingdotseq 17.32\text{N이다.}$$

17
정답 ④

• 콘덴서의 직렬연결 : $\dfrac{1}{C_T} = \dfrac{1}{C_1} + \dfrac{1}{C_2} + \dfrac{1}{C_3} + \cdots$

• 콘덴서의 병렬연결 : $C_T = C_1 + C_2 + C_3 + \cdots$

18
정답 ②

변압기의 무부하시험으로 구할 수 있는 것은 단락비, 여자전류, 여자어드미턴스, 철손, 자화전류, 자화리액턴스 등이다.

변압기의 시험

구분	측정항목
단락시험	임피던스 전압, %임피던스, 동손, 전압변동률 등
무부하시험	단락비, 여자전류, 여자어드미턴스, 철손, 철손저항, 자화리액턴스, 자화전류 등
기타	권선저항측정, 유도내전압, 절연내력시험 등

19
정답 ①

$F = \dfrac{\mu_0 I_1 I_2}{2\pi r} = \dfrac{(4\pi \times 10^{-7}) \times 1 \times 1}{2\pi \times 2} = 10^{-7}$ N이고, 서로 같은 방향이므로 흡인력이 작용한다.

20
정답 ④

배전선로의 작용정전용량

• 단상 2선식 : $C_s + 2C_m$

• 3상 3선식 : $C_s + 3C_m$

21
정답 ④

히스테리시스 곡선의 면적은 단위 체적당 에너지 손실을 나타낸다.

히스테리시스 곡선

횡축은 자계(H), 종축은 자속밀도(B)를 나타낸다. 자계와 자속밀도와의 관계를 나타내는 그래프를 히스테리시스 곡선이라고 한다. 이 곡선이 횡축과 만나는 점은 보자력이고, 종축과 만나는 점은 잔류자기이다. 히스테리시스 곡선의 기울기는 투자율이며, 곡선으로 둘러싸인 면적은 단위 체적당 에너지 손실로, 히스테리시스손(히스테리시스 손실)이라고 한다.

22

중성점 직접접지 방식은 1선 지락 시 건전상의 전위상승이 가장 작다.

> **중성점 직접접지 방식**
> • 지락전류가 커서 보호계전기의 동작이 확실하다.
> • 지락전류는 지상 및 대전류이므로 과도안정도가 나쁘다.
> • 지락전류가 크므로 인접통신선에 대한 전자유도장해가 크다.
> • 1선 지락 시 건전상의 전위상승이 가장 작다.
> • 전선로, 기기의 절연레벨을 낮출 수 있으므로 단절연이 가능하다.

23

정답 ②

PID(Proportional Integral Differential) 제어
• 최상의 최적제어로 속응성을 개선하여 안정된 제어를 목적으로 한다.
• 잔류편차를 제거한다.
• 사이클링 및 오프셋을 제거하고 안정성을 보장한다.
• 정정시간을 적게 한다.
• 진상 및 지상 보상요소로 쓰인다.

24

정답 ③

[오답분석]
① 발전제동 : 1차 권선을 교류전원에서 분리한 후 직류여자전류를 통해 발전기로 동작시켜 발생하는 기전력을 통해 제동하는 방법이다.
② 역전제동 : 전동기를 전원에 접속한 채로 전기자의 접속을 반대로 바꾸어 토크를 역으로 발생시켜 전동기를 정지 또는 역회전시키는 제동방법이다.
④ 단상제동 : 1차 측을 단상 접속하고 2차 측 회전자 회로에 큰 저항을 연결할 때 발생하는 토크로 제동하는 방법이다.
⑤ 기계적 제동 : 직접 접촉하여 마찰력을 발생시켜 제동하는 방법이다.

25

정답 ⑤

전기철도의 전기적 부식 방지 대책

전철 측 시설	매설관 측 시설
• 레일에 본드를 시설한다. • 레일을 따라 보조 귀선을 설치한다. • 변전소 사이의 간격을 짧게 한다. • 대지에 대한 레일의 절연저항을 크게 한다. • 귀선의 극성을 주기적으로 바꾼다. • 3선식 배전법을 사용한다.	• 선택 배류법 또는 강제 배류법을 사용한다. • 매설관의 표면 또는 접속부를 절연한다. • 도전체로 차폐한다.

26

정답 ①

직류식 전기철도는 송전문제로 교류식 전기철도에 비해 변전소가 상대적으로 많이 필요하다.

직류식 전기철도와 교류식 전기철도의 비교

직류식 전기철도	교류식 전기철도
• 고속 운전 시 효율이 나쁘다. • 변전소 중간 급전구분소가 필요하다. • 사고전류의 선택적 차단이 어렵다. • 전차선 설비에서의 전선이 굵다. • 차량가격이 저렴하다. • 통신유도장해가 작다.	• 고속 운전 시 효율이 좋다. • 변전소 설치 간격을 길게 할 수 있다. • 사고전류의 선택적 차단이 용이하다. • 전차선 설비에서의 전선이 얇다. • 차량가격이 고가이다. • 통신유도장해가 크다.

27

정답 ④

SCADA(Supervisory Control And Data Acquisition) 시스템은 다양하고 복잡한 설비를 간소화 및 자동화하여 원거리에서 효과적으로 감시, 제어, 측정하고 분석 및 처리한다. 즉, 관련 계통 설비들의 합리적이고 효과적인 에너지 관리를 가능하게 하는 시스템이다. 하지만 시스템 오류가 발생할 수 있고 정보보안에 취약한 단점이 있다.

28

정답 ②

$$N_s = \frac{120f}{P} = \frac{120 \times 60}{6} = 1,200$$
$$s = \frac{N_s - N}{N_s}$$
$$N = (1-s)N_s = (1-0.04) \times 1,200 = 1,152 \text{rpm}$$

29

정답 ④

$$E = \frac{pZ\phi N}{60a} = \frac{8 \times 600 \times 0.0138 \times 900}{60 \times 8} = 124.2\text{V}(\because \text{전기저 권선이 중권이므로 } a = p = 8)$$

30

정답 ⑤

$$P = V \times \overline{I} = (15+j4) \times (40-j20) = (600+80) + j(160-300) = 680 - j140[\text{W}]$$
따라서 유효전력은 680W이다.

많이 보고 많이 겪고 많이 공부하는 것은 배움의 세 기둥이다.

– 벤자민 디즈라엘리 –

PART 1

직업기초능력평가

CHAPTER 01   의사소통능력

CHAPTER 02   자원관리능력

CHAPTER 03   문제해결능력

CHAPTER 04   정보능력

CHAPTER 05   조직이해능력

CHAPTER 06   수리능력

01 | 의사소통능력

대표기출유형 01 | 기출응용문제

01

정답 ④

스마트미터는 신재생에너지가 보급되기 위해 필요한 스마트그리드의 기초가 되는 부분이다. 에너지 공급자와 사용자를 양방향 데이터 통신으로 연결해 검침 및 정보제공 역할을 하여 발전소와 소비자 모두 필요한 정보를 모니터링하는 시스템일 뿐, 발전효율이 높은 에너지자원이 아니다.

02

정답 ②

시민 단체들은 농부와 노동자들이 스스로 조합을 만들어 환경친화적으로 농산물을 생산하도록 교육하고 이에 필요한 자금을 지원하는 역할을 했을 뿐, 이들이 농산물을 직접 생산하고 판매한 것은 아니다.

03

정답 ④

제시문의 두 번째 문단에서 전기자동차 산업이 확충되고 있음을 언급하면서 구리가 전기자동차의 배터리를 만드는 데 핵심 재료임을 설명하고 있으므로 '전기자동차 산업 확충에 따른 산업금속 수요의 증가'가 글의 핵심 내용으로 가장 적절하다.

오답분석
① 제시문에서 '그린 열풍'을 언급하고 있으나, 그 현상의 발생 원인은 제시하고 있지 않다.
② 제시문에서 산업금속 공급난이 우려된다고 언급하고 있으나 그로 인한 문제는 제시하고 있지 않다.
③ 제시문에서 언급하고 있는 내용이지만 핵심 내용으로 보기는 어렵다.

04

정답 ①

제시문에 따르면 개념에 대해 충분히 이해하면서도 개념의 사례를 제대로 구별하지 못할 수 있다. 따라서 비둘기와 참새를 구별하지 못했다고 해서 비둘기의 개념을 이해하지 못하고 있다고 평가할 수는 없다.

05

정답 ④

네 번째 문단에 따르면 희석한 오염수가 다시 모여들 수 있는 주장은 열역학 제2법칙을 간과한 주장이라고 설명하고 있다.

오답분석
① 첫 번째 문단에서 방사성 오염 물질은 크기가 초미세먼지의 1만 분의 1 정도의 작은 원자들이라고 설명하고 있다.
② 첫 번째 문단에서 방사성 오염 물질은 대부분 다른 원소와 화학적으로 결합된 분자 상태로 존재한다고 설명하고 있다.
③ 두 번째 문단에 따르면 2011년 일본 대지진 당시 노심은 섭씨 1,000도 이상에서 천천히 식었다고 하였다.

01

정답 ③

제시문은 우리나라뿐만 아니라 세계의 경제가 지식 기반 산업 위주로 바뀌면서 전 지구적으로 노동시장의 양극화나 불평등 현상이 심해지는 등 노동시장의 변화에 대해서 설명하고 있다. 따라서 '지식 기반 산업 사회에서의 노동시장의 변화'가 가장 적절한 제목이다.

오답분석

① 정보통신 기술을 통해, 전 지구적 노동시장이 탄생하여 기업을 비롯한 사회 조직들이 국경을 넘어 인력을 충원하고 재화와 용역을 구매하고 있다고 언급했다. 하지만 이러한 국가 간 노동 인력의 이동이 가져오는 폐해에 대해서는 언급하고 있지 않다.
② 지식 기반 경제로의 이행은 지식 격차에 의한 소득 불평등 심화 현상을 일으킨다. 하지만 이것에 대한 해결책은 언급하고 있지 않다.
④ 생산 기능은 저개발국으로 이전되고 연구 개발 기능은 선진국으로 모여들어 정보 격차가 확대되고 있다. 하지만 국가 간의 격차 축소 정책의 필요성은 언급하고 있지 않다.

02

정답 ④

첫 번째 문단에서 '카타르시스'와 니체가 말한 비극의 기능을 제시하며 비극을 즐기는 이유를 설명하고 있다.

03

정답 ④

제시문은 혈관 건강에 좋지 않은 LDL 콜레스테롤을 높이는 포화지방과 LDL 콜레스테롤의 분해를 돕고 HDL 콜레스테롤을 상승하게 하는 불포화지방에 대해 설명하고 있다.

04

정답 ④

마지막 문단의 '기다리지 못함도 삼가고 아무것도 안 함도 삼가야 한다. 작동 중에 있는 자연스런 성향이 발휘되도록 기다리면서도 전력을 다할 수 있도록 돕는 노력도 멈추지 말아야 한다.'를 통해 '잠재력을 발휘하도록 하려면 의도적 개입과 방관적 태도 모두를 경계해야 한다.'가 글의 중심 주제임을 알 수 있다.

오답분석

① 인위적 노력을 가하는 것은 일을 '조장(助長)'하지 말라고 한 맹자의 말과 반대된다.
② 싹이 성장하도록 기다리는 것도 중요하지만 '전력을 다할 수 있도록 돕는 노력'도 해야 한다.
③ 명확한 목적성을 강조하는 부분은 이 글에 나와 있지 않다.

05

정답 ①

제시문의 첫 번째 문단에서는 사회적 자본이 늘어나면 정치 참여도가 높아진다는 주장을 하였고, 두 번째 문단에서는 사회적 자본의 개념을 사이버공동체에 도입하였으나 현실과 잘 맞지 않는다고 하면서 사회적 자본의 한계를 서술했다. 그리고 마지막 문단에서는 사회적 자본만으로는 정치 참여가 늘어나기 어렵고 정치적 자본의 매개를 통해서 정치 참여가 활성화된다는 주장을 하고 있다. 따라서 ①이 제시문의 주제로 가장 적절하다.

06

정답 ③

'최고의 진리는 언어 이전, 혹은 언어 이후의 무언(無言)의 진리이다.', '동양 사상의 정수(精髓)는 말로써 말이 필요 없는 경지'라고 한 부분을 보았을 때 동양 사상은 언어적 지식을 초월하는 진리를 추구한다는 것이 제시문의 핵심 내용이다.

01

정답 ③

제시문은 여름에도 감기에 걸리는 이유와 예방 및 치료방법에 대해 설명하고 있다. 따라서 (마) 의외로 여름에도 감기에 걸림 → (가) 찬 음식과 과도한 냉방기 사용으로 체온이 떨어져 면역력이 약해짐(여름철에 감기가 걸리는 이유) → (라) 감기 예방을 위해 찬 음식은 적당히 먹고 충분한 휴식을 취하고, 귀가 후 손발을 씻어야 함 → (나) 감기에 걸렸다면 수분을 충분히 섭취해야 함 → (다) 열이나 기침이 날 때에는 따뜻한 물을 여러 번 나눠 먹는 것이 좋음의 순서대로 나열되어야 한다.

02

정답 ③

제시문은 글쓴이가 글을 쓸 때 전략이 있어야 함을 밝히고, 이에 따라 독자 역시 글을 읽을 때 글쓴이의 의도를 파악해야 함을 그 구체적인 예를 들어 설명하는 글이다. 따라서 (나) 글쓴이가 글을 쓰는 목적에 따라 달라지는 글쓰기 전략 → (다) 글을 쓰는 목적에 따른 글쓰기 전략의 예 → (라) 독자가 글을 읽는 방법 → (가) 독자가 글을 읽는 방법에 대한 구체적인 예시 순으로 나열되어야 한다.

03

정답 ③

제시문은 신앙 미술에 나타난 동물의 상징적 의미와 사례, 변화와 그 원인, 그리고 동물의 상징적 의미가 지닌 문화적 가치에 대하여 설명하는 글이다. 따라서 (나) 신앙 미술에 나타난 동물의 상징적 의미와 그 사례 → (다) 동물의 상징적 의미의 변화 → (라) 동물의 상징적 의미가 변화하는 원인 → (가) 동물의 상징적 의미가 지닌 문화적 가치의 순서대로 배열하는 것이 적절하다.

04

정답 ①

제시문은 친환경 농업이 주목받는 이유에 대해 설명하면서 농약이 줄 수 있는 피해에 대해 다루고 있다. 따라서 (가) '친환경 농업은 건강과 직결되어 있기 때문에 각광받고 있다.' → (나) '병충해를 막기 위해 사용된 농약은 완전히 제거하기 어려우며 신체에 각종 손상을 입힌다.' → (다) '생산량 증가를 위해 사용한 농약과 제초제가 오히려 인체에 해를 입힐 수 있다.'의 순서로 나열해야 한다.

05

정답 ④

제시문은 관객이 영화를 보면서 흐름을 지각하는 것을 제대로 설명하지 못하는 동일시 이론에 대해 문제를 제기하고 이를 칸트의 무관심성을 통해 설명할 수 있다고 제시한다. 이어서 관객이 영화의 흐름을 생동감 있게 체험할 수 있는 이유로 '방향 공간'과 '감정 공간'을 제시하고 이에 대한 설명을 한 뒤 이것이 관객이 영화를 지각할 수 있는 원리가 될 수 있음을 정리하며 마치고 있는 글이다. 따라서 (나) 영화를 보면서 흐름을 지각하는 것을 제대로 설명하지 못하는 '동일시 이론' → (가) 영화 흐름의 지각에 대해 설명할 수 있는 칸트의 '무관심성' → (라) 영화의 생동감을 체험할 수 있게 하는 '방향 공간' → (마) 영화의 생동감을 체험할 수 있게 하는 또 다른 이유인 '감정 공간' → (다) 관객이 영화를 지각하는 과정에 대한 정리로 연결되어야 한다.

01

재생 에너지 사업이 기하급수적으로 늘어남에 따라 전력계통설비의 연계용량 부족 문제가 또 발생하였는데, 이것은 설비 보강만으로는 해결하기 어렵기 때문에 최소부하를 고려한 설비 운영 방식으로 해결하고자 하였다.

오답분석

① 재생 에너지 확충으로 인해 기존 송배전 전력 설비가 과부하 되는 문제가 있다고 하였다.
② 재생 에너지의 예시로 태양광이 제시되었다.
③ 탄소 중립을 위해 재생 에너지 발전 작업이 추진되고 있다고 하였으므로 합리적인 추론이다.

02

정답 ②

②는 교환되는 내용이 양과 질의 측면에서 정확히 대등하지 않기 때문에 비대칭적 상호주의의 예시이다.

03

정답 ②

제시문의 화자는 마지막 부분에서 자신의 경험을 '백성을 좀먹는 무리'에 적용하고 있는데, 백성들을 괴롭히는 이들은 미리 제거해야 나중에 큰일을 당하지 않게 된다고 하였다. 따라서 하늘의 뜻을 따르는 임금의 통치에 대한 평가는 임금이 죽은 후에 해야 한다는 보기의 작성자에 대해 가렴주구(苛斂誅求 : 가혹한 정치로 백성을 못살게 들볶음)를 내버려 두었다가 맞게 될 결과를 비판할 것이다.

04

정답 ④

김씨에게 탁구를 가르쳐 준 사람에 대한 정보는 말로 표현할 수 있는 서술 정보에 해당하며, 이는 뇌의 내측두엽에 있는 해마에 저장된다.

오답분석

① 운동 기술은 대뇌의 선조체나 소뇌에 저장되는데, 김씨는 수술 후 탁구 기술을 배우는 데 문제가 없으므로 대뇌의 선조체는 손상되지 않았음을 알 수 있다.
② 김씨는 내측두엽의 해마가 손상된 것일 뿐 감정이나 공포와 관련된 기억이 저장되는 편도체의 손상 여부는 알 수 없다.
③ 대뇌피질에 저장된 수술 전의 기존 휴대폰 번호는 말로 표현할 수 있는 서술 정보에 해당한다.

05

정답 ①

수화 반응은 상온에서 일어나기 때문에 콘크리트 역시 상온에서 제작한다.

오답분석

② 로마 시기에 만들어진 판테온은 콘크리트를 이용해 만들어진 구조물이다.
③ 콘크리트는 시멘트에 모래와 자갈 등의 골재를 섞어 만든다.
④ 골재들 간의 접촉을 높여야 강도가 높아지기 때문에, 서로 다른 크기의 골재를 배합하여 콘크리트를 만드는 것이 좋다.

01

정답 ④

비위 맞추기는 상대방을 위로하기 위해서 혹은 비위를 맞추기 위해서 너무 빨리 동의하는 것으로, 그 의도는 좋지만 지지하고 동의하는 데 너무 치중하여 상대방에게 자신의 생각이나 감정을 충분히 표현할 시간을 주지 못하게 된다.

오답분석
① 걸러내기 : 듣고 싶지 않은 것들을 막아버리는 것을 말한다.
② 다른 생각하기 : 상대방이 말을 할 때 자꾸 다른 생각을 하는 것을 말한다.
③ 조언하기 : 다른 사람의 문제를 본인이 해결해 주고자 지나치게 조언하고 끼어드는 것을 말한다.

02

정답 ④

김과장은 직원들에 대한 높은 관심으로 간섭하려는 경향이 있고, 남에게 자신의 업적을 이야기하며 인정받으려 하는 욕구가 강하다. 따라서 김과장은 타인에 대한 높은 관심과 간섭을 자제하고, 지나친 인정욕구에 대한 태도를 성찰할 필요성이 있다.

오답분석
① 김과장이 독단적으로 결정했다는 내용은 언급되어 있지 않다.
② 직원들은 김과장의 지나친 관심으로 힘들어하고 있는 상황이므로 적절하지 않은 조언이다.
③ 직원들에게 지나친 관심을 보이는 김과장에게는 적절하지 않은 조언이다.

02 | 자원관리능력

대표기출유형 01 | 기출응용문제

01

정답 ④

• A씨가 인천공항에 도착한 현지 날짜 및 시각

독일시각	11월 2일 19시 30분
소요시간	+12시간 20분
시차	+8시간
	=11월 3일 15시 50분

인천공항에 도착한 시각은 한국시각으로 11월 3일 15시 50분이고, A씨는 3시간 40분 뒤에 일본으로 가는 비행기를 타야 한다. 비행 출발 시각 1시간 전에는 공항에 도착해야 하므로, 참여 가능한 환승투어 코스는 소요 시간이 두 시간 이내인 엔터테인먼트, 인천시티, 해안관광이며, A씨의 인천공항 도착시각과 환승투어 코스가 바르게 짝지어진 것은 ④이다.

02

정답 ④

체육대회는 주말에 한다고 하였으므로 평일과 비가 오는 장마기간은 제외한다. 12일과 13일에는 사장이 출장으로 자리를 비우고, 마케팅팀이 출근해야 하므로 적절하지 않다. 19일은 서비스팀이 출근해야 하며, 26일은 마케팅팀이 출근해야 한다. 또한, ○○운동 장은 둘째, 넷째 주말엔 개방하지 않으므로 27일을 제외하면 남은 날은 20일이다.

03

정답 ③

본사에서 출발하여 B지점과 D지점의 물건을 수거하고, 본사로 돌아와 물건을 하차하는 시간이 가장 짧은 루트는 다음과 같다.
본사 → (10분) A지점 → (15분) B지점(수거 10분) → (15분) C지점 → (10분) D지점(수거 10분) → (10분) C지점 → (15분) F지점 → (10분) A지점 → (10분) 본사(하차 10분)
따라서 10+15+10+15+10+10+10+15+10+10+10=125분이므로 2시간 5분 걸린다.

04

정답 ①

두 번째 조건에서 경유지는 서울보다 +1시간, 출장지는 경유지보다 −2시간이므로 출장지는 서울과 −1시간 차이다.
김대리가 서울에서 경유지를 거쳐 출장지까지 가는 과정을 서울시각 기준으로 정리하면 다음과 같다.
서울 5일 오후 1시 35분 출발 → 오후 1시 35분+3시간 45분=오후 5시 20분 경유지 도착 → 오후 5시 20분+3시간 50분(대기시 간)=오후 9시 10분 경유지에서 출발 → 오후 9시 10분+9시간 25분=6일 오전 6시 35분 출장지 도착
따라서 출장지에 도착했을 때 현지 시각은 서울보다 1시간 느리므로 오전 5시 35분이다.

05

정답 ③

한국(A)이 오전 8시일 때, 오스트레일리아(B)는 오전 10시(시차 : +2), 아랍에미리트(C)는 오전 3시(시차 : -5), 러시아(D)는 오전 2시(시차 : -6)이다. 따라서 업무가 시작되는 오전 9시를 기준으로 오스트레일리아는 이미 2시간 전에 업무를 시작했고, 아랍에미리트는 5시간 후, 러시아는 6시간 후에 업무를 시작한다. 이것을 표로 정리하면 다음과 같다(색칠한 부분이 업무시간이다).

국가＼한국시각	7am	8am	9am	10am	11am	12pm	1pm	2pm	3pm	4pm	5pm	6pm
A사(서울)												
B사(캔버라)												
C사(두바이)												
D사(모스크바)												

따라서 화상회의 가능 시각은 한국시간으로 오후 3시 ~ 오후 4시이다.

06

정답 ③

대화 내용을 살펴보면 A과장은 패스트푸드점, B대리는 화장실, C주임은 은행, D사원은 편의점을 이용한다. 이는 동시에 이루어지는 일이므로 가장 오래 걸리는 일의 시간만을 고려하면 된다. 은행이 30분으로 가장 오래 걸리므로 17:20에 모두 모이게 된다. 따라서 17:00, 17:15에 출발하는 버스는 이용하지 못한다. 그리고 17:30에 출발하는 버스는 잔여석이 부족하여 이용하지 못한다. 최종적으로 17:45에 출발하는 버스를 탈 수 있다. 그러므로 서울에 도착 예정시각은 19:45이다.

대표기출유형 02 　기출응용문제

01

정답 ②

기존의 운송횟수는 12회이므로 1일 운송되는 화물량은 12×1,000=12,000상자이다. 이때, 적재효율을 높여 1대당 적재량이 기존 1,000상자에서 1,200상자로 늘어나므로 10회(=12,000÷1,200)로 운송횟수를 줄일 수 있으므로 다음 계산식으로 기존 방법과 새로운 방법의 월 수송비를 계산하면 다음과 같다.

(월 수송비)=(1회당 수송비)×(차량 1대당 1일 운행횟수)×(차량 운행대수)×(월 운행일수)
• 기존 월 수송비 : 100,000×3×4×20=24,000,000원
• 신규 월 수송비 : 100,000×10×20=20,000,000원
따라서 월 수송비 절감액은 4,000,000원(=24,000,000-20,000,000)이다.

02

정답 ④

• A씨 부부의 왕복 비용 : (59,800×2)×2=239,200원
• 만 6세 아들의 왕복 비용 : (59,800×0.5)×2=59,800원
• 만 3세 딸의 왕복 비용 : 59,800×0.25=14,950원
따라서 A씨 가족이 지불한 교통비는 239,200+59,800+14,950=313,950원이다.

03

김대리는 특수직에 해당되므로 성과평가 구성 중 특수직 구분에 따른다.
김대리에 대한 평가등급에 따라 가중치와 구성비를 고려한 항목별 점수는 다음과 같다.

구분	분기실적	직원평가	연수내역	조직기여도	총점
점수(점)	$0.6 \times 8 = 4.8$	$0.4 \times 10 = 4.0$	$0.2 \times 5 = 1.0$	$0.3 \times 6 = 1.8$	$4.4 + 1.0 + 1.8 = 7.2$
	$[0.5 \times (4.8 + 4.0)] = 4.4$				

따라서 김대리는 6.8 이상 7.6 미만 구간에 해당되므로, 100만 원의 성과급을 지급받게 된다.

04

2024년 3분기의 이전 분기 대비 수익 변화량(-108)이 가장 크다.

오답분석

① 수익은 2024년 2분기에 유일하게 증가하였다.
② 주어진 자료의 증감 추이를 통해 수익의 변화량은 제품가격의 변화량과 밀접한 관계가 있음을 알 수 있다.
③ 조사 기간에 수익이 가장 높을 때는 2024년 2분기이고, 재료비가 가장 낮을 때는 2024년 1분기이다.

05

2025년 1분기의 재료비는 $(1.6 \times 70,000) + (0.5 \times 250,000) + (0.15 \times 200,000) = 267,000$원이다. 2025년 1분기의 제품가격은 (2025년 1분기의 수익)+(2025년 1분기의 재료비)이며, 2025년 1분기의 수익은 2024년 4분기와 같게 유지된다고 하였으므로 291,000원이다. 따라서 $291,000 + 267,000 = 558,000$원이므로 책정해야 할 제품가격은 558,000원이다.

대표기출유형 03   기출응용문제

01

도매점에서 주문하는 콜라의 개수를 x라고 하자.
회원제 도매점에서 주문하는 것이 일반 도매점에서 주문하는 것보다 유리하려면 다음을 만족해야 한다.
$1,500x \geq 50,000 + 1,100x$
$\rightarrow 400x \geq 50,000$
$\rightarrow x \geq 125$
따라서 회원제 도매점은 126병 이상을 구매할 경우 더 유리하다.
A, B, C슈퍼 중 C슈퍼만 126병 이상을 주문할 것이므로 A, B슈퍼는 일반 도매점에서, C슈퍼는 회원제 도매점에서 주문을 해야 유리하다.

02

• 국문 명함 중 50장이 고급종이로 제작되었으므로 일반종이로 제작된 명함의 수량은 $130-50=80$장이다.
  (1인당 국문 명함 제작비)=(일반종이 80장)+(고급종이 50장)[$10,000+(2,500\times3)$]+($10,000\times1.1$)=28,500원
• 영문 명함의 수량 : 70장
  (1인당 영문 명함 제작비)=$15,000+(3,500\times2)=22,000$원
따라서 1인당 명함 제작비는 $28,500+22,000=50,500$원
총비용은 808,000원이므로 신입사원의 수는 $808,000\div50,500=16$명이다.

03

가 ~ 아 수목의 수치를 생장률 및 생장량 공식에 대입하면 다음과 같다.

구분	직경생장률	재적생장량(m^3)	재적생장률
가	$\dfrac{2\times1.5}{10-2\times0.5}\fallingdotseq0.33$	$0.05\times0.33\fallingdotseq0.02$	$\dfrac{0.02}{2\times0.05-0.02}\times40=10$
나	$\dfrac{2\times2}{12-2\times0.5}\fallingdotseq0.36$	$0.08\times0.36\fallingdotseq0.03$	$\dfrac{0.03}{2\times0.08-0.03}\times40\fallingdotseq9.23$
다	$\dfrac{2\times1.6}{10-2\times0.6}\fallingdotseq0.36$	$0.06\times0.36\fallingdotseq0.02$	$\dfrac{0.02}{2\times0.06-0.02}\times40=8$
라	$\dfrac{2\times1.5}{10-2\times0.6}\fallingdotseq0.34$	$0.05\times0.34\fallingdotseq0.02$	$\dfrac{0.02}{2\times0.05-0.02}\times40=10$
마	$\dfrac{2\times1.8}{11-2\times0.8}\fallingdotseq0.38$	$0.07\times0.38\fallingdotseq0.03$	$\dfrac{0.03}{2\times0.07-0.03}\times40\fallingdotseq10.91$
바	$\dfrac{2\times1.8}{12-2\times0.5}\fallingdotseq0.33$	$0.09\times0.33\fallingdotseq0.03$	$\dfrac{0.03}{2\times0.09-0.03}\times40=8$
사	$\dfrac{2\times2.2}{12-2\times0.7}\fallingdotseq0.42$	$0.1\times0.42\fallingdotseq0.04$	$\dfrac{0.04}{2\times0.1-0.04}\times40=10$
아	$\dfrac{2\times1.2}{11-2\times0.5}\fallingdotseq0.24$	$0.06\times0.24\fallingdotseq0.01$	$\dfrac{0.01}{2\times0.06-0.01}\times40\fallingdotseq3.64$

따라서 재적생장률이 가장 높은 수목은 '마'이고, 가장 낮은 수목은 '아'이다.

04

문서용 집게는 재사용이 가능하므로 구매하지 않고 재사용한다. 연필은 B등급이므로 A등급보다 우선순위가 높지 않다. 마지막으로 커피의 필요 개수가 A4용지보다 적으므로 우선순위에서 밀려난다. 따라서 가장 먼저 구매해야 하는 비품은 A4용지이다.

01

정답　④

먼저 모든 면접위원의 입사 후 경력은 3년 이상이어야 한다는 조건에 따라 A, E, F, H, I, L직원은 면접위원으로 선정될 수 없다. 이사 이상의 직급으로 6명 중 50% 이상 구성되어야 하므로 자격이 있는 C, G, N은 반드시 면접위원으로 포함한다. 다음으로 인사팀을 제외한 부서는 두 명 이상 구성할 수 없으므로 이미 N이사가 선출된 개발팀은 더 선출할 수 없고, 인사팀은 반드시 2명을 포함해야 하므로 D과장은 반드시 선출된다. 이를 정리하면 다음과 같다.

구분	1	2	3	4	5	6
경우 1	C이사	D과장	G이사	N이사	B과장	J과장
경우 2	C이사	D과장	G이사	N이사	B과장	K대리
경우 3	C이사	D과장	G이사	N이사	J과장	K대리

따라서 B과장이 면접위원으로 선출됐더라도 K대리가 선출되지 않는 경우도 있다.

02

정답　①

평가지표 결과와 지표별 가중치를 이용하여 지원자들의 최종 점수를 계산하면 다음과 같다.
- A지원자 : $(3×3)+(3×3)+(5×5)+(4×4)+(4×5)+5=84$점
- B지원자 : $(5×3)+(5×3)+(2×5)+(3×4)+(4×5)+5=77$점
- C지원자 : $(5×3)+(3×3)+(3×5)+(3×4)+(5×5)=76$점
- D지원자 : $(4×3)+(3×3)+(3×5)+(5×4)+(4×5)+5=81$점
- E지원자 : $(4×3)+(4×3)+(2×5)+(5×4)+(5×5)=79$점

따라서 K기업에서 채용할 지원자는 A, D지원자이다.

03

정답　②

- C사원은 혁신성, 친화력, 책임감이 '상 – 상 – 중'으로 영업팀의 핵심역량가치에 부합하며, 창의성과 윤리성은 '하'이지만 영업팀에서 중요하게 생각하지 않는 역량이기에 영업팀으로의 부서배치가 적절하다.
- E사원은 혁신성, 책임감, 윤리성이 '중 – 상 – 하'로 지원팀의 핵심역량가치에 부합하므로 지원팀으로의 부서배치가 적절하다.

03 | 문제해결능력

대표기출유형 01 | 기출응용문제

01

정답 ②

제시된 조건을 기호로 정리하면 다음과 같다.
- $\sim A \rightarrow B$
- $A \rightarrow \sim C$
- $B \rightarrow \sim D$
- $\sim D \rightarrow E$

E가 행사에 참여하지 않는 경우, 네 번째 조건의 대우인 $\sim E \rightarrow D$에 따라 D가 행사에 참여한다. D가 행사에 참여하면 세 번째 조건의 대우인 $D \rightarrow \sim B$에 따라 B는 행사에 참여하지 않는다. 또한 B가 행사에 참여하지 않으면 첫 번째 조건의 대우에 따라 A가 행사에 참여하고, A가 행사에 참여하면 두 번째 조건에 따라 C는 행사에 참여하지 않는다. 따라서 E가 행사에 참여하지 않을 경우 행사에 참여 가능한 사람은 A와 D 2명이다.

02

정답 ④

판단의 준거가 되는 명제와 그에 대한 대우를 만들어보면 다음과 같다.
Ⅰ [명제] A가 채택되면 B도 채택된다.
　[대우] B가 채택되지 않으면 A도 채택되지 않는다.
Ⅱ [명제] A가 채택되지 않으면 D와 E 역시 채택되지 않는다.
　[대우] D나 E가 채택되면 A가 채택된다.
Ⅲ [명제] B가 채택된다면, C가 채택되거나 A는 채택되지 않는다.
　[대우] C가 채택되지 않고 A가 채택되면 B는 채택되지 않는다.
Ⅳ [명제] D가 채택되지 않는다면, A는 채택되지만 C는 채택되지 않는다.
　[대우] A가 채택되지 않거나 C가 채택되면 D가 채택된다.
위와 같은 판단 명제를 종합하면 'A업체'가 모든 사안과 연결되는 것을 알 수 있다.
A가 채택되는 경우와 되지 않는 경우를 보면
1) A가 채택되는 경우 : A, B, C, D는 확실히 채택되고, E는 불분명함
2) A가 채택되지 않는 경우 : 모순이 생기므로 제외함(∵ Ⅳ에서 A가 채택되지 않으면 D가 채택된다고 했는데 이것은 Ⅱ에서 A가 채택되지 않으면 D 역시 채택되지 않는다고 한 명제와 모순됨)
따라서 A가 채택되어야 하고 이 경우 A, B, C, D는 확실히 채택된다.

03

정답 ③

가장 먼저 오전 9시에 B과 진료를 본다면 10시에 진료가 끝나고, 셔틀을 타고 본관으로 이동하면 10시 30분이 된다. 이후 C과 진료를 이어보면 12시 30분이 되고, 점심시간 이후 바로 A과 진료를 본다면 오후 2시에 진료를 다 받을 수 있다. 따라서 가장 빠른 경로는 B → C → A이다.

04

정답 ②

가대리와 마대리의 진술이 서로 모순이므로, 둘 중 한 사람은 거짓을 말하고 있다.
ⅰ) 가대리의 진술이 거짓인 경우
가대리의 말이 거짓이라면 나사원의 말도 거짓이 되고, 라사원의 말도 거짓이 되므로 모순이 된다.
ⅱ) 가대리의 진술이 진실인 경우
가대리, 나사원, 라사원의 말이 진실이 되고, 다사원과 마대리의 말이 거짓이 된다.

진실
• 가대리 : 가대리·마대리 출근, 결근 사유 모름
• 나사원 : 다사원 출근, 가대리 진술은 진실
• 라사원 : 나사원 진술은 진실

거짓
• 다사원 : 라사원 결근 → 라사원 출근
• 마대리 : 라사원 결근, 라사원이 가대리한테 결근 사유 전함 → 라사원 출근, 가대리는 결근 사유 듣지 못함
따라서 나사원이 출근하지 않았다.

05

정답 ④

각 조건을 정리하면 다음과 같다.
• 스페인 반드시 방문
• 프랑스 → ~영국
• 오스트리아 → ~스페인
• 벨기에 → 영국
• 오스트리아, 벨기에, 독일 중 2개 이상
세 번째 명제의 대우 명제는 '스페인 → ~오스트리아'이고, 스페인을 반드시 방문해야 되므로 오스트리아는 방문하지 않을 것이다. 그러면 마지막 조건에 따라 벨기에와 독일은 방문한다. 네 번째 조건에 따라 영국도 방문하고, 그러면 두 번째 조건에 따라 프랑스는 방문하지 않게 된다.
따라서 아름이가 방문할 국가는 스페인, 벨기에, 독일, 영국이며, 방문하지 않을 국가는 오스트리아와 프랑스임을 알 수 있다.

06

정답 ④

세 번째와 일곱 번째 조건에 의해 자전거 동호회에 참여한 직원은 남직원 1명이다. 또한 다섯 번째 조건에 의해 과장과 부장은 자전거 동호회 또는 영화 동호회에 참여하게 된다. 이때, 여덟 번째 조건에 의해 부장은 영화 동호회에 참여하므로 과장은 자전거 동호회에 참여한다. 따라서 자전거 동호회에 참여한 직원의 성은 남자이고, 직위는 과장이다. 다음으로 네 번째 조건에 의해 여직원 1명이 영화 동호회에 참여하므로 영화 동호회에 참여한 직원의 성은 여자이고, 직위는 부장이다. 남은 동호회는 농구, 축구, 야구, 테니스 동호회 중에서 여섯 번째 조건에 의해 참여 인원이 없는 동호회가 2개이므로, 어떤 동호회의 참여 인원은 2명이다. 아홉 번째 조건에 의해 축구에 참여한 직원의 성은 남자이고, 여덟 번째 조건에 의해 야구 동호회에 참여한 직원의 성은 여자이고, 직위는 주임이다. 또한, 일곱 번째 조건에 의해 야구 동호회에 참여한 직원 수는 1명이므로 남은 축구 동호회에 참여한 직원은 2명이고, 성은 남자이며, 직위는 각각 대리와 사원이다.

01

정답　④

제시문에서 볼 수 있는 문제 해결 기법은 5Why 기법이다. 5Why 기법은 문제에 대한 질문과 대답을 계속 진행하면서 문제의 실체와 근본적인 원인을 파악하고 올바른 해결방안을 수립하도록 돕는 문제 해결 기법이다.

오답분석

① TRIZ : 문제에 대하여 이상적인 결과를 정하고, 그 결과를 얻는 데 모순이 되는 것을 찾아 모순을 극복할 수 있는 창의적인 해결안을 찾는 문제 해결 기법
② Brainstorming : 새로운 아이디어를 떠올리고, 창의적으로 문제를 해결하기 위한 집단적 창의력 사고 기법
③ Synectics : 서로 관련이 없어 보이는 것들을 조합하여 새로운 것을 도출하는 사고 기법

02

정답　③

K사는 모바일 게임 시장은 사라질 것이라는 과거의 고정관념에서 벗어나 인식의 틀을 전환하여 오히려 신기술인 AR을 게임에 도입하여 큰 성공을 거두었다. 즉, K사는 기존에 가지고 있는 인식의 틀을 전환하여 새로운 관점에서 사물과 세상을 바라보는 발상의 전환을 통해 문제를 해결한 것이다.

01

정답 ②

서울 지점의 C씨에게 배송할 제품과 경기남부 지점의 B씨에게 배송할 제품에 대한 기호를 모두 기록해야 한다.

- C씨 : MS11EISS
  - 재료 : 연강(MS)
  - 판매량 : 1box(11)
  - 지역 : 서울(E)
  - 윤활유 사용 : 윤활작용(I)
  - 용도 : 스프링(SS)

- B씨 : AHSS00SSST
  - 재료 : 초고강도강(AHSS)
  - 판매량 : 1set(00)
  - 지역 : 경기남부(S)
  - 윤활유 사용 : 밀폐작용(S)
  - 용도 : 타이어코드(ST)

02

정답 ③

CBP-<u>WK</u>4A-P31-B0803 : 배터리 형태 중 WK는 없는 형태이다.
PBP-DK1E-<u>P21</u>-A8B12 : 고속충전 규격 중 P21은 없는 규격이다.
NBP-LC3B-P31-B3<u>230</u> : 생산날짜의 2월은 30일이 없다.
<u>CNP</u>-LW4E-P20-A7A29 : 제품분류 중 CNP는 없는 분류이다.
따라서 보기에서 시리얼넘버가 잘못 부여된 제품은 모두 4개이다.

03

정답 ②

고객이 설명한 제품정보를 정리하면 다음과 같다.
- 설치형 : PBP
- 도킹형 : DK
- 20,000mAH 이상 : 2
- 60W 이상 : B
- USB-PD3.0 : P30
- 2022년 10월 12일 : B2012
따라서 S주임이 데이터베이스에 검색할 시리얼넘버는 PBP-DK2B-P30-B2012이다.

04

정답 ①

먼저 16진법으로 표현된 수를 10진법으로 변환하여야 한다.
$43 \rightarrow 4 \times 16 + 3 = 67$
$41 \rightarrow 4 \times 16 + 1 = 65$
$54 \rightarrow 5 \times 16 + 4 = 84$
변환된 수를 아스키 코드표를 이용하여 해독하면 67=C, 65=A, 84=T임을 확인할 수 있다. 따라서 철수가 장미에게 보낸 문자의 의미는 CAT이다.

01

정답 ④

산재근로자의 장해등급 구분에 영향을 미치는 요인은 '산재근로자의 노동시장 참여(2)'에서 다룬다.

02

정답 ①

유지보수인 양천구와 영등포구의 사업이 개발구축으로 잘못 적혔다.

오답분석

② 강서구와 서초구의 사업기간이 1년 미만이다.
③ 강서구의 사업금액은 5.6억 원으로, 6억 원 미만이다.
④ 사업금액이 가장 많은 사업은 양천구이고, 사업기간이 2년 미만인 사업은 마포구이므로 서로 다르다.

03

정답 ②

ⓒ 화장품은 할인 혜택에 포함되지 않는다.
ⓒ 침구류는 가구가 아니므로 할인 혜택에 포함되지 않는다.

04

정답 ③

주어진 조건별로 정리하면 다음과 같다.
• 참여 인원 파악 : 10(운영인원)＋117(선발인원)＋6(아나운서)＝133명
• 여유 공간 파악 : 전체 참여 인원의 10%를 수용할 수 있는 여유 공간이 있어야 하므로 133명의 10%인 13.3명을 추가로 수용할 수 있어야 한다. 따라서 146.3명 이상을 수용할 수 있어야 하므로 최대수용인원이 136명인 대회의실 2는 제외된다.
• 부대시설 파악 : 마이크와 프로젝터가 모두 있어야 하므로 프로젝터를 모두 갖추지 못한 한빛관은 제외된다.
• 대여 가능 날짜 파악 : 발대식 전날 정오인 2월 16일 12시부터 1박 2일의 발대식이 진행되는 18일까지 예약이 가능해야 하므로 비전홀은 제외된다.
따라서 A사원이 예약할 시설은 모든 조건을 충족하는 대회의실 1이 가장 적절하다.

04 | 정보능력

대표기출유형 01 기출응용문제

01
정답 ②

'디스크 정리' 프로그램은 불필요한 프로그램을 제거함으로써 하드디스크 용량을 확보해 주는 프로그램이다. PC에 하드가 인식하지 않는 상태에서는 윈도우를 활용할 수 없으므로, 윈도우의 '디스크 정리' 프로그램은 사용할 수 없다.

02
정답 ②

ㄱ. 공용 서버 안의 모든 바이러스를 치료한 후에 접속하는 모든 컴퓨터를 대상으로 바이러스 검사를 하고 치료해야 한다.
ㄷ. 쿠키는 공용으로 사용하는 PC로 인터넷에 접속했을 때 개인 정보 유출을 방지하기 위해 삭제한다.

오답분석

ㄴ. 다운로드 받은 감염된 파일을 모두 실행하면 바이러스가 더욱 확산된다.
ㄹ. 임시 인터넷 파일의 디스크 공간을 늘리는 것보다 파일을 삭제하여 디스크 공간을 확보하는 것이 추가 조치사항으로 적절하다.

대표기출유형 02 기출응용문제

01
정답 ③

'MAX(B7:E7)' 함숫값은 [B7:E7] 범위에서 가장 큰 값인 91이며, COUNTA 함수는 범위에서 비어있지 않은 셀의 개수를 세는 함수로 'COUNTA(B6:E6)'의 함숫값은 4가 된다. 따라서 'AVERAGE(91,4)'가 되며 91과 4의 평균인 47.5가 된다.

오답분석

① 'LARGE(B2:E2,3)' 함숫값은 [B2:E2] 범위에서 3번째로 큰 값인 80이며, 'SMALL(B5:E5,2)' 함숫값은 [B5:E5] 범위에서 2번째로 작은 값인 79이다. 따라서 'AVERAGE(80,79)'가 되며 80과 79의 평균인 79.5가 된다.
② 'MAX(B3:E3)' 함숫값은 [B3:E3] 범위에서 가장 큰 값인 95이며, 'MIN(B7:E7)' 함숫값은 [B7:E7] 범위에서 가장 작은 값인 79이다. 따라서 'SUM(95,79)'가 되며 95와 79의 합인 174가 된다.
④ MAXA 함수는 논리값과 텍스트도 포함하여 최대값을 나타내는 함수로 'MAXA(B4:E4)'의 함숫값은 [B4:E4] 범위의 최대값인 94가 된다. COUNT 함수는 범위에서 숫자가 포함된 셀의 개수를 세주는 함수로 'COUNT(B3:E3)'의 함숫값은 4가 된다. 따라서 'SUM(94,4)'가 되며 94와 4의 합인 98이 된다.

02

정답 ①

② D3 : =MID(B3,3,2)
③ E7 : =RIGHT(B7,2)
④ D8 : =MID(B8,3,2)

03

정답 ④

LARGE 함수는 데이터 집합에서 N번째로 큰 값을 구하는 함수이다. 따라서 ④의 결괏값으로는 [D2:D9] 범위에서 두 번째로 큰 값인 20,000이 산출된다.

① INDEX 함수는 범위 내에서 값이나 참조 영역을 구하는 함수이다.
② MAX 함수는 최댓값을 구하는 함수이다.
③ MID 함수는 문자열의 지정 위치에서 문자를 지정한 개수만큼 돌려주는 함수이다.

04

정답 ①

SUMIF 함수는 주어진 조건에 의해 지정된 셀들의 합을 구하는 함수이며, 「=SUMIF(조건 범위,조건,계산할 범위)」로 구성된다. 따라서 ①의 결괏값으로는 계산할 범위 [C2:C9] 안에서 [A2:A9] 범위 안의 조건인 [A2](의류)로 지정된 셀들의 합인 42가 산출된다.

② COUNTIF 함수는 지정한 범위 내에서 조건에 맞는 셀의 개수를 구하는 함수이다.
③ · ④ VLOOKUP 함수와 HLOOKUP 함수는 배열의 첫 열 / 행에서 값을 검색하여, 지정한 열 / 행의 같은 행 / 열에서 데이터를 돌려주는 찾기 / 참조함수이다.

05

정답 ②

- [D11] 셀에 입력된 COUNTA 함수는 범위에서 비어있지 않은 셀의 개수를 구하는 함수이다. [B3:D9] 범위에서 비어있지 않은 셀의 개수는 숫자 '1' 10개와 '재제출 요망'으로 입력된 텍스트 2개로, 「=COUNTA(B3:D9)」의 결괏값은 12이다.
- [D12] 셀에 입력된 COUNT 함수는 범위에서 숫자가 포함된 셀의 개수를 구하는 함수이다. [B3:D9] 범위에서 숫자가 포함된 셀의 개수는 숫자 '1' 10개로, 「=COUNT(B3:D9)」의 결괏값은 10이다.
- [D13] 셀에 입력된 COUNTBLANK 함수는 범위에서 비어있는 셀의 개수를 구하는 함수이다. [B3:D9] 범위에서 비어있는 셀의 개수는 9개로, 「=COUNTBLANK(B3:D9)」의 결괏값은 9이다.

05 | 조직이해능력

대표기출유형 01 | 기출응용문제

01
정답 ④

경영참가제도의 가장 큰 목적은 경영의 민주성을 제고하는 것이다. 근로자 또는 노동조합이 경영과정에 참여하여 자신의 의사를 반영함으로써 공동으로 문제를 해결하고, 노사 간의 세력 균형을 이룰 수 있다.

오답분석

① 근로자와 노동조합이 경영과정에 참여함으로써, 경영자의 고유한 권리인 경영권은 약화된다.
② 경영능력이 부족한 근로자가 경영에 참여할 경우 합리적인 의사결정이 어렵고, 의사결정이 늦어질 수 있다.
③ 노동조합의 대표자가 소속 조합원의 노동조건과 기타 요구조건에 관하여 경영자와 대등한 입장에서 교섭하는 노동조합의 단체교섭 기능은 경영참가제도를 통해 경영자의 고유한 권리인 경영권을 약화시키고, 오히려 경영참가제도를 통해 분배문제를 해결함으로써 노동조합의 단체교섭 기능이 약화될 수 있다.

02
정답 ②

목표관리(MBO; Management By Objectives)란 조직의 상하 구성원들이 참여의 과정을 통해 조직 단위와 구성원의 목표를 명확하게 설정하고, 그에 따라 생산 활동을 수행하도록 한 뒤 업적을 측정·평가하는 포괄적 조직관리 체제를 말한다. 목표관리는 종합적인 조직운영 기법으로 활용될 뿐만 아니라 근무성적평정 수단, 예산 운영 및 재정관리의 수단으로 다양하게 활용되고 있다.

오답분석

① 과업평가계획(PERT; Project Evaluation and Review Technique) : 특정 프로젝트의 일정과 순서를 계획적으로 관리하는 기법으로, 계획내용인 프로젝트의 달성에 필요한 모든 작업을 작업 관련 내용과 순서를 기초로 하여 네트워크상으로 파악한다.
③ 조직개발(OD; Organization Development) : 조직의 유효성과 건강을 높이고, 환경변화에 적절하게 대응하기 위하여 구성원의 가치관과 태도, 조직풍토, 인간관계 등을 향상시키는 변화활동을 의미한다.
④ 전사적자원관리(ERP; Enterprise Resource Planning) : 기업 내 생산, 물류, 재무, 회계, 영업과 구매, 재고 등 경영 활동 프로세스들을 통합적으로 연계해 관리하며, 기업에서 발생하는 정보를 공유하여 새로운 정보의 생성과 빠른 의사결정을 도와주는 전사적자원관리시스템을 의미한다.

01

정답　①

ㄱ. 환경이 안정적이거나 일상적인 기술, 조직의 내부 효율성을 중요시하는 기업은 주로 기능적 조직 구조 형태를 띠고 있다.
ㄴ. 사업별 조직 구조는 주로 안정적인 환경이 아닌 급변하는 환경에의 효과적 대응가 용이한 조직 구조이다.

[오답분석]

ㄷ. 기능적 조직 구조 형태는 업무의 내용이 유사하고 관련성이 있는 것들을 결합하여 부서를 조직한 방식이다.
ㄹ. 변하는 환경변화에 효과적으로 대응하고 제품, 지역, 고객별 차이에 신속하게 적응하기 위해서는 분권화된 의사결정이 가능한 사업별 조직 구조가 유리하다.

02

정답　④

조직의 구조는 조직 내의 부문 사이에 형성된 관계로 조직목표를 달성하기 위한 조직구성원들의 상호작용을 보여 준다. 조직 구조는 의사결정권의 집중정도, 명령계통, 최고경영자의 통제, 규칙과 규제의 정도에 따라 달라지며 구성원들의 업무나 권한이 분명하게 정의된 기계적 조직과 의사결정권이 하부구성원들에게 많이 위임되고 업무가 고정적이지 않은 유기적 조직으로 구분할 수 있다.

03

정답　②

매트릭스 조직은 특정사업 수행을 위한 것으로, 해당분야의 전문성을 지닌 직원들이 본연의 업무와 특정사업을 동시에 수행하는 '투-잡(Two-Job)' 형태로 운영될 수 있으며 두 명 이상의 책임자들로부터 명령을 받는다고 하여 이중지휘 시스템이라고도 한다.

04

정답　③

매트릭스 조직의 성공여부는 이 조직에 관여하는 관리자들의 양보와 타협, 협동에 달려있으므로 리더들의 사고 혁신이 전제가 되어야 한다. 매트릭스 조직 운영은 난이도가 높기에 이에 걸맞은 기업문화와 인사제도, 성과측정, 전략수립 수단이 필요하며 매트릭스 최하단에 놓인 직원의 적절한 업무량 배분을 감안해야 한다. 또한 함께 달성할 가치나 목표가 뚜렷해야 구성원들의 협력의지를 동기부여 시킬 수 있고 기능 간에 커뮤니케이션과 정보 공유가 원활해지므로, 공동 목표를 명확히 설정하고 공유해야 한다. 이러한 조직의 전체적인 변화와 혁신을 일으키지 않으면 어설픈 관료제의 중첩이라는 위험에 빠지게 될 가능성이 높다.

05

정답　③

영리조직의 사례로는 이윤 추구를 목적으로 하는 다양한 사기업을 들 수 있으며, 비영리조직으로는 정부조직, 병원, 대학, 시민단체, 종교단체 등을 들 수 있다.

대표기출유형 03 기출응용문제

01

각종 위원회 위원 위촉에 관한 전결규정은 없다. 따라서 정답은 ②가 된다. 단, 대표이사의 부재중에 부득이하게 위촉을 해야 하는 경우가 발생했다면 차하위자(전무)가 대결을 할 수는 있다.

02

ㄱ. 조직의 업무는 원칙적으로 업무분장에 따라 이루어져야 하지만, 실제 수행 시에는 상황에 따라 효율성을 극대화시키기 위해 변화를 주는 것이 바람직하다.
ㄴ. 구성원 개인이 조직 내에서 책임을 수행하고 권한을 행사할 때, 기반이 되는 것은 근속연수가 아니라 직급이다.

[오답분석]
ㄷ. 업무는 관련성, 동일성, 유사성, 수행시간대 등 다양한 기준에 따라 통합 혹은 분할하여 수행하는 것이 효율적이다.
ㄹ. 직위는 조직의 각 구성원에게 수행해야 할 일정 업무가 할당되고, 그 업무를 수행하는 데 필요한 권한과 책임이 부여된 조직상의 위치이다.

대표기출유형 01 | 기출응용문제

01

정답 ②

서희와 소정이가 첫 번째로 만나기까지 걸린 시간을 x초라고 하자.

$7x+5x=600$

$\therefore x=50$

첫 번째로 만난 지점과 출발점 사이의 거리, 즉 소정이가 이동한 거리를 구하면 $5 \times 50 = 250$m이고, 소정이가 세 번째로 만난 지점까지 이동한 거리는 $250 \times 3 = 750$m이다.

즉, $750 - 600 = 150$m이므로, 세 번째로 만난 지점은 출발점으로부터 150m 떨어져 있다.

02

정답 ②

박대리의 이동 시간을 x시간이라 가정하면, 김부장의 이동 시간은 $\left(x+\dfrac{1}{2} \right)$시간이 된다. 두 사람의 이동거리가 같아지는 시간을 구하는 식은 다음과 같다.

$x \times 4 = \left(x+\dfrac{1}{2} \right) \times 3$

$\rightarrow 4x-3x=\dfrac{3}{2}$

$\therefore x=\dfrac{3}{2}$

따라서 박대리가 회사에서 출발한 지 90분 $\left(=\dfrac{3}{2}$시간$\right)$ 후에 김부장을 따라잡는다.

03

정답 ④

9% 소금물 200g에 들어있는 소금의 양은 $\dfrac{9}{100} \times 200 = 18$g이므로, 100g에 들어있는 소금의 양은 9g이고, 4% 소금물 150g에 들어있는 소금의 양은 $\dfrac{4}{100} \times 150 = 6$g이다. 따라서 그릇 B에 들어있는 소금물의 농도는 $\dfrac{9+6}{100+150} \times 100 = 6\%$이다.

04

정답 ②

한 주에 2명의 사원이 당직 근무를 하므로 3주 동안 총 6명의 사원이 당직 근무를 하게 된다.

• B팀의 8명의 사원 중 6명을 뽑는 경우의 수 : ${}_8 C_6 = {}_8 C_2 = \dfrac{8 \times 7}{2 \times 1} = 28$가지

• 6명의 사원을 2명씩 3조로 나누는 경우의 수 : ${}_6 C_2 \times {}_4 C_2 \times {}_2 C_2 \times \dfrac{1}{3!} = \dfrac{6 \times 5}{2 \times 1} \times \dfrac{4 \times 3}{2 \times 1} \times 1 \times \dfrac{1}{6} = 15$가지

• 한 주에 한 조를 배치하는 경우의 수 : $3! = 3 \times 2 \times 1 = 6$가지

따라서 가능한 모든 경우의 수는 $28 \times 15 \times 6 = 2,520$가지이다.

05

정답 ④

B를 거치는 A와 C의 최단 경로는 A와 B 사이의 경로와 B와 C 사이의 경로를 나눠서 구할 수 있다.

• A와 B의 최단 경로의 경우의 수 : $\dfrac{5!}{3! \times 2!} = 10$가지

• B와 C의 최단 경로의 경우의 수 : $\dfrac{3!}{1! \times 2!} = 3$가지

따라서 B를 거치는 A와 C의 최단 경로의 경우의 수는 $3 \times 10 = 30$가지이다.

06

정답 ②

인터넷 쇼핑몰의 등록 고객 수를 x명이라 하면 여성의 수는 $\dfrac{75}{100}x$명, 남성의 수는 $\dfrac{25}{100}x$명이다.

• 여성 등록 고객 중 우수고객의 수 : $\dfrac{75}{100}x \times \dfrac{40}{100} = \dfrac{3,000}{10,000}x$명

• 남성 등록 고객 중 우수고객의 수 : $\dfrac{25}{100}x \times \dfrac{30}{100} = \dfrac{750}{10,000}x$명

그러므로 우수고객 중 여성일 확률은 $\dfrac{\dfrac{3,000}{10,000}x}{\dfrac{3,000}{10,000}x + \dfrac{750}{10,000}x} = \dfrac{3,000}{3,750} = \dfrac{4}{5}$ 이다.

따라서 등록 고객 중 한 명을 임의로 뽑았을 때 우수고객이 여성일 확률은 $\dfrac{4}{5} = 80\%$이다.

07

정답 ③

테니스 동아리 회원 수를 x명이라 하면, 테니스장 사용료에 대한 방정식은 다음과 같다.

$5,500x - 3,000 = 5,200x + 300$

$\rightarrow 300x = 3,300$

$\therefore x = 11$

따라서 테니스 동아리 회원 수는 11명이므로 테니스장 이용료는 $5,500 \times 11 - 3,000 = 57,500$원이다.

08

정답 ③

나눈 찰흙의 한 변의 길이가 두 변의 길이의 최대공약수일 때, 나눈 찰흙의 수가 최소가 된다. 108, 180의 최대공약수는 36이므로 $108 = 36 \times 3$, $180 = 36 \times 5$이다. 따라서 나눈 찰흙의 수가 최소일 때, 그 개수는 $3 \times 5 = 15$개이다.

09

정답 ②

프로젝트를 완료하는 일의 양을 1이라 하면 A사원은 하루에 $\dfrac{1}{7}$, B사원은 하루에 $\dfrac{1}{9}$만큼 일할 수 있다.

3일 동안 A사원과 B사원이 함께 일한 양은 $3 \times \left(\dfrac{1}{7} + \dfrac{1}{9} \right) = 3 \times \dfrac{16}{63} = \dfrac{16}{21}$이다.

따라서 A사원이 혼자서 남은 프로젝트를 완료하는 데 걸리는 시간은 $\dfrac{1 - \dfrac{16}{21}}{\dfrac{1}{7}} = \dfrac{5}{3}$이므로 2일이다.

01 정답 ④

주어진 조건에 따라 각 상품의 할인가 판매 시의 괴리율을 계산하면 다음과 같다.

- 세탁기 : $\dfrac{640,000-580,000}{640,000}\times100 ≒ 9.3\%$

- 무선청소기 : $\dfrac{181,000-170,000}{181,000}\times100 ≒ 6.0\%$

- 오디오세트 : $\dfrac{493,000-448,000}{493,000}\times100 ≒ 9.1\%$

- 운동복 : $\dfrac{212,500-180,000}{212,500}\times100 ≒ 15.2\%$

따라서 상품 중 운동복의 괴리율이 15.2%로 가장 높다.

02 정답 ①

각 도시의 부동산 전세 가격지수 증가량은 다음과 같다.

도시	2024년 6월	2024년 12월	증가량	도시	2024년 6월	2024년 12월	증가량
A	90.2	95.4	5.2	F	98.7	98.8	0.1
B	92.6	91.2	−1.4	G	100.3	99.7	−0.6
C	98.1	99.2	1.1	H	92.5	97.2	4.7
D	94.7	92.0	−2.7	I	96.5	98.3	1.8
E	95.1	98.7	3.6	J	99.8	101.5	1.7

증가량이 가장 적은 도시는 D이므로 D의 증감률은 $\dfrac{92.0-94.7}{94.7}\times100 ≒ -2.9\%$이다.

03 정답 ②

각 학년의 평균 신장 증가율은 다음과 같다

- 1학년 : $\dfrac{162.5-160.2}{160.2} ≒ 1.43\%$

- 2학년 : $\dfrac{168.7-163.5}{163.5} ≒ 3.18\%$

- 3학년 : $\dfrac{171.5-168.7}{168.7} ≒ 1.66\%$

따라서 평균 신장 증가율이 큰 순서는 2학년 – 3학년 – 1학년 순서이다.

04 정답 ④

- 변동 후 요금이 가장 비싼 노선은 D이므로 D가 2000번이다.
- 요금 변동이 없는 노선은 B이므로 B가 42번이다.
- 연장운행을 하기로 결정한 노선은 C이므로, C가 6번이다.
- A가 남은 번호인 3100번이다.

대표기출유형 03 기출응용문제

01
정답 ②

서울(1.1%)을 포함하여 부산(1.9%) 및 인천(2.5%) 지역에서는 증가율이 상대적으로 낮게 나와 있다.

오답분석

㉠ 자료의 연평균 증가율을 통해 확인할 수 있다.

㉢ 2024년 에너지 소비량은 경기(9,034천 TOE), 충남(4,067천 TOE), 서울(3,903천 TOE)의 순서이다.

㉣ 전국 에너지 소비량은 2014년이 28,588천 TOE, 2024년이 41,594천 TOE로서 13,006천 TOE의 증가를 보이고 있다.

02
정답 ②

ㄱ. 설 연휴 전날과 평소 주말의 일평균 전체교통사고 건수·부상자 수의 차이를 구하면 다음과 같다.
- 사고 건수 차이 : 822.0−581.7=240.3
- 부상자 수 차이 : 1,178.0−957.3=220.7

또한 평소 주말 일평균 사망자 수는 12.9명이다. 12.9×1.3=16.77이고, 설 연휴 전날 사망자 수는 17.3명이므로 설 연휴 전날 사망자 수는 평소 주말 일평균 사망자 수보다 30% 이상 많았다.

ㄷ. 설 연휴 일평균 졸음운전사고의 수는 7.8건으로 평소 주말 일평균 졸음운전사고 수인 8.2건보다 적었다. 하지만 설 연휴 일평균 졸음운전사고의 부상자와 사망자의 수는 각각 21.1명, 0.6명으로 평소 주말 일평균 졸음운전사고의 부상자와 사망자 수인 17.1명, 0.3명보다 많았다.

ㅁ. 어린이사고의 설 연휴와 평소 주말의 일평균 사고 건수·부상자 수·사망자 수의 차이를 구하면 다음과 같다.
- 사고 건수 : 45.4−39.4=6.0건
- 부상자 수 : 59.4−51.3=8.1명
- 사망자 수 : 0.4−0.3=0.1명

오답분석

ㄴ. 설 당일과 설 전날의 전체교통사고 건당 부상자 수와 교통사고 건당 사망자 수를 구하면 다음과 같다.
- 교통사고 건당 부상자 수
  - 설 당일 : $1,013.3 \div 448.0 \fallingdotseq 2.26$명
  - 설 전날 : $865.0 \div 505.3 \fallingdotseq 1.71$명
- 교통사고 건당 사망자 수
  - 설 당일 : $10.0 \div 448.0 \fallingdotseq 0.02$명
  - 설 전날 : $15.3 \div 505.3 \fallingdotseq 0.03$명

따라서 교통사고 건당 부상자 수는 설 당일이 설 전날보다 많지만 교통사고 건당 사망자 수는 설 당일이 설 전날보다 적다.

ㄹ. 사망자 증가율 : $\dfrac{0.6-0.3}{0.3} \times 100 = 100\%$

부상자 증가율 : $\dfrac{21.1-17.1}{17.1} \times 100 \fallingdotseq 23.4\%$

따라서 사망자의 증가율은 부상자의 증가율의 10배 미만이다.

03

2020 ~ 2024년 동안 전년 대비 투자액이 감소한 2024년을 제외한 나머지 해의 증가율은 다음과 같다.

- 2020년 : $\dfrac{125-110}{110} \times 100 ≒ 13.6\%$

- 2022년 : $\dfrac{250-70}{70} \times 100 ≒ 257\%$

- 2023년 : $\dfrac{390-250}{250} \times 100 = 56\%$

따라서 2022년도에 전년 대비 증가율이 가장 높다.

오답분석

① 제시된 자료에서 확인할 수 있다.

② 2019년과 2022년 투자건수의 합(8+25=33건)은 2024년 투자건수(63건)보다 적다.

④ 전년 대비 투자건수 증가율은 2024년에 $\dfrac{63-60}{60} \times 100 = 5\%$로 가장 낮다.

04

2021년과 2024년 처리 건수 중 인용 건수 비율은 각각 $\dfrac{3,667}{32,737} \times 100 ≒ 11.20\%$, $\dfrac{3,031}{21,080} \times 100 ≒ 14.38\%$로, 2024년과 2021년 처리 건수 중 인용 건수 비율의 차이는 $14.38 - 11.20 = 3.18\%p$이다. 따라서 처리 건수 중 인용 건수 비율은 2024년이 2021년에 비해 3%p 이상 높다.

오답분석

ㄱ. 기타처리 건수의 전년 대비 감소율은 다음과 같다.

- 2022년 : $\dfrac{12,871-16,674}{16,674} \times 100 ≒ -22.81\%$

- 2023년 : $\dfrac{10,166-12,871}{12,871} \times 100 ≒ -21.02\%$

- 2024년 : $\dfrac{8,204-10,166}{10,166} \times 100 ≒ -19.30\%$

ㄷ. 처리 건수 대비 조정합의 건수의 비율은 2022년은 $\dfrac{2,764}{28,744} \times 100 ≒ 9.62\%$로, 2023년의 $\dfrac{2,644}{23,573} \times 100 ≒ 11.22\%$보다 낮다.

ㄹ. 조정합의 건수 대비 의견표명 건수 비율은 2021년에는 $\dfrac{467}{2,923} \times 100 ≒ 15.98\%$, 2022년에는 $\dfrac{474}{2,764} \times 100 ≒ 17.15\%$, 2023년에는 $\dfrac{346}{2,644} \times 100 ≒ 13.09\%$, 2024년에는 $\dfrac{252}{2,567} \times 100 ≒ 9.82\%$이다. 조정합의 건수 대비 의견표명 건수 비율이 높은 순서로 나열하면 2022년 → 2021년 → 2023년 → 2024년이다. 또한, 평균처리일이 짧은 순서로 나열하면 2022년 → 2024년 → 2021년 → 2023년이다. 따라서 평균처리일 기간과 조정합의 건수 대비 의견표명 건수 비율의 순서는 일치하지 않는다.

PART 2

전기 전공

CHAPTER 06 적중예상문제

06 | 적중예상문제

01	02	03	04	05	06	07	08	09	10	11	12	13	14	15	16	17	18	19	20
②	②	③	③	④	②	①	②	①	④	①	④	④	①	③	③	②	③	②	③
21	22	23	24	25	26	27	28	29	30	31	32	33	34	35	36	37	38	39	40
④	④	③	②	②	④	②	②	①	②	②	②	②	④	①	④	③	②	④	④
41	42	43	44	45	46	47	48	49	50										
①	②	②	③	①	①	④	①	④	④										

01 정답 ②

전류를 흐르게 하는 원동력을 기전력이라 하며, 단위는 V이다.

$E = \dfrac{W}{Q}$[V] (Q : 전기량, W : 일의 양)

02 정답 ②

배전반 및 분전반의 설치 장소
- 접근이 쉬운 노출된 장소
- 전기회로를 쉽게 다룰 수 있는 장소
- 안정된 장소
- 개폐기를 쉽게 조작할 수 있는 장소

03 정답 ③

저압 전로의 절연성능(전기설비기술기준 제52조)

전로의 사용전압	DC 시험전압[V]	절연저항[MΩ]
SELV 및 PELV	250	0.5
FELV, 500V 이하	500	1.0
500V 초과	1,000	1.0

※ 특별저압(Extra Law Voltage : 2차 전압이 AC 50V, DC 120V 이하)으로 SELV(비접지회로 구성) 및 PELV(접지회로 구성)는 1차와 2차가 전기적으로 절연된 회로, FELV는 1와 2차가 전기적으로 절연되지 않은 회로

04 정답 ③

정의(전기설비기술기준 제3조)
전선로란 발전소·변전소·개폐소, 이에 준하는 곳, 전기사용장소 상호 간의 전선(전차선을 제외한다) 및 이를 지지하거나 수용하는 시설물을 말한다.

05

동기전동기를 무부하 운전하고 그 계자전류를 조정하면 역률이 0에 가까운 전기자전류의 크기를 바꿀 수 있는데, 이것을 이용해서 회로로부터 얻는 진상 또는 지상 무효전력을 조정하여 역률 개선에 사용하는 것은 동기조상기이다.

오답분석
① 댐퍼 : 진동 에너지를 흡수하는 장치로, 제진기, 흡진기라고도 한다.
③ 제동권선 : 동기기 자극편의 전기자에 상대하는 면의 슬롯 안에 설치한 권선이다.

06

정답 ②

용량 : $C = \dfrac{Q}{V} = \dfrac{5 \times 10^{-3} \mathrm{C}}{1,000 \mathrm{V}} = 5 \times 10^{-6} \mathrm{F} = 5 \mu \mathrm{F}$

07

정답 ①

전기회로에서 전류와 자기회로에서 자속의 흐름은 항상 폐회로를 형성한다.

08

정답 ②

전기력선은 도체 표면에 수직이고, 도체 내부에는 존재하지 않는다.

09

정답 ①

전력안정화장치(PSS; Power System Stabilizer)는 속응 여자 시스템으로 인한 미소 변동을 안정화시켜 전력계통의 안정도를 향상시킨다.

10

정답 ④

비율 차동 계전기는 고장 시의 불평형 차전류가 평형전류의 어떤 비율 이상이 되었을 때 동작하는 계전기이다.

오답분석
① 과전압 계전기 : 입력 전압이 규정치보다 클 때 동작하는 계전기이다.
② 과전류 계전기 : 허용된 전류가 초과되어 과전류가 흐르게 되면 주회로를 차단함으로써 화재를 예방하는 계전기이다.
③ 전압 차동 계전기 : 두 전압의 불평형으로 어떤 값에 이르렀을 때 동작하는 계전기이다.

11

정답 ①

주기(T)는 주파수(f)의 역수이므로
$$T = \frac{1}{f} = \frac{1}{100} = 0.01 \mathrm{sec} \text{이다.}$$

12

정답 ④

파형의 각주파수 $\omega = 2 \pi f$이므로 주파수는 $f = \dfrac{\omega}{2\pi} = \dfrac{120\pi}{2\pi} = 60 \mathrm{Hz}$이다.

13

정답 ④

교류는 직류와 달리 전압과 전류의 곱이 반드시 전력이 되지는 않는다. 따라서 위상차를 이용한 역률까지 곱해야 전력을 얻을 수 있는데 이때 $\cos\theta$는 역률을 의미한다.

14

정답 ①

직류 발전기의 유기기전력 $E=\dfrac{PZ}{60a}\varnothing N[\text{V}]$이므로 유기기전력은 자속 및 회전속도와 비례함을 알 수 있다$(E\propto\varnothing N)$.

15

정답 ③

비례 제어는 검출값 편차의 크기에 비례하여 조작부를 제어하는 동작으로, 정상 오차를 수반하고 사이클링은 없으나 잔류 편차(Offset)가 발생한다.

16

정답 ③

합조도

구분	공진식	공진 정도	합조도
$I_L>I_C$	$\omega L<\dfrac{1}{3\omega C_s}$	과보상(10%) (일반식)	$(+)$
$I_L=I_C$	$\omega L=\dfrac{1}{3\omega C_s}$	완전보상 (공진)	0
$I_L<I_C$	$\omega L>\dfrac{1}{3\omega C_s}$	부족보상	$(-)$

합조도

합조도는 공진점을 벗어난 정도이다.

$$P=\dfrac{I_L-I_C}{I_L}\times100$$

일반적으로 직렬공진에 의한 이상전압 발생을 방지하기 위해 과보상을 택한다.

$$I_L>I_C,\ \omega L<\dfrac{1}{3\omega C_s}$$

17

정답 ②

배전방식별 전력 및 1선당 공급전력

구분	전력	1선당 공급전력
단상 2선식	$P=VI\cos\theta$	$0.5P$
단상 3선식	$P=2VI\cos\theta$	$0.67P$
3상 3선식	$P=\sqrt{3}\,VI\cos\theta$	$0.58P$
3상 4선식	$P=3VI\cos\theta$	$0.75P$

18

전원계통에 리액터분을 보상하는 방법은 수용가측의 대책 방안이다.

> **플리커 방지대책**
> • 전력선측
>   − 단락용량이 큰 계통에서 공급한다.
>   − 공급전압을 승압한다.
>   − 전용의 변압기로 공급한다.
>   − 단독 공급계통을 구성한다.
> • 수용가측
>   − 전원계통에 리액터분을 보상한다.
>   − 전압강하를 보상한다.
>   − 부하의 무효전력 변동분을 흡수한다.
>   − 플리커 부하 전류의 변동분을 억제한다.

19

랭킨 사이클은 기력발전소에서 가장 많이 사용하는 방식이다.

> **열 사이클의 종류**
> • 랭킨 사이클 : 가장 기본적인 사이클이며, 정압가열 → 단열팽창 → 정압방열 → 단열압축 과정을 반복한다.
> • 재생 사이클 : 터빈에서 팽창하고 있는 증기 일부를 추출하여 보일러 급수를 가열하는 사이클
> • 재열 사이클 : 랭킨 사이클 또는 재생 사이클의 고압터빈에서 팽창한 증기를 보일러로 되돌린 후 재열기를 통해 재가열하여 터빈으로 다시 보내는 사이클
> • 카르노 사이클 : 가장 이상적인 사이클

20

$P = 9.8\,QH\eta_t\,\eta_G = 9.8 \times 25 \times 80 \times 0.87 \times 0.97 \fallingdotseq 16{,}540\text{kW}$

21

1kWh=860kcal이고 (전력)×(시간)×(부하율)=(발열량)×(석탄 소비량)×(효율)이므로

$$(\text{석탄 소비량}) = \frac{(\text{전력}) \times (\text{시간}) \times (\text{부하율})}{(\text{발열량}) \times (\text{효율})} = \frac{(25{,}000 \times 860) \times 24 \times 0.8}{(0.8 \times 0.35 \times 0.85 \times 0.75) \times 5{,}000} \fallingdotseq 462{,}520\text{kg} \fallingdotseq 462.5\text{ton}$$

22

발전기의 초당 회전수가 다르더라도 동기발전기의 극수에 의해 주파수가 같아지면 병렬로 운전할 수 있다.

동기발전기 병렬운전 시 필요조건
- 유기기전력의 주파수가 같을 것

$$\left[f = \frac{p}{2} n (f : 주파수, \ p : 극수, \ n : 초당\ 회전수) \right]$$

- 유기기전력의 크기가 같을 것
- 유기기전력의 위상이 같을 것
- 유기기전력의 파형이 같을 것
- 유기기전력의 상회전의 방향이 같을 것

23

동기전동기의 장점과 단점

장점	단점
• 속도가 일정하다.	• 기동 시 토크를 얻기 어렵다.
• 역률이 좋다.	• 구조가 복잡하다.
• 효율이 좋다.	• 난조가 일어나기 쉽다.
• 출력이 크다.	• 가격이 고가이다.
• 공극이 크다.	• 직류전원 설비가 필요하다.

24

$N = (1-s)N_s = (1-0.03) \times N_s = 1,164 \text{rpm}$이므로 $\left[\text{동기회전수}(N_s) \right] = \dfrac{1,164}{0.97} = 1,200 \text{rpm}$이다.

따라서 $N_s = \dfrac{120f}{P} = \dfrac{120 \times 60}{P} = 1,200 \text{rpm}$에서 $P = \dfrac{120 \times 60}{1,200} = 6$극이다.

25

전기자 반작용에서 감자작용이 발생할 경우 지상 전류 상태에서 리액턴스는 증가하여 유도되는 전류가 주자속을 감소시킨다.

26

보상권선은 자극편에 슬롯을 만들어 전기자 권선과 같은 권선을 하고 전기자 전류의 방향과 반대 방향으로 전류를 통하여 전기자의 기자력을 없애도록 한 것이다.

27

구분	단상 반파	단상 전파	3상 반파	3상 전파
직류전압	$E_d = 0.45E$	$E_d = 0.9E$	$E_d = 1.17E$	$E_d = 1.35E$
맥동주파수	f	$2f$	$3f$	$6f$
맥동률	121%	48%	17%	4%

단상 반파의 직류전압은 $E_d = 0.45E$이고, $I_d = \dfrac{E_d}{R}$이므로, $I_d = \dfrac{0.45 \times 100}{10\sqrt{2}} = 3.2A$이다.

28

$I = \dfrac{V}{R}$ 이고 $10\,\Omega$에 걸리는 전압이 10V이므로 모든 저항이 직렬로 연결되어 있으므로 각 저항에 흐르는 전류의 세기는 전체 전류의 세기와 같고, $I = \dfrac{20}{10} = 2\text{A}$이다. $3\,\Omega$에 걸리는 전압은 $V_1 = 3 \times 2 = 6\text{V}$이므로 R에 걸리는 전압은 $V_2 = 30 - 20 - 6 = 4\text{V}$이다.

따라서 R의 크기는 $R = \dfrac{V}{I} = \dfrac{4}{2} = 2\,\Omega$ 이다.

29

과도 상태에서는 L, C 등의 회로 소자 또는 전원의 상태가 순간적으로 변화하는 경우에는 각 부분의 전압, 전류 등의 에너지가 순간적으로 정상 상태에 도달하지 못하고, 정상 상태에 이르는 동안 여러 가지 복잡한 변화를 하게 된다. 이러한 상태를 과도 상태라 하며 정상 상태에 도달하기까지의 일정한 시간을 과도 시간이라 한다. 시상수의 값이 클수록 정상 상태로 되는 데 시간이 오래 걸린다.

30

$$f_0 = \frac{1}{2\pi\sqrt{LC}} = \frac{1}{2 \times \pi \times \sqrt{50 \times 10^{-3} \times 2 \times 10^{-6}}} \fallingdotseq 503\text{Hz}$$

31

서셉턴스는 임피던스의 역수(어드미턴스)의 허수부분이다. 따라서 $Y = \dfrac{1}{Z} = \dfrac{1}{6 + j8} = \dfrac{6 - j8}{6^2 + 8^2}$ 이므로 서셉턴스의 크기는 $0.08\,\mho$ 이다.

32

$$X_c = \frac{1}{\omega C} = \frac{1}{2\pi f C} = \frac{1}{2 \times \pi \times 60 \times (20 \times 10^{-6})} \fallingdotseq 132.63\,\Omega$$

$$I_C = \frac{V}{X_C} = \frac{100}{132.63} \fallingdotseq 0.75\text{A(이때, 전류는 전압보다 위상이 } \frac{\pi}{2}\text{rad 앞선다)}$$

33

3상 전력은 Y결선과 △결선에 관계없이 모두 같으므로 △결선에서 Y결선으로 바꾸어도 전력은 P로 같다.

34

정답 ④

위상차는 전류가 전압보다 30° 앞선 진상이다.

오답분석

① 전류의 파고율은 $\dfrac{(최대값)}{(실효값)}=\dfrac{I_m}{\dfrac{I_m}{\sqrt{2}}}=\sqrt{2}$ 이다.

② 전압의 파형률은 $\dfrac{(실효값)}{(평균값)}=\dfrac{\dfrac{V_m}{\sqrt{2}}}{\dfrac{2}{\pi}V_m}\fallingdotseq 1.11$ 이므로 1보다 크다.

③ 전압의 실효값은 $\dfrac{V_m}{\sqrt{2}}=\dfrac{200\sqrt{2}}{\sqrt{2}}=200\text{V}$ 이다.

35

정답 ①

전압과 전류의 위상차가 $\dfrac{\pi}{2}$ 이므로 역률은 $\cos\dfrac{\pi}{2}=0$ 이다.

36

정답 ④

$P=VI\cos\theta=100\times5\times0.9=450\text{W}$

37

정답 ③

피뢰등전위본딩(KEC 153.2)
등전위본딩의 상호 접속은 다음에 의한다.
• 자연적 구성부재의 전기적 연속성이 확보되지 않은 경우에는 본딩도체로 연결한다.
• 본딩도체로 직접 접속할 수 없는 장소의 경우에는 서지보호장치를 이용한다.
• 본딩도체로 직접 접속이 허용되지 않는 장소의 경우에는 절연방전갭(ISG)을 이용한다.

38

정답 ②

접지극의 시설 및 접지저항(KEC 142.2)
접지극의 매설은 다음에 의한다.
• 접지극은 매설하는 토양을 오염시키지 않아야 하며, 가능한 다습한 부분에 설치한다.
• 접지극은 동결 깊이를 고려하여 시설하되 고압 이상의 전기설비를 시설하는 경우 접지극의 매설깊이는 지표면으로부터 지하 0.75m 이상으로 한다.
• 접지도체를 철주 기타의 금속체를 따라서 시설하는 경우에는 접지극을 철주의 밑면으로부터 0.3m 이상의 깊이에 매설하는 경우 이외에는 접지극을 지중에서 그 금속체로부터 1m 이상 떼어 매설하여야 한다.

39

전로의 절연저항 및 절연내력(KEC 132)

접지방식	최대사용전압	시험전압(최대사용전압 배수)	최저시험전압
비접지	7kV 이하	1.5배	
	7kV 초과	1.25배	10.5kV
중성점 접지	60k 초과	1.1배	75kV
중섬점 직접접지	60kV 초과 170kV 이하	0.72배	
	170kV 초과	0.64배	
중성점 다중접지	7kV 초과 25kV 이하	0.92배	

따라서 $23,000 \times 1.25 = 28,750$V이다.

40

지중약전류전선의 유도장해 방지(KEC 334.5)

지중전로는 기설 지중약전류전선로에 대하여 누설전류 또는 유도작용에 의하여 통신상의 장해를 주지 않도록 기설 약전류전선로로부터 이격시키거나 기타 보호장치를 시설하여야 한다.

41

고압 가공전선로 지지물 간 거리의 제한(KEC 332.9)

구분	표준경간
목주 / A종	150m
B종	250m
철탑	600m

42

발전기 등의 보호장치(KEC 351.3)

발전기에는 다음의 경우에 자동적으로 이를 전로로부터 차단하는 장치를 시설하여야 한다.

- 발전기에 과전류나 과전압이 생긴 경우
- 용량이 500kVA 이상의 발전기를 구동하는 수차의 압유 장치의 유압 또는 전동식 가이드밴 제어장치, 전동식 니들 밸브 제어장치 또는 전동식 디플렉터 제어장치의 전원전압이 현저히 저하한 경우
- 용량이 100kVA 이상의 발전기를 구동하는 풍차(風車)의 압유장치의 유압, 압축 공기장치의 공기압 또는 전동식 블레이드 제어장치의 전원전압이 현저히 저하한 경우
- 용량이 2,000kVA 이상인 수차 발전기의 스러스트 베어링의 온도가 현저히 상승한 경우
- 용량이 10,000kVA 이상인 발전기의 내부에 고장이 생긴 경우
- 정격출력이 10,000kW를 초과하는 증기터빈은 그 스러스트 베어링이 현저하게 마모되거나 그의 온도가 현저히 상승한 경우

43

압축공기계통(KEC 341.15)

발전소 · 변전소 · 개폐소 또는 이에 준하는 곳에서 개폐기 또는 차단기에 사용하는 압축공기장치는 다음에 따라 시설하여야 한다.

• 공기압축기는 최고 사용압력의 1.5배의 수압을 연속하여 10분간 가하여 시험을 하였을 때에 이에 견디고 또한 새지 아니할 것
• 수압을 연속하여 10분간 가하여 시험을 하기 어려울 때에는 최고 사용압력의 1.25배의 기압을 연속하여 10분간 가하여 시험을 하였을 때에 이에 견디고 또한 새지 아니할 것
• 사용 압력에서 공기의 보급이 없는 상태로 개폐기 또는 차단기의 투입 및 차단을 연속하여 1회 이상 할 수 있는 용량을 가지는 것일 것
• 내식성을 가지지 아니하는 재료를 사용하는 경우에는 외면에 산화방지를 위한 도장을 할 것

44

피뢰기의 시설(KEC 341.13)

고압 및 특고압의 전로 중 다음에 열거하는 곳 또는 이에 근접한 곳에는 피뢰기를 시설하여야 한다.

• 발전소 · 변전소 또는 이에 준하는 장소의 가공전선 인입구 및 인출구
• 특고압 가공전선로에 접속하는 배전용 변압기의 고압측 및 특고압측
• 고압 및 특고압 가공전선로로부터 공급을 받는 수용장소의 인입구
• 가공전선로와 지중전선로가 접속되는 곳

45

나전선의 사용 제한(KEC 231.4)

옥내에 시설하는 저압전선에는 나전선을 사용하여서는 아니 된다. 다만, 다음 중 어느 하나에 해당하는 경우에는 그러하지 아니하다.

• 232.56의 규정에 준하는 애자공사에 의하여 전개된 곳에 다음의 전선을 시설하는 경우
  - 전기로용 전선
  - 전선의 피복 절연물이 부식하는 장소에 시설하는 전선
  - 취급자 이외의 자가 출입할 수 없도록 설비한 장소에 시설하는 전선
• 버스덕트공사에 의하여 시설하는 경우
• 라이팅덕트공사에 의하여 시설하는 경우

46

보호협조를 위한 개폐기의 설치순서

공통 중성선 다중접지방식인 계통에 있어서 사고가 생기면 정전이 되지 않도록 선로 도중이나 분기선에 보호장치를 설치하여 상호 보호협조로 사고 구간만을 국한하여 제거시킬 수 있다.

이때, 보호협조를 위한 기기의 설치순서는 '변전소 차단기 → 리클로저 → 섹셔널라이저 → 라인퓨즈' 순서이다.

47

차단기 종류

• GCB(가스차단기) : SF_6 가스를 이용하여 소호
• OCB(유입차단기) : 절연유를 이용하여 소호
• MBB(자기차단기) : 전자력에 의하여 소호
• VCB(진공차단기) : 진공상태에서 소호
• ABB(공기차단기) : 수십 기압의 압축공기에 의해 소호

48

- 등가회로 : RLC 직렬회로

- 임피던스

$$Z = R + \left(j\omega L + \frac{1}{j\omega C} \right), \quad s = j\omega \text{ 대입}$$

$$= R + \left(sL + \frac{1}{sC} \right) = R + \left(\frac{s^2 LC + 1}{sC} \right) = \frac{sCR + s^2 LC + 1}{sC}$$

- 어드미턴스

$$Y = \frac{1}{Z} = \frac{sC}{s^2 LC + sCR + 1}$$

$$= \frac{s(20 \times 10^{-3})}{s^2(10 \times 10^{-3} \times 20 \times 10^{-3}) + s(20 \times 10^{-3} \times 2) + 1}$$

$$= \frac{s(2 \times 10^{-2})}{s^2(2 \times 10^{-4}) + s(4 \times 10^{-2}) + 1}$$

$$= \frac{200s}{2s^2 + 400s + 10,000}$$

$$= \frac{100s}{s^2 + 200s + 5,000}$$

49

오답분석
① 전속밀도는 유전율이 큰 영역에서 크기가 커진다.
② 전계의 세기는 유전율이 작은 영역에서 크기가 커진다.
③ 경계면에서 전계 세기의 접선 성분은 유전체의 영향을 받지 않는다.

50

기동방법 중 기동토크를 크게 하려면 계자 저항을 최소로 해야 한다. 즉, 계자 저항을 0으로 하여 계자 전류와 자속을 최대로 하면 토크도 최대가 된다.

행운이란 100%의 노력 뒤에 남는 것이다.

– 랭스턴 콜만 –

PART 3

최종점검 모의고사

최종점검 모의고사

01 직업기초능력평가

01 직업기초능력평가

01	02	03	04	05	06	07	08	09	10	11	12	13	14	15	16	17	18	19	20
③	③	④	③	①	④	④	③	④	④	①	②	②	③	④	②	④	②	③	④
21	22	23	24	25	26	27	28	29	30	31	32	33	34	35	36	37	38	39	40
③	①	①	③	③	④	①	④	②	②	④	④	④	①	②	④	④	③	②	②
41	42	43	44	45	46	47	48	49	50										
①	①	④	④	③	④	③	①	③	②										

01 경청 　　　　　　　　　　　　　　　　　　　　　　　　　　정답 ③

상대방을 위로하기 위해서 혹은 비위를 맞추기 위해서 너무 빨리 동의하는 것을 말하는 '비위 맞추기'는 나타나지 않았다. 경청을 방해하는 요인 중 '걸러내기'는 박팀장에게서, '다른 생각하기'는 신팀장에게서 나타난다. '판단하기'와 '짐작하기'는 윤대표의 대화에서 나타나고 있는 현상이다.

[오답분석]
① 다른 생각하기 : 흥미가 없거나 자신이 부정적인 감정을 가진 일에 대해 상대방이 말을 할 때 다른 생각을 하는 것이다. 이런 회피는 부정적 감정이 내면화되어 있기 때문에 상대방은 오해받고 공격받는다는 느낌을 갖게 된다.
② 걸러내기 : 상대의 말을 듣기는 하지만 상대방의 메시지를 온전하게 받아들이는 것이 아니라 듣고 싶지 않은 상대방의 메시지는 회피하는 것이다. 상대방이 분노나 슬픔, 불안을 토로해도 자신이 그러한 감정을 받아들이고 싶지 않을 때 자기도 모르는 사이에 상대방이 아무 문제도 없다고 생각해버리는 경우이다.
④ 판단하기 : 상대에 대한 부정적인 선입견 때문에, 또는 상대방을 비판하기 위해 상대방의 말을 듣지 않는 것이다. 상대방을 어리석거나 고집이 세다거나 이기적이라고 생각한다면, 당신은 경청하기를 그만두거나 듣는다고 해도 상대방이 옳지 않다는 증거를 찾기 위해서만 귀를 기울이는 경우이다.

02 경청 　　　　　　　　　　　　　　　　　　　　　　　　　　정답 ③

ㄱ. 상대방의 말을 끊지 않고 끝까지 듣는 태도는 윤대표에게 필요한 경청 방법이다.
ㄴ. 부정적인 의견만 내세우지 않고 상대의 말에 맞장구를 치며 공감하는 태도는 박팀장에게 필요한 경청 방법이다.
ㄷ. 다른 이의 말에 세심히 귀 기울이는 청중이 되는 것은 대화에 집중하지 않아서 대화의 내용을 잘 이해하지 못한 신팀장에게 필요한 태도이다.

03 경청 　　　　　　　　　　　　　　　　　　　　　　　　　　정답 ④

경청은 상대방이 보내는 메시지 내용에 주의를 기울이고 이해를 위해 노력하는 행동을 의미한다. 경청을 통해 상대방은 우리가 그들에게 얼마나 집중하고 있는지 알 수 있다. 따라서 경청은 대화의 과정에서 신뢰를 쌓을 수 있는 최고의 방법 중 하나이다. '왜?'라는 질문은 보통 진술을 가장한 부정적이고 추궁적인 표현이므로 사용하지 않는 것이 좋다.

04 문서 작성 정답 ③

기안서는 어떤 문제를 해결하기 위한 방안을 작성하여 결재권자에게 의사 결정을 요청하는 문서이다. 반면, 품의서는 특정 사안에 대하여 결재권자의 승인을 요청하는 문서이다. 즉, 기안서를 통해 상사의 결재를 받았다면, 이를 실행하기 위해서는 구체적인 내용의 품의서를 작성하여야 한다.

오답분석

① 결의서 : 구성원이 안건에 대한 수행을 목적으로 의사결정을 한 것이 결의이며, 결의한 내용을 기록한 문서가 결의서이다.
② 품의서 : 어떠한 일의 집행을 시행하기에 앞서 결재권자에게 구체적인 사안을 승인해 줄 것을 요청하는 문서이다.
④ 기획서 : 담당자가 아이디어 등을 의뢰인이나 상사에게 제출할 목적으로 작성하는 문서이다.

05 업무 종류 정답 ①

총무 업무는 일반적으로 주주총회 및 이사회 개최 관련 업무, 의전 및 비서업무, 집기비품 및 소모품의 구입과 관리, 사무실 임차 및 관리, 차량 및 통신시설의 운영, 국내외 출장 업무 협조, 복리후생업무, 법률자문과 소송관리, 사내외 홍보 광고업무 등이 있다.

오답분석

② 인사 업무 : 조직기구의 개편 및 조정, 업무분장 및 조정, 직원수급계획 및 관리, 직무 및 정원의 조정 종합, 노사관리, 평가관리, 상벌관리, 인사발령, 교육체계 수립 및 관리, 임금제도, 복리후생제도 및 지원업무, 복무관리, 퇴직관리
③ 회계 업무 : 회계제도의 유지 및 관리, 재무상태 및 경영실적 보고, 결산 관련 업무, 재무제표 분석 및 보고, 법인세, 부가가치세, 국세 지방세 업무자문 및 지원, 보험가입 및 보상업무, 고정자산 관련 업무
④ 생산 업무 : 생산계획 수립 및 총괄, 생산실행 및 인원관리, 원자재 수급 및 관리, 공정관리 및 개선업무, 원가관리, 외주관리

06 업무 종류 정답 ④

생산 제품에 대한 지식은 품질관리 직무를 수행하기 위해 필요한 능력이다.

오답분석

① 원가절감 활동을 하기 위해서는 원가에 대한 이해력이 있어야 한다.
② 시장조사를 하기 위해서는 각종 데이터 분석 및 가공능력이 있어야 한다.
③ 협상 및 계약을 하기 위해서는 설득능력이 있어야 한다.

07 품목 확정 정답 ④

㉠ A는 패스트푸드점이 가까운 거리에 있음에도 불구하고 배달료를 지불해야 하는 배달 앱을 통해 음식을 주문하고 있으므로 편리성을 추구하는 (나)에 해당한다.
㉡ B는 의자 제작에 필요한 재료들인 물적자원만 고려하고 시간은 고려하지 않았으므로 시간이라는 자원에 대한 인식 부재인 (다)에 해당한다.
㉢ C는 자원관리의 중요성을 인식하고 프로젝트를 완성하기 위해 나름의 계획을 세워 수행하였지만, 경험이 부족하여 계획한 대로 진행하지 못하였으므로 노하우 부족인 (라)에 해당한다.
㉣ D는 홈쇼핑 시청 중 충동적으로 계획에 없던 여행 상품을 구매하였으므로 비계획적 행동인 (가)에 해당한다.

08 창의적 사고 정답 ③

플레밍은 주변에서 발생하는 사소하고 우연한 발견을 그냥 지나치지 않고 '왜 이런 현상이 나타났을까?'라는 의문을 갖고 사고하는 지적 호기심을 지녔음을 알 수 있다.

09 창의적 사고 정답 ④

문제해결을 위한 사고력을 개발하기 위해서는 지적 호기심, 객관성, 개방성, 융통성, 지적 회의성, 지적 정직성, 체계성, 지속성, 결단성, 다른 관점에 대한 존중과 같은 합리적인 태도가 요구되고, 어떤 현상에 대해서 문제의식을 가지고, 고정관념을 버려야 한다.

10 창의적 사고 정답 ④

• 사례 1

저소득층 암환자에 대한 지원이 누락되는 것을 방지하고 환자들의 진료비 선납 시 부담을 덜어 주기 위해 기존의 현상과 문제를 적극적으로 분석하고 종합하여 합당한 근거에 기초해 참신한 아이디어를 제안한 점에서, 비판적 사고와 창의적 사고가 드러난다.

• 사례 2

교육연극과 브레히트의 거리 두기를 통해, 객관적이고 비판적인 태도로 연극 속 상황을 바라보게 하여 사건 이면의 사회적 모순과 문제를 발견하고 해결과 반성적 검토를 하는 활동에 초점을 둔 것으로 비판적 사고력이 드러난다.

따라서 두 사례에서 공통적으로 드러나는 것은 비판적 사고이다.

> **문제해결을 위해 필요한 사고력**
> • 창의적 사고
>   – 당면한 문제를 해결하기 위해 이미 알고 있는 경험과 지식을 해체하여 다시 새로운 정보로 결합함으로써 가치 있고 참신한 아이디어를 산출하는 사고이다.
>   – 유용하고 적절하며 가치가 있어야 한다.
>   – 기존의 정보들을 특정한 요구조건에 맞거나 유용하도록 새롭게 조합시킨 것이다.
> • 비판적 사고
>   – 어떤 문제를 합리적이고 논리적으로 분석하고 평가하는 바람직하고 긍정적인 사고이다.
>   – 특정 주제나 주장 등을 부정적으로 보는 것이 아니라, 적극적인 분석과 종합 및 검토를 통해서 그 주장이 타당한지를 밝혀내는 것이다.
>   – 문제의 핵심을 중요한 대상으로 하며 지식과 정보에 바탕을 둔 합당하고 객관적인 근거에 기초를 둔다.
> • 논리적 사고
>   – 사고를 전개할 때 전후 관계가 일치하고 있는가를 살피고 아이디어를 평가하는 사고능력으로 설득력이 있어야 한다.

11 창의적 사고 정답 ①

사례 1에서는 창의적 사고와 비판적 사고가 나타난다. 어디서 어떤 것을 접하든지 늘 생각하는 습관을 들이는 것은 논리적 사고이다.

[오답분석]

② · ③ 창의적 사고를 위한 노력이다.

④ 비판적 사고를 위한 노력이다.

> **논리적 사고의 구성요소**
> • 생각하는 습관 : 논리적 사고의 가장 기본으로, 늘 생각하는 습관을 갖는 것이다.
> • 상대 논리의 구조화 : 상대의 논리에서 약점을 찾고, 자신의 생각을 재구축한다면 상대를 설득할 수 있다.
> • 구체적인 생각 : 잘 알 수 없을 경우에는 구체적인 이미지를 떠올리거나, 숫자를 활용하여 표현하는 등 다양한 방법을 활용하여 생각해야 한다.
> • 타인에 대한 이해 : 상대의 주장에 반론할 경우에는 상대 주장 전부를 부정하지 않고, 동시에 상대의 인격을 존중해야 한다.
> • 설득 : 나의 주장을 다른 사람에게 논증을 통해 이해시켜 공감시키고 그 사람이 내가 원하는 행동을 하게 만드는 것이다.

12 품목 확정

K회사의 보관 방식에 따라 원재료를 입고 순서대로 보관할 때, 필요한 상자 개수는 다음과 같다.

원재료	입고 일시	무게(kg)	필요 상자 개수
ⓐ	2024.05.01 09:00	5	1
ⓑ	2024.05.01 10:12	7	1
ⓒ	2024.05.01 13:15	4	2
ⓑ	2024.05.01 14:19	6	2
ⓒ	2024.05.01 15:20	8	3
ⓐ	2024.05.01 15:30	6	3
ⓐ	2024.05.01 16:14	2	4
ⓒ	2024.05.01 16:49	3	4
ⓐ	2024.05.01 17:02	5	5
ⓑ	2024.05.01 17:04	4	5
ⓒ	2024.05.01 19:04	8	6
ⓑ	2024.05.01 21:49	5	7

따라서 필요한 상자는 총 7개이다.

13 품목 확정

K회사의 보관 방식에 따라 원재료를 무게 순으로 보관할 때는 다음과 같다.

원재료	무게(kg)	필요 상자 개수
ⓒ	8	1
ⓒ	8	2
ⓑ	7	3
ⓑ	6	4
ⓐ	6	4
ⓐ	5	5
ⓐ	5	5
ⓑ	5	6
ⓒ	4	6
ⓑ	4	7
ⓒ	3	7
ⓐ	2	7

따라서 4번째 상자에는 ⓐ, ⓑ가 있다.

14 인원 선발

K회사의 인원 선발 방식은 각 분야에 재능 있는 사람들을 뽑아 배치하는 것이다. 가족, 친구, 선후배 등의 인맥관계를 통한 선발과는 거리가 있으므로 적절하지 않은 인사관리원칙이다.

[오답분석]
① 재능 있는 인재를 뽑는 것을 가장 중요하게 생각하고 있다.
② 직급에 상관없이 성과에 따라 인센티브를 제공하였다.
④ K회사는 직원 1명을 뽑더라도 계약직으로 쓰지 않아 신분이 보장되고 안정적으로 근무할 수 있게 했다.

PART 3 최종점검 모의고사 • 65

15 인원 선발

K회사의 대표이사는 좋은 직원 덕분에 빠르게 제품을 개발하고 회사가 급성장할 수 있었다고 언급하며 사람을 잘 뽑은 것이 첫 번째, 두 번째, 세 번째 이유라며 급성장의 모든 원인을 인적자원관리의 중요성에 두고 있다.

16 응용 수리

정답 ②

농도가 30%인 설탕물의 양을 xg이라 하면, 증발시킨 후 설탕의 양은 같으므로 $\frac{30}{100}x = \frac{35}{100} \times (x-50) \to x = 350$

즉, 농도가 35%인 설탕물의 양은 300g이다.

여기에 추가할 설탕의 양을 yg이라 하면, $300 \times \frac{35}{100} + y = (300+y) \times \frac{40}{100} \to 10,500 + 100y = 12,000 + 40y \to y = 25$

따라서 25g의 설탕을 더 추가해야 한다.

17 응용 수리

정답 ④

따라서 지점 X, Y, Z를 거치지 않고 A지점에서 B지점까지 가는 최단경로는 52가지이다.

18 응용 수리

정답 ②

• 흰 구슬, 흰 구슬, 검은 구슬 순서로 꺼내는 경우 : $\frac{3}{8} \times \frac{2}{7} \times \frac{5}{6} = \frac{5}{56}$

• 흰 구슬, 검은 구슬, 흰 구슬 순서로 꺼내는 경우 : $\frac{3}{8} \times \frac{5}{7} \times \frac{2}{6} = \frac{5}{56}$

• 검은 구슬, 흰 구슬, 흰 구슬 순서로 꺼내는 경우 : $\frac{5}{8} \times \frac{3}{7} \times \frac{2}{6} = \frac{5}{56}$

∴ 흰 구슬 2개, 검은 구슬 1개를 꺼낼 확률 : $\frac{5}{56} + \frac{5}{56} + \frac{5}{56} = \frac{15}{56}$

19 자료 이해

정답 ③

3호선과 4호선의 2025년 2월 승차인원이 같으므로 2024년 8월 ~ 2025년 1월의 승차인원을 비교하면 다음과 같다.

• 2024년 8월 : 1,692 − 1,664 = 28만 명
• 2024년 9월 : 1,497 − 1,475 = 22만 명
• 2024년 10월 : 1,899 − 1,807 = 92만 명
• 2024년 11월 : 1,828 − 1,752 = 76만 명
• 2024년 12월 : 1,886 − 1,802 = 84만 명
• 2025년 1월 : 1,751 − 1,686 = 65만 명

따라서 3호선과 4호선의 승차인원 차이는 2024년 10월에 가장 컸다.

24 　문서 수정　　　　　　　　　　　　　　　　　　　　　　　　　　　정답　③

ⓒ의 앞에 있는 문장과 ⓒ을 포함한 문장은 여름철 감기 예방법을 설명한다. 따라서 나열의 의미를 나타내는 부사 '또한'이 적절하다. '그러므로'는 인과 관계를 나타내므로 적절하지 않다.

[오답분석]
① ㉠을 포함한 문단은 여름철 감기에 걸리는 원인을 설명하고 있다. 따라서 ㉠은 문단 내용과 어울리지 않아 통일성을 해치므로 ㉠을 삭제한다.
② ㉡의 '노출되어지다'의 형태소를 분석하면 '노출'이라는 어근에 '−되다'와 '지다'가 결합된 것이다. 여기서 '−되다'는 피동의 뜻을 더하고 동사를 만드는 접미사이다. '지다'는 동사 뒤에서 '−어지다' 구성으로 쓰여 남의 힘에 의해 앞말이 뜻하는 행동을 입음을 나타내는 보조 동사이다. 따라서 피동 표현이 중복된 것이다.
④ ㉢에서 '하다'의 목적어는 '기침'이며, '열'을 목적어로 하는 동사가 없다. '하다'라는 동사 하나에 목적어 두 개가 연결된 것인데, '열을 한다'는 의미가 성립되지 않는다. 따라서 '열이 나거나'로 고쳐야 한다.

25 　내용 추론　　　　　　　　　　　　　　　　　　　　　　　　　　　정답　③

제시문에서는 한국 사람들이 자기보다 우월한 사람들을 준거집단으로 삼기 때문에 이로 인한 상대적 박탈감으로 행복감이 낮다고 설명하고 있으므로, 이를 반증하는 사례를 통해 반박해야 한다. 만약 자신보다 우월한 사람들을 준거집단으로 삼으면서도 행복감이 낮지 않는 나라가 있다면 이에 대한 반박이 되므로 ③이 답이 된다.

26 　글의 주제　　　　　　　　　　　　　　　　　　　　　　　　　　　정답　④

제시문의 핵심 논지는 인간이 삶의 유한성을 깨닫고 목적으로서의 삶을 살아가야 한다는 것이다.

27 　자료 해석　　　　　　　　　　　　　　　　　　　　　　　　　　　정답　①

호텔별 맛과 음식 구성의 점수를 환산하면 다음과 같다.

구분	맛	음식 구성	합계
A호텔	3×5=15점	3×5+1×3=18점	33점
B호텔	2×5+1×3=13점	3×5=15점	28점
C호텔	2×5=10점	3×5+1×3=18점	28점
D호텔	3×5+1×3=18점	2×5+1×3=13점	31점

맛과 음식 구성의 합산 점수가 1위인 곳은 A호텔로 33점, 2위인 곳은 D호텔로 31점이므로 그 차(2점)가 3점 이하이다. 따라서 가격 점수를 비교하면 A호텔은 18점, D호텔은 15점이므로 점수가 더 높은 A호텔이 선택된다.

28 　자료 해석　　　　　　　　　　　　　　　　　　　　　　　　　　　정답　④

200만 원 내에서 25명의 식사비용을 내려면 한 사람당 식대가 200÷25=8만 원 이하여야 한다. 이 조건을 만족하는 곳은 A, D호텔이고 각 호텔에서의 총 식사비용은 다음과 같다.
• A호텔 : 73,000×25=1,825,000원
• D호텔 : 75,000×25=1,875,000원
가장 저렴한 A호텔과 D호텔의 가격 차이는 모두 10만 원 이하이므로 맛 점수가 높은 곳으로 선정한다. 27번 해설에 따라 D호텔의 맛 점수가 18점으로 가장 높으므로 D호텔이 선정된다.

29 자료 해석　　　정답 ②

주어진 조건을 종합하면 5명이 주문한 음료는 아메리카노 3잔, 카페라테 1잔, 생과일주스 1잔이다. 아메리카노 1잔의 가격을 a원, 카페라테 1잔의 가격을 b원이라고 할 때, 이를 식으로 나타내면 다음과 같다.

- 다섯 번째를 제외한 모든 조건 : $a \times 3 + b + 5,300 = 21,300 \rightarrow 3a + b = 16,000 \cdots \bigcirc$
- 다섯 번째 조건 : $a + b = 8,400 \cdots \bigcirc$

$\bigcirc$과 $\bigcirc$을 연립하면 $a = 3,800$, $b = 4,600$이므로 카페라테 한 잔의 가격은 4,600원이다.

30 비용 계산　　　정답 ②

레스토랑별 통신사 할인 혜택을 적용한 금액은 다음과 같다.

구분	A통신사	B통신사	C통신사
A레스토랑	$143,300 - 5,000 = 138,300$원	$143,300 \times 0.85 ≒ 121,800$원	$143,300 - 14,300 = 129,000$원
B레스토랑	165,000원	$165,000 \times 0.8 = 132,000$원	45,500 $(\because 65,000 \times 0.7) + 100,000$ $= 145,500$원
C레스토랑	$174,500 - 26,100 = 148,400$원	112,050 $(\because 124,500 \times 0.9) + 50,000$ $≒ 162,050$원	$174,500 \times 0.7 = 122,150$원

따라서 K씨의 가족은 A레스토랑에서 B통신사 15% 할인으로 먹을 때 121,800원으로 가장 저렴하게 먹을 수 있다.

31 시간 계획　　　정답 ④

C부장은 목적지까지 3시간 내로 이동하여야 한다. 택시를 타고 대전역까지 15분, 열차대기 15분, KTX / 새마을호 이동시간 2시간, 환승 10분, 목포역에서 미팅장소까지 택시 20분이 소요된다. 따라서 총 3시간이 걸리므로 적절하다. 비용은 택시 6,000원, KTX 20,000원, 새마을호 14,000원, 택시 9,000원으로 총 49,000원이고, 출장지원 교통비 한도 이내이므로 적절하다.

오답분석
① · ② 이동시간이 3시간이 넘어가므로 적절하지 않다.
③ 이동시간은 3시간 이내이지만, 출장지원 교통비 한도를 넘기 때문에 적절하지 않다.

32 SWOT 분석　　　정답 ④

ㄷ. 이미 우수한 연구개발 인재를 확보한 것이 강점이므로, 추가로 우수한 연구원을 채용하는 것은 WO전략으로 적절하지 않다. 기회인 예산을 확보하면, 약점인 전력 효율성이나 국민적 인식 저조를 해결하기 위한 전략을 세워야 한다.
ㄹ. 세계의 신재생에너지 연구(O)와 전력 효율성 개선(W)을 활용하므로 WT전략이 아닌 WO전략에 대한 내용이다. WT전략이 되기 위해서는 위협인 높은 초기 비용에 대한 전략이 나와야 한다.

33 자료 이해　　　정답 ④

2022년 출생아 수는 그 해 사망자 수의 $\dfrac{438,420}{275,895} ≒ 1.59$이므로 1.7배 미만이다.

오답분석
① 출생아 수가 가장 많았던 해는 2022년이므로 옳은 설명이다.
② 자료에 따르면 사망자 수가 매년 전년 대비 증가하고 있음을 알 수 있다.
③ 사망자 수가 가장 많은 2024년은 사망자 수가 285,534명이고, 가장 적은 2020년은 사망자 수가 266,257명으로, 두 연도의 사망자 수 차이는 $285,534 - 266,257 = 19,277$명으로 15,000명 이상이다.

34 자료 변환 · 정답 ①

오답분석

② 2016년 모든 연령대 흡연율이 자료보다 낮다.

③ 30 ~ 39세와 50 ~ 59세 흡연율이 바뀌었다.

④ 2024년 모든 연령대 흡연율이 자료보다 높다.

35 자료 이해 · 정답 ②

전체 쓰레기 중 종이컵이 차지하는 비율은 '(전체 쓰레기 중 일회용품이 차지하는 비율)×(일회용품 중 종이컵이 차지하는 비율)'로 구할 수 있다. 2022년 일회용품(28%) 중 종이컵(18.3%)이 차지하는 비율은 $0.28 \times 0.183 \times 100 \fallingdotseq 5.1\%$이고, 2024년 일회용품(41%) 중 종이컵(16.9%)이 차지하는 비율은 $0.41 \times 0.169 \times 100 \fallingdotseq 6.9\%$이다.

따라서 전체 쓰레기 중 종이컵이 차지하는 비율은 2022년이 2024년보다 약 $6.9-5.1=1.8\%$p 더 낮다.

오답분석

① 일회용품 중 비닐봉투가 차지하는 비율은 31.5% → 30.2% → 29.8%로 매년 낮아지고 있고, 종이봉투가 차지하는 비율은 12.4% → 13.8% → 15.2%로 매년 높아지고 있다.

③ 일회용품 중 차지하는 비율이 가장 높은 상위 2개 항목은 매년 비닐봉투와 기저귀로 동일하며, 그 비율의 합은 2022년이 $31.5+22.1=53.6\%$, 2023년이 $30.2+20.2=50.4\%$, 2024년이 $29.8+21.8=51.6\%$로 전체 일회용품 사용률의 절반 이상을 차지한다.

④ 일회용품 중 숟가락·젓가락의 비율이 가장 높은 연도는 2022년(8.7%), 가장 낮은 연도는 2023년(5.4%)으로 그 차이는 $8.7-5.4=3.3\%$p이고, 접시·그릇의 비율이 가장 높은 연도는 2023년(3.9%), 가장 낮은 연도는 2024년(3.3%)으로 그 차이는 $3.9-3.3=0.6\%$p이다. 따라서 전자는 후자의 $3.3 \div 0.6=5.5$배이다.

36 글의 주제 · 정답 ④

(라) 문단에서는 부패를 개선하기 위한 정부의 제도적 노력에도 불구하고 반부패정책 대부분이 효과가 없었음을 이야기하고 있다. 따라서 부패인식지수의 개선방안이 아닌 '정부의 부패인식지수 개선에 대한 노력의 실패'가 (라) 문단의 주제로 적절하다.

37 문서 내용 이해 · 정답 ④

온실가스 감축에 대한 기업의 추가 부담은 기업의 글로벌 경쟁력 저하는 물론 원가 부담이 제품의 가격 인상으로 이어질 수 있다.

38 글의 주제 · 정답 ③

제시문에서는 인류의 발전과 미래에 인류에게 닥칠 문제를 해결하기 위해 우주 개발이 필요하다는 우주 개발의 정당성에 대해 논의하고 있다.

39 정보 이해 · 정답 ②

오답분석

ㄴ. 데이터의 중복을 줄여주며, 검색을 쉽게 해 준다.

ㄹ. 데이터의 무결성과 안정성을 높인다.

40   엑셀 함수

사용자 지정 형식은 양수, 음수, 0, 텍스트와 같이 4개의 구역으로 구성되며, 각 구역은 세미콜론(;)으로 구분된다. 즉 '양수서식;음수서식;0서식;텍스트서식'으로 정리될 수 있다. 문제에서 양수는 파란색으로, 음수는 빨간색으로 표현해야 하기 때문에 양수서식에는 [파랑], 음수서식에는 [빨강]을 입력해야 한다. 그리고 표시결과가 그대로 나타나야 하기 때문에 양수는 서식에 '+' 기호를 제외하며, 음수는 서식에 '−' 기호를 붙여 주도록 한다.

오답분석

① 양수가 빨간색, 음수가 파란색으로 표현되며, 음수의 경우 '−' 기호도 사라진다.
③ 양수에 '+' 기호가 붙게 된다.
④ 음수에 '−' 기호가 사라진다.

41   엑셀 함수

SUMPRODUCT 함수는 배열 또는 범위의 대응되는 값끼리 곱해서 그 합을 구하는 함수이다.
그러므로 「=SUMPRODUCT(B4:B10,C4:C10,D4:D10)」은 (B4×C4×D4)+(B5×C5×D5)+ …… +(B10×C10×D10)의 값이 출력된다. 따라서 (가) 셀에 나타나는 값은 2,610이다.

42   엑셀 함수

RANK 함수의 함수식은 「=RANK(순위를 구하려는 수, 목록의 배열 또는 셀 주소, 순위를 정할 방법을 지정하는 수)」이다. 따라서 [F5] 셀에는 「=RANK(C5,C2:C6)」을 입력해야 한다.

43   명제 추리

세 번째 조건에 따라 A팀장이 볶음밥을 시키므로, 짬뽕을 시키는 3명은 각각 직급이 달라야 한다. 즉, 과장, 대리, 사원이 각각 1명씩 반드시 시켜야 하는데, 다섯 번째 조건에 따라 D사원은 볶음밥이나 짜장면을 시켜야 한다. 각각의 경우를 살펴보면 다음과 같다.
• D사원이 볶음밥을 시키는 경우
네 번째 조건에 따라 J대리가 짬뽕을 시키므로 N대리가 짜장면을 시키고, 여섯 번째 조건에 따라 S과장이 짜장면을 시켜야 하므로 K과장이 짬뽕을 시키고, 일곱 번째 조건에 따라 P사원도 짬뽕을 시킨다. 따라서 S과장은 짜장면을 시킨다.

짜장면	짬뽕	볶음밥
N대리, S과장	J대리, K과장, P사원	A팀장, D사원

• D사원이 짜장면을 시키는 경우
일곱 번째 조건에 따라 K과장은 사원과 같은 메뉴를 시켜야 하는데, 만약 K과장이 짜장면이나 볶음밥을 시키면 S과장이 반드시 짬뽕을 시켜야 하므로 조건에 어긋난다. 따라서 K과장은 짬뽕을 시키고, P사원도 짬뽕을 시킨다. J대리는 짜장면을 싫어하므로 짬뽕이나 볶음밥을 시켜야 하는데, 만약 J대리가 짬뽕을 시키면 볶음밥을 싫어하는 N대리가 짜장면을, S과장은 볶음밥을 시켜야 하므로 다섯 번째 조건에 어긋나게 된다. 따라서 J대리가 볶음밥을, N대리는 짬뽕을, S과장은 짜장면을 시킨다.

짜장면	짬뽕	볶음밥
D사원, S과장	K과장, P사원, N대리	A팀장, J대리

따라서 A팀장은 과장과 같은 메뉴를 시킬 수 없으므로, ④는 옳지 않은 설명이다.

44 자료 해석

정답 ④

세레나데 & 봄의 제전은 55% 할인된 가격인 27,000원에서 10%가 티켓 수수료로 추가된다고 했으므로 2,700원을 더한 29,700원이 최종 결제가격이다. 따라서 티켓 판매 수량이 1,200장이므로 총 수익은 35,640,000원이다.

오답분석

① 판매 자료에 티켓이 모두 50% 이상 할인율을 가지고 있어 할인율이 크다는 생각을 할 수 있다.
② 티켓 판매가 부진해 소셜커머스도 반값 이상의 할인을 한다는 생각은 충분히 할 수 있는 생각이다.
③ 백조의 호수의 경우 1월 20 ~ 25일까지 6일이라는 가장 짧은 기간 동안 티켓을 판매했지만 1,787장으로 가장 높은 판매량을 기록하고 있다. 설 연휴와 더불어 휴일에 티켓 수요가 늘 것을 예상해 일정을 짧게 잡아 단기간에 빠르게 판매량을 높인 것을 유추할 수 있다.

45 명제 추론

정답 ③

주어진 조건을 기호로 나타내면 민수 > 영희, 하연 > 현민, 현민 > 민수이므로 하연 > 현민 > 민수 > 영희 순서로 사진을 찍는다.

46 자료 이해

정답 ④

제시된 자료의 원자력 소비량 수치를 보면 증감을 반복하고 있는 것을 확인할 수 있다.

오답분석

① 2015년 석유 소비량을 제외한 나머지 에너지 소비량의 합을 구하면 54.8+30.4+36.7+5.3=127.2백만 TOE이다. 즉, 석유 소비량인 101.5백만 TOE보다 크다. 2016 ~ 2024년 역시 석유 소비량을 제외한 나머지 에너지 소비량을 구해 석유 소비량과 비교하면, 석유 소비량이 나머지 에너지 소비량의 합보다 적음을 알 수 있다.
② 석탄 소비량은 2015 ~ 2021년까지 지속적으로 상승하다가 2022년 감소한 뒤 2023년부터 다시 상승세를 보이고 있다.
③ 제시된 자료에 따르면 기타 에너지 소비량은 지속적으로 증가하고 있다.

47 자료 이해

정답 ③

삶의 만족도가 한국보다 낮은 국가는 에스토니아, 포르투갈, 헝가리이다. 세 국가의 장시간 근로자 비율 산술평균은 $\dfrac{3.6+9.3+2.7}{3}$ =5.2%이다. 그러나 이탈리아의 장시간 근로자 비율은 5.4%이므로 옳지 않은 설명이다.

오답분석

① 삶의 만족도가 가장 높은 국가는 덴마크이며, 덴마크의 장시간 근로자 비율이 가장 낮음을 자료에서 확인할 수 있다.
② 삶의 만족도가 가장 낮은 국가는 헝가리이며, 헝가리의 장시간 근로자 비율은 2.7%이다.
　 2.7×10=27<28.1이므로 한국의 장시간 근로자 비율은 헝가리의 장시간 근로자 비율의 10배 이상이다.
④ 여가・개인 돌봄시간이 가장 많은 국가는 덴마크이고, 가장 적은 국가는 멕시코이다. 따라서 두 국가의 삶의 만족도 차이는 0.2점이다.

48 자료 계산

정답 ①

1,210×(1-0.535)=562.65명이므로, 문헌정보학과 졸업자 중 취업을 하지 못한 사람은 약 562명이다.

49 자료 계산

정답 ③

2024년 국내 고등학교 학력자의 인구수는 5천만 명×0.4=2천만 명이고, 그 중 취업률은 70%이다. 또한 그 가운데 여자는 40%이며, 이 중 30 ~ 39세는 24%이므로 2024년에 국내 고등학교 학력자의 30 ~ 39세 여성 취업자 수는 2천만 명×0.7×0.4×0.24=1,344,000명이다.

50 자료 이해 ｜ 정답 ②

남성흡연율이 가장 낮은 연도는 50% 미만인 2020년이고, 여성흡연율이 가장 낮은 연도도 약 20%인 2020년이다.

오답분석

ㄱ. 남성흡연율은 2022년까지 증가하다가 그 이후 감소하지만, 여성의 흡연율은 매년 꾸준히 증가하고 있다.
ㄷ. 남성의 음주율이 가장 낮은 해는 80% 미만인 2023년이지만, 흡연율이 가장 낮은 해는 50% 미만인 2020년이다.
ㄹ. 2022년 남성의 음주율과 여성 음주율이 모두 80% 초과 90% 미만이므로 두 비율의 차이는 10%p 미만이다.

02 직무수행능력평가

51	52	53	54	55	56	57	58	59	60	61	62	63	64	65	66	67	68	69	70
④	④	②	④	①	②	③	②	④	④	③	①	①	①	④	④	④	②	③	①

71	72	73	74	75	76	77	78	79	80	81	82	83	84	85	86	87	88	89	90
②	②	④	③	③	②	④	④	③	①	③	③	②	①	①	①	①	③	②	①

91	92	93	94	95	96	97	98	99	100										
④	③	④	②	④	③	②	③	③	③										

51 ｜ 정답 ④

전력계통 연계 시 병렬 회로 수가 증가하여 단락전류가 증가하고 통신선 전자 유도장해가 커진다.

> **전력계통 연계의 장단점**
> • 장점
> – 전력의 융통으로 설비용량이 절감된다.
> – 계통 전체로서의 신뢰도가 증가한다.
> – 부하 변동의 영향이 작아 안정된 주파수 유지가 가능하다.
> – 건설비 및 운전 경비 절감으로 경제 급전이 용이하다.
> • 단점
> – 연계설비를 신설해야 한다.
> – 사고 시 타 계통으로 파급 확대가 우려된다.
> – 병렬회로 수가 많아져 단락전류가 증가하고 통신선의 전자 유도장해가 커진다.

52 ｜ 정답 ④

$H = nI$이고, n은 단위 길이당 권수이다.

$n = \dfrac{N}{l} = \dfrac{20}{10^{-2}} = 2,000$이므로,

$H = nI = 2,000 \times 5 = 10,000 \text{AT/m} = 10^4 \text{AT/m}$이다.

53 ｜ 정답 ②

전로의 중성점의 접지(KEC 322.5)

접지도체 : 공칭단면적 16mm^2 이상의 연동선(저압의 경우 공칭단면적 6mm^2 이상의 연동선)

54

유도장해 방지(전기설비기술기준 제17조)

특고압 가공전선로에서 발생하는 극저주파 전자계는 지표상 1 m에서 전계가 3.5kV/m 이하, 자계가 83.3μT 이하가 되도록 시설한다.

55

정답 ①

같은 종류의 전하는 척력이 작용하며, 다른 종류의 전하는 인력이 작용한다.

56

정답 ②

절연저항은 절연물에 전압을 가하면 매우 작은 전류가 흐르며 절연체가 나타내는 전기 저항이다. 이 저항은 클수록 절연 효과가 좋아져 누전될 확률이 줄어든다.

57

정답 ③

자기 인덕턴스에 축적되는 에너지 공식은 $W = \frac{1}{2}LI^2$[J]로 자기 인덕턴스(L)에 비례하고, 전류(I)에 제곱에 비례한다.

58

정답 ②

패러데이 법칙에서 유도되는 전압(기전력)은 $e = N\frac{d\varnothing}{dt}$[V]로 자속($\varnothing$)의 변화량과 코일의 권수($N$)에 비례함을 알 수 있다.

59

정답 ④

일정한 크기와 방향의 정상전류가 흐르는 도선 주위의 자기장 세기를 구할 수 있는 법칙은 '비오 – 사바르 법칙'이다.

60

정답 ④

$$V_s = 5.5\sqrt{0.6l + \frac{P}{100}} = 5.5 \times \sqrt{0.6 \times 45 + \frac{3,000}{100}} \fallingdotseq 41.52\text{kV}$$

> **Still식**
> 중거리 선로에서 송전전력과 송전거리에 따른 가장 경제적인 송전전압을 구하는 경험식이다.
> $$V_s = 5.5\sqrt{0.6l + \frac{P}{100}}$$
> [V_s : 송전전압(kV), l : 송전거리(km), P : 송전전력(kW)]

61

정답 ③

전류가 전압보다 90° 앞서는 콘덴서회로에 해당되는 용량성회로이다.

74 · 한국전기안전공사

62

정답 ①

전기자 반작용으로 인해 자속의 감소, 전기적 중성축의 이동, 정류자 편간의 불꽃 섬락이 발생하고, 이에 따라 유기기전력 감소가 생긴다.

63

정답 ①

△ 결선의 $I = \dfrac{\sqrt{3}\,V}{Z}$, Y 결선의 $I = \dfrac{V}{\sqrt{3}\,Z}$

$$\dfrac{\text{Y 결선의 } I}{\triangle \text{ 결선의 } I} = \dfrac{\dfrac{V}{\sqrt{3}\,Z}}{\dfrac{\sqrt{3}\,V}{Z}} = \dfrac{1}{3}$$

64

정답 ①

기전력에 대하여 90° 늦은 전류가 통할 때 자극축과 일치하는 감자작용이 일어난다.
• 감자작용 : 전압이 앞설 때(지상) – 유도성
• 증자작용 : 전류가 앞설 때(진상) – 용량성

65

정답 ④

정지 상태에 있는 3상 유도 전동기의 슬립값 $S=1$이다.

66

정답 ④

유입차단기(OCB; Oil Circuit Breaker)는 대전류를 차단할 때 생기는 아크가 절연유 속에서는 쉽게 사라지는 점을 이용한 장치이다. 오일차단기라고도 한다.

[오답분석]
① 진공차단기(VCB; Vacuum Circuit Breaker) : 진공 환경에서 절연 내력이 매우 높은 것에 착안하여 진공 속에서 전로를 차단하는 장치이다.
② 기중차단기(ACB; Air Circuit Breaker) : 압축공기를 사용하여 아크를 끄는 전기개폐장치이다.
③ 자기차단기(MBB; Magnetic Blow-out circuit Breaker) : 교류 고압 기중 차단기로, 소호에 자기 소호를 응용한 장치이다.

67

정답 ④

방향 계전기는 전류나 전력의 방향을 식별해서 동작하는 계전기로 사고점의 방향성을 가진 계전기이다.

68

정답 ②

수지식(가지식) 방식은 전압 변동이 크고 정전 범위가 넓다.

[오답분석]
① 환상식(루프) 방식은 전류 통로에 대한 융통성이 있어 전압 강하 및 전력 손실이 수지식보다 적다.
③ 뱅킹 방식은 전압 강하 및 전력 손실, 플리커 현상 등을 감소시킨다.
④ 망상식(네트워크) 방식은 무정전 공급이 가능하나, 네트워크 변압기나 네트워크 프로텍터 설치에 따른 설비비가 비싸다. 대형 빌딩가와 같은 고밀도 부하 밀집 지역에 적합한 방식이다.

69

정답 ③

역률개선의 효과에는 전력손실 감소, 전압강하 감소, 설비용량의 효율적 운용, 투자비 경감이 있다. 감전사고 감소는 접지의 효과에 해당한다.

70

정답 ①

패러데이의 전자 유도 법칙에 의하여 유도 기전력의 크기는 코일을 지나는 자속의 매초 변화량과 코일의 권수에 비례한다.

71

정답 ②

철심을 규소 강판으로 성층하는 주된 이유는 철손을 감소시키기 위함이며, 철손은 와류손(맴돌이전류손)과 히스테리시스손의 합을 말한다.

72

정답 ②

전기자 반작용은 전기자 전류에 의한 자속이 계자권선의 주자속에 영향을 주는 현상이다.

73

정답 ④

균압환은 중권에서 공극의 불균일에 의한 전압 불평형 발생 시 흐르는 순환전류의 발생을 막기 위해 설치하는 것이다.

74

정답 ③

$$N = K(\text{기계정수}) \times \frac{E}{\Phi}, \ E = V - I_a R_a, \ N = K \times \frac{V - R_a I_a}{\Phi}$$

위의 식에서 N을 $\frac{1}{2}$로 하기 위해서 Φ는 2가 되어야 하므로 계자 자속을 2배로 해야 한다.

75

정답 ③

$$E = 4.44 f w K_w \left(f = \frac{pN_s}{120} = 60\text{Hz} \right) = 4.44 \times 60 \times 100 \times 1 \times 0.062 ≒ 1,652\text{V}$$

76

정답 ②

동기 발전기의 병렬운전 시 기전력의 크기는 같아야 하지만 다를 경우 무효순환전류가 흐른다. 이 때문에 전기자 반작용으로 고압 측에 감자작용이 일어나고, 전기자 권선에 저항 손실만 증가하여 권선이 가열된다.

77

정답 ④

정특성이란 다이오드에 직류 전압을 가했을 때 걸리는 전압과 전류 사이의 관계를 말한다.

78

정답 ④

슬립 $S = \dfrac{N_s - N}{N_s} = \dfrac{1,200 - 1,176}{1,200} = 0.02$이므로 2%이다.

79

정답 ③

지락은 전기 회로를 동선 따위의 도체로 땅과 연결하는 것이다. 회로와 땅의 전위를 동일하게 유지함으로써 이상 전압의 발생으로부터 기기를 보호하고 인체에 대한 위험을 방지한다. 누전차단기는 지락을 통해 감전, 누전화재 등으로부터 전기설비와 전기기기를 보호한다.

80

정답 ①

그림은 단상 전파 정류 회로이므로, $E_d = 0.9E = 9$이다. 따라서 전류 $I_d = \dfrac{E_d}{R} = \dfrac{9}{5,000} = 1.8\text{mA}$이다.

81

정답 ③

테브난의 정리에 의하여 부하에 흐르는 전류는 $I = \dfrac{V_{ab}}{R_0 + R}$ 이므로, $I = \dfrac{50}{5 + 15} = 2.5\text{A}$이다.

- V_{ab} : R을 제거하였을 때 a, b단자 간에 나타나는 기전력
- R_0 : 회로망의 전기 전력을 제거 단락하고 A, B에서 본 회로망의 등가 저항

82

정답 ③

- 임피던스

$$Z = \left(\frac{(-j2) \times (2)}{(-j2) + (2)}\right) + (1 + j3)$$

$$= \left(\frac{-j4}{2 - j2}\right) + (1 + j3)$$

$$= \frac{2 + j6 - j2 + 6 - j4}{2 - j2}$$

$$= \frac{8}{2 - j2} \,(\text{분모, 분자공액})$$

$$= \frac{8 \cdot (2 + j2)}{(2 - j2) \cdot (2 + j2)}$$

$$= 2 + j2 [\Omega]$$

$$\therefore \ |Z| = \sqrt{(2)^2 + (2)^2} = \sqrt{8} = 2\sqrt{2} \ \Omega$$

- 역률

$$\cos\theta = \frac{(\text{임피던스의 실수부})}{|Z|} = \frac{2}{2\sqrt{2}} = \frac{1}{\sqrt{2}} = \frac{\sqrt{2}}{2}$$

- 유효전력

$$P = I^2 R = \left(\frac{V}{Z}\right)^2 \times R$$

$$= \left(\frac{10}{2\sqrt{2}}\right)^2 \times 2$$

$$= 25\text{W}$$

83

정답 ②

전지의 용량은 10Ah이며, 6개를 직렬로 접속하면 전압은 높아지지만 전류는 일정하므로 전지의 용량은 같다.

84

정답 ①

$I_m = 3.14$A이므로 $I_{av} = \dfrac{2 \cdot I_m}{\pi} = \dfrac{2 \times 3.14}{3.14} = 2$A

85

정답 ①

병렬 연결 시 가장 적은 저항값을 얻는다.

같은 값의 저항 N개를 병렬 연결 시 합성 저항 $R_0 = \dfrac{R}{N} = \dfrac{150}{5} = 30\,\Omega$

86

정답 ①

$Z = \dfrac{1}{\sqrt{\left(\dfrac{1}{R}\right)^2 + \left(\dfrac{1}{\omega L}\right)^2}} = \dfrac{1}{\sqrt{\left(\dfrac{1}{3}\right)^2 + \left(\dfrac{1}{4}\right)^2}}$

$A = \dfrac{1}{\sqrt{\dfrac{3^2 + 4^2}{3^2 \times 4^2}}} = 3 \times \dfrac{4}{\sqrt{3^2 + 4^2}} = \dfrac{12}{5} = 2.4\,\Omega$

87

정답 ①

임피던스 $Z = \sqrt{R^2 + (X_L - X_C)^2}$ (X_L : 유도 리액턴스, X_C : 용량 리액턴스)

$Z = \sqrt{4^2 + (5 - 2)^2} = 5$

∴ 역률 $\cos\theta = \dfrac{R}{Z} = \dfrac{4}{5} = 0.8$

88

정답 ③

교류 파형에서 파고율은 최댓값을 실횻값으로 나눈 값이며, 파형률은 실횻값을 평균값으로 나눈 값이다. 파고율과 파형률 모두 1인 파형은 구형파이다.

89

정답 ②

평행판 콘덴서의 정전용량 $C = \dfrac{\varepsilon A}{d}$ [F]

• 면적을 크게 하면 커패시턴스 증가
• 거리를 짧게 하면 커패시턴스 증가
• 병렬로 연결하면 커패시턴스 증가
• 유전율이 작으면 커패시턴스 감소

90

정답 ①

사인 함수에 대한 무한급수는 푸리에 급수이다.

91

정답 ④

전압의 구분(KEC 111.1)
- 저압 : 직류 1.5kV 이하, 교류 1kV 이하
- 고압 : 직류 1.5kV 초과 7kV 이하, 교류 1kV 초과 7kV 이하
- 특고압 : 7kV 초과

92

정답 ③

전로의 절연 원칙(KEC 131)
전로는 다음 이외에는 대지로부터 절연하여야 한다.
- 저압 전로에 접지공사를 하는 경우의 접지점
- 전로의 중성점에 접지공사를 하는 경우의 접지점
- 계기용 변성기의 2차측 전로에 접지공사를 하는 경우의 접지점
- 저압 가공전선의 특고압 가공전선과 동일 지지물에 시설되는 부분에 접지공사를 하는 경우의 접지점
- 중성점이 접지된 특고압 가공선로의 중성선에 25kV 이하인 특고압 가공전선로의 시설에 따라 다중접지를 하는 경우의 접지점
- 저압 전로와 사용전압이 300V 이하의 저압 전로를 결합하는 변압기의 2차측 전로에 접지공사를 하는 경우의 접지점
- 저압 옥내직류 전기설비의 접지에 의하여 직류계통에 접지공사를 하는 경우의 접지점

93

정답 ④

가공전선로 지지물의 기초의 안전율(KEC 331.7)
가공전선로의 지지물에 하중이 가하여지는 경우에 그 하중을 받는 지지물의 기초의안전율은 2 이상이어야 한다.

94

정답 ②

지중전선로를 직접매설식에 의하여 시설하는 경우의 매설 깊이(KEC 334.1.2)

시설 장소	매설 깊이
차량, 기타 중량물의 압력을 받을 우려가 있는 장소	1m 이상
기타 장소	0.6m 이상

95

정답 ④

고압 가공전선로의 지지물을 철탑으로 사용하는 경우 경간은 600m 이하로 해야 한다.

> **고압 가공전선로 경간 제한(KEC 332.9)**
> - 목주, A종 철주 또는 A종 철근 콘크리트주 : 150m 이하
> - B종 철주 또는 B종 철근 콘크리트주 : 250m 이하
> - 철탑 : 600m 이하

96

전선의 접속(KEC 123)

두 개 이상의 전선을 병렬로 사용하는 경우에는 다음에 의하여 시설할 것.

• 병렬로 사용하는 각 전선의 굵기는 구리선 50mm^2 이상 또는 알루미늄 70mm^2 이상으로 하고, 전선은 같은 도체, 같은 재료, 같은 길이 및 같은 굵기의 것을 사용할 것

• 같은 극의 각 전선은 동일한 터미널러그에 완전히 접속할 것

• 같은 극인 각 전선의 터미널러그는 동일한 도체에 2개 이상의 리벳 또는 2개 이상의 나사로 접속할 것

• 병렬로 사용하는 전선에는 각각에 퓨즈를 설치하지 말 것

• 교류회로에서 병렬로 사용하는 전선은 금속관 안에 전자적 불평형이 생기지 않도록 시설할 것

97

저압 옥내배선의 사용전선(KEC 231.3)

저압 옥내배선의 전선은 단면적 2.5mm^2 이상의 연동선 또는 이와 동등 이상의 강도 및 굵기의 것을 사용한다.

98

교통신호등(KEC 234.15)

교통신호등 회로의 사용 전압이 150V를 초과하는 경우에는 지락 발생 시 자동적으로 전로를 차단하는 장치를 시설해야 한다.

99

특고압용 변압기의 보호장치(KEC 351.4)

뱅크용량의 구분	동작 조건	장치의 종류
5,000kVA 이상 10,000kVA 미만	변압기 내부고장	자동차단장치 또는 경보장치
10,000kVA 이상	변압기 내부고장	자동차단장치
타냉식 변압기	냉각장치 고장, 변압기 온도가 현저히 상승	경보장치

100

교류 배전반에서 전류가 많이 흘러 전류계를 직접 주회로에 연결할 수 없을 때 사용하는 기기는 계기용 변류기로, 높은 전류를 낮은 전류로 바꾸기 위해 많이 사용한다.

오답분석

① 전류 제한기 : 미리 정한 값 이상의 전류가 흘렀을 때 일정 시간 내의 동작으로 정전시키기 위한 장치이다.

② 계기용 변압기 : 계측기와 같은 기기의 오작동을 방지하기 위해 높은 전압을 낮은 전압으로 변화시켜 공급하는 변압기이다.

④ 전류계용 절환 개폐기 : 1대의 전류계로 3선의 전류를 측정하기 위하여 사용하는 절환 개폐기이다.

한국전기안전공사 필기시험 답안카드

성 명

지원 분야

문제지 형별기재란

( )형 Ⓐ Ⓑ

수험번호

⑩	①	②	③	④	⑤	⑥	⑦	⑧	⑨
⑩	①	②	③	④	⑤	⑥	⑦	⑧	⑨
⑩	①	②	③	④	⑤	⑥	⑦	⑧	⑨
⑩	①	②	③	④	⑤	⑥	⑦	⑧	⑨
⑩	①	②	③	④	⑤	⑥	⑦	⑧	⑨
⑩	①	②	③	④	⑤	⑥	⑦	⑧	⑨
	②	③	④	⑤	⑥	⑦	⑧	⑨

감독위원 확인

(인)

직업기초능력평가

1	① ② ③ ④	21	① ② ③ ④	41	① ② ③ ④	51	① ② ③ ④	71	① ② ③ ④
2	① ② ③ ④	22	① ② ③ ④	42	① ② ③ ④	52	① ② ③ ④	72	① ② ③ ④
3	① ② ③ ④	23	① ② ③ ④	43	① ② ③ ④	53	① ② ③ ④	73	① ② ③ ④
4	① ② ③ ④	24	① ② ③ ④	44	① ② ③ ④	54	① ② ③ ④	74	① ② ③ ④
5	① ② ③ ④	25	① ② ③ ④	45	① ② ③ ④	55	① ② ③ ④	75	① ② ③ ④
6	① ② ③ ④	26	① ② ③ ④	46	① ② ③ ④	56	① ② ③ ④	76	① ② ③ ④
7	① ② ③ ④	27	① ② ③ ④	47	① ② ③ ④	57	① ② ③ ④	77	① ② ③ ④
8	① ② ③ ④	28	① ② ③ ④	48	① ② ③ ④	58	① ② ③ ④	78	① ② ③ ④
9	① ② ③ ④	29	① ② ③ ④	49	① ② ③ ④	59	① ② ③ ④	79	① ② ③ ④
10	① ② ③ ④	30	① ② ③ ④	50	① ② ③ ④	60	① ② ③ ④	80	① ② ③ ④
11	① ② ③ ④	31	① ② ③ ④			61	① ② ③ ④	81	① ② ③ ④
12	① ② ③ ④	32	① ② ③ ④			62	① ② ③ ④	82	① ② ③ ④
13	① ② ③ ④	33	① ② ③ ④			63	① ② ③ ④	83	① ② ③ ④
14	① ② ③ ④	34	① ② ③ ④			64	① ② ③ ④	84	① ② ③ ④
15	① ② ③ ④	35	① ② ③ ④			65	① ② ③ ④	85	① ② ③ ④
16	① ② ③ ④	36	① ② ③ ④			66	① ② ③ ④	86	① ② ③ ④
17	① ② ③ ④	37	① ② ③ ④			67	① ② ③ ④	87	① ② ③ ④
18	① ② ③ ④	38	① ② ③ ④			68	① ② ③ ④	88	① ② ③ ④
19	① ② ③ ④	39	① ② ③ ④			69	① ② ③ ④	89	① ② ③ ④
20	① ② ③ ④	40	① ② ③ ④			70	① ② ③ ④	90	① ② ③ ④

직무수행능력평가

91	① ② ③ ④
92	① ② ③ ④
93	① ② ③ ④
94	① ② ③ ④
95	① ② ③ ④
96	① ② ③ ④
97	① ② ③ ④
98	① ② ③ ④
99	① ② ③ ④
100	① ② ③ ④

※ 본 답안지는 마킹연습용 모의 답안지입니다.

한국전기안전공사 필기시험 답안카드

성 명	

지원 분야	

문제지 형별기재란	(A)
( )형	(B)

수 험 번 호

⓪	⓪	⓪	⓪	⓪	⓪	⓪
①	①	①	①	①	①	①
②	②	②	②	②	②	②
③	③	③	③	③	③	③
④	④	④	④	④	④	④
⑤	⑤	⑤	⑤	⑤	⑤	⑤
⑥	⑥	⑥	⑥	⑥	⑥	⑥
⑦	⑦	⑦	⑦	⑦	⑦	⑦
⑧	⑧	⑧	⑧	⑧	⑧	⑧
⑨	⑨	⑨	⑨	⑨	⑨	⑨

감독위원 확인
(인)

직업기초능력평가

1	① ② ③ ④	21	① ② ③ ④	41	① ② ③ ④
2	① ② ③ ④	22	① ② ③ ④	42	① ② ③ ④
3	① ② ③ ④	23	① ② ③ ④	43	① ② ③ ④
4	① ② ③ ④	24	① ② ③ ④	44	① ② ③ ④
5	① ② ③ ④	25	① ② ③ ④	45	① ② ③ ④
6	① ② ③ ④	26	① ② ③ ④	46	① ② ③ ④
7	① ② ③ ④	27	① ② ③ ④	47	① ② ③ ④
8	① ② ③ ④	28	① ② ③ ④	48	① ② ③ ④
9	① ② ③ ④	29	① ② ③ ④	49	① ② ③ ④
10	① ② ③ ④	30	① ② ③ ④	50	① ② ③ ④
11	① ② ③ ④	31	① ② ③ ④		
12	① ② ③ ④	32	① ② ③ ④		
13	① ② ③ ④	33	① ② ③ ④		
14	① ② ③ ④	34	① ② ③ ④		
15	① ② ③ ④	35	① ② ③ ④		
16	① ② ③ ④	36	① ② ③ ④		
17	① ② ③ ④	37	① ② ③ ④		
18	① ② ③ ④	38	① ② ③ ④		
19	① ② ③ ④	39	① ② ③ ④		
20	① ② ③ ④	40	① ② ③ ④		

직무수행능력평가

51	① ② ③ ④	71	① ② ③ ④	91	① ② ③ ④
52	① ② ③ ④	72	① ② ③ ④	92	① ② ③ ④
53	① ② ③ ④	73	① ② ③ ④	93	① ② ③ ④
54	① ② ③ ④	74	① ② ③ ④	94	① ② ③ ④
55	① ② ③ ④	75	① ② ③ ④	95	① ② ③ ④
56	① ② ③ ④	76	① ② ③ ④	96	① ② ③ ④
57	① ② ③ ④	77	① ② ③ ④	97	① ② ③ ④
58	① ② ③ ④	78	① ② ③ ④	98	① ② ③ ④
59	① ② ③ ④	79	① ② ③ ④	99	① ② ③ ④
60	① ② ③ ④	80	① ② ③ ④	100	① ② ③ ④
61	① ② ③ ④	81	① ② ③ ④		
62	① ② ③ ④	82	① ② ③ ④		
63	① ② ③ ④	83	① ② ③ ④		
64	① ② ③ ④	84	① ② ③ ④		
65	① ② ③ ④	85	① ② ③ ④		
66	① ② ③ ④	86	① ② ③ ④		
67	① ② ③ ④	87	① ② ③ ④		
68	① ② ③ ④	88	① ② ③ ④		
69	① ② ③ ④	89	① ② ③ ④		
70	① ② ③ ④	90	① ② ③ ④		

※ 본 답안지는 마킹연습용 모의 답안지입니다.

2025 최신판 시대에듀 한국전기안전공사
NCS + 전공 + 모의고사 4회 + 무료NCS특강

개정17판1쇄 발행	2025년 04월 15일 (인쇄 2025년 03월 28일)
초 판 발 행	2013년 12월 20일 (인쇄 2013년 12월 05일)
발 행 인	박영일
책 임 편 집	이해욱
편 저	SDC(Sidae Data Center)
편 집 진 행	김재희 · 하진형
표지디자인	하연주
편집디자인	김경원 · 장성복
발 행 처	(주)시대고시기획
출 판 등 록	제10-1521호
주 소	서울시 마포구 큰우물로 75 [도화동 538 성지 B/D] 9F
전 화	1600-3600
팩 스	02-701-8823
홈 페 이 지	www.sdedu.co.kr

I S B N	979-11-383-9093-4 (13320)
정 가	26,000원